KB261496

한국어 교육 1

Korean Grammar as a Foreign Language

한국어 문법 사전

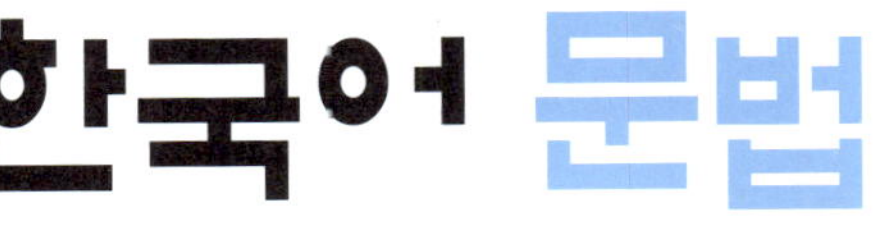

백봉자(白峰子, Paik Pong Ja)

연세대학교 언어연구교육원 한국어학당 교수
경희대학교 교육대학원 객원교수
경희사이버대학교, 연세대학교 교육대학원 강사
Fulbright Visiting Associate Professor, Department of
East Asian Languages & Cultures, Indiana University, U.S.A.

국제한국어교육학회(IAKLE) 회장
한국어능력시험(KLT) 출제위원장
한국어세계화재단 이사
국립국어원 세종학당 자문위원회 위원장

대한민국 문화포장
문화체육부 장관 감사패

Korean Grammar as a Foreign Language

초판 발행 2006년 3월 22일 1쇄
        2024년 3월 7일 10쇄

지은이   백봉자
펴낸이   박영호
기획팀   송인성, 김선명, 김선호
편집팀   박우진, 김영주, 김정아, 최미라, 전혜련, 박미나
관리팀   임선희, 정철호, 김성언, 권주련
펴낸곳   (주)도서출판 하우
주소   서울시 중랑구 망우로68길 48
전화   (02)922-7090
팩스   (02)922-7092
홈페이지 http://www.hawoo.co.kr
e-mail hawoo@hawoo.co.kr
등록번호 제2016-000017호

값 24,000원
ISBN 978-89-7699-437-0   03710

한국어 교육 1

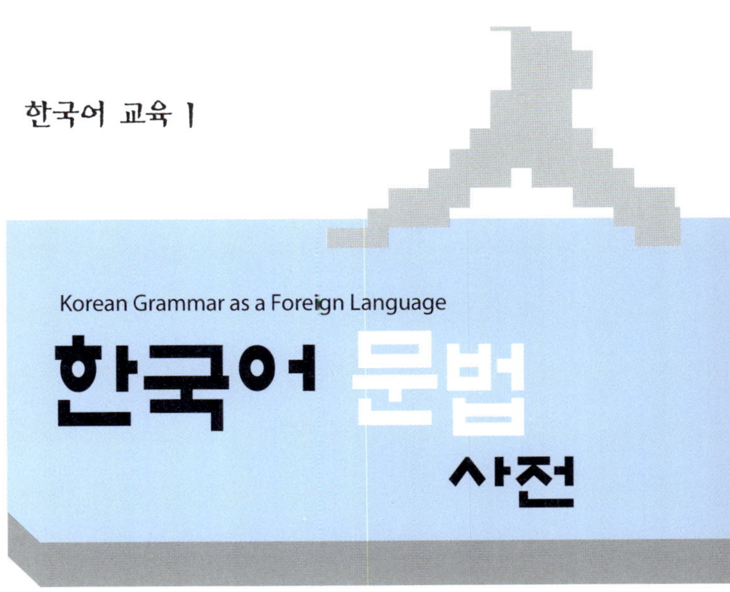

Korean Grammar as a Foreign Language

한국어 문법 사전

백 봉 자 지음

도서출판 夏雨 株式會社

Contents

머 리 말

한국의 국력 신장과 함께 국제적으로 한국어에 대한 관심이 높아지고 있다. 국내 주요 대학에 예외 없이 한국어 교육 기관이 설립되었는가 하면, 외국 주요 대학의 한국어 강좌 수도 빠르게 증가하고 있다. 이러한 변화는 한국어가 국제어로 발돋움할 수 있는 기반을 조성하는 것으로 한국어 교육계에 몸담고 있는 이들을 고무시키기에 충분하다. 최근 한국어 교육 현장에서 논의되고 있는 한국어 교수법의 정립, 전문 교사의 양성, 효율적인 교재의 편찬, 한국어 능력 평가 등은 한국어를 국지어로 자리매김하기 위한 우리 모두의 의지의 표현임에 틀림이 없다.

이 책의 집필은 한국어 교육에 대한 저자의 애정과 사명감에서 비롯되었다. 저자는 오랫 동안 이 분야에 종사해 오면서 한국어의 특성과 한국어 교육 현장의 제반 요구가 반영된 한국어 문법서의 개발이 절실함을 느꼈다. 그리하여 10여 년 전부터 전통 국어 문법 이론과 한국어 교육 현장에서 고려되어야 하는 학습자·교사·교수법·교재 등 여러 조건들을 접맥시킨 외국어로서의 한국어 문법을 정리해 왔다.

저자가 외국어로서의 한국어 문법서 개발에 관심을 갖게 된 것은 두 가지 이유 때문이다. 첫째는 최근 의사소통 중심의 교수법이 보편화되었다고는 하지만 문법은 여전히 언어 교육에서 중요한 부분을 차지하고 있다는 점이다. 기초 단계에서 문법적 정확성보다 과지 해결 능력이 우선 있어야 한다고 해도 문법적 능력 없이는 정확한 의사스통이 불가능하다. 뿐만 아니라 기초 단계를 넘어 일상적이고 전문적인 언어 사용의 단계에서는 문법적 정확성 없이 목표하는 바를 충족시키지 못한다. 둘째는 한국어가 아직은 국제 사회에서 낯선 언어이므로 한국어 학습자의 학습 활동을 효과적으로 도울 지침서가 필요하다는 점이다. 일본어권 학습자에게는 예외가 될 수 있으나 최근 급증한 서양어권, 중국어권 학습자에게 한국어는 매우 배우기 어려운 언어이다. 이들이 한국어에 대한 매력을 가지고 지속적으로 한국어를 배우도록 하기 위하여는 문법의 체계적인 정리가 급선무이다. 그리고 이러한 문법서의 개발은 한국어 교육 현장에 있는 많은 교사들에게도 문법 교수를 위한 하나의 지침서가 될 것이라고 보았다.

이 책은 이러한 배경에서 출발하였다. 그리하여 이 책의 문법 체계 및 설명은 전통 국어 문법 이론을 바탕으로 하되 한국어 교육 현장에서의 응용을 전제로 하였다. 여기에는 그 동안 한국어 교육 현장에서 수집 정리된 많은 경험적 데이터들이 중요하게 활용되었음을 강조하고 싶다. 그리고 한국어 학습자와 교사들이 현재의 교수–학습 상황에 맞는 문법 설명을 쉽게 접할 수 있도록 나름대로 등급화를 시도하였다.

따라서 이 책은 한국어 교육 현장에 있는 학습자와 교사들 모두에게 도움이 되리라고 본다. 외국인 학습자는 학습 현장에서 부닥치는 문법 문제를 이 책을 통하여 도움을 받을 수 있고, 한국어 교사는 한국어 문법 체계에 대한 전반적인 이해와 함께 현재의 학습자에게 적용 가능한 문법 설명의 수준과 방법을 구할 수 있을 것이다.

이 책은 참으로 오랜 기간을 거쳐 집필되었다. 필자가 게으른 탓도 있었지만 교육 현장에서 데이터를 구하는 일의 중요성 또한 이 책의 집필을 지체하게 만든 일이기도 하다. 그러나 처음 시작할 때 창의적이라고 생각했던 저자의 생각이 이제 왠지 빛이 바랜 것 같아 내어 놓기 부끄러운 게 솔직한 심정이다. 단지 이러한 작업이 저자가 평생 애정을 가지고 종사해 온 한국어 교육계에 조그만 밑거름이 되고 이것을 디딤돌로 삼아 더 좋은 연구들이 나오기를 기대할 뿐이다.

이 책을 마치면서 가족을 생각하지 않을 수 없다. 그간 아내 노릇, 어머니 노릇을 제대로 하지 못했음에도 늘 용기를 주고 위로를 해 준 사랑하는 남편과 세 딸에게 감사한다. 또 건강한 가운데 미수를 맞으시는 부모님의 기도와 정성이 저자로 하여금 이 책을 마치게 하였음을 밝히고 싶다. 이 자리를 빌어 두 분께 감사를 드린다.

이 책을 위해 그간 수고한 연세대학교 국문과의 고석주 선생님, 그리고 한국어학당의 조항록, 전나영, 김제열 선생님과 그 밖의 많은 분께 감사를 드린다. 아울러 이 책의 출판을 흔쾌히 맡아 주신 연세대학교 출판부와 동국전산의 편집진의 노고에도 깊이 감사 드린다.

1999년 10월 한글날
저자

개정판 머리말

　일본어 번역본을 출판하면서 발견한 오자, 탈자, 그리고 미진한 부분을 우선 수정하여 이 개정판을 내게 되었다. 여러분의 변함없는 사랑과 성원을 부탁드린다.

　이 개정판의 출판을 흔쾌히 맡아 주신 도서출판 하우의 박영호 사장님과 편집진 여러분에게 감사한다.

2006년 정월 대보름
경희대학교 연구실에서
저자

일러두기

특·징

1.　이 책은 한국어 교육 현장에서 중요하게 다루고 있고 한국어 교육에서 핵심적으로 논의되고 있는 한국어 문법 일반과 한국어 문법 형태를 다루고 있다. 외국인에게 한국어 문법의 특징으로서 제시될 수 있거나 한국어 교수-학습 시에 다루어야 할 주제들을 주요 대상으로 삼았다.

2.　이 책은 문법 요소에 대해 자세한 설명을 붙임으로써 문법서가 가지고 있는 장점을 살렸다. 그러는 한편 사전의 장점도 살려 개념 중심의 도식적 설명보다는 형태 중심의 요점식 설명을 꾀하였다. 그렇게 함으로써 두 특징이 적절히 조화를 이루어 외국인 학습자가 설명의 핵심을 쉽게 이해할 수 있도록 하였다.

3.　**한국어 문법 일반**에서는 과거 학교 문법이나 전통 문법에서 논의하고 있는 일반적인 문제에서 한 걸음 나아가 외국인 학습자에게 특별히 문제가 되고 있는 부분을 확대하여 설명하였다.

4.　**한국어 문법 형태**에서는 한국어 학습의 기본이 되는 문법 요소들을 구조주의적인 입장에서 분석하였고, 실용주의적 입장에서 문법 요소들의 구체적인 실제 용법과 의미를 설명하고자 하였다.

5.　모든 설명은 '이것을 어떻게 하면 쉽게 가르칠 것인가?'와 '어떻게 하면 이것을 사용하여 쉽게 문장을 만들 수 있는가?'에 초점을 맞추었다. 따라서 한국어의 본질을 다루는데 있어서도 문법 용어나 이론의 틀보다는 교육 현장에서의 학습자와 교수법을 우선적으로 고려하였다.

6.　외국인 학습자의 모국어를 고려하여 사용법 중심으로 접근하였으며, 학습자가 문법 요소를 이해하고 문장을 생산하는 데까지 이를 수 있도록 유도하였다.

7.　외국어로서의 한국어 문법에서는 학교 문법을 그대로 적용하기에는 무

리가 있다고 보고 학습자의 모국어와 한국어의 특징을 고려한 새로운 틀을 가지고 적용하였다.

8. **부록**에서는 **한국어 문법 일반**에서 다룬 항목에 따라 학습자들이 쉽게 이해하고 기억하도록 도표로 보였으며 특히 사용 빈도수가 많은 (불)규칙 동사 101개를 골라 어휘 활용표를 보였다.

구∙성

이 책은 **한국어 문법 일반**, **한국어 문법 형태**, **부록**의 세 부분으로 나뉘어 있다.

I. **한국어 문법 일반**은 한국어 소개(introduction)에 해당하는 것으로서 외국인이 한국어를 배울 때 기본적으로 알아야 할 한국어의 특징과 성격을 개괄적으로 다루고 있다. 13개의 항목으로 되어 있으며 설명과 함께 예문을 두어 이해에 도움이 되도록 하였다. 13개의 항목은 한국어 문법의 모든 요소를 체계적으로 제시하는데 목적이 있는 것이 아니라 한국어의 학습 능률을 극대화하기 위하여 배경 지식으로 필요한 요소만 선별한 것이다.

문법 형태의 연구는 미시적, 분석적 성격을 띄는 것이 일반적이지만 언어 교육에는 거시적, 종합적 관점 또한 중요하다. 이런 견지에서 한국어 문법 일반은 거시적인 것에서 미시적인 관점으로 축소해 가면서 제시하였다. **1. 동사의 활용**과 **2. 동사의 불규칙 활용**은 한국어 동사의 대표적 특징을 제시한다. 한국어는 서술어를 활용시켜서 여러 가지 문법적 의미를 나타내므로 동사를 통해서 한국어 문법의 핵심적, 일반적 특징을 보여 줄 수 있다. **3. 시제와 시상어미, 4. 문장 종결법, 5. 인용문, 6. 어순, 7. 부정법, 8. 존대말과 반말**은 한국어 문장 구성과 관련된 부분으로 통사 영역에 해당한다. **9. 피동사, 10. 사동사, 11. 인칭 대명사, 12. 숫자, 13. 품사**는 어휘 및 품사와 관련된 부분으로 형태 영역에 해당한다.

1. 이 책에서 표제어로 다룬 문법 형태는 표제어가 526개이고, 〈붙임〉 등
    에 나타난 부표제어가 119개, 모두 645개이다. 이들 표제어는 문장 구성
    에서 기본 문형을 이루는 것과 외국인에게 한국어의 특징을 보여 줄 수 있
    는 것을 기준으로 하여 선정하였다.

2. 표제어의 제시 방법은 일반 사전식 '가나다…' 순이다. 그러나 표제어
    를 대표 표제어와 부표제어로 나누었고 대표 표제어 아래 부표제어를 두
    고 안으로 들여 썼다. 본문에서도 〈찾아보기〉와 마찬가지로 구분하였다.

[보기]

〈찾아보기〉

3. 본문에서는 통어적 구문을 형태 그대로 보여서 문장 구조를 구성하는데
    도움이 되도록 하였다. 그러나 제목 찾아보기에서는 관형사형 어미나 명
    사형 전성어미, 부사형 전성어미를 생략하고 그 구성의 핵이 되는 형태를
    '가나다' 순으로 주어서, 찾는데 불편이 적도록 하였다. 따라서 찾기는 본
    문에서 찾는 것보다 찾아보기에서 찾아 본문으로 가는 것이 좋을 것이다.

[보기]

〈찾아보기〉	본문
가지고	***[-어/아/여] 가지고
감이 있다	*[-는/(으)ㄴ] 감이 있다

4. 표제어는 빈도수, 난이도, 중요도에 따라 세 등급으로 분류하여 초급
    수준은 ' *** ', 중급 수준은 ' ** ', 고급 수준은 ' * '으로 표시하였다.

하나의 표제어라 하더라도 의미 분화에 따라 수준을 달리해서 교수-학습하는 것이 효율적일 경우가 있으므로 이들은 별표를 각각 달리 표시했다. 이러한 표시는 이 책을 학습자가 혼자서 자습용으로 사용하거나 경험이 많지 않은 교사가 단계를 세우기 어려울 때 편리하게 하기 위함이다. 이 등급 구분은 연세대학교 한국어학당의 등급 수준과 한국어 능력 시험(Korean Proficiency Test)에서 발행한 문법 난이도 수준을 참고하였다.

[보기]

＊ ＊
· **-느라면**

· **-는/-(으)ㄴ/-(으)ㄹ걸(요)**
  범주(설명)
  구조(설명)
  의미(설명)

＊＊
1. 단정적으로 강조해서 쓰는 경우:

＊＊
2. 대화에서 상대의 의사에 동의하지 않는 이유를 제시하는 경우:
예

＊
3. '-(으)ㄹ걸'이 동작동사에 붙어서 과거에 대한 후회나 아쉬움을 나타내는 경우:
예

＊＊
4. '-(으)ㄹ걸'이 추정을 나타내는 경우

Ⅱ.   **한국어 문법 형태**에서는 문법 요소에 대한 개별 특성을 다루고 있으며 **범주, 구조, 의미, 예, 붙임**으로 나누어 설명하였다.

1. **범주**는 한국어 문법의 '품사', 둘 이상의 문법 요소가 결합하여 하나의 요소로서 사용되는 형태인 '결합형', 통사적으로 하나의 구성을 이루는 '통어적 구문' 등으로 분류하여 해당 표제어가 어떤 범주에 속하는지를 보이고 있다. 특히 학습자에게 구별해서 제시하는 것이 유용하다고 판단되는 경우, 품사 중에 명사에서는 '의존 명사', 동사에서는 '동작동사, 상태동사, 이다동사, 보조동사', 조사에서는 '주격조사, 목적격 조사, 보조사', 어미에서는 '종결어미, 연결어미, 명사형 어미, 관형사형 어미, 부사형 어미' 등을 구별하여 제시하였다.

2. **구조**에서는 주제의 구성 요소를 형태 단위로 분석하여 보임으로써 문장에서의 기능을 알도록 하였다. 그리고 이 주제와 결합 가능한 동사의 종류, 시상어미를 비롯한 각종 어미, 문장의 체(서법), 준말 형태, 그밖에 구문상의 제약 관계 등 유용한 문법 정보를 밝혔고, 가능한 한 많은 정보를 제공하도록 노력하였다.

3. **의미**에서는 사전적 의미뿐 아니라 화용론적인 측면에서 문장 상황이나 결합 형태에 따른 의미를 밝혀 주었다. 문장에서 의미 분화가 일어나는 것은 이를 '1. 2. 3, …'의 경우로 구분하여 각각 특성과 결합 관계, 구문상의 제약, 구조를 밝혔고 의미도 따로 주었다.

[보기]

***
–(이)랑

의미　　주로 구어체에서 많이 쓰이며, '함께'의 뜻을 가지고 있다.

1.　　접속의 기능을 하는 경우
- '–와/과'와 대치할 수 있다.
2.　　'같다, 비슷하다' 등 일부 동사 앞에서 부사어를 이루는 경우
- '–와/과'와 대치할 수 있다.
3.　　둘 이상의 사물을 연결해야 할 경우인데도 하나의 명사만 씀으로써 '등등'의 뜻을 나타내는 경우
- '–와/과'와 대치할 수 없다.

4.　　**예문**은 각 주제에 따라, 또는 의미 분화에 따라 5개씩 주었다. 예문은 설명을 이해하는데 도움이 되면서 실제에서 사용할 수 있는 것을 선별하여 제시하였다. 더욱이 예문의 내용과 어휘의 수준은 표제어의 수준 및 등급에 맞추어서 저급 수준의 문법 형태에는 짧고 쉬운 문장을 중심으로 제시하되, 고급 수준의 문법 형태에는 길고 복잡한 문장을 제시하려고 노력하였다.

5.　　**붙임**에서는 구조나 의미 항목에서 다룰 수 없었던 예외적인 특징을 다루었다. 외국인 학습자가 늘 혼동하여 오류를 범하는 비슷한 문법 요소들을 비교하여 화용적 입장에서 용법상의 차이를 보이도록 노력하였다. 이론만으로는 설명할 수 없는 것을 경험적인 측면에서 다루었다. 그밖에 표제어와 형태상, 의미상 관련되는 다른 문법 요소와의 관계를 밝혔으며, 그럼으로써 표제어의 속성을 더욱 확실하게 드러나도록 하였다.

[보기]

붙임

1.　　대명사 '나, 저, 너, 누구'는 조사 '–가/이'와 만나면 '내가, 제가, 네가, 누가'가 된다. <☞ p. 44 인칭 대명사 붙임>

2.　구어에서는 자음으로 끝난 인명 뒤에 '-이'를 붙이고 그 다음에 다시 '-가'를 붙여서 주어가 분명하게 나타나도록 한다.

　　예　　유정**이가** 입학 시험에 합격했어요.
　　　　　지선**이가** 말을 아주 잘 들어요.

3.　'-만, -부터, -까지' 등의 조사가 '-가/이'와 결합할 때는 이들 조사는 '-가/이' 앞에 붙어서 주어의 의미를 제한한다.

　　예　　인간**만이** 문화를 가지고 있습니다.
　　　　　여기부터 저 산 아래**까지가** 우리 땅이다.

4.　보조사 '-는, -도, -라도' 등의 조사가 붙으면 '-가/이'는 반드시 탈락한다. <☞ p. 454 [부록 12] 조사의 이중 배합표 >

　　예　　철수**는** 학생이다.
　　　　　영이**도** 그 영화를 보았다.

5.　'-가/이' 이외의 주격조사로는 '-께서, -서, -에서' 등이 있다.

6.　참조는 '☞'로 표시하였다. 쪽 번호와 표제어를 밝혀 둠으로써 형태는 다르지만 비슷한 의미와 기능을 하는 것, 기능은 같지만 의미가 상이한 것을 서로 관련지어 찾아 볼 수 있도록 하여 이해에 도움이 되도록 하였다.

<table>
<tr><td>┌[보기]</td></tr>
<tr><td>

그래서

의미　(설명) <☞ p. 357 '-어/아/여서'>
</td></tr>
</table>

Ⅲ.　**부록**은 13개의 도표로 되어 있으며 책 뒤에 붙였다. **[부록 1] 동사의 활용**에서는 동작동사, 상태동사, 이다동사의 어미 활용 실례를 보였고, **[부록 2] 동사의 불규칙 활용 분류**에서는 세 가지 불규칙 활용의 경우와 이들 동사의 종류를 보였다. **[부록 3] 시제와 시상어미**에서는 한국어의 시제와 시상어미, 그리고 그들이 갖는 의미를 보였다. **[부록 4]**와 **[부록 5]**에서는 **종결어미 체계**와 **인용문의 체계**를 서법과 담화 체계에 따라 한눈에 볼 수 있게 하였다. **[부록 6]**에서는 **부정법의 체계**를 보였고 **[부록 7] [부록 8]**은

피동, 사동 어미들과 빈도수가 잦은 동사와의 결합 형태를 보이고 있다. **[부록 9]**는 인칭 대명사, **[부록 10]**은 **숫자**이다. **[부록 11] 한국어의 품사표**는 이 책에서 적용하고 있는 한국어 품사의 얼개표를 보이고 있고, **[부록 12] 조사의 이중 배합표**는 31개의 대표적인 조사가 서로 결합할 때의 결합 가능성 유무, 전후의 배합 관계를 보이고 있다. **[부록 13] (불)규칙 동사 활용의 예**는 불규칙 동사의 불규칙 활용과 불규칙 활용으로 예상되지만 규칙 활용을 하는 어휘 105개를 선정하여 12개의 어미와 활용하는 모습을 보이고 있다.

한국어 문법 일반

1. 동사의 활용

　한국어는 하나의 의미 요소에 기능어들을 첨가시켜서, 문장에서 다양한 의미와 기능을 나타내는 특징이 있다. 명사에 조사가 붙어서 기능을 하는 것과 마찬가지로, 동사에는 어미가 붙어서 여러 가지 기능을 하게 되는 것이다. 그런데 조사가 붙는 명사는 그 명사만으로도 자립적으로 쓰일 수 있지만 동사는 어미라고 하는 문법 요소와 어울려야만 쓰일 수 있다. 이렇게 동사의 어간에다가 어미를 붙여서 쓰는 것을 활용이라고 하는데, 동사가 동작동사인지 상태동사인지 또는 이다동사인지에 따라서 같은 기능을 가진 어미라도 다른 형태의 어미 활용을 한다.

　어미에는, 문장의 종결을 나타내는 종결어미, 문장과 문장을 연결해 주는 연결어미, 종결어미와 연결어미 앞에서 기능을 하는 선어말어미, 문장에서 동사의 기능을 바꾸어 주는 전성어미가 있는데, 이 중 어느 것이 동사의 어간에 붙느냐에 따라서 문장에서의 동사의 기능이 결정된다.

< ☞ p. 445 [부록 1] 동사의 활용 >

2. 동사의 불규칙 활용

　동사가 활용을 할 때는 어간과 어미의 변화가 없이 그대로 결합하여 규칙적인 활용을 하는 것이 대부분이지만, 동사나 어미에 따라서는 어간이 변하거나 어미가 변하거나, 혹은 이 두 가지가 다 변하여 불규칙 활용을 하는 것이 있다.

　어간과 어미 중 어느 것이 바뀌느냐에 따라 구분하면, 어간이 바뀌는 경우, 특정 어미와 결합하는 경우, 그리고 어간과 어미가 함께 바뀌는 경우가 있다. 이것을 좀더 자세히 구분하면 다음과 같다.

< ☞ p. 445 [부록 2] 동사의 불규칙 활용 분류 >

2.1. 어간이 바뀌는 경우

2.1.1. 어간의 음운 하나가 탈락되어 생기는 불규칙의 경우이다. '르동사' <☞ p. 247 르동사>와 '으동사' <☞ p. 379 으동사>가 여기에 속한다.

2.1.2. 어간이 어떤 음운으로 시작하는 어미를 만났을 때 어간의 끝 음운이나 음절이 바뀌는 경우이다. 'ㄷ동사' <☞ p. 185 ㄷ 불규칙동사>, 'ㅂ동사' <☞ p. 309 ㅂ 불규칙동사>, 'ㅅ동사' <☞ p. 333 ㅅ 불규칙동사>, '르동사' <☞ p. 278 르 불규칙동사>가 여기에 속한다.

2.2. 특정 어미와 결합하는 경우

2.2.1. 하다 동사는 모음으로 시작하는 어미 '-여'와 결합하여 '하여'로 쓰고 이를 줄여서 '해'로 쓴다. < 하여 → 해, 하여서 → 해서 >

<☞ p. 425 하다 동사 >

2.2.2. 가다 동사는 해라체 명령형이 '-아라'가 아닌 '-거라'와 결합하여 '가거라'가 된다. 여기에 속하는 동사로는 '자다, 일어나다, 자라다'와 '들어가다, 나가다' 등 '가다' 복합동사이다. <☞ p. 84 -거라>

2.2.3. 오다 동사도 해라체 명령형이 '-아라'가 아닌 '-너라'와 결합하여 '오너라'가 된다. 여기에 속하는 동사는 '오다' 복합동사 '들어오다, 나오다'이다. < ☞ p. 154 -너라>

2.3. 어간과 어미가 함께 바뀌는 경우
'ㅎ'으로 끝난 상태동사가 '으'로 시작되는 어미 '-으니까, -으면' 등을 만나거나 모음으로 시작하는 어미를 만나면 'ㅎ'이 탈락하거나 혹은 'ㅎ'이 탈락하고 다음 모음이 바뀐다. < ☞ p. 424 ㅎ 불규칙동사 >

3. 시제와 시상어미

인구어의 시제는 자연 시간에 따라 발화점을 중심으로 현재, 과거, 미래로 구분되어 있다. 그러나 한국어의 경우는 자연적인 시간상과 화자나 문장 주어의 동작상이 함께 어울려 이루어진다. 한국어에서 시제를 나타내는 것으로는,

(1) 선어말어미 : ∅ , -었(았/였)-, -겠-, -더-
(2) 관형사형어미 : -는, -(으)ㄴ, -(으)ㄹ < ☞ p. 166 -는/(으)ㄴ/(으)ㄹ >
(3) 시간을 나타내는 부사들 : 지금, 아까, 늘, 일전에, …

등이 있다.

선어말어미로서 과거 시제를 나타내는 '-었/았/였-'은 문장 주어의 동작의 완료를 나타내고, 미래 시제인 '-겠-'은 화자의 심상을 나타내는 것으로 미확인된 사실을 말할 때 쓴다. 그리고 '-더-'는 화자가 과거에 경험한 사실을 회상하여 말할 때 쓴다. 그러나 이러한 어미들은 문장에서 다른 요소들과 어울려 여러 가지 의미로 나타난다.

< ☞ p. 446 [부록 3] 시제와 시상어미 >

3.1. 현재

현재나 현재 진행의 경우에는 선어말어미를 따로 쓰지 않는다. 현재와 현재 진행을 나타내는 것을 경우에 따라 구분해 보면 다음과 같다.

3.1.1. 동작동사의 경우 : 현재 동작의 진행을 나타낸다.

혜리는 지금 친구와 전화를 해**요**.
큰 아이는 유치원에 다**닙니까**?

아버지는 신문을 읽으**신다**.
진수가 창밖을 내다**봅니다**.
그는 비서실에서 일**한다**.

붙임

현재 진행은 동작동사에 '-고 있다'를 붙여서 쓰는데, 이것은 특별히 동작이 진행 중에 있음을 강조해서 말할 때 쓴다. 한국어에서는 현재 시상만으로도 현재 진행을 나타낸다. <☞ p. 389 -고 있다>

3.1.2. 상태동사와 이다동사의 경우

사물의 현재 상태를 나타낸다.

날씨가 무덥**습니다**.
꽃이 참 아름답**군요**.
안경은 가방 속에 있**어요**.
우리 아버지는 대학 교수**입니다**.
오늘은 재활용품 분리 수거 날**이다**.

3.1.3. 화자가 미래의 사건을 현재의 입장에서 현재 진행이나 현재 상태를 나타내는 경우

'내일, 내년, 다음에,…' 등 미래를 나타내는 부사를 쓴다.

내일은 날씨가 좋**아요**.
내주 화요일은 16일**입니다**.
나는 **다음 주일**에 여행을 떠납니다.
김 박사는 **내년**에 귀국하**십니다**.
식이 **끝나면** 다과회가 **있습니다**.

3.1.4. 시간을 초월한 일반적인 진리나 습관을 나타내는 경우

건강이 제일**이다**.
한국 사람들은 매운 음식을 좋아**합니다**.
설날에는 세배를 **합니다**.
세 살 버릇이 여든까지 **간다**.
자연은 우리에게 많은 혜택을 **준다**.

붙임

1. 동작동사의 기본형(동사의 어간+어미 '-다')을 그대로 씀으로써 과거의 사실이나 역사적인 사건을 현재에 그대로 재현하는 느낌을 나타낸다. 이것은 문어체이므로 회화에서는 쓸 수 없다.

   예 신혼 여행을 제주도로 가**다**.
   박 선생으로부터 축하 전보를 받**다**.
   이란 대지진으로 많은 사람이 죽**다**.
   2005년 12월 27일 대학에 합격하**다**.
   신호 위반으로 벌금을 내**다**.

2. 그러나 상태동사의 기본형은 현재에만 쓰고, 과거 사실 재현에는 쓰지 않는다.

   예 교실이 밝**다**.
   일 때문에 머리가 복잡하**다**.
   창문으로 들어오는 바람이 차**다**.
   요즘 식욕이 없고 기운이 없**다**.
   그는 맏아들이라서 책임이 무겁**다**.

3.2. 과거

과거 시상을 나타내는 선어말어미로 '-었/았/였-'을 쓴다. 과거 시상어미를 문장에서의 의미 중심으로 나누어 보면 다음과 같다.

3.2.1. 동작이 현재나 과거에 완료 을 나타내는 경우

기차가 서울역에 지금 막 도착**했습니다**. (현재 완료)
그가 누구인지 이제 생각이 **났다**. (현재 완료)
어제는 학교 때 친구와 한잔 **했어요**. (과거 완료)
그는 직장에서 성실한 사람이**었습니다**. (과거 완료)
우리는 작년에 첫 아들을 낳**았습니다**. (과거 완료)

3.2.2. 동작의 완료 상태가 지속됨을 나타내는 경우

할머니는 이모 집에 가**셨습니다.** (가 있는 상태의 지속)
사모님은 안경을 쓰**셨어요.** (쓰고 있는 상태의 지속)
방에는 그림과 거울이 있**었다.** (있는 상태의 지속)
골목 안 가게는 문이 닫**혔어요.** (닫힌 상태의 지속)
저는 아까부터 여기서 차례가 오기를 기다**렸어요.** (기다리는 상태의 지속)

3.2.3. 과거의 상태를 나타내는 경우(상태동사+과거 시상)

어제는 날씨가 흐**렸어요.**
시장에는 물건이 거의 없**었다.**
새로 산 구두가 발이 아**팠다.**
시험이 끝나서 우리는 한가**했다.**
그 여름에 하는 영화는 모두 무서**웠다.**

3.2.4. 당연한 결과로서 미래에 대한 예상을 나타내는 경우

미래 사실에 대한 동작의 완료를 미리 생각하고 미래시의 동작의 완료로 쓴다.

돈을 잃어버렸으니 여행은 **다 갔다.**
공부를 안 했으니 시험 잘 보기는 **틀렸지요?**
서두르지 않으면, 그 일은 **물건너 갔지요.**
내 말대로 하지 않으면 보상금은 **다 날아간 것이다.**
비행기로 열 세시간 걸리니까 내일 이맘 때면 미국에 **도착했지요.**

붙임

일부 동작동사는 과거 시제와 결합하여 문장에서 완료된 상태를 나타낸다. 이들 동사를 동작의 진행을 나타내는 경우와 비교해 보이면 다음과 같다.

	완료된 상태를 나타내는 경우		동작의 진행을 나타내는 경우
생기다	아드님이 아주 잘 **생겼어요.**	잘 **생긴** 신랑감	–
닮다	너는 엄마를 **닮았구나.**	아버지를 **닮은** 아들	흉 보고 **닮는다.**

	완료된 상태를 나타내는 경우		동작의 진행을 나타내는 경우
찌다	그는 뚱뚱하지는 않아도 살이 **쪘어요.**	살 **찐** 송아지	먹는 것도 없는데 살이 **찐다.**
마르다	그 여자는 너무 **말랐더라.**	깡 **마른** 사람	소식 기다리느라고 내가 **마른다.**

3.3.　미래

　미래 시상을 나타내는 선어말어미로 '-겠-'을 쓴다. '-겠-'은 문장의 주어와 화자가 같을 때, 즉 주어가 1인칭일 때와 문장의 주어가 2인칭, 3인칭일 때 그 의미가 다르다.

3.3.1.　주어가 1인칭인 경우
　화자의 의도, 의지를 나타낸다. 현재나 미래 상황에서 쓸 수 있다.

　그만 먹**겠습니다.**
　이번에는 꼭 일등을 하**겠습니다.**
　이리 주세요. 제가 열어 보**겠어요.**
　나는 그를 끝까지 돌보아 주**겠다.**
　앞으로는 이런 잘못을 하지 않도록 하**겠어요.**

붙임

　'처음 뵙겠습니다.' '알겠습니다.' '모르겠습니다.'와 같이 화자의 현재 동작 진행이나 또는 화자의 상황을 알리는 데도 '-겠-'을 쓸 때가 있다. 이 때의 '-겠-'은 화자의 생각을 확실하게 표현하기 위해 '-겠-'이라고 하는 음절(syllable) 하나를 더 삽입하는 것이다.

3.3.2.　주어가 2인칭, 3인칭인 경우
　화자의 추측을 나타내는데 이것은 미래 상황과 현재 상황에 대한 추측으로 나눌 수 있다.　<☞ p. 91 '-(으)ㄹ 것'과 '-겠-'>

내일은 날씨가 흐리**겠다.** (미래 추측)
3년 후에는 준수가 대학생이 되**겠군요.** (미래 추측)
10시니까 그이가 지금은 사무실에 있**겠다.** (현재 추측)
상을 타서 기쁘시**겠어요.** (현재 추측)
집에서 편지가 안 와서 불안하**겠구나.** (현재 추측)

3.4. 완료 추측 '–었(았/였)겠–'

주어의 동작 완료를 화자가 추측하는 것인데, '–었–'과 '–겠–'을 구분해
서 생각해 보면 쉽게 이해할 수 있다.

<u>비행기가 도착하**였**</u>　　<u>**겠**습니다.</u>
　　(주체의 동작 완료)　　　　　(화자의 추측)

그 청년은 이제 의사가 되**었겠습니다.**
사랑하는 친구한테서 선물을 받아서 좋**았겠어요.**
할머니가 살아 계셨으면 90세가 되**셨겠구나.**
지금 쯤은 모두들 잠이 들**었겠지요?**
지하철 파업 때문에 지각하는 사람이 많**았겠다.**

3.5. 과거 완료 '–었(았/였)었–'

과거의 사건 내용이 현재와 다르거나 현재와 단절되어 있다고 생각할
때 쓴다.

누가 **왔었어요?** (지금은 손님이 없지만)
아까 내가 너희 집에 **갔었어.** (지금은 다른 곳에서 만난 상태)
몸이 아파서 일주일간 병원에 입원**했었어요.** (지금은 퇴원했지만)
아침에는 전화가 안 되던데 고장**났었니?** (지금은 되지만)
옷이 젖**었었는데** 다 말랐네요. (아까와 지금이 다른 상태)

붙임

1. '–었–'과 '–었었–'이 문장에서 어떻게 다른가를 예를 들어 보이면 다
   음과 같다.

   예 그는 지난 달에 제주도에 **갔습니다.**
   (제주도에 가 있는 상태가 계속되거나, 혹은 그 이후에 어떻게 되었는지 알 수
   없거나, 다른 곳에 있음.)

그는 지난 달에 제주도에 **갔었습니다.**
(제주도에 갔다가 돌아왔음.)

장사해서 돈을 **모았어요.**
(돈이 있는 상태가 계속되거나 그 후 일을 알 수 없음.)

장사해서 돈을 **모았었어요.**
(돈을 모았었지만 그것을 없앤 상태)

나도 로또 복권을 **샀다.** (사 가지고 있는 상태)
나도 로또 복권을 **샀었다.**
(샀다가 지금은 가지고 있지 않은 상태, 또는 과거에 습관적으로 샀으나 지금은 안 사는 상태)

무엇을 **전공했습니까?** (전공한 것이 무엇입니까?)
무엇을 **전공했었습니까?** (지금의 전공과 달리 과거의 전공은 무엇입니까?)

2. '-었-'과 '-었었-'은 동사의 의미에 따라서 별다른 차이가 없이 쓰이기도 한다. 즉, '-었었-'을 써야 하는 경우에 '-었-'만을 쓰는 경우가 있다. 특히 상태동사의 경우에는 이러한 문장을 많이 볼 수 있다.

> **예** 형은 전에 이 학교에 **다녔다.**
> (지금은 다니고 있지 않아도 '다녔었다'는 잘 쓰지 않는다.)

> **예** 제가 어렸을 때는 서울에 **살았습니다.** 그렇지만 결혼하고는 시골에서 살아요.
> (상태가 변했으므로 '살았었습니다'라고 해야 하지만 '살았습니다'도 쓴다.)

> 그 가을의 설악산 단풍은 **아름다웠다.**
> 제가 어렸을 때는 아주 **약했어요.**
> 처음에는 방바닥이 **따뜻했어요.**

3.6. 과거 회상

화자가 과거에 어떤 경험을 하고 그것을 회상하여 말하는 시상어미로 '-더-'를 쓴다.

3.6.1. '-더-'는 다른 시상어미와 마찬가지로 종결어미, 연결어미, 그리

고 관형사형 어미와 결합한다. < ☞ p. 210 '-더-'>

결합 요소	결합 예
종결어미	-더군(요), -더라, -더라고요, -던가요?
연결어미	-더니, -었더니, -던데, -더라도, -더라면
관형사형 어미	-던, -었던

< ☞ 각 항목>

3.6.2.   '-더-'는 다른 시상어미와 결합한다.

3.6.2.1.   '-겠더-'

과거에 화자가 어떤 사실을 경험하고 추정한 것이나 또는 가능성을 회상해서 말할 때 쓴다. 이 시상어미와 어울리는 어미는 다음과 같다.

-겠더군요, -겠더라, -겠던가요?, -겠던데요, -겠더니

아기가 아주 똑똑하**겠더군요**.
그 나무는 햇빛을 못 봐서 죽**겠더군요**.
내일은 바람이 불고 춥**겠더라**.
처음에는 다 먹겠더니 이제는 더 못 먹**겠어요**.
그 시사 토론은 내용이 뻔해서 나도 알아 듣**겠던데요**.

3.6.2.2.   '-었더-'

과거에 어떤 동작이나 상태가 완료됨을 보고 회상해서 말할 때 쓴다. 이 시상어미는 '-더-'가 연결되는 모든 어미와 다 어울린다.

-었더군요, -었더라, -었던데요, -었더니, -었던, …

지난 번에 **갔던** 다방으로 가자.
산에는 벌써 낙엽이 다 **졌더군요**.
내가 갔을 때는 결혼식이 거의 다 **끝났더라**.
혜리를 **만났더니** 네 전화 번호를 알려 주더라.
내가 유학을 **갔더라면** 지금 쯤 박사가 되었을 텐데.

3.6.2.3.   '-었겠더-'

과거 동작의 완료를 화자가 추정하고 회상해서 말할 때 쓴다. 과거에 어떤 동작이나 상태가 완료되었음을 화자가 미루어 생각하고, 그 사실을 회

상함을 말한다. 이 시상어미와 어울리는 어미는 다음과 같다.

  -었겠더군요, -었겠더라, -었겠던데요

  상처를 보니까 넘어졌을 때 몹시 아**팠겠더군요**.
  문제가 아이들에게 어려**웠겠던데요**.
  승진 소식을 듣고 부모님이 좋아하**셨겠더라**.
  많은 책을 옮기느라고 힘들**었겠던데요**.
  마음 맞는 사람들과 유럽 여행을 했으니 재미있**었겠더군요**.

4. 문장 종결법

  한 문장을 마치는 데는 문장 마침을 나타내는 요소가 반드시 있어야 한다. 문장 마침을 나타내는 종결법은 서술어에 나타나는데, 동사의 어간에다가 종결어미를 붙이거나 명사형 전성어미를 붙임으로써 표시한다. 종결어미는 문장의 형식과 담화 체계를 나타내는데 문장 형식은 서술문, 의문문, 명령문, 청유문으로, 담화 체계는 격식체, 비격식체, 혹은 높임과 낮춤의 형식으로 구분된다. <☞ p. 447 [부록 4] 종결어미 체계>

4.1. 서술문

  서술문은 종결어미가 가리키는 의미에 따라 일반적인 서술을 나타내는 일반 서술문, 약속 서술문, 확인 서술문, 감탄 서술문으로 나눌 수 있다. 서술문의 절종결은 내림(↘)이 원칙이다.

4.1.1. 일반 서술문
  -ㅂ/습니다, -(으)네, -(는/ㄴ)다, -어(아/여)요, -어(아/여)
  일반적인 문장 서술을 나타내는 대표적인 종결어미로서 격식체 중, 아주 높임을 나타내는 합시오체로는 '-ㅂ/습니다'를 쓰고 하게체로는 '-(으)네', 반말로는 '-(는/ㄴ)다', 그리고 비격식체로는 '-어(아/여)요', 비격식체 반말로는 '-어(아/여)'를 쓴다.

비가 **옵니다**. 우산 여기 있**습니다**.
비가 오**네**. 우산 여기 있**네**.
비가 **온다**. 우산 여기 있**다**.
비가 **와요**. 우산 여기 있**어요**.
비가 **와**. 우산 여기 있**어**.

4.1.2. 약속 서술문

서술문 중에는 화자가 강한 의지를 보임으로써 상대와의 약속을 나타내는 문장이 있는데, 이 때 쓰이는 종결어미로는 '-(으)마, -(으)ㄹ게요, -(으)ㄹ게'가 있다. 이 약속의 뜻을 가진 어미들은 주로 구어에서 쓰인다.

나 먼저 나**갈게**.
이 잡지 좀 **볼게**.
이번에는 약속을 꼭 지**킬게요**.
점심은 내가 내**마**.
힘든 일은 내가 도와주**마**.

붙임

1. 화자의 의지를 나타내는 시상어미 '-겠-'을 써서 청자의 생각과는 관계없이 약속의 뜻을 나타낼 수 있다. 즉, '내일은 일을 마치겠습니다.' '다시는 나쁜 짓을 안 하겠어요.' 등에서 화자의 의지에 의한 일방적인 약속이 나타난다.
2. 하게체 '-(으)ㅁ세'는 요즘 많이 쓰이지 않는다.

4.1.3. 확인 서술문

'-지요, -지'로 대표되는 확인 서술문 종결어미는 화자가 생각하는 바를 청자도 똑같이 생각하고 동의하리라는 전제하에서 하는 말이다. 그러므로 이 때의 화자의 의도는 사실의 서술이나 전달의 목적이 아닌 사실 확인이다. 따라서 응답을 기대하지 않는다.

우리에게는 희망이 있었**지**.
여름에는 바닷가가 좋**지**.
혼자 살면 편하고 자유롭**지요**.
아이들은 늘 늦게 들어오**지요**.

구조 조정 때문에 모두가 불안하**지요**.

4.1.4. 감탄 서술문

서술문에는 감탄의 뜻을 가진 문장이 있는데, 여기에 쓰이는 종결어미로는 '-군, -군요, -구나'가 있다.

아주 높임을 나타내는 감탄문은 대개 '-ㅂ/습니다'를 그대로 써서 감탄을 나타내고, 해체에서는 '-어(아/여)'를 쓰기도 한다. 이 경우에는 느낌을 나타내는 부사를 씀으로써 감탄의 뜻을 분명히 한다. 문장 끝을 나타내는 부호는 마침표(.)나 감탄 부호(!)를 쓴다.

음식이 참 맛있**습니다**.
차가 밀리는**군** !
남대문 시장에는 물건이 굉장히 많더**군요**.
아, 지갑이 여기 있**구나**.
감기가 심하**구나**.

4.2. 의문문

의문문에는 일반 질문을 나타내는 일반 의문문과 의문사를 넣어서 의문 문장을 만드는 의문사 의문문, 화자의 의견에 동의하는지를 묻는 확인 의문문, 화자의 의도를 상대에게 묻는 의도 의문문, 그리고 서술, 감탄, 명령을 나타내는 의문 형식의 의문문이 있다.

4.2.1. 일반 의문문

일반 의문문에 쓰이는 종결어미는 '-ㅂ/습니까?, -는(ㄴ/은)가?, -나?, -(느/으)냐?, -(으)니?, -는/(으)ㄴ가요?, -나요?, -어(아/여)요?, -어(아/여)?' 등이 있다. 절종결의 억양은 올림(↗)이 원칙이다.

병원이 여기서 **멉니까**?
은행에서 돈을 찾**았나**?
자전거가 고장이 **났니**?
비디오를 자주 빌려서 **봐요**?
직장 생활이 재미있**느냐**?

4.2.2. 의문사 의문문

'누구, 언제, 어디, 무엇, 어떻게, 어느'와 같은 의문을 나타내는 말을 넣어서 의문문을 나타내는 경우이다. 이 때 문장의 형식과 억양에 따라서 의미 분화가 생기는데 강세를 어디에 두느냐, 말끝을 올리느냐 내리느냐에 따라서 의미가 달라진다.

의문 대명사인 '누구, 언제, 어디,…'와 같은 말들이 일반 의문문에서 쓰일 때 말끝을 내리는 경우는 어떤 사람인지, 언제인지, 어느 장소인지, 어떤 사물인지를 구체적으로 알고 싶어함을 나타낸다. 절종결은 내림(＼)이다.

가 : **누가 왔어요?** ＼
나 : 동생이 왔어요.

가 : **어디서 헤어졌어요?** ＼
나 : 그 사람 집 앞에서 헤어졌어요.

가 : 아이들이 운동장에서 **뭘 해요?** ＼
나 : 야구를 해요.

가 : 소주 **몇 병 드릴까요?** ＼
나 : 두 병 주세요.

가 : **언제** 라면이 **먹고 싶어요?** ＼
나 : 밤 늦게 공부할 때 라면 생각이 나요.

'누구, 언제, 어디,…'가 일반 명사(부정사)로서 의문문이나 또는 서술문에서 쓰이는 경우는 특정한 사람이 아닌 일반적인 사람이나 시간, 장소, 그리고 사물을 나타낸다. 이 때는 문장의 서술어에 강세를 주고 말끝을 올린다.(／)

가 : **어디 가세요?** ／
나 : 예, **어디 좀 가요.**

가 : **누가 왔어요?** ／
나 : 예, **누가 왔어요.**

가 : 저 아이들이 **뭘 먹고 있어요?** ／
나 : 예, **뭘 먹고 있나 봐요.**

가 : **어디 앉으셔야지요?** ／
나 : 예, **어디 좀 앉아야지요.**

가 : 동전이 많은데 **몇 개 줄까?** ↗
나 : 응, 많으면 **몇 개 줘.**

4.2.3.　확인 의문문

화자가 청자의 의견도 자기와 같으리라고 짐작하여 자기 의견에 동의하는지를 확인하고 또 그렇기를 바래서 하는 질문이다. 이 질문 형식에는 종결어미 '-지?, -지요?'를 쓰거나 일반 서술문에다가 문장 뒤에 '그렇지요?, 그렇지?, 그렇지 않습니까?'와 같은 의문문을 덧붙여 쓴다.

1.　'-지?, -지요?'를 쓰는 경우

산에 오르니 시내가 다 보이**지?**
내 발음이 많이 좋아졌**지?**
너무 늦게 전화드렸**지요?**
더우니까 시원한 맥주 생각이 나**지요?**
두 사람이 서로 잘 통하는 것 같**지요?**

2.　일반 서술문에다가 '그렇지요?' 등 앞 문장을 확인하는 의문문을 쓰는 경우 : 앞 뒤 문장의 존대법이 상호 호응되어야 한다.

오늘 강의는 참 지루했어. **그렇지?**
어려울 때 친구가 생각납니다. **그렇지요?**
여행은 사람을 즐겁게 해요. **그렇지 않아요?**
적당한 휴식은 참 필요한 거야. **그렇지?**
역시 그는 이기적인 사람이다. **그렇지 않아?**

붙임

같은 확인 의문문이라도 '1'의 경우는 상대방의 의사를 공손하게 타진하는 느낌이 있고, '2'의 경우는 화자의 의견에 동의하기를 강요하는 느낌이 있다.

4.2.4.　의도 의문문

화자가 하고자 하는 의도를 청자에게 묻는 경우로서 종결어미로는 '-랴?, -ㄹ까요?, -ㄹ까?'가 있다. 아주 높임을 나타내는 존대 형태는 없다.

제가 댁까지 모셔다 **드릴까요?**
시장에는 제가 갔다가 **올까요?**
내가 좀 도와 **줄까?**
내가 아버지께 말씀 **드리랴?**
우산을 빌려**주랴?**

붙임

'-ㄹ까(요)?'는 주어에 따라서 그 의미가 다르다. 여기에서처럼 1인칭 단수가 주어일 때는 화자의 의도를 나타내고, 3인칭이 주어일 때는 단순한 의문 종결어미로 쓰인다. <☞ p. 249 -(으)ㄹ까요?>

4.2.5. 그 밖의 의문문들 : 서술 의문문, 감탄 의문문, 명령 의문문

1. 서술 의문문은 형식은 의문문이지만 질문에 목적이 있는 것이 아니고, 강한 서술을 나타내기 위하여 의문문의 형식을 쓰는 경우이다. 강한 표현이기 때문에 공손하지 않을 수도 있다.

    이렇게 늦은 시간에 **어떻게 전화를 합니까?**
    혹시 박 선생님이 **아니십니까?**
    내가 **무슨** 말을 **했다고 그래요?** 아무말도 안 했어요.
    그렇게 할 일이 없니?
    아는 사람이라면 인사를 하지 **않았을까요?**

2. 감탄 의문문은 의문문 형식이지만 강한 느낌을 나타내는 경우이다.

    이게 누구야?
    이게 뭐야?
    이 얼마나 아름다운 모습이냐?
    어쩌면 목소리가 **저렇게 고울까요?**
    한강 다리가 끊어지다니! **이런 일이 또 있을까?**

3. 명령 의문문은 의문문 형식이지만 강한 표현으로서 명령을 나타내는 경우이다.

    왜 나한테 **화를 내십니까?** (화 내지 마십시오.)
    9시인데 **안 일어나니?** (어서 일어나라!)

왜 이렇게 잠을 **못 주무세요?** (어서 주무세요.)
우리 아기 좀 **봐 주시겠어요?** (좀 봐 줘요.)
커피 한잔 만들어 **주겠어?** (만들어 줘.)

4.3. 청유문

　화자가 청자에게 행동을 같이 하기를 권유하고 간청하는 문장으로 종결 어미 '-(으)ㅂ시다, -(으)십시다, -세, -자, -자꾸나, -어(아/여)요, -(으) 시지요, -어(아/여), -지' 등이 있다. 화자와 청자가 함께 문장의 주체가 되지만 주어를 생략하고 서술어만으로 문장을 이룬다. 청자를 아주 높여 서 권유하는 경우에 '-(으)ㅂ시다, -(으)십시다'를 쓰기도 하지만 '-(으) 시지요'를 써서 화자를 주어에서 제외시키고 상대 의사를 존중하여 권유 함을 나타낸다.

　　좀더 기다려 **봅시다.**
　　몸과 마음을 깨끗이 하**자.**
　　오늘은 그만 마시고 일어나**세.**
　　오랜만에 이야기나 하**자꾸나.**
　　말씀을 낮추시**지요.**

4.4. 명령문

　명령문은 주어를 생략하고 서술어로만 말하는 경우가 대부분이다. 절종 결은 단절하듯 하여 여운을 두지 않는다. (↕)

4.4.1. 일반 명령문

　종결어미로는 '-(으)십시오, -게, -어(아/여)라, -어(아/여)요, -어(아/ 여), -지'를 쓴다. '-ㅂ시오'는 존대형 어미 '-시-'를 붙여서 항상 '-(으) 십시오'의 형태로만 쓴다. 겸양의 뜻을 나타내기 위하여서는 겸양 보조동 사 '-어(아/여) 주다'를 붙여서 '-어(아/여) 주십시오'를 쓴다. 명령을 나타내는 종결어미들은 동작동사하고만 결합하그 상태동사와 이다동사와 는 쓰지 않는다. '드리다, 여쭙다'와 같이 존대형이 따로 있는 동사의 경우에는 존대형 어간에 '-(으)십시오'를 쓴다.

> 신청서는 내일까지 내**십시오.**
> 이 어른께 인사드리**게.**
> 제발 싸우지 좀 **말아라.**
> 똑바로 가다가 네거리에서 좌회전 하**세요.**
> 얘, 텔레비전 좀 틀어 **봐.**

4.4.2. 허락 명령문

명령을 나타내는 문장 중에는 화자가 청자의 의도대로 하도록 허락하는 것이 있다. 이 때 사용하는 종결어미는 '-렴, -려무나'인데, 이들은 반말에 쓰인다.

> 할 말이 있으면 직접 만나서 하**렴.**
> 무엇이든지 네 마음대로 하**려무나.**
> 연락하기 싫으면 그만두**렴.**
> 휴일이니 청소 좀 하**렴.**
> 급한 일이거든 휴대전화로 연락하**려무나.**

5. 인용문

인용문이란, 화자가 남이 말한 것을 인용하여 자기의 말속에 넣어 말하는 문장을 의미한다. 여기에는 원래 화자가 말한 것을 그대로 인용하는 직접 인용문과, 원래 화자가 말한 것을 전달자의 입장에 맞추어서, 문장의 여러 가지 요소를 바꾸어 인용하는 간접 인용문이 있다.

5.1. 직접 인용문

말을 전하는 사람인 화자가 원래 화자의 말을 그대로 따옴표(" ") 속에 넣어 말하고 따옴표 뒤에는 '-라고 하다, -라고 말하다, -하고 이야기하다, -하고 말씀하다' 등을 쓰는 경우이다.

비서는 "손님이 오셨는데요."라고 **했습니다.**
간호원은 "주사 맞으세요."라고 환자에게 **말했다.**
"떠든 사람이 누구냐?"라고 **하면서** 선생님은 우리 쪽을 보셨다.
그 때 밖에서 "사람 살려요."**하는** 소리가 **들렸다.**
형은 우리에게 "빨리 뛰자."**하고 소리쳤습니다.**

5.2.　간접 인용문

　　원래의 화자가 한 말 중에서, 사람을 가리키는 명사, 시간, 장소, 존칭 관계, 종결어미 등을 전하는 사람인 화자의 입장에 맞도록 바꾸어서 인용하는 문장이다. 간접 인용문의 종결어는 아주 낮춤(해라체)을 나타내는 종결어미, '-(는/ㄴ)다, -(느/으)냐?, -자, -(으)라'에 '-고 (말)하다'를 붙여서 쓴다. 다만 명사와 결합하는 이다동사는 '-이다' 대신 '-(이)라'를 쓴다. ＜☞ p. 448 [부록 5] 인용문＞

5.2.1.　동작동사 + ㄴ/는다고 하다

가족이 부산에서 **산다고** 해요.
나는 귀국하는 대로 전화**한다고 했다.**
혜리는 인수를 언제까지나 기다**린다고 합니다.**
그는 병원에 다니지 않**는다고 했다.**
친구가 도서관에서 나를 찾**는다고 합니다.**

5.2.2.　상태동사 + 다고 하다

학생들이 시험이 어렵**다고 합니다.**
형은 나보다 키가 크**다고 합니다.**
박 선생은 회사 월급이 너무 적**다고 말한다.**
담배를 피우는 학생이 많**다고 한다.**
외국 사람들이 서울은 물건값이 비싸**다고 한다.**

5.2.3. 명사 + (이)라고 하다

저는 김혜리**라고** **합니다.**
이것을 일본말로 무엇**이라고** **해요?**
미안하지만, 지금 뭐**라고** **하셨어요?**
그의 남편은 회사원**이라고** **한다.**
이 물건은 가짜가 아니**라고** **해요.**

붙임

'(-이)라고 하다'는 남의 말을 인용하는 것 이외에, 사람들이 보통 일반적으로 부르는 것, 즉 '-(이)라고 부르다'의 뜻으로 쓰인다. 그러나 단지 자기의 말을 강조해서 말할 목적으로 쓸 때도 있다. "저는 김영수라고 합니다." 같은 것이 그 예이다.

5.2.4. 동작동사 + (느)냐고 하다

상태동사 + (으)냐고 하다

택시 기사는 나에게 어디 가**느냐고** **했다.**
나는 그에게 무엇을 찾**느냐고** **물었다.**
아주머니는 나에게 무엇이 필요하**냐고** **하신다.**
한국에서는 결혼했**느냐고** **묻는** 사람이 많다.
우리는 차가 왜 움직이지 않**냐고** **물어 보았어요.**

5.2.5. 명사 + (이)냐고 하다

그는 내 이름이 무엇**이냐고** **물었다.**
그는 종로에 가는 버스는 몇 번**이냐고** **했어요.**
형사는 그들에게 집에 도착한 시간이 몇 시였**냐고** **했습니다.**
요즘 유명한 가수가 누구**냐고** **해서** 김건우라고 했다.
혹시 김 선생이 아니**냐고** **하면서** 인사를 했다.

5.2.6. 동작동사 + 자고 하다

사무실 사람들이 술 한잔 하**자고** **합니다.**
아내가 여행을 가**자고** **합니다.**
싸우지 말고 이제는 친하게 지내**자고** **했다.**

길이 미끄러우니까 오늘은 떠나지 말**자고 한다**.
제가 영화 구경을 하**자고 말했으니까** 극장표는 제가 사겠습니다.

5.2.7. 동작동사 + (으)라고 하다

의사는 환자에게 음식을 조심하**라고 합니다**.
나는 직원들에게 쉬고 싶으면 쉬**라고 해요**.
엄마는 딸에게 따라오지 말고 집에 있**으라고 했다**.
공부**하라는** 말이 정말 듣기 싫다.
잠깐만 기다리**라고 하더니** 오지 않는군요.

붙임

아주 낮춤을 나타내는 해라체 명령형 종결어미는 "-어(아/여)라"인데 간접 인용문의 명령형은 '-(으)라'임에 주의해야 한다.

5.2.8. '주다'의 인용문 '달라고 하다'와 '주라고 하다'

동작동사 '주다'는 목적어를 받는 대상이 누구냐에 따라서 인용문에서 사용하는 동사가 달라진다. 목적어를 받는 대상이 1인칭이면 인용문에서의 동사는 '달라고 하다'가 되고 목적어를 받는 대상이 3인칭이면 동사는 '주라고 하다'가 된다. 원래의 화자 자신이 어떤 사물이 필요할 경우에는 '달라고 하다'를 쓰고, 원래의 화자가 필요로 하는 것이 아니고 제 3자가 필요로 하는 것인 경우에는 '주라고 하다'를 쓰는 것이다.

원화자의 말	-을/를 주십시오	-어(아/여) 주십시오
<u>원화자가 사물</u>이 필요한 경우	<u>원화자가</u> -을/를 달라고 하다	<u>원화자가</u> -어(아/여) 달라고 하다
<u>제 3자가 사물</u>이 필요한 경우	<u>원화자가</u> -을/를 제 3자에게 주라고 하다	<u>원화자가 제 3자에게</u> -어(아/여) 주라고 하다

원화자의 말	간접 인용문
1. ~ 좀 주십시오	-을/를 달라고 합니다

영희 : "물 좀 주십시오."   ⇒ 영희가 물을 달라고 합니다.

철수 : "성냥 좀 주세요."   ⇒ 철수가 나에게 성냥을 달라고 합니다.
주희 : "그 지우개 좀 주세요."   ⇒ 주희가 지우개를 달라고 합니다.

2.	-어 주십시오	-어 달라고 합니다

영희 : "점심 좀 사 주십시오."   ⇒ 영희는 점심을 사 달라고 합니다.
인수 : "책 좀 빌려 주세요."   ⇒ 인수는 나에게 책을 빌려 달라고 해요.
주희 : "말 좀 가르쳐 주세요."   ⇒ 주희는 우리에게 말을 가르쳐 달라
                                고 했어요.

3.	-을/를 (다른 사람)에게 주십시오	-을/를 (다른 사람) 에게 주라고 합니다

승희 : "과일을 아이에게 주세요."   ⇒ 승희는 과일을 아이에게 주라고 한다.
민호 : "맥주를 손님에게 드려요."   ⇒ 민호는 맥주를 손님에게 드리라고
                                  했어요.
진우 : "친구에게 선물을 주자."   ⇒ 진우는 친구에게 선물을 주자고 합니다.

4.	-을/를 (다른 사람)에게 -어/아/여 주십시오	-을/를 (다른 사람)에게 -어/아/여 주라고 합니다

민호 : "아이들한테 전화 번호 좀   ⇒ 민호는 아이들한테 전화 번호 좀 가르
       가르쳐 줘."   쳐 주라고 합니다.
승희 : "손님에게 택시 좀 잡아 드리세요."⇒ 승희는 손님에게 택시를 잡아 드리라
                                      고 했습니다.
진우 : "여러분에게 교수님 말씀을 통역해 ⇒ 진우는 여러분에게 교수님 말씀을 통역
       드리십시오."   해 드리라고 합니다.

붙임

　명령문은 상태동사에 쓰지 않는 것이 원칙이지만 다음과 같이 일부 상태동사와 쓸 수도 있다. 이 때는 명령이라기보다 바람이나 기원을 나타낸다.

예　너 좋**으라고** 우리가 이리 왔다.
　　너 듣기 좋**으라고** 한 말이지 사실이 아니란다.
　　들기 편하**라고** 손잡이를 만들었습니다.
　　앉기 편하**라고** 의자를 놓았어요.
　　모두들 시원하**라고** 에어컨을 켰단다.

6. 어순

한국어는 유형적으로 SOV 언어에 속한다. 즉 한국어의 어순은 주어-목적어-동사의 순서가 기본이다. 그리고 꾸미는 달이 꾸밈을 받는 말 앞에 놓인다는 특징도 있어서 관형어가 체언 앞에 오며 부사어가 용언 앞에 온다.

6.1. 한국어의 기본 어순은 다음과 같다.

영이가 예쁘다. (주어-서술어)
철수가 책을 읽는다. (주어-목적어-서술어)
영이가 학교에 간다. (주어-부사어-서술어)
철수가 영이에게 책을 주었다. (주어-간접 목적어-직접 목적어-서술어)
예쁜 꽃 (관형어-명사)
빨리 달리는 자동차 (부사-서술어(관형어)-명사)

6.2. 그런데 한국어는 조사가 대단히 발달한 언어로서, 체언의 문법적 역할은 격조사에 의해 명시적으로 표시되기 때문에 어순에 비교적 융통성이 있다. 아래에서 볼 수 있는 것처럼, 화자의 의도에 따라 목적어 명사구가 앞으로 이동하여 목적어-주어-서술어의 어순이 될 수 있다.

1. 철수가 책을 읽는다. (주어-목적어-서술어)
   책을 철수가 읽는다. (목적어-주어-서술어)

2. 영이가 학교에 간다. (주어-부사어-서술어)
   학교에 영이가 간다. (부사어-주어-서술어)

3. 철수가 영이에게 책을 주었다. (주어-간접 목적어-직접 목적어-서술어)
   철수가 책을 영이에게 주었다. (주어-직접 목적어-간접 목적어-서술어)
   영이에게 철수가 책을 주었다. (간접 목적어-주어-직접 목적어-서술어)
   책을 철수가 영이에게 주었다. (직접 목적어-주어-간접 목적어-서술어)

6.3. 그러나 어순이 자유롭다고 하여 명사구의 이동이 언제나 허용되는 것은 아니다. 한국어는 조사의 생략이 가능한데, 격조사가 생략된 경우에는 명사구의 이동이 불가능하다.

> 철수가 책 읽는다. (주어-목적어-서술어)
> ?책 철수 읽는다. (목적어-주어-서술어)

6.4. 격조사가 생략되지 않았는데도 이동이 불가능한 경우가 있는데, '아니다, 되다'와 같은 동사가 서술어로 쓰였을 때이다.

> 1. 철수가 대학생이 아니다. (주어＋보어＋서술어)
>   철수가 대학생이 되었다. (주어＋보어＋서술어)
>
> 2. ?대학생이 철수가 아니다.
>   ?대학생이 철수가 되었다.

6.5. 또한, 수식어-피수식어의 어순도 고정되어 있어서 꾸밈을 받는 말이 꾸미는 말 앞에 올 수가 없다.

> 1. 철수의 한국말이 유창하다.
>   ?한국말이 철수의 유창하다.
>
> 2. 철수가 노래를 아주 멋있게 불렀다.
>   ?철수가 노래를 멋있게 아주 불렀다.

6.6. 부사의 경우에도 문장을 수식하는 문장 부사는 비교적 자유롭게 이동하지만, 동사나 형용사를 수식하는 성분 부사는 어순의 이동이 자유롭지 못하다.

> 1. 다행히 철수가 제시간에 도착했다.
>   철수가 다행히 제시간에 도착했다.
>   철수가 제시간에 다행히 도착했다.
>
> 2. 영이가 노래를 잘 부른다.
>   ?영이가 잘 노래를 부른다.
>   ?잘 영이가 노래를 부른다.

7. 부정법

한국어에서 부정을 만드는 요소로는 부사와 보조동사가 있는데, 문장의 내용과 형식, 그리고 이들과 결합하는 동사의 종류에 따라서 어떤 것을 쓰는지가 결정된다.

7.1. '안' 부정

부사 '안'과 보조동사 '-지 않다'는 동작동사, 상태동사와 어울리며, 문장의 주체인 행위자의 의지가 동작이나 상태에 대하여 부정적임을 나타낸다. 즉, 외부의 조건과 관계없이 주체자가 그러한 행위를 할 생각이 없음을 나타낸다.

7.1.1. 안 + 동작동사, 상태동사

동작동사나 상태동사 앞에 쓰이어 동사를 부정으로 한정한다. 이다동사와 일부 상태동사(아름답다, 서늘하다, 늑장부리다 등)에는 쓰이지 않는다.

> 텔레비전은 **안** 봐요.
> 저는 이제 담배를 **안** 피워요.
> 나는 추운데 **안** 추우세요?
> 그렇게 중요한 얘기를 왜 **안** 했지요?
> 나는 시간을 **안** 지키는 사람이 제일 싫어요.

7.1.2. 안 + 하다

명사에 '하다'가 붙어서 된 동사에는 명사와 '하다' 사이에 '안'을 넣고, 그 명사에는 목적격 조사 '-을/를'을 붙여서 목적어의 기능을 하게 한다.

우리 아이는 공부를 **안 해요**. (공부하다)
알면서 왜 말을 **안 하니?** (말하다)
운동을 **안 하니까** 자꾸 살이 쪄요. (운동하다)
혜리가 요즘은 우리집에 전화를 **안 한다**. (전화하다)
노력을 **안 하는** 사람은 성공하기 어렵습니다. (노력하다)

7.1.3. 동작동사, 상태동사 + -지 않다

'안'이 뒤에 오는 동사를 직접적으로 한정해서 자연스럽지 못한 경우가 있는 것과 달리, '-지 않다'는 모든 서술어와 잘 어울려서 문맥상 무리가 없다.

진수는 신문을 보**지 않아요**.
어두워도 불을 켜**지 않는군요**.
기침은 나지만 열은 높**지 않습니다**.
이번 화재로 손해가 적**지 않다**.
습기가 많으니까 빨래가 마르**지 않아요**.

붙임

1. '안'과 '-지 않다' 비교

	안	-지 않다
품사	부사	보조동사
동작동사	안 + 동작동사	동작동사 + 지 않다
상태동사	안 + 일부 상태동사	상태동사 + 지 않다
이다동사	—	—
의미	뒤에 오는 동사를 바로 수식하여 부정이 직접적이다.	동사와 '않다'가 거리가 있어서 간접적이고 객관적이며 따라서 품위있고 점잖은 느낌이다.

2. '-지 않다'의 '-지' 뒤에는 조사가 붙어서 뜻을 더해 준다.

> 예 이 물건은 좋**지가** 않습니다. (지정)
> 옷이 몸에 맞**지를** 않아요. (강조)
> 시험 문제가 어렵**지도** 않고 쉽**지도** 않았어요. (열거)
> 아무리 기다려도 버스가 오**지를** 않는군요. (강조)
> 물론 그 사람이 싫**지야** 않지요. (강조)
> 우리들이 모여서 놀**지만은** 않아요. 좋은 일도 하지요. (대조)

7.2. '못' 부정

'못' 부정에는 부사 '못'과 보조동사 '-지 못하다'가 있다. 이들이 동작동사와 어울릴 때는 동작의 주체인 문장 주어의 능력이나 기타 외부의 어떤 요인 때문에 행위가 불가능함을 말한다. 그러나 상태동사에는 '-지 못하다'만 사용되는데, 그 때는 어떤 상태가 화자의 기대에 미치지 못함을 나타낸다.

7.2.1. 못 + 동작동사

친구가 와서 숙제를 **못했어요.**
다리를 다쳐서 **못 걸어요.**
그는 앞을 **못 보는** 장님입니다.
어제는 시끄러워서 한잠도 **못 잤어요.**
동네 청년들이 뛰어 갔지만 도둑을 **못 잡았어요.**

7.2.2. 동작동사 + -지 못하다

나는 한자가 있는 신문은 **읽지 못합니다.**
저 붕어는 **살지 못할 것** 같은데요.
나는 옛날의 그를 **잊지 못하고** 있다.
박찬호 선수는 이번에 좋은 기록을 **내지 못했다고** 해요.
이 공장 근로자들은 일요일도 **쉬지 못하고** 일을 합니다.

7.2.3. 상태동사 + -지 못하다

일부 상태동사하고만 결합한다.

요즘에는 **깨끗하지 못한** 정치인이 많다.
학생들의 발음이 **정확하지 못합니다.**
언니만큼 나는 성격이 **부드럽지 못해요.**
긴장하면 행동이 **자연스럽지 못하다.**
남자가 왜 그렇게 **씩씩하지 못하니?**

붙임

1. '안'과 '못'의 의미 비교

안	못
능력이나 외부 조건에 관계없이 하고 싶지 않음을 나타낸다.	능력이 미치지 못하거나 기대에 미치지 못함을 나타낸다. 동작동사의 경우 '-ㄹ 수 없다'와 대치할 수 있다.

2. '이다동사 + -지 못하다'의 경우 : 원칙적으로는 불가능하다. 그러나, 의미상 상태동사와 관련있는 극히 일부 명사와 결합하여 'N이지 못하다'의 형태로 쓴다.

   예   그 디자이너의 옷은 **대중적이지 못하다.**
         나는 **이기적이지 못해서** 늘 손해를 봅니다.

3. '-지 않다'와 마찬가지로 '-지 못하다'도 '-지' 뒤에 조사가 붙어서 뜻을 더해 준다.

   예   -지가 못하다   -지는 못하다   -지도 못하다
         -지를 못하다   -지야 못하다

7.3. 이다 부정

이다동사의 부정 형태는 '아니다'이다. '아니다'는 주어와 어울려 서술절을 형성하여 문장의 보문이 되고 다시 문장의 주어를 필요로 한다. 문장 형태는 'N은/는 N이/가 아니다'가 된다.

이것은 내 가방**이 아니다.**
우리 아버지는 재벌**이 아니에요.**
여기는 신촌**이 아니고** 이대입구에요.
이번 사고는 제 잘못**이 아닙니다.**
그 분의 생각이 순 한국식**은 아닙니다.**

7.4. 있다 부정

존재를 나타내는 동사 '있다'의 부정형은 '없다'이다.

지갑에 돈이 한 푼도 **없습니다.**
결혼은 했지만 아이는 아직 **없다.**
창문을 열어 보니 밖에는 아무 것도 **없었다.**
편지도 없고 전화도 **없으니** 웬일이지요?
이가 **없으면** 잇몸으로 먹지요.

> **붙임**
>
> '있다'가 소재를 나타내는 경우에는 '–지 않다'를 쓴다.
>
> **예** 서울대학교는 신촌에 있습니까?
> 아니오, 서울대학교는 신촌에 **있지 않습니다.**
> (소재에 대한 부정, 다른 장소에 있을 것임을 암시)
>
> 그는 거기에 없었다. (존재에 대한 부정)
> 그는 거기에 있지 않았다. (소재에 대한 부정)

7.5. 말다 부정

'안, –지 않다'나 '못, –지 못하다'는 서술문과 의문문에만 쓰고, 명령문에는 '–지 마십시오, –지 말아라'를 청유문에는 '–지 맙시다, –지 말자'를 쓰는데 '–지 말다'는 동작동사하고만 쓰인다.

7.5.1. 명령형의 경우

동작동사에 '–지 마십시오'를 붙여서 쓰거나 해라체의 반말 '–지 말아라'를 붙여서 쓴다.

떠들**지** 마십시오.
놀리**지** 마세요.
웃기**지** 말아.
움직이**지** 말고 여기를 보아라.
나쁜 말은 듣**지도** 말고 하**지도** 말아요.

7.5.2.   청유형의 경우

동작동사에 '-지 맙시다, -지 말자'를 붙여서 쓴다.

잔디 밭에 들어가**지 맙시다.**
남의 흉을 보**지 말자.**
사치와 낭비를 하**지 말자.**
건물 안에서 담배를 피우**지 맙시다.**
환경을 오염시키는 행위를 하**지 맙시다.**

7.5.3.   서술문이나 의문문에서 쓰는 경우

'바라다, 기도하다, 빌다'와 같이 원하거나 희망하는 말이 서술어가 되면 명령문이나 청유문 이외에 서술문이나 의문문에도 쓸 수 있다.

아기가 지금 깨**지 말았으면** 하지요?
오늘은 그 친구한테서 전화가 오**지 말았으면** 좋겠어요.
다시는 이런 전쟁이 일어나**지 말기를** 비는 마음 간절합니다.
주민들은 전경이 철수하**지 말기를** 바라는 모양입니다.
그는 피고가 처벌받**지 말기를** 바란다고 했습니다.

붙임

1. 희망이나 바램을 나타내는 문장일 때는 상태동사에 '-지 말아라'를 쓰는데, 이것은 기원을 강하게 나타내기 위해서 문장의 한 요소에 '-만'을 붙여서 쓴다.

   예 아프**지만 말아라.**
   문제가 어렵**지만 말아라**, 내가 다 맞출테니.
   비**만** 오**지 말아다오.**

2. 문장에서 동사 '말다'는 연결어미 '-고'와 결합한 '말고'를 선행문의 서술어로 쓰는데, 이 때 앞에 오는 명사어는 조사를 생략한 상태, 즉 'N 말고'의 형태로 쓴다. 이것은 후행절의 서술어로 미루어, 무슨 뜻인지 알 수 있을 때에 한한다.

   예 어린이 공원 **말고** 다른 데로 가자.
   작은 것 **말고** 저 큰 것을 줘요.
   시시한 영화 **말고** 좀 재미있는 걸 보는 게 어때요?

오늘 **말고** 며칠 있다가 시작합시다.
빨간 색 **말고** 파란 색 핀을 꽂아 봐요.

7.6. 부정 의문문

의문문이란 화자의 태도를 중립으로 가지고 진위 여부를 청자에게 묻는 것인데 여기에는 긍정 의문문과 부정 의문문 두 가지가 있다. 한국어의 긍정 의문문에 대한 대답 '예, 아니오'는 영어 등 다른 외국어와 다름이 없으나 부정 의문문에는 한국어만이 가진 특성이 있다. 즉 영어에서는 의문문에 대한 대답을 사실에 근거하여 하지만 한국어에서는 상대의 질문에 근거하여 한다. 예를 들면, '비가 옵니까?'라는 긍정 의문문에서는 '예, 비가 옵니다.', '아니오, 비가 오지 않습니다.'의 '예', '아니오'는 사실에 근거한 대답이라고도 볼 수 있으나 질문한 사람의 생각에 동의함을 표시한다고도 볼 수 있다.

그런데 '비가 오지 않습니까?'라는 부정 의문문에서는 '예, 비가 오지 않습니다.', '아니오, 비가 옵니다.'라고 대답하는데 이 때의 '예', '아니오'는 비가 오는 사실에 근거한 대답이 아니고 질문한 사람의 생각에 동의함을 나타내는 것이다. 이러한 이유로 한국어에서는 '아니오' 다음에 긍정문이 올 수 있는 것이다.

질문 : 춥지 않습니까?
대답 : 예, 춥지 않습니다.
대답 : 아니오, 춥습니다.

질문 : 이거 선생님 우산 아니지요?
대답 : 예, 제 우산 아니에요.
대답 : 아니오, 제 우산이에요.

질문 : 돈 없어요?
대답 : 예, 없어요.
대답 : 아니오, 있어요.

7.7. 확인 의문문

긍정 의문문, 부정 의문문이 사실의 진위 여부를 묻는 것과는 달리 확인 의문문은 본문 내용의 확인 요청, 또는 동의 요청을 하는 것이다. 이 때 화자는 이미 자기의 의지를 가지고 있으므로 비중립적인 태도를 지니고 있다. 확인 의문문은 문장 끝에 '-지 않습니까?' '-이/가 아닙니까?'를 쓰며 말끝을 내리는 것이 원칙이다. 이 말은 확인이나 동의를 구하는 요청의 뜻이 있으므로 윗사람에게 하는 공손한 말씨로는 적합하지 않다.

내가 아까 말**했잖아?** (내가 말했다. 그렇지?)
김치가 맵**지 않아요?** (김치가 맵습니다. 그렇지요?)
돈은 여기 있**지 않아?** (돈이 여기 있다. 이것 봐.)
명함에 이름과 주소가 있**지 않습니까?** (명함에 이름과 주소가 있습니다.)
혹시 김주영 씨가 **아닙니까?** (나는 당신이 김주영이라고 생각합니다.)

7.8. 부정문에만 쓰이는 부사들

부사 중에는 부정문에만 쓰여서 부정의 뜻을 더하여 주는 것들이 있다.

1. 저는 신 음식을 **별로** 좋아하지 않습니다.
   교통은 **별로** 불편하지 않은데 택시 잡기가 어려웠어요.

2. 나는 그 사람과 **그리** 가깝지 않아요.
   봉사한다는 것이 **그리** 쉬운 일이 아닙니다.

3. **아직** 점심 시간이 안 되었어요.
   한국에 온지 일년이 넘었지만 **아직** 한국말을 못해요.

4. 전통 예술에 대해서는 **전혀** 모른다고요?
   그 친구의 소식은 **전혀** 듣지 못하고 있습니다.

5. 그는 요즘에는 **통** 보이지 않아요.
   에이즈에 대해서 오래 동안 연구를 했지만 **통** 진전이 없어요.

6. 좋은 기회는 **쉽사리** 또 오지 않는다.
   그의 마음은 **쉽사리** 흔들리지 않을 거에요.

7. 유치원 아이들이 **여간** 귀엽지 않아요.
   전구를 바꿨더니 **여간** 밝지 않습니다. < ☞ p. 367 여간 (~부정문)>

8. 존대말과 반말

　말을 함에는 말을 하는 사람과 말을 듣는 사람이 있고, 말 속에 나타나는 사람이 있다. 존대말과 반말은 이들 상호간의 관계에 따라 존대의 등급이 정해지는데, 우선 문장의 주어를 존대하는 경우(주체존대)와, 말을 듣는 사람을 존대하는 경우(상대존대)로 나눌 수 있다.

붙임

　세계 언어 가운데는 말을 듣는 사람이나 말 속에 나타나는 인물에 대한 존대가 그리 까다롭지 않아서 화자가 존대말을 고려하지 않아도 되는 언어가 많다. 그러나 한국어는 존대말이 상당히 큰 위치를 차지하고 있다. 한국은 예로부터 전통적으로 봉건 사회이어서 계층간의 구별이 분명하고 엄격하였다. 남존여비 사상과 장유유서(나이가 많은 어른과 어린 사람 사이에 지켜야 할 순서)의 유교적인 사고 방식이 있었고 대가족 제도에서 생겨나는 가족 관계의 질서가 있었다. 이러한 이유 때문에 한국 사람들은 사회적인 지위, 나이, 가족 관계에 따라 상대를 높이거나 낮추거나 하고, 심지어는 같은 친구간이라도 친소에 따라 상대를 높이기도 하고 낮추기도 한다. 그러므로 한국어에 있어서 존대말과 반말은 언어 생활의 중요한 부분이고 존대말을 잘 사용할 수 있어야 정말로 한국어를 잘 한다고 할 수 있다.

< ☞ p. 447 [부록 4] 종결어미 체계 >

8.1.　문장의 주체인 주어를 높이는 경우(주체존대)

8.1.1.　서술어로 쓰인 동작동사, 상태동사, 이다동사에 존대형 어미 '-(으)시-'를 붙여서 문장의 주어를 존대하는 뜻을 나타낸다. 동사의 어간이 모음으로 끝나면 '-시-'를 붙이고 자음으로 끝나면 '-으시-'를

붙인다.

모두들 자리에 앉으**십**시오.
최 선생은 얘기를 재미있게 하**시**지요?
오래 기다리**시**게 해서 미안합니다.
즐거운 시간 되**시**기를 빕니다.
이 분이 벤처 기업의 사장이**십**니다.

8.1.2. 주어가 화자보다 윗사람이어도 청자가 주어보다 더 위이면 존대를 쓰지 않는다.

선생님, 이 **사람**이 제 **남편**입니다.
할아버지, 저기 아버지**가 옵니다.**
교수님, **형**이 유학을 **떠났습니다.**
어머니, **아범이 돌아와요.**
할머니, 이 양말을 어머니**에게** 갖다 **줄까요?**

8.1.3. 주어가 존대할 만한 인물이어도 개인적인 친분 관계가 아니고 객관적이고 공식적인 입장에서 말할 때는 존대말을 쓰지 않는다.

윤 장관은 다음과 같이 **말했다.**
김 대통령은 유럽 방문 길에 **올랐다.**
이순신 장군은 위대한 **인물이다.**
저것은 **임금이 앉던** 자리다.
세종대왕은 백성을 위하여 한글을 **만들었다.**

8.1.4. 존대를 받을 만한 사람과 관계가 있는 사물을 간접적으로 높이는 경우가 있다.

연세가 어떻게 되셨어요?
댁이 어디신가요?
사장은 돈이 **많으신가** 보다.
사모님은 음식 솜씨가 좋으시다.
박 교수님은 **따님**만 있으시다.

8.2. 화자가 청자를 높이는 경우(상대존대)

화자가 화자 자신과 청자의 관계에 따라 말의 등급을 결정하면 그 존대 등급은 종결어미로 나타난다. 이 등급은 격식을 차리는 말인지 아닌지에 따라서 격식체와 비격식체로 나누고, 다시 존대말인지 반말인지에 따라 다섯 개의 등급으로 나눈다. 즉, 하십시오체, 하게체, 해라체, 해요체, 해체이다.

8.2.1. 격식체는 비격식체에 비하여 단정적이고 직접적이며 객관적이다. 그래서 격식체는 공식적인 말로, 비격식체는 일상 회화에서 자주 쓴다.

  감사**합니다.** (격식체)
  고마**워요.** (비격식체)

8.2.2. 하십시오체는 격식체, 비격식체를 합해서 가장 존대를 나타내는 말이다. <☞ p. 310 하십시오체, p. 447 [부록 4] 종결어미 체계>

붙임

1. 하십시오체보다 더 존대를 나타내는 어미로 '-나이다, -나이까?, -(으)소서, -(으)시옵소서' 등이 있으나 현대 일상 회화에서 거의 쓰지 않는다.

2. 격식체의 하십시오체와 하게체 사이에 하오체(-오, -ㅂ시다, -시오)가 있는데 '하오'와 '하시오'는 현대 회화에서 많이 쓰이지 않으므로 여기에서는 생략한다.

8.2.3. 하게체는 청자가 나이나 직위로 보아 객관적으로는 존대를 받을 만하지만 화자보다 상대적으로 낮은 위치에 있을 때 쓴다. 예를 들면, 교수가 제자에게, 장인이나 장모가 사위에게, 나이 든 사장이 젊은 사원에게 쓰는 말씨이다. <☞ p. 155 하게체>

  나 가**네.**
  자네 이제 가**나?**

어서 가**게**.
이제 그만 가**세**.
바쁘**네**.

8.2.4. 해라체는 아주 낮춤말로, 아이나 아랫 사람에게 쓴다.

< ☞ p. 186 해라체 >

온다.	오니?	오자.	오너라.
간다.	가니?	가자.	가거라.
먹는다.	먹니?	먹자.	먹어라.
있다.	있니?	있자.	있거라.

8.2.5. 해요체는 비격식체의 존대말로 비격식체 반말 '-어/아/여'에 종결어미 '-요'를 덧붙인 것이다. 이것은 4가지 문장 종결 형태에 다 쓴다.

< ☞ p. 359 해요체 >

앉**아요**. 마**셔요**. 멋있**어요**. 돈이**에요**

8.2.6. 해체는 비격식체의 반말이지만 하게체와 해라체에도 두루 쓰인다. < ☞ p. 353 해체 >

앉**아**. 마**셔**. 멋있**어**. 돈이**야**

붙임

한 문장에서의 존대는 주어와 서술어의 높임의 정도가 맞아야 한다. 즉, 화자가 말을 듣는 청자, 그리고 문장 속에 등장하는 사람의 높임의 정도를 판단하여 어느 등급의 존대말을 쓸 것인가를 결정하고, 주어와 목적어와 서술어의 존대 정도를 맞추어야 하는 것이다(문장의 호응관계). 예를 들면, '아버지께서 진지를 잡수십니다'라는 문장에서 조사 '-께서'와 '진지', 그리고 '잡수시다'는 서로 호응관계를 가지는 것이 된다. 또 '영수야, 아버지께서 진지를 잡수시니?'는 청자가 손아랫 사람이어서 해라체 종결어미를 쓴 것으로 호격조사 '-야'와 '-니?'가 서로 호응하고 있다. '저는 중국 사람이에요'라는 문장에서는 말을 듣는 청자가 존대를 받을만한 사람이어서 자기를 낮추는 '저'를 썼고 해요체 종결어미 '-에요'를 쓴 것이다.

8.3.　그밖의 존대법

　존대를 나타내는 말은 존대형 어미 '-시-'를 붙이거나 종결어미로 구분하는 것 이외에 1) 동사의 어간 자체를 바꾸어서 나타내는 경우, 2) 사람을 나타내는 명사에 접미사를 붙이는 경우, 3) 사물을 나타내는 명사의 형태를 바꾸는 경우, 4) 명사에 붙는 조사를 존대형 조사로 쓰는 경우, 5) 화자나 화자에게 속한 사물을 낮추어 쓰는 경우가 있다.

8.3.1.　동사 자체가 존대의 뜻을 지니고 있는 경우
　동사의 어간이 이미 존대의 뜻을 가지고 있어서 존대형 어미 '(으)시'를 넣지 않고 쓰는 동사는 다음과 같다.

먹다 – 잡수시다　　　자다 – 주무시다
있다 – 계시다　　　　주다 – 드리다
말하다 – 여쭙다　　　죽다 – 돌아가시다
데려가다 – 모셔가다

8.3.2.　사람을 나타내는 명사에 '-님'을 붙이는 경우

선생 – 선생님　　　형 – 형님　　　　누나 – 누님
기사 – 기사님　　　박사 – 박사님　　어머니 – 어머님
사장 – 사장님　　　목사 – 목사님　　딸 – 따님
아들 – 아드님

8.3.3.　명사가 존대의 뜻을 지니고 있는 경우
　존대를 받을만한 사람에게 속한 사물은 간접적으로 존대를 하는데 다음과 같은 말들은 보통 형태를 달리하여 존대의 뜻을 나타내고 있다.

사람 – 분　　　밥 – 진지　　　말 – 말씀　　　병 – 병환
집 – 댁　　　술 – 약주　　　나이 – 연세

8.3.4. 사람을 가리키는 명사에 존대를 나타내는 조사를 붙이는 경우

-가/이 — -께서   -에게 — -께

8.3.5. 명사가 낮춤의 뜻을 가지고 있는 경우

상대를 높이기 위하여 화자가 상대를 높이는 것 이외에 자기 자신이나 또는 자신에게 속한 사물을 낮추어 말함으로써 상대를 높이는 효과를 나타내려고 한다. 화자가 자신을 낮추는 말은 사람을 가리키는 대명사에 많다.

나 – 저   (선생) – 너   우리 – 저희

붙임

말과 말씀

명사 '말씀'은 '말'의 높임말이지만 화자 자신의 말을 말할 때는 낮추는 말이 된다.

> **예** 제 **말씀**은 그런 뜻이 아닙니다.
> 선생님께 드릴 **말씀**이 있습니다.
> 우리는 많은 분의 참여를 부탁한다는 **말씀**입니다.

9. 피동사

한국어의 피동은 영어와 달리 문법 규칙에 의하지 않고 동사를 파생시켜 만든 피동사를 이용한다. 피동사는 일부 동사의 어간에다가 피동형 어미 '-이, -리, -기, -히'를 붙여서 만드는데, 어떤 의미를 가진 동사 또는 어떤 음절로 끝난 동사에 어떤 어미를 붙인다는 일정한 규칙이 있는 것이 아니므로 어휘 단위로 기억해야 한다.

< ☞ p. 450 [부록 7] 자주 쓰이는 피동사>

동사의 어간		피동형 어미		피동사
보다	+	-이-	→	보이다
씻다	+	-기-	→	씻기다
팔다	+	-리-	→	팔리다
읽다	+	-히-	→	읽히다

남산 위에서 서울 시내가 다 **보입니다.**
새로 나온 물건이 많이 **팔립니다.**
밖에서 무슨 소리가 **들리는** 것 같아요.
결혼 사진이 탁자 위에 **놓여** 있습니다.
벽에 **걸린** 동양화가 마음에 든다.

붙임

　피동은 피동형 파생어미를 붙여서 만드는 것 이외에 보조동사 '-어
(아/여)지다, -게 되다'를 붙여서 나타내기도 한다.

<☞ p. 411 -어/아/여지다, p. 229 -[게] 되다>

10. 사동사

　한국어의 사동사는 동사의 어간에 사역형 어미 '-이, -히, -기, -리,
-우, -추, -구'를 붙여서 만든다. 그런데 어떤 동사에 어떤 사역형 어미가
결합한다고 하는 일정한 규칙이 있는 것이 아니다. 따라서 사동사도 피동
사와 마찬가지로 어휘 단위로 기억해야 한다.

<☞ p. 451 [부록 8] 자주 쓰이는 사동사>

동사의 어간		사동형 어미		사동사
보다	+	-이-	→	보이다
살다	+	-리-	→	살리다
넓다	+	-히-	→	넓히다
자다	+	-우-	→	재우다
벗다	+	-기-	→	벗기다
낮다	+	-추-	→	낮추다

사동사는 문장에서 직접 목적어 하나만 필요로 하는 경우도 있고, 직접 목적어와 간접 목적어를 필요로 하는 경우도 있다. 이에 따라 문장 구조를 몇 가지 유형으로 나누면 다음과 같다.

10.1. 목적어가 하나만 있는 경우

N이/가   N을/를 Verb (사동사)

형이 동생을 **울린다.**
남자 아이들이 나를 자꾸 **놀려요.**
개미가 불쌍하니까 죽이지 말고 **살려 주자.**
설사를 하면 엄마는 아이를 **굶깁니다.**
하숙집 아주머니가 아침마다 우리를 **깨웁니다.**

10.2. 직접 목적어, 간접 목적어가 있고 간접 목적어가 사람이어서 조사 '-에게'를 쓰는 경우

N이/가   N에게   N을/를   Verb (사동사)

어머니는 아기에게 우유를 **먹입니다.**
나에게 여자 친구 사진 좀 **보여 주세요.**
그는 나에게 동창들의 소식을 **들려 주었다.**
이 외투를 영수한테 **입혀요.**
아이들에게는 책을 많이 **읽히는** 것이 제일이에요.

10.3. 간접 목적어가 사람이 아니어서 '-에게' 이외의 조사와 결합한 명사구가 필요한 경우

N이/가   N을/를   N에/로 Verb (사동사)

어머니는 아이를 의자에 **앉혔습니다.**
친척 집에서 살다가 기숙사로 **옮겼어요.**
미안하지만 오늘 차 좀 **태워 주세요.**
이 양복을 세탁소에 **맡겨 주세요.**
아내는 남편이 선물을 어디에 **숨겨 놓았는지** 몰랐어요.

1. 동사 중에는 피동 형태와 사동 형태가 같은 것이 있는데 이것은 문맥으로 피동사인지 사동사인지 구분한다.

> **예** 보이다, 들리다, 안기다, 읽히다, 잡히다, 업히다

2. 사동과 피동의 형태가 같은 경우거나 혹은 같지 않은 경우에라도 사동 형태를 분명하게 드러나게 하고 싶을 때는 보조동사 '-어 주다'를 덧붙여서 쓴다.

> **예** 보이다 — 보여 주다　　씻기다 — 씻겨 주다
> 들리다 — 들려 주다　　먹이다 — 먹여 주다

3. 사동에는 사동형 어미를 붙여서 만드는 것 이외에 보조동사 '-게 하다'를 붙여서 사동 형태를 만들기도 한다. <☞ p. 426 -게 하다>

11. 인칭 대명사

　한국어에서 사람을 나타내는 명사인 인칭 대명사가 문장에서 명사의 기능을 하는 것은 다른 언어에서와 같다. 그런데 한국어는 존대말 체계가 분명한 언어이므로 인칭 대명사에도 그 자체에 높임과 낮춤의 뜻이 있어서 등급을 나타내고 있다. 즉 '나, 우리(들), 당신, 자네, 이이, 누구, 아무, 자기, 저희(들)'과 같은 말은 보통 등급의 말이고, '선생님, 이분'과 같은 말은 높임말이다. 그리고 '저, 저희(들), 너 , 너희(들), 이 사람'과 같은 말들은 낮춤을 나타내는 말이다.

　이들 인칭 대명사가 복수를 나타낼 때는 명사에서처럼 '-들'이 붙거나 다른 형태의 단어를 쓴다.　<☞ p. 451 [부록 9] 인칭 대명사>

11.1. 1인칭 단수

나 : 1인칭의 기본형이다. 화자와 청자의 관계가 동급일 때 뿐만 아니라 청자의 위치가 낮은 반말의 경우에도 쓴다.

저 : 청자가 화자보다 윗사람인 경우에는 '나' 대신 '저'를 사용하여 자기를 낮춤으로써 청자를 높인다. ☞ p. 39 존대법>

11.2.   1인칭 복수

우리 : '나'와 동등한 등급의 1인칭 복수이다. 복수임을 강조하기 위하여 '우리'에다가 '-들'을 붙여서 쓰기도 한다.

저희 : '저'와 같은 등급의 복수로서, '우리'의 낮춤말이다. 그러나 '우리'와 달리 '저희'에는 청자가 포함되지 않는다.

붙임

1. 1인칭에서 소유격으로 쓸 때는 '나' 나 '저' 대신 '우리'를 자주 쓴다. 이것은 한국 사람의 의식 속에는 '나'라고 하는 개인을 주장하기보다는 가족이나 소속 집단을 생각하는 공동체 의식이 강하기 때문이다.

2. '우리' 다음에는 소유격 조사 '-의'를 잘 쓰지 않는다.

   예 우리 어머니, 우리 집, 우리 집사람, 우리 나라

11.3. 2인칭 단수

너 : 1인칭의 '나'와 동급이지만 '나'보다 낮은 등급으로 쓴다. 그래서 친한 친구나 아이들을 대상으로 많이 쓴다.

선생(님) : 청자를 높일 때 쓴다. 원래는 '스승'의 뜻이다.

당신 : 동급을 나타내지만 부부나 애인 사이에 쓰는 정감이 들어 있는 말이다. 따라서 2인칭을 지칭하는 일반적인 경우에는 쓸 수 없다.

자네 : 나이가 많은 친구 사이나, 장성한 사람을 대접하면서 낮추어 말할 때 쓴다.

1. '당신'은 신이나 그밖에 대단한 높임의 대상일 때 쓰고 일반 회화에
   서는 잘 쓰지 않는다. 일반 회화에서 쓰면 경우에 따라 2인칭 낮춤의
   뜻으로 들려 상대방을 불쾌하게 할 수도 있다.
2. 청자가 윗사람인 경우에는 주어를 생략하여 인칭 대명사를 안 쓸 때
   가 많다.
3. 일반 회화에서는 아줌마, 아저씨, 아가씨 등 친척 간에 쓰는 호칭을
   그대로 쓰는데, 이것은 상대방에게 친근감을 주기 위한 것으로 이들
   말의 본래의 뜻보다 낮게 들린다.

11.4. 2인칭 복수

너희(들) : '너'의 복수로서 낮춤말이다.

11.5. 3인칭 단수

이이, 이분, 이 사람 : 3인칭 단수는 관형사 '이, 그, 저'에 사람을 가
   리키는 명사 '이, 분, 사람'을 붙여서 쓴다.
누구, 아무 : 의문문이 아닌 문장에서 불특정인을 가리킨다.

> **예** **누가** 왔습니다.
>   **아무나** 오십시오.

자기 : 3인칭으로 쓰인 주어를 반복해서 써야 할 때 반복을 피하기 위하
   여 쓴다.

> **예** 그는 **자기**가 제일 잘한다고 생각한다.
>   사람들은 **자기** 자신을 지나치게 믿는 경향이 있다.

   젊은이들 사이에서 상대방을 가리킬 때 쓰이는 '자기'라는 호칭은,
'당신'이라는 표현의 감정 노골화를 감추고 상대를 3인칭화해서 간접
적으로 표현하려는 심리에서 나온 말이다.

11.6. 3인칭 복수

저희(들) : '저 사람들'의 뜻이다. 형태가 1인칭 복수와 같아서 문맥으로 구별해야 한다.

붙임

1. 인칭 대명사 중, '나, 저, 너'는 주격 조사와 결합하면 그 형태가 바뀐다. 이것은 주격 조사 '-이'가 붙은데다가 '-가'가 덧붙은 것이다.

   예 나 + 가 → **내가**　　**내가** 노래를 하겠다.
   　　　저 + 가 → **제가**　　　**제가** 말씀 드리겠어요.
   　　　너 + 가 → **네가**　　　**네가** 먹었니?

2. '나, 저, 너'는 소유격 조사 '-의'와 결합하거나 여격 조사 '-에게'와 결합하면 음의 생략으로 다음과 같이 된다.

   예 나 + 의 → **내**
   　　　저 + 의 → **제**
   　　　너 + 의 → **네**
   　　　나 + 에게 → **내게**
   　　　저 + 에게 → **제게**
   　　　너 + 에게 → **네게**

12. 숫자

　　한국어의 숫자는 한자어로 된 것과 순수 한국어로 된 것 두 가지가 있다. 이들 숫자는 문장에서 명사로 쓰이지만 단위 명사 앞에서는 그 단위 명사를 수식하고 한정하는 관형사로 쓰인다.

　　이 때 한자어로 된 숫자 '일, 이, 삼,…'은 그대로 쓰이어 '일 년, 이 년, 삼 년,…', 또는 '일 주일, 이 주일, 삼 주일,…' 등이 되나, 순수 한국어로 된 '하나, 둘, 셋'은 '하나 → 한, 둘 → 두, 셋 → 세'가 되어 '한 사람, 두 사람, 세 사람,…' 등의 형태로 바뀐다. ＜☞ p. 452 [부록 10] 숫자＞

이들 관형사형 숫자는 단위 명사에 따라 순 한국어로 된 관형사를 쓰기도 하고 한자어로 된 것을 쓰기도 하므로 어떤 단위 명사에 어떤 관형사형 숫자를 쓰는지 기억해 두어야 한다.

12.1. 순 한국어로 된 관형사를 쓰는 단위 명사 :

숫자	단위 명사
한 두 세 네 다섯 여섯 …	개, 병, 잔, 장, 마리, 그릇, 되, 분, 사람, 명, 시간, 시(時), 주일, 달, 살(歲), 번(回數), 송이, 대, 자루, 벌, 짝, 켤레, 그루, 줄, 칸, 층(一個層) …

12.2. 한자로 된 관형사를 쓰는 단위 명사 :

숫자	단위 명사
일 이 삼 사 오 육 …	분(시간), 일, 월, 년, 주일, 개월, 원(돈), 인분(人分), 층(一層), 페이지, 쪽, 번(番), 흐(집), 호실(방), 회(回), 차(次), 세(歲), 주년, …

12.3. 관형사형 '한, 두, 세…'는 대략의 숫자를 나타낼 때 이들을 두 개씩 붙여서 쓴다.

1~2	한두 (개)
2~3	두세
3~4	서너
4~5	너댓
5~6	대여섯
6~7	예닐곱
…	…

12.4. 다음 단위 명사들은 '세, 네'를 '석, 넉', 혹은 '서, 너'로 바꾸어 쓴다.

숫자	단위 명사
석 넉	달, 되(곡식), 대, 주, 잔, 장, 자,…
서 너	되, 말(곡식), 돈(금),…

12.5. 날짜를 가리키는 명사는 다음과 같이 따로 쓴다.

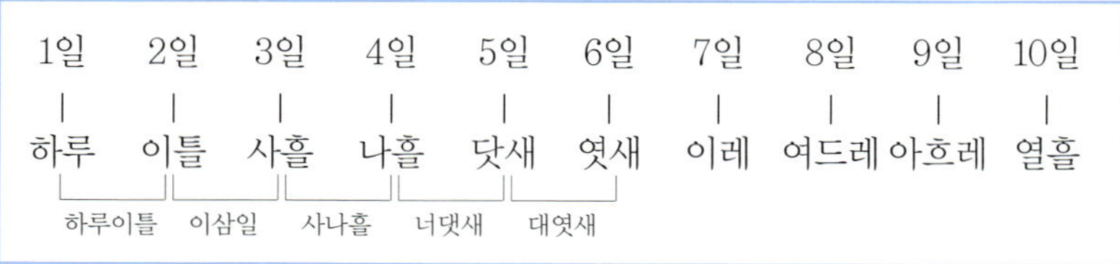

13. 품사

13.1. 품사의 분류

한국어의 품사는 명사류어, 동사류어, 관계사류어, 관형사류어, 부사류어, 감탄사류어로 나눈다. <☞ p. 453 [부록 11] 한국어의 품사표>

붙임

1. 이상의 품사 분류는 교육부 제정 학교 문법과는 명칭과 수에 있어서 차이가 있다. 외국어로서의 한국어 문법은 한국어 자체의 틀이 되어야 하고 또 한국어 습득자의 모국어도 고려되어야 하기 때문이다.

2. 1963년도 학교 문법 통일안은 품사를 9개로 나누어 '명사, 대명사, 수사, 조사, 동사, 형용사, 관형사, 부사, 감탄사'로 하고 있다. 학교

문법에서는 수량을 나타내는 단어를 수사라고 하여 따로 두었지만, 이 책에서는 단어의 기능면을 우선으로 하여, 이를 명사류어에 포함시켰다.

학교 문법에서 말하는 동사와 형용사를 이 책에서는 동작동사와 상태동사라고 한다. '예쁘다, 부럽다'와 같은 것들은 성질이나 상태가 어떠함을 나타내고, 무엇보다도 문장에서 서술어의 기능을 하므로 이를 동사류어에 넣어 기능의 통일성을 보이고자 하였다. 역시 서술격 조사라고 하는 '이다'도 동사처럼 활용하므로 동사로 보아 같은 범주 안에 넣었다.

[참고] 1963년 공고 학교 문법 통일안

```
명사    ┐
대명사  ├─ 체언
수사    ┘

조사    ── 관계언

동사    ┐
        ├─ 용언
형용사  ┘

관형사  ┐
        ├─ 수식언
부사    ┘

감탄사  ─ 독립언
```

13.2. 명사류어

명사류어는 사물의 이름을 말하는 명사와 사물의 이름을 대신하여 말하는 대명사로 나눈다. 문장에서는 체언으로서 주어, 목적어, 보어 그리고 서술어의 구실을 한다.

13.2.1. 명사

명사는 대부분 홀로 쓰이지만 명사 중에 어떤 것은 불완전하여 다른 것에 의존해서만 쓰이는 의존명사도 있다.

(1) 자립명사 : 사람, 꽃, 말, 사랑, 자유, 김인수, 서태지,…
(2) 의존명사 : 것, 이, 줄, 수, 바, 리, 터, 지, 데, 때문, 나름, 대로,…

개, 명, 사람, 마리, 벌, 송이, 병,…

의존명사는 앞에 수식어가 와서 이것의 수식을 받아야만 문장에서 의미와 기능이 나타난다. 그리고 의존명사 앞에는 관형어가 오고 뒤에는 서술어가 와서 관용적 표현을 만드는 경우가 많다.

큰 것, 사랑하는 이, 아는 바, 돈 때문, 아픈 데, 할 줄 알다/모르다, 만날 수 있다/없다, 모를 리가 있다/없다, 한 개, 몇 마리, 한 벌

문장에서는 명사가 조사와 결합함으로써 기능이 결정된다. 또 이다동사와 결합하여 서술어의 구실을 하는 경우도 있다.

한국어의 명사는 성(性)의 구별이 없다.

복수를 나타낼 때는 어미 '-들'을 붙여서 쓰기도 하지만 문장의 내용으로 보았을 때 또는 문장 요소 중 복수를 나타내는 말이 있을 때는 생략하여도 된다. 그러므로 '-들'을 붙이는 것이 필수는 아니다.

13.2.2. 대명사

대명사는 사물의 이름을 대신하여 가리키는 말이다. 이것은 사람을 가리키는 말, '나, 너, 선생, 그이,…'와 같은 인칭 대명사와 사물을 지시하는 지시 대명사 '이것, 그것, 저것, 여기, 거기, 저기, …' 등으로 나눈다.

< ☞ p. 451 [부록 9] 인칭 대명사>

문장에서의 기능은, 결합하는 조사에 의해서 결정되는 것이 명사와 같다. 따라서 외국어로서의 한국어 교수-학습시에는 명사와 같은 범주 안에 넣어 다루는 것이 편리하다.

13.3. 동사류어

문장에서 서술어로 쓰이는 동사류어는 동작을 나타내는 동작동사와 사물의 상태를 나타내는 상태동사, 그리고 명사와 어울려서 서술동사가 되는 이다동사로 나눈다. 이들 동사류어는 어간에다가 여러 가지 어미를 붙여서 쓰며 이렇게 해서 이루어진 서술어만으로도 문장 기능을 할 수 있다. 어미와 활용할 때는 동사의 종류에 따라서 혹은 단어 끝 음절의 받침 유무

에 따라서 혹은 끝 음절의 모음 종류에 따라서 각각 다른 형태의 어미를 택한다.

13.3.1.　동작동사

움직임을 나타내는 일반 동사를 말한다.

　놀다,　만나다,　살다,　보이다,　떨어지다

13.3.2.　상태동사

문장에서 서술 능력을 가지고 있으며 사물의 성질이나 상태가 어떠함을 나타내는 동사이다.

　귀엽다,　아프다,　시끄럽다,　달다,　파랗다

> **붙임**
>
> 　한국어의 상태동사는 영어나 일본어에서 형용사라고 하는 것과는 상당한 차이가 있다. 영어나 일본어에서 말하는 형용사는 단지 사물의 성질이나 상태를 표시하는 것일 뿐, 서술 능력이 없으나, 한국어에서는 사물의 성질이나 상태를 말함은 물론 문장 주어에 대응하는 서술 기능이 있으므로 이를 '형용사'라고 하지 않고 '상태동사'라고 한다.

13.3.3.　이다동사

이것은 명사와 결합해야만 서술어의 기능을 할 수 있기 때문에 동작동사나 상태동사와 전혀 다른 형태론적 특징을 가지고 있고 어미의 활용 또한 다르다. 이것은 문장에서 특별한 구문 구조를 형성하며, 특히 '이다'의 부정형 '아니다'는 보어를 만든다. <☞ p. 382 이다, p. 348 아니다>

　이 분이 우리 어머니**이다.**
　나는 미국 사람이 **아니다.**

13.4. 관계사류어

첨가어인 한국어에서 가장 두드러지게 나타나는 현상이 관계사류어인 조사와 어미이다. 관계사류어는 한국어의 문장 구조를 이루는 기초 요소이고 문장 구성 법칙을 만드는 가장 핵심적인 요소이다. 조사와 어미가 어울려서 문장 형식의 유형을 만드는데 이것은 외국인 학습자에게는 모방의 틀이 된다.

13.4.1. 조사

명사류어에 붙거나 부사, 일부 조사, 또는 연결어미에 붙어서 그 말과 다른 말과의 문법적인 관계를 나타내는 역할을 한다. 또 문장에서 선행하는 명사가 주어, 목적어, 보어, 관형어, 부사어의 기능을 하도록 하거나 선행하는 명사의 의미를 도와주는 역할을 한다.

1. 격조사 : -가/이, -를/을, -에, -에서, -에게,…
2. 보조사 : -는/은, 도, -만 -만큼, -부터, -까지,…
3. 접속조사 : -과/와, -하고, -(이)랑

조사는 선행하는 명사의 끝소리가 모음으로 끝나는지, 자음으로 끝나는지에 따라서 조사의 형태가 달라지는 것이 있다. 다만, '-로'는 선행명사가 'ㄹ'로 끝나는 경우에도 쓴다.

모음으로 끝나는 경우 : -가, -는, -를, -와, -로,…
자음으로 끝나는 경우 : -이, -은, -을, -과, -으로,…

조사는 격조사와 보조사가 결합하거나 보조사와 보조사가 결합하는 경우가 있는데, 이때 의미는 앞뒤 조사의 의미가 다 포함된다.

< ☞ p. 454 [부록 12] 조사의 이중 배합표>

책은 안 보아도 신문**만은** 본다.
집**에서부터도** 머리가 아팠다.

조사가 결합하는 경우에 이들 조사 중 하나는 생략되고 하나만 남는 경우도 있다. 예를 들면 주격 조사나 목적격 조사가 다른 조사와 결합하는 경우에는 주격 조사와 목적격 조사는 생략된다.

책을 본다. - 책**도** 본다.
>（목적격 조사 '-을'이 생략되고 보조사 '-도'가 남은 경우）

엄마가 잔다. - 엄마**까지** 잔다.
>（주격 조사 '-가'가 생략되고 '-까지'가 남은 경우）

격조사는 명사만으로 그 자격을 알 수 있을 때 가끔 생략하여 쓰기도 하는데 이러한 현상은 구어에서 더 자주 나타난다.

밥(을) 먹어라.
나(에게) 물(을) 좀 줘요.
여기(에) 자리(가) 있구나!

13.4.2. 어미

명사류어에 조사를 붙여서 사용하는 것과 마찬가지로 동사류어에는 어미를 붙여서 사용하는 것이 한국어의 특징이다. 동사의 어간에 태어미, 존대형어미, 시상어미를 붙이고 거기에 종결어미나 연결어미를 붙여서 활용을 시킨다.

이 활용은 동사에 따라 규칙적으로 하는 것도 있고, 일부 어미와 활용할 때 어간이나 어미가 바뀌거나 또는 생략되어 불규칙적인 활용을 하는 것도 있다.

<☞ p. 445 [부록 1] 동사의 활용, p. 445 [부록 2] 동사의 불규칙 활용 구분>

종결어미 : 문장의 끝을 맺어 주는 동시에 문장의 서법을 결정지어 준다. 종결어미에 따라 서술문, 의문문, 명령문, 청유문으로 나뉘며 격식체와 비격식체 그리고 존대의 등급도 이에 따라 구분된다.

연결어미 : 문장과 문장을 연결시켜 주는 구실을 하며, 기본적인 속성은 하나지만, 문장 환경에 따라 여러 가지 의미 분화가 일어난다. 연결어미는 구문의 제약 조건이 되는 것이 특징인데 이들 제약 조건을 잘 알아야 정확한 문장을 만들 수 있다.
연결어미는 선행문과 후행문의 관계에 따라 종속적 연결어미, 대등적 연결어미로 나눌 수 있다.

선어말어미 : 어간과 종결어미, 또는 어간과 연결어미 사이에 오는 선행어미로는 태어미, 존대형어미, 시상어미가 있는데, 이들은 문장의 서술적 기능을 분명히 하여 준다. 피동과 사동은 문장에서 체언의 조사들과 제약 관계가 있으며, 구조에도 영향을 준다. 존대형어미는 종결어미와 함께 존대 체계를 이루며, 시상은 시제와 상이 결합하여 화자의 발화와 주체의 동작 간의 관계를 표현한다.

보	이	시	었	더	군요.
동사어간	사동태어미	존대형어미	시상어미	시상어미	종결어미

관형사형어미 : 동사를 관형사로 전성시키면서 동사의 시상을 보여준다.

  -는, -(으)ㄴ, -(으)ㄹ, -던

부사형어미 : 동작동사, 상태동사를 부사로 전성시켜서 뒤에 오는 동사를 한정한다. 이들은 뒤에 오는 동사와 결합하여 보조동사를 구성하는 보조적 연결어미로 쓰인다.

  -어(아/여), -게, -지, -고
  -어 가다, -어 지다, -게 되다, -게 하다, -지 않다, -고 싶다

명사형어미 : 동사를 명사화시켜서 문장에서 명사처럼 쓰이도록 한다.

  -(으)ㅁ, -기

13.5. 관형사류어

명사 앞에 붙어서 그 명사를 한정하는 기능을 가진다. 이것은 문장에서 조사나 어미가 붙지 않는다.

  이, 그, 저, 헌, 새

13.6. 부사류어

동사 앞에 붙어서 그 동사를 한정하는 수식어이다. 부사는 뒤에 오는 동

작동사, 상태동사, 이다동사를 수식하거나 다른 부사를 수식하고 문장 제일 앞에서 그 문장 전체를 수식하기도 한다. 부사류어에는 동사나 명사에 어미를 붙여서 부사어로 쓰는 경우도 있고 명사나 동사가 전성하여 부사어가 된 경우도 있다. 부사는 활용하지 않으나 보조사가 붙을 수 있다.

많이, 매우, 늘, 거의 다, 설마, 만일

13.7. 감탄사류어

말하는 사람의 느낌을 표시하는 말로 문장의 다른 요소와 관계없이 독립해서 쓰이는 말이다. 이것은 보통 문장의 제일 앞에 오지만 중간이나 뒤에도 온다.

아, 가을이구나!
어머! 이게 누구야!
고기를 고양이가 다 먹었다니, **아이구** 이를 어쩌나.
아니, 너는 그런 것도 모르니?
아 참, 깜빡 잊어버릴 뻔했네요.

한국어 문법 형태

찾아보기

☆ 색으로 표시된 것은 〈붙임〉에서 다룬 것임.

-가/이

범주 주격 조사

구조 명사 뒤에 붙어서 그 명사가 문장의 주어임을 표시한다. 선행명사가 모음으로 끝나면 '-가'를 쓰고 자음으로 끝나면 '-이'를 쓴다.

의미 문맥에 따라서 '배타적 대립' 또는 '지정'의 뜻을 가진다.

***

1. 결합되는 명사가 주어임을 나타낸다.

   예 철수**가** 학교에 있다.
   봄**이** 왔습니다.
   길에 자동차**가** 많습니다.
   이번에는 제**가** 찍을게요.
   선생님**이** 역사를 가르치십니다.

***

2. 서술어가 '아니다, 되다'인 경우에 두 번째 '-가/이'는 결합되는 명사가 보어임을 나타낸다.

   예 철수는 대학생**이** 되었다.
   얼음이 물**이** 되었다.
   철수는 미국 사람**이** 아니다.
   고래는 물고기**가** 아니다.
   이것은 책**이** 아닙니다.

**

3. 서술어가 상태동사나 자동사인 경우에 '-가/이'가 붙은 명사구가 두 번 올 수 있다. 이때 앞에 있는 것은 문장 전체의 주어이고 뒤의 것은 서술절의 주어로서 앞의 것보다 범위가 좁다. 그리고 처음의 '-가/이'는 대체적으로 '배타적 대립' 또는 '지정'의 뜻을 가진다.

   예 영어**가** 발음**이** 어렵다.
   우리 아이**가** 키**가** 큰 것 같습니다.
   개**가** 기르기**가** 재미있어요.
   이 건물**이** 문제**가** 많다.
   책**이** 내용**이** 좋습니다.

붙임

1. 대명사 '나, 저, 너, 누구'는 조사 '-가/이'와 만나면 '내가, 제가, 네가, 누가'가 된다.　<☞ p. 44 인칭 대명사 붙임1>

2. 구어에서는 자음으로 끝난 인명 뒤에 '-이'를 붙이고 그 다음에 다시 '-가'를 붙여서 주어가 분명하게 나타나도록 한다.

   예　유정**이가** 입학 시험에 합격했어요.

   　　지선**이가** 말을 아주 잘 들어요.

3. '-만, -부터, -까지' 등의 조사가 '-가/이'와 결합할 때는 이들 조사는 '-가/이' 앞에 붙어서 주어의 의미를 제한한다.

   예　인간**만이** 문화를 가지고 있습니다.

   　　여기부터 저 산 아래**까지가** 우리 땅이다.

4. 보조사 '-는, -도, -라도' 등의 조사가 붙으면 '-가/이'는 반드시 탈락한다.　<☞ p. 454 [부록 12] 조사의 이중 배합표>

   예　철수**는** 학생이다.

   　　영이**도** 그 영화를 보았다.

5. '-가/이' 이외의 주격 조사로는 '-께서, -서, -에서' 등이 있다.

<p. 164 '-는/은', p. 165 '-가/이'와 '-는/은'의 용법 비교>

가다/오다

범주　동작동사

구조　연결어미 '-고'나 '-어(아/여)' 아래 붙어서 보조동사로도 쓰인다.　　　　<☞p. 70 -고 가다/오다, p. 71 -어/아/여 가다/오다>

의미　공간적으로는 동작이 화자 쪽으로 진행이 되면 '오다'를 쓰고 화자로부터 멀리 진행이 되면 '가다'를 쓴다. 시간적으로는 현재를 중심으로 하여 과거로부터 현재로 진행되면 '오다'를 쓰고 현재로부터 미래로 진행이 되면 '가다'를 쓴다. 여기서 '화자 쪽'이라고 함은 화자가 실제로 위치하고 있는 장소나 화자가 심리적으로

위치하고 있는 장소를 말한다. 같은 장소에 있는 화자와 청자의
대화가, "우리집에 와"라고도 하고 "우리집에 가자"라고도 할 수
있는 것은 이 때문이다.

-고 가다/오다

범주   동사

구조   동작동사+연결어미 -고+동사 가다/오다
동작동사에 붙어서 쓰인다.

의미   하나의 동작이 완료되거나 그 동작이 유지된 상태에서 가거나 옴
을 나타낸다. 이 때 '가다/오다'의 선택은 화자가 위치한 실제 장
소나 화자가 심리적으로 위치한 장소에 따라 달라진다.

＊＊＊

1. 선행동작이 완료된 상태에서 가거나 옴을 나타내는 경우

예   친구를 만나**고 왔어요.**
저녁은 우리집에서 잡수시**고 가세요.**
오늘은 이 일을 끝내**고 갑시다.**
하늘을 보니 우산을 가지**고 가는** 게 좋겠어요.
혹시 없을지 모르니까 전화를 하**고 오세요.**

＊＊

2. 선행동작이 유지된 상태에서 가거나 옴을 나타내는 경우

• 결과 유지 동사 중 몸에 걸치는 뜻의 동사와 그 밖의 몇 개 동사는
선행동작의 상태를 유지하면서 가거나 옴을 나타내며, 이것이 한
동작의 진행처럼 쓰인다.

예   옷을 입**고 갑니다.**
버스를 타**고 왔어요.**
아이가 엄마 손을 잡**고 간다.**
부모님을 모시**고 왔어요.**
강아지를 끌**고 가요.**
아기를 음악회에 데리**고 가요?**

'-고 가다/오다'와 '-어 가다/오다'의 비교

'-고 가다/오다'는 하나의 동작이 완료되고 가거나 옴을 나타내어 두 개의 동작인 반면 '-어 가다/오다'는 선행동작의 상태를 유지하며 현재에 이르거나 미래를 향해 나아가는 진행 상태를 나타낸다.

***
–어/아/여 가다/오다

범주 보조동사

구조 연결어미 '-어/아/여'와 보조동사 '가다/오다'가 결합한 형태로서 주로 동작동사와 결합한다.

의미 동작의 상태를 유지하며 가거나 옴을 나타낸다.

< ☞ p. 71 '-고 가다/오다'의 붙임 >

예 일이 잘 되어 **갑니다**.
나는 지금까지 열심히 살**아 왔다**.
3년동안 사귀**어 온** 그와 헤어졌다.
지금까지는 참**아 왔지만** 더 이상은 못 참는다.
오늘의 발표는 박 교수님께서 평생 연구**해 오신** 결과라고 할 수 있다.

이것은 일부 상태동사와도 결합하는데 이 때는 상태의 진행, 변화를 나타내며 선행하는 상태동사를 동작동사화하는 것이다.

예 수학 문제를 보니 머리가 아파 **온다**.
신문에서는 도시의 공해가 심해 **간다고** 한다.
밖에 오래 섰더니 손이 시려 **온다**.

***
[-어/아/여] 가지고

범주　결합형

구조　연결어미 -어/아/여+동사 가지다+연결어미 -고
　　　연결어미 '-어/아/여'와 보조동사 '가지다', 그리고 연결어미 '-고'
　　　가 결합한 형태이다. '-어/아/여서'와 대치할 수 있다.

의미　선행절의 행위를 하여 그것을 보유하고 또는 지니고, 그 다음에 후
　　　행절의 행위를 함을 나타낸다. 구어체에서 많이 쓴다.

1. 동작동사와 결합하는 경우
　• 선행절의 행위를 한 후 그 결과를 바탕으로 후행절의 행위가 이루
　　어짐을 나타낸다.

예　편지를 **써 가지고** 우체통에 넣었어요.
　　음식을 너무 많이 **해 가지고** 남았구나.
　　아버지는 아이들을 **불러 가지고** 용돈을 주었다.
　　자동 판매기에서 커피를 **빼 가지고** 마셨습니다.
　　그는 사업에 실패**해 가지고** 날마다 술만 마십니다.

붙임　'-어/아/여 가지고'와 '-어/아/여다가'의 비교

'-어/아/여다가'는 선행절의 행위와 후행절의 행위가 각각 다른 곳
에서 이루어지지만, '-어/아/여 가지고'는 장소 전환의 뜻이 없다.

　① "편지를 써 가지고 우체통에 넣었어요."
　② "편지를 써다가 우체통에 넣었어요."

에서 ①은 편지를 써 가지고, 우체국에 갔고, 우체통에 넣었다고 하
는 동작의 순차적 나열을 내포하고 있다. '편지를 써 가지고 우체국에
가서 우체통에 넣었어요.'에서 '우체국에 가서'가 생략된 것이다. 그러
나 ②는 편지를 쓰는 정신적인 행위와 편지를 우체통에 넣는 단순한
행위가 기계적으로 이어지는 것으로 보인다. 그래서 ②는 자주 쓰이지
않는다.

2. 상태동사와 결합하는 경우
- 보유의 뜻보다는 선행절의 상태가 후행절에 영향을 주는 경우가
많다.

> 예 교실이 추워 가지고 아무 일도 못 했어요.
> 전등불이 너무 어두워 가지고 책을 읽을 수가 없어요.
> 여행 중에는 감기가 들어 가지고 혼났어요.
> 우리는 선생님과 정이 들어 가지고 헤어지기 싫었습니다.
> 발이 너무 커 가지고 맞는 구두 찾기가 힘들어요.

※
[-는/(으)ㄴ] 감이 있다

범주 통어적 구문

구조 동작동사의 경우에는 시제에 따라서 현재는 '-는', 과거는 '-(으)
ㄴ', 상태동사에는 '-(으)ㄴ'을 쓰고 미래 시제는 쓰지 않는다.
'있다' 대신에 '없지 않다'를 쓸 수도 있다. 일부 동작동사나 상태
동사에 붙어서 쓰고 '이다'동사에는 쓰지 않는다.

의미 '감'은 느낌을 나타내는 명사로서 화자가 선행절과 같은 생각을
하고 있지만 단정하지 않을 때 쓴다.

> 예 우리가 일을 너무 서두르는 감이 있다.
> 심판이 한 쪽 편만 드는 감이 있어요.
> 때 늦은 감이 없지 않지만 이제라도 시작합시다.
> 색이 약간 진한 감이 있지만 얼굴에 잘 어울린다.
> 좀 이른 감이 있지만 지금 출발합시다.

※※※
같다

범주 상태동사

구조 명사가 두 개 필요한 서술어이다.

의미 주어가 '같다' 앞에 있는 명사와 유사함, 같은 성질임을 나타낸다. 'N₁이 N₂와 같다'처럼 조사 '–와/과'가 쓰이면 주로 화자의 단정적인 판단을 나타내고, 조사 '–와/과' 없이 쓰이면 화자의 가정적 판단이나 비유를 나타낸다.

예 너는 정말 영화배우 **같다.**
말을 잘 못하니까 바보 **같지요?**
입던 것인데 손질하니까 새옷 **같아요.**
언니를 만난 것이 꿈 **같다.**
그는 고래등 **같은** 집에서 살고 있다.

붙임

① 그는 바보와 같다
② 그는 바보 같다

①은 '바보'라고 하는 일반적인 기준에 맞추어 볼 때 그 '바보'와 동일하다는 뜻이고, ②는 '그'라는 사람이 '바보'라는 범주에 들어갈 듯한데 화자 자신도 정보가 부족하여 단정적으로 말하기에는 자신이 없거나 또는 실제로는 바보가 아닌데 바보에 비유하여 표현할 때 쓴다.

–[는/(으)ㄴ/(으)ㄹ/던] 것 같다

범주 통어적 구문
구조 관형사형 어미+의존명사 것+상태동사 같다
동작동사, 상태동사, 이다동사에 붙어서 쓰인다.

비가 오다 + 는 + 것 + 같다

→ 비가 오는 것 같다

의미 동작이나 상태에 대한 화자의 추측 또는 불확실한 단정을 나타낸다.

＊＊＊
1. –는 것 같다

- 화자가 문장 주어의 현재 동작이나 상태를 추측하는 말이다.

예 밖에 비가 **오는 것 같아요.**
집 안에 아무도 **없는 것 같다.**
아이들이 라면만 **먹는 것 같아요.**
나는 음악에 소질이 **없는 것 같다.**
방에 불이 켜 있는 것을 보니 아직 안 **자는 것 같다.**

✳✳✳

2. -(으)ㄴ 것 같다

- 동작동사일 때는 주어의 과거 행위를 추측하지만 단정지어서 말할 수 없음을 나타내고 상태동사나 이다동사의 경우에는 화자가 현재의 상태나 사실이 어떠함을 추측하는 것을 나타낸다.

예 내가 꿈을 **꾼 것 같구나.**
제가 **잘못한 것 같습니다.**
그 사람이 부자가 **된 것 같다.**
선생님께 꾸중을 들어서 기분이 **나쁜 것 같습니다.**
한국말을 잘못하는 걸 보니 저 사람은 **외국인인 것 같다.**

✳✳✳

3. -(으)ㄹ 것 같다

- 동작동사일 때는 미래 사실에 대한 추측을 나타내고 상태동사나 이다동사일 때는 현재에 대한 추측도 나타낸다.

예 이 김치가 **매울 것 같다.**
하늘을 보니 오후에는 비가 **그칠 것 같습니다.**
오늘은 왠지 좋은 일이 **생길 것만 같다.**
이번에는 **성공할 것 같은** 예감이 든다.
박 선생은 친구들한테 인기가 **있을 것 같다.**

✳✳

4. -(었)던 것 같다

- 회상을 나타내는 시상어미 '-더-'에 '-ㄴ 것 같다'가 붙은 것이다.
- 화자가 과거의 경험을 회상해서 말하는 것인데 화자의 기억이 확실하지 않을 때 쓴다.
- 동작동사의 경우 화자가 회상하는 대상이 동작을 진행하고 있을 때는 '-던 것 같다'를 쓰고 이미 동작이 완료되었을 때는 '-었던

것 같다'를 쓴다.

- 주어가 일인칭이어서 그 행위자가 화자 자신일 때는 그 당시에 의식하지 못했던 것을 회상해서 말할 때 쓴다.

<☞ p. 218 -던, p. 219 -었/았/였던>

예 언니보다 동생이 더 늘씬했던 **것 같다.**
누가 내 가방에 손을 대었던 **것 같습니다.**
어제는 내가 술이 취했던 **것 같다.**
사고 당시 부장과 과장은 자리에 없었던 **것 같은데요.**
내가 전화할 때 김 선생님은 식사 중이던 **것 같았다.**

붙임

1. '-던 것 같다'는 주어의 행위가 진행되고 있음을 화자가 생각을 더듬어서 하는 말인데 행위가 진행되고 있음을 분명히 하기 위하여 '-고 있었던 것 같다'를 더 많이 쓴다.

   예 사고가 날 때 트럭 운전수는 졸고 있었던 **것 같다.**
   그분은 나를 기억하고 있었던 **것 같습니다.**
   바다에서 나는 나무 조각을 잡고 있었던 **것 같아.**

2. '-더군요'가 주어가 일인칭일 때 동작동사와 결합하지 않듯이 '-던 것 같다'도 결합하지 않는다. 그러나 '-었던 것 같다'는 완료된 상태를 회상하는 것이기 때문에 주어가 일인칭일 때도 쓴다.

<☞ p. 209 -더군(요)>

**

-[는/(으)ㄴ/(으)ㄹ] 것만 같다

범주 통어적 구문

구조 관형사형 어미+의존명사 '것'+ 보조사 '-만'+ 같다
동작동사, 상태동사, 이다동사에 붙어서 쓰인다.

의미 어떤 행위나 상태, 또는 사실이 선행하는 동작이나 상태, 또는 그 사실과 같게 느껴짐을 나타내는 말이다. '-는 것 같다'에 비하여

‘다른 것이 아니고 오직, 꼭 그러하다’의 뜻이 더하다.

< ☞ p. 74 –[는 /(으)ㄴ/(으)ㄹ/던] 것 같다>

> **예** 꼭 비가 **올 것만 같다.**
> 바람 때문인지 밖에 누가 **온 것만 같아요.**
> 사진을 보니 그가 살아서 **온 것만 같았다.**
> 하도 이야기를 많이 들어서 안 보아도 **본 것만 같습니다.**
> 일을 시작하니 벌써 반은 **한 것만 같은** 심정이에요.

✳✳✳

–같이

범주 조사

구조 상태동사 같다 + 부사형어미 –이
'같다'의 활용형이 굳어서 명사에 붙어 조사로 쓰인다.

의미 선행 명사와 같은 정도나 동일성을 나타낸다. '–처럼'과 교체할 수
있다.

> **예** 바보**같이** 울긴 왜 울어?
> 그 아이는 어른**같이** 말을 잘합니다.
> 너**같이** 똑똑한 사람이 이 세상에 어디 있겠니?
> 나는 그를 친동생**같이** 생각해 왔다.
> 학생 시절**같이** 좋은 때가 없단다.

붙임

1. '같이'는 문장에서 부사로 쓰이어 '함께, 한 모양으로'의 뜻을 나
타낸다.

> **예** 우리는 일주일동안 **같이** 여행했다.
> 혼자 하지 말고 **같이들** 의논해 봐요.

2. 조사 '–과/와'와 같이 쓰일 수 있는데 주로 문어에서 쓰인다. '–처
럼'과 대치된다.

> **예** 시간은 총알과 **같이** 빠르다.
> 여러분이 아시는 바와 **같이** 지금 나라가 어렵습니다.

**
-거나 (-거나)

범주 연결어미

구조 동작동사나 상태동사 그리고 일부 이다동사와 결합한다. '-거나' 앞에 시상어미 '-었(았, 였)-'을 쓸 수 있으나 추정의 뜻을 가진 '-겠-'은 쓰지 않는다.

의미 두 가지 이상의 행동, 상태, 존재를 나란히 나열하는 뜻을 나타낸다. 명사는 '명사 + -(이)나'를 쓴다. < ☞ p. 146 -(이)나>

  1. '-거나'가 단독으로 쓰이는 경우

예 내일은 흐리**거나** 비가 오겠습니다.
기부금을 낸 분에게 감사 전화를 하**거나** 카드를 보냅시다.
일요일엔 낮잠을 자**거나** 아이들과 놉니다.
모르는 단어는 사전을 찾**거나** 선생님께 여쭈어 보아라.
성적이 나쁘**거나** 결석이 많으면 진급할 수 없다.

  2. '-거나'가 반복되는 경우
  • 서로 상반되거나 또는 상대가 되는 두 개 이상의 동사를 나열할 때 쓴다.

예 싸거나 비싸**거나** 필요하니까 사 왔다.
일찍 왔**거나** 게 왔**거나** 하여튼 무사히 와서 다행입니다.
노래를 부르**거나** 춤을 추**거나** 마음대로 하세요.
그는 옆에 사람이 있**거나** 없**거나** 자기가 하고 싶은 말을 다 한다.
청소를 하거나 빨래를 하**거나** 뭘 하**거나** 그는 즐거운 마음으로 한다.

**
-거나 말거나

범주 통어적 구문

구조 연결어미 -거나 + 동사 말다 + -거나
동작동사나 상태동사와 결합한다.

의미　동작이나 상태에 대하여 긍정과 부정을 나열하고 그 중 어느 것을 택해도 상관하지 않음을 나타낸다.

예　학교에 늦**거나 말거나** 내버려 두세요.
국민이 불편하**거나 말거나** 국회의원들은 싸움만 한다.
나는 그가 대학에 들어가**거나 말거나** 관심없다.
공중전화를 걸 때 뒤에서 사람이 기다리**거나 말거나** 수다를 떠는 사람이 있다.
그는 청중이 듣**거나 말거나** 하고 싶은 말을 다 하고 내려갔어요.

＊
-거나 하면

범주　통어적 구문
구조　연결어미 -거나 + 보조동사 하다 + 연결어미 -면
두 개 이상의 행위나 상태 혹은 사물의 나열을 나타내는 연결어미 '-거나'와 조건이나 가정을 나타내는 '하다'의 활용형 '하면'이 결합한 형태이다.
'-거나 -거나 하면'의 형태로도 쓰인다.

의미　선행절에서 어떤 행위를 하면 후행절이 결과로서 생기게 됨을 나타내는 말이다. 이 때 '-거나 하면'이 결합하는 동사의 행위나 상태 이외에 다른 행위나 상태가 더 있음을 함축한다.

< ☞ p. 78 -거나(-거나), p. 301 -(으)면 >

예　도움이 필요하**거나 하면** 그 친구한테 전화를 합니다.
너는 시험을 못 보았**거나 하면** 나한테 신경질을 부리더라.
사람들은 보너스를 탔**거나** 생각지 않던 돈이 생겼**거나 하면** 한턱을 내지요.
잠을 못 잤**거나** 좀 피곤하**거나** 하면 꼭 머리가 아픕니다.
소지품 중 귀중품이**거나** 고가품이**거나 하면** 안내에 맡기시는 것이 안전합니다.

*
–거늘

범주 연결어미

구조 동작동사, 상태동사, 이다동사에 붙어서 쓰이며, 시상어미와 존대형 어미 '–시–'와도 결합한다.

의미 선행절의 사실을 말하여 후행절도 마땅히 그러해야 함을 나타내는 경우(후행절에 '–는가?, –(으)랴'가 옴.)와, 선행절의 사실에 응하여 그대로 함을 나타내는 경우가 있다. 옛스러운 표현으로 쓴다.

> **예** 불우 이웃 돕기도 하**거늘** 하물며 친척을 안 도울 수 있겠는가?
> 남의 자식도 귀엽**거늘** 자기 자식이야 얼마나 귀여울까?
> 나는 새도 제 집을 찾**거늘** 사람이 어찌 가족 그리운 줄 모르랴.
> 내가 그처럼 타일렀**거늘** 어찌 말을 듣지 않느냐?
> 지나가는 나그네가 길을 묻**거늘** 그 여인은 친절히 대답해 주었을 뿐이다.

–거니(–거니)

범주 종결어미, 연결어미

구조 '–거니 하다'의 형태로서 인용문에서 인용된 문장의 종결어미로 쓰이거나, '–거니 –거니'의 형태로서 연결어미로 쓰인다. 시상어미와 결합한다.

의미 화자의 경험에 비추어서 어떤 사실을 추측함을 나타낸다.

**

1. 인용된 문장의 종결어미로 쓰이는 경우 : –거니 하다
   화자의 추측을 나타내는 뜻이 있으므로 자주 시상어미 '–겠–'과 결합해서 쓴다.

> **예** 그 사람만은 나를 이해하겠**거니** 하고 생각했어요.
> 일 마무리를 잘 했겠**거니** 했는데 그렇지 못하군요.
> 이미 알고 계시겠**거니** 하고 전화를 안 했어요.
> 무소식이 희소식이라고 편지가 안 와도 잘 있**거니** 합니다.

사람들은　시어머니와　며느리　사이가　으레　나쁘**거니**　합니다.

※

2.　연결어미로　쓰이는　경우 : −거니 −거니

동작이나　상태가　반복됨을　나타내는　관용적　표현이다.

이　때는　서로　상반되거나　또는　서로　관계가　있는　동사를　쓴다.

예　둘이는　밀**거니**　당기**거니**　하면서　언덕을　올라갔다.

동창생들은　주**거니**　받**거니**　술잔을　돌리며　시간　가는　줄　몰랐다.

저　가게에는　손님이　들**거니**　나**거니**　하고　하르종일　바쁩니다.

그들은　서로　앞서**거니**　뒤서**거니**　하면서　걸었어요.

우리는　이웃과　오**거니**　가**거니**　하고　다정하게　지낸다.

※

−거니와

범주　연결어미

구조　주로　상태동사와　결합하고　부사의　수식을　받은　일부　동작동사와도
결합한다.　명령형이나　청유형에는　쓰이지　않는다.　시상어미와　존
대형　어미와　쓰인다.

의미　선행절의　사실을　인정하면서　후행절에서는　그보다　더한　사실이　있
음을　나타내는　말이다.

현대어에서는　자주　쓰지　않는다.

예　돈도　없**거니와**　그런　일에는　돈을　쓰고　싶지　않습니다.

준수는　정직하**거니와**　성격도　원만해요.

그　사람을　만날　시간도　없**거니와**　만나서　할　말도　없습니다.

이　하숙은　방이　깨끗하**거니와**　무엇보다도　즈인이　친절합니다.

이　공장　근로자들은　일을　자기　일처럼　하**거니와**　기술도　좋다.

−거든

범주　연결어미

구조　동작동사, 상태동사, 이다동사와　결합한다.

의미   조건과 가정을 나타낸다.

***

1. 명령문, 청유문에 사용하는 경우

예   가기 싫**거든** 집에 있어라.
문제가 생기**거든** 바로 회사에 알리자.
취직하**거든** 꼭 한턱 내야 돼요.
혜리를 보**거든** 내가 만나자고 한다고 말해 줘.
주식 값이 오르**거든** 이 기회에 모두 팔아 버립시다.

**

2. 서술문이나 의문문에 쓰는 경우

- 서술문의 경우 후행절의 주어는 주로 일인칭이다.
- 후행절의 동사에 미래 시상을 나타내는 '-겠-, -ㄹ 것이다, -려고 하다' 등을 쓴다.
- 후행절에 현재나 완료시상 어미는 쓰지 않는다.

예   물건 값이 내리**거든** 사겠어요.
비가 그치**거든** 출발할 거예요?
방학을 하**거든** 곧 부모님께로 가겠어요.
아이가 대학교에 들어가**거든** 이사를 하려고 합니다.
개인적인 말씀은 강의가 끝나**거든** 뵙고 하려고요.

붙임

'-거든'과 '-(으)면'의 비교

-거든	-(으)면
1. 선행절의 사건을 확인한 후에 후행절의 동작이 일어나므로 시간적인 계기성이 있다. 2. 따라서 '(으)면'보다 여유를 가지고 다음 동작을 기대하는 느낌이 있다. 3. '-거든'으로 된 문장은 '-(으)면'으로 대체할 수 있다.	1. 조건이나 가정의 뜻을 가진 문장에는 특별한 제약없이 포괄적으로 쓸 수 있다. 2. '-거든'에 비하여 조건이 좀더 강조된 느낌이다. 3. '-(으)면'으로 된 문장은 제한적으로만 '-거든'과 바꿀 수 있다.

-거든(요)

범주   종결어미

구조   조건과 가정의 뜻으로 사용하는 '-거든'은 종결어미로도 사용한다. 동작동사, 상태동사, 이다동사와 결합한다.

의미   이유나 또는 어떤 사실을 설명하는 뜻을 나타낸다.

✳✳

1. 이유의 뜻으로 쓰는 경우

- '-거든(요)'가 있는 문장은 선행문에 대한 이유가 된다.
- 서술문에만 쓰고, 의문문, 명령문, 청유문에는 사용하지 않는다.

예   요즘은 연극이 인기가 있어요. 우선 재미가 있**거든요**.
요즘은 FM 방송을 자주 들어요. 좋은 음악이 많이 나오**거든요**.
직원들은 사장을 싫어해. 잔소리를 많이 하**거든**.
언니는 용돈을 많이 써요. 헤프**거든요**.
요즘은 선풍기가 잘 팔려요. 더위가 심하**거든요**.

✳✳

2. 사실을 설명하는 경우

- 특별한 의미가 없이 단순한 서술문의 종결어미, '-ㅂ니다, -는다'의 뜻으로 쓴다. 연결어미와 같은 느낌을 주어, 다음에 다른 말로 이어짐을 암시하는 느낌이 있다. 따라서 청자의 주의를 끌게 한다.
- 미래 시제는 쓰지 않는다.

예   그 사람이 우리 옆 집에 살았**거든**. 그 집 식구들과도 친해.
저기 저 건물이 은행이**거든요**. 금방 갔다 올게요.
운동을 하면 살이 빠지**거든요**. 이것은 제 경험입니다.
사실은 새 양복을 하나 샀**거든요**. 거기에 할 넥타이를 고르고 있어요.
제가 요즘 좀 바쁘**거든요**. 그리고 연애할 생각은 한번도 안 해 봤**거든요**.

✳

-거들랑

범주   연결어미

구조   동작동사, 상태동사, 이다동사에 붙어서 쓰이며 시상어미와 존대형 어미와도 결합한다.

- 후행절은 명령형과 청유형만 쓴다.
- 구어체로 쓴다.

의미   선행절이 조건을 나타냄은 '-거든'의 의미와 같으나, 조건의 뜻을 좀더 분명하게 나타낸다.   <☞ p. 81 -거든>

> **예**   늦**거들랑** 핸드폰으로 전화해.
> 모르는 사람이**거들랑** 문 열어주지 마세요.
> 기분이 울적하**거들랑** 한잔 해요.
> 기회가 오**거들랑** 놓치지 말고 잡아요.
> 부장이 이 일에 간섭을 하**거들랑** 한마디 하자.

✻✻
-거라

범주   종결어미

구조   해라체 명령형 종결어미로서 동사 '가다'나 '가다'와 결합한 동사, '올라가다, 내려가다, 들어가다, 유학가다, 출장가다, 쉬어가다' 그리고 '자다'에 붙어서 쓰인다.

해라체 종결어미는 대부분 '-어(아/여)라'가 쓰이는데 '가다'동사가 '-거라'와 어울리는 것같이 '오다'동사는 '-너라'와 쓰인다.

<☞ p. 154 -너라, p. 447 [부록4] 종결어미 체계 해라체>

의미   윗사람이 아랫사람에게 명령할 때 쓰이며 '-어라'보다 더 낮춤의 뜻을 나타낸다.

> **예**   잘 가**거라**, 또 오너라.
> 안으로 쑥 들어가**거라**.
> 다리가 아프거든 쉬어 가**거라**.
> 선생님이 곧 들어오실 테니 뵙고 가**거라**.
> 그만 떠들고 어서들 자**거라**.

＊＊
-건

범주　연결어미

구조　'-거나'의 준말로서 동작동사나 상태동사, 이다동사에 붙어서 쓰이며, 문장에서는 의문을 나타내는 명사 '무엇, 언제, 어디, 어떻게', 등등과 결합해서 '무엇이건, 언제건, 어디건, 어떻게건'의 형태로 자주 쓰인다.

의미　'가리지 않고'의 뜻을 나타낸다. '-든지'와 대치할 수 있다.

　예　누가 대통령으로 당선되**건** 나는 관심없다.
　　혜리는 무엇을 하**건** 간에 정신을 집중해서 합니다.
　　몇 사람이**건** 간에 오는 대로 만나기로 했습니다.
　　남의 기분이 어떻**건** 제 생각만 한다.
　　네가 가는 데라면 어디**건** 따라 갈 거야.

＊＊
-건 -건

범주　통어적 구문

구조　'-거나 -거나'의 준말이다.　<☞ p. 78 '-거나'의 2>
　　동작동사나 상태동사와 결합하며, 시상어미 '-었/았/였/-'을 쓸 수 있다.

의미　두 가지 이상의 행동, 상태, 존재를 나란히 나열하는 뜻을 나타낸다. 후행절에서는 '나열된 것을 가리지 않고 함'을 나타내므로 공손하지 않은 말, 포기하는 말이 오는 경우가 많다.
　　동작동사의 긍정과 부정을 나타내는 경우에는 '-건 말건'을 쓴다.

<☞ p. 78 -거나 말거나>

　예　좋**건** 싫**건** 네가 한 일이니 네가 해결해라.
　　준수는 비가 오**건** 눈이 오**건** 어김없이 혜리를 데리러 왔다.
　　회사가 흥하**건** 망하**건** 나는 모르겠어요.
　　다른 사람이야 굶**건** 말**건** 나만 살면 된다는 생각은 버려야 합니다.

수도에서 물이 그냥 쏟아지**건** 말**건** 수다만 떨고 있다.

＊
-건대

범주　연결어미
구조　극히 일부 동사인 '보다, 듣다, 생각하다, 느끼다, 바라다' 등에 붙어서 쓰이며 그 문장을 관용적인 표현의 부사절로 만든다. '-었-, -겠-, -더-'와 같은 시상어미는 쓰지 못한다. 보조사 '-는, -도'가 결합하여 '-건대는, -건대도'의 형태로 쓸 수 있다.
의미　후행절이 의미하는 것의 근거나 출처가 선행절임을 나타낸다. 동사의 의미로 보아, '보건대, 듣건대, 생각하건대, 느끼건대'는 근거나 출처가 이미 경험한 것이지만, '바라건대'는 앞으로 일어날 수 있는 것에 대해서 말하는 것이다. 이러한 의미상의 이유로 '바라건대'에는 명령형이나 청유형을 쓸 수 있지만, 다른 동사에는 명령형, 청유형이 올 수 없다.

> **예**　내가 보**건대** 이번 시합에서 김 선수가 이길 것이다.
> 내가 듣**건대는** 그 회사는 요즘 경영이 어렵다고 합니다.
> 제가 생각하**건대** 서로 조금씩 양보하면 문제는 해결됩니다.
> 바라**건대** 우리 후손들이 깨끗한 환경에서 살았으면 합니다.
> 바라**건대** 대학시험에 꼭 합격하게 하여 주시옵소서.

＊
-건마는/건만

범주　연결어미
구조　동작동사, 상태동사, 이다동사에 붙어서 선행절을 후행절과 연결한다. 청유형과 명령형에는 쓰지 못한다.
의미　선행절이 나타내는 사실로부터 추론하거나 기대할 수 있는 것과는 달리 후행절에 반대의 동작이나 사건이 일어남을 나타낸다.

예 화가 나**건마는** 그냥 참았다.
어렸을 때는 꿈이 많았**건만** 이제는 그 꿈도 다 사라졌습니다.
그는 능력이 있는 사람이**건만** 그 능력을 발휘하지 못하고 말았다.
이제 부모의 마음을 이해할 만도 하**건만** 아직도 철 없는 행동을 하는
구나.
혜리는 준수를 그렇게도 사랑했**건만** 사랑한다고 말 한마디 못했다.

＊＊
-(으)ㄹ 걸

범주 종결어미
구조 '-(으)ㄹ 것'에 목적격 조사 '-을'이 붙은 '-(으)ㄹ 것을'의 축약
형이다. 동작동사, 상태동사, 이다동사에 붙어서 쓰인다.
의미 '-(으)ㄹ 것이다'와 같이 화자의 추측을 나타내고, 또 화자의 후회
를 나타낸다.
  1. 화자의 추측을 나타내는 경우
    주어는 1인칭과 3인칭 모두 쓸 수 있다.

예 나는 내일 좀 바**쁠 걸**.
내가 출판 기념회에 참석해도 끝까지는 못 **있을 걸**.
사장님은 지금 회의 중이**실 걸**.
이 잡채는 냉장고에 안 넣으면 **쉴 걸**.
트럭의 짐은 끈으로 동여매지 않으면 떨어**질 걸**.

  2. 화자의 후회를 나타내는 경우
    • '-(으)ㄹ 걸 그랬어요'의 축약형이며 '-(으)ㄹ 걸' 뒷부분에서 말
      해야 할 잘못된 부분을 표현하지 않고 쓰는 함축적 표현이다.
    • '우산을 가져올 걸 안 가져왔어요.' → '우산을 가져올 걸 그랬어
      요.' → '우산을 가져올 걸.'
    • 화자와 주어는 동일하며 문장 주어는 1인칭이다.
    • ① 화자의 추측을 나타내는 경우에는 화자의 의지를 나타내는 뜻
      으로 말끝을 올리지만, ② 화자의 후회를 나타내는 경우에는 억양
      을 아래로 내린다.

예 뷔페식당에서 좀더 많이 먹을 **걸**.
　　사진 찍을 때 활짝 웃고 찍을 **걸**.
　　덤벙대지 말고 좀 조심**할 걸**.
　　아까 그 구두가 꼭 맞던데 **살 걸**.
　　이런 놀음판에는 애초에 발을 들여 놓지 **말 걸**.

붙임

후회의 경우에 문장의 주어가 1인칭일 때는 '-(으)ㄹ 걸 (그랬어요)'을
쓰고, 주어가 2인칭일 때는 '-지 그랬어요?'를 쓴다. 2인칭의 경우에는
청자가 잘못을 후회하도록 함과 동시에 나무라는 뜻을 나타낸다.

예 조심해서 차를 몰**지 그랬어요?**
　　술을 마셨으면 대리 운전을 시키**지 그랬어요?**

것

범주　의존명사

구조　문장에서 수식어와 함께 일반명사로서의 기능을 하거나 또는 명사
　　　　화 요소로서의 기능을 한다.

의미　사람이나 사물을 가리키기도 하고, 단순히 기능만을 나타내기도 한
　　　　다.

- 관형사형 어미 '-는/(으)ㄴ/(으)ㄹ/던'과 결합하여 사물이나 어
  떤 현상 등을 나타낸다. 이 때 '것'은 구체적인 사물이나 현상의
  이름을 대신한다.
- '-(으)ㄹ 것'의 형태로 문장 끝에 쓰이어 명령이나 부탁을 나타낸
  다.
- 문장이나 절을 명사화시키는 기능을 한다. 이 경우에는 관형사형 어
  미 '-는'과 결합하여 '-는 것'으로 쓰든지 혹은 간접인용의 종결어
  미와 결합한 '-(는/ㄴ)다는 것'으로 쓴다.

<☞ p. 89 -(는/ㄴ)다는 것은>

- 구어에서는 '-거'로도 쓴다.

**
-(는/ㄴ)다는 것은

범주   통어적 구문

구조   간접인용을 나타내는 '-(는/ㄴ)다고 하-'와 명사형 '-는 것'에 조사 '-은'이 결합한 '-(는/ㄴ)다고 하는 것은'의 준말이다.

의미   명사절을 만드는 '-는/ㄴ 것'에 비해서 이것은 인용된 문장을 구체화시킴으로써 사실을 분명하게 드러내는 느낌이 있다. 이것은 이다동사를 수반한 문장 '~는/은 ~이다'의 형식으로, 사물의 정의를 내리는 데 쓴다. <☞ p. 261 -(이)란, p. 131 -기란>

예   외국어를 배운다는 **것은** 힘든 일입니다.
그런 농담을 **한다는 것은** 너를 좋아한다는 거야.
편지를 받**는다는 것은** 여간 기쁜 일이 아니지요.
취미생활을 할 수 있**다는 것은** 행복한 거예요.
실수를 자꾸 **한다는 것은** 정신을 안 차리고 있다는 증거입니다.

*
-(는/ㄴ)다는 것이

범주   통어적 구문

구조   인용을 나타내는 보조동사 -고 하다 + 관형사형 어미 -는 + 의존명사 것 + 조사 -이
간접인용을 나타내는 '-(는/ㄴ)다고 하-'와 명사형 -는 것'에 조사 '-이'가 결합한 '-(는/ㄴ)다고 하는 것이'의 준말이다. 이 경우에는 '-(는/ㄴ)다는 것은'으로 대체할 수 없다. <☞ p. 89 -(는/ㄴ)다는 것은> 주어는 1인칭이다.

의미   일반적으로 주어의 의지와는 달리 서술 부분에 일이 잘못 진행되었음을 나타내는 말이 온다.

예   숙제를 하고 **잔다는 것이** 그냥 잤습니다.
도와드**린다는 것이** 오히려 폐만 끼쳤습니다.
정신 차리고 잘 듣**는다는 것이** 또 졸았어요.

이번에는 1등을 **한다는 것이** 3등밖에 못했습니다.
결혼 기념으로 여행을 **한다는 것이** 시간이 없어서 아직도 못 갔어요.

> 붙임
>
> '-(는/ㄴ다)는 것'이 명사화 요소로 쓰이어, 다음과 같이 3인칭 주어로서 '~다는 사실은'의 뜻으로 쓸 수 있다. 이 경우에는 '-(는/ㄴ)다는 것은'으로 대치할 수 있다.
>
> 예 남의 아이를 **돌본다는 것이** 쉽지 않군요.
> 외국에서 **산다는 것이** 참으로 흥미있는 일이에요.
> 선생님과 한 자리에서 말씀을 나눌 수 있**다는 것이** 제게는 큰 영광입니다.

-는/(으)ㄴ/(으)ㄹ 것이다

범주 통어적 구문

구조 관형사형 어미+의존명사 것+이다동사

동사의 관형사형 어미, 의존명사 '것', 이다동사가 결합하여 어미의 역할을 한다.

- 이 때에 선행하는 관형사형 어미 '-는/-(으)ㄴ/-(으)ㄹ'은 시제를 가리킬 뿐만 아니라 상을 나타낸다.

<☞ p. 166 -는/(으)ㄴ/(으)ㄹ>

철수가 미국에 돌아간다 + -ㄹ + 것 + 이다
→ 철수가 미국에 돌아**갈 것이다.**

의미 문장이 공식적이고 형식적이며, '-ㄹ 것이다'가 없는 문장에 비하여 의미가 명확하게 드러난다.

＊＊

1. -는/(으)ㄴ 것이다

관형형으로 쓰인 서술어의 의미를 강조하기 위해 쓰는 경우이다.

- 시제에 따라 '-는 것이다'와 '-(으)ㄴ 것이다'를 쓴다.
- '-는 것이다'는 동작의 진행을 나타내거나 일반적인 규칙, 진리를

나타낸다. 그러나 상태동사에는 '–는 것이다'를 쓰지 못한다.

예 사랑은 주고 받**는 것이야**.
과로한 것이 병의 원인이 **된 것입니다**.
누구나 욕심은 있**는 것이다**.
부모들의 무관심이 청소년 범죄를 낳**는 것이다**.
미풍양속을 지켜 나가는 것은 우리 후손을 위해서 필요**한 것입니다**.

＊＊＊

2. –(으)ㄹ 것이다

• 화자의 의지나 추측을 나타낸다.

예 나는 내일 집에 없**을 겁니다**.
졸업하고 취직**할 거야**.
공과대학은 올해 경쟁이 심**할 것입니다**.
나는 이번 시험에 아마 떨어**질 거야**.
시골은 여기보다 더 답답**할 거예요**.

붙임

1. '–(으)ㄹ 것'과 '–겠–'

	–겠다	–ㄹ 것이다
1인칭	화자의 주관적 의지가 강하다	화자의 의지를 객관화시켜서 말한다.
3인칭	현재 상황과 관련이 있고, 사적이고 직접적이다.	현장성이 약하고 공식적이고 형식적이다.

2. 방송 일기 예보에서, ① '내일 비가 오겠습니다.'라고 하고, '내일 비가 올 것입니다.'라고는 하지 않는다. 이것은 ①이 현재 상황으로 볼 때 내일 비가 오겠다고 화자가 직접적인 확신의 표현을 함으로써 시청자에게 신뢰감을 주고자 하는 것이다. 이에 비해 ②는 현장감이 없으며 화자의 주관적 의지가 약해 신뢰성이 떨어진다.

–(으)ㄹ 것인가요/건가요?

범주 통어적 구문

구조 '–ㄹ 것이다'에 비격식체 의문종결어미 '–ㄴ가요?'가 결합한 형태로서, 동작동사나 상태동사와 결합하여 비격식체의 의문문을 만든다.

의미 의미는 '–ㄹ 것입니까?'와 같으나 부드럽고 여성적이다. 주어가 2인칭인 경우에는 주어의 의지를 묻는 것이고 주어가 3인칭인 경우에는 사실에 대한 청자의 추측이나 지식을 묻는 것이다.

✽✽

1. 주어가 2인칭인 경우

예 그 사람과 다시 만날 **것인가요**?
이 가구들은 어디로 옮**길 것인가요**?
수해 복구 작업을 언제까지 계속**할 건가요**?
전세 계약금을 포기하**실 건가요**?
기업 홍보를 위해서 투자를 하**실 것인가요**?

✽✽

2. 주어가 3인칭인 경우

예 손님들은 오늘 밤 주무시고 가**실 것인가요**?
정말 이 아름다운 들판이 도로가 **될 건가요**?
아주머니가 우리를 데리러 **올 것인가요**?
영어 강의는 누가 **할 것인가요**?
올해는 대기업에서 신입 사원을 안 **뽑을 건가요**?

✽✽

3. 대조되는 의미의 동사를 쓰거나 또는 '–ㄹ 건가요, 말 건가요?'를 써서 선택을 묻는 경우

• '–ㄹ건가요? 말 건가요?'에는 감정이 개입되기도 한다.

예 타고 가**실 건가요**? 걸어서 가**실 건가요**?
이 옷은 입**을 건가요**? **말 건가요**?
운동회는 계획대로 **할 건가요**? **말 건가요**?
식사는 집에서 하**실 건가요**? 나가서 하**실 건가요**?
자동차를 빌려서 쓰**실 것인가요**? 사**실 것인가요**?

-게

범주   (부사형) 어미

구조   동작동사, 상태동사 다음에 쓰이어 문장에서 부사의 기능을 한다.
앞에 시상어미가 올 수 없다.

의미   뒤에 오는 동사를 의미적으로 한정한다.

✻✻✻

1. 상태동사와 결합하는 경우

예   글씨를 예쁘**게** 썼군요.
라디오를 크**게** 틀지 마세요.
일요일에는 집안을 깨끗하**게** 치웁니다.
어제는 재미있**게** 놀았습니다.
선생님, 시험 문제를 쉽**게** 내세요.

✻✻

2. 동작동사와 결합하는 경우
- '-도록'과 대치할 수 있다.
- '-게' 앞에 있는 동사의 행위를 할 수 있도록 후행 행위를 함을 나
  타낸다.

예   들고 가**게** 잘 싸 주세요.
제가 직접 이야기할 수 있**게** 혜리를 바꿔 주세요.
비 안 맞**게** 우산 안으로 들어와요.
넘어지지 않**게** 꼭 잡아라.
부모님께서 편안하게 계시**게** 우리들이 신경을 씁시다.

-게   서술형 종결어미 <☞ p. 157 -(으)네 3. >

✻

-게?

범주   종결어미

구조   동작동사, 이다동사에 붙어서 쓰이는 의문형 종결어미로서 '하게

체'나 '해라체'에 해당한다. '-요'를 붙여서 '-게요'가 되면 '해요체'에 해당한다.

의미 문장 상황에 따라 주어의 의도를 묻는 '-(으)려고 하는가?'의 뜻으로 쓰이거나 의문이 아닌 강조를 나타내는 반어적 표현으로 쓰인다.

1. 주어 즉 청자의 의도를 묻는 경우
- 화자가 상황을 보고, 주어의 의도를 추측한 것을 확인함을 나타낸다. '이러하게 하려고 그런 행동을 합니까?'의 뜻이 있다.

> **예** 또 오락실에 가니? 엄마한테 야단맞**게**?
> 어두운데 외출하시**게요**?
> 책상을 옮기고 책장을 그 자리에 놓**게요**?
> 이 옷 산 가게에 가서 따지**게**?
> 아까 먹다 남은 음식을 다 버리**게**?

2. 강조를 나타내는 반어적 표현으로 쓰는 경우
- 선행 조건이 충족되면 당위성이 있음에도 그것이 허락되지 않음을 반어적으로 표현한다. 대개 주어는 1인칭이다.

> **예** 약도가 있으면 찾아가**게**? 없으니까 못 가지.
> 마음 맞는 사람이 있으면 벌써 결혼했**게요**?
> 일년 전에 돈이 있었으면 집을 계약했**게**?
> 교회 갈 마음이 있으면 일찍 일어났**게**?
> 모두 놀러가는데 집에 있으면 나만 손해보**게**?

＊
-게끔

범주 연결어미

구조 (부사형)어미 '-게'의 강조 형태로서 후행절에는 동작동사만 쓰인다. '-도록'과 대치할 수 있다. < ☞ p. 93 -게, p. 226 -도록 >
동작동사나 상태동사에 붙어서 쓰인다.

의미 뒤에 오는 동작이나 상태에 대한 목표, 이유, 조건이 됨을 나타낸다.

예 부모님이 안심하시**게끔** 잘 말씀 드려요.
내가 능력을 발휘하**게끔** 뒷받침을 해 주세요.
음식이 넉넉하**게끔** 고기를 더 삽시다.
사장님은 노동조합이 제 구실을 하**게끔** 후원을 아끼지 않으셨다.
이 연못에서 물고기들이 살 수 있**게끔** 깨끗하게 합시다.

✳

-게나

범주 종결어미
구조 하게체 명령형 종결어미 '-게'+ 하게체 의문형 종결어미 '-나'.
동작동사와 결합하여 쓰는 하게체 명령형 종결어미이다.
의미 하게체를 쓰기는 하나 청자의 위치가 존대를 받을 만한 사람이라
는 것을 고려한 말이다. 즉 '-게'만을 썼을 때는 단정적 명령을 표
현하지만 '-게나'를 사용하였을 때는 부드러운 여운을 남긴다.
<☞ p. 155 하게체>

예 자네가 원하는 대로 하**게나**.
상대방을 만나서 잘 협상을 해 보**게나**.
한번만 신원 보증을 서 주**게나**.
컴퓨터가 이상하거든 애프터 서비스를 받**게나**.
여보게, 이제 용서하고 화를 풀**게나**.

✳

겸

범주 의존명사
구조 두 개의 명사 사이에 쓰인다. 이때의 명사는 어떤 기능을 나타내는
것으로서 제한적이다.
의미 하나의 사물이나 사람이 동시에 두 가지 기능을 가짐을 나타낸다.

예　여기는 서재 **겸** 응접실로 사용하는 방입니다.
　　여기는 제 작업실 **겸** 손님 방입니다.
　　이 공간은 차고 **겸** 창고로 쓸 수 있도록 설계했습니다.
　　그 사람은 가수의 매니저 **겸** 경호원입니다.
　　그 여직원은 사장 비서 **겸** 경리 사원으로 있다.

※
-(으)ㄹ 겸

범주　통어적 구문

구조　관형사형 어미 -(으)ㄹ + 의존명사 겸
　　　의존명사 '겸'이 관형사형 어미 '-(으)ㄹ'의 수식을 받아서 선행
　　　구와 후행구를 연결한다. 동작동사와 결합하며, '~도 ~(으)ㄹ 겸
　　　~도 ~(으)ㄹ 겸 (해서)'의 형태로 자주 쓰인다.

의미　선행 동작과 후행 동작이 함께 이루어짐을 나타낸다.

예　한국말도 배울 **겸** 친척도 만나 **볼 겸** 서울에 왔습니다.
　　귀국 인사도 드리고 선물도 전**할 겸** 해서 찾아 왔습니다.
　　제주도에는 볼일도 **볼 겸** 관광도 **할 겸** 해서 갔었다.
　　취미 생활도 **할 겸** 돈도 **벌 겸** 해서 꽃가게를 차렸습니다.
　　그 분의 속마음도 알아 **볼 겸** 해서 이야기를 꺼냈습니다.

※※
[-는/(으)ㄴ/(으)ㄹ] 경우에

범주　통어적 구문

구조　관형사형 어미 + 명사 경우 + 조사 -에
　　　조사 '-에'는 생략할 수 있다. 과거를 나타내는 경우에 관형사형
　　　어미 '-(으)ㄴ' 이외에도 '-었을'과 결합한 형태를 쓴다.

의미　동사에 붙어서 그러한 조건이나 때를 나타낸다.

예　급한 일이 있**는 경우에는** 이 비상벨을 누릅니다.

보험에 들면 물건을 잃어버린 **경우에**도 보상을 받을 수 있습니다.
만약에 사무실에 담당 직원이 없**을 경우에**는 좀 기다리세요.
사고가 발생했**을 경우엔** 119로 전화를 하세요.
기일 내에 일을 끝내지 못**할 경우** 회사에서 책임을 지겠습니다.

붙임

　‘-(으)ㄹ 경우(에)’와 ‘-(으)ㄹ 때(에)’의 비교
　‘-(으)ㄹ 때(에)’는 시간을 구체적으로 나타내는 경향이 있으나
‘-(으)ㄹ 경우(에)’는 상황만을 나타낸다.

예　갑자기 돌풍이 **불 경우** 어떻게 할지 생각해 둡시다.
　　내가 한국에 **올 때** 친구가 마중을 해 주었다.

−고

범주예 연결어미

구조　동작동사, 상태동사, 이다동사에 붙어서 선행동사와 후행동사, 선
　　　행절과 후행절을 연결한다.

　　　준수는 학교에 갔다 + -고 + 영수는 회사에 갔다
　　　→ 준수는 학교에 가고 영수는 회사에 갔다.

　　　혜리는 착하다 + -고 + 혜리는 예쁘다
　　　→ 혜리는 착하고 예쁘다.

의미　어떤 주제에 관해 관련되는 사실들을 나열하는 기능을 한다.
　　　나열은 동작이나 상태를 나타내는 두 사실을 단순히 나열하여 동시
　　　적으로 나타내는 공간 나열과, 시간적 순서를 나타내는 순차 나열
　　　로 나눌 수 있다.

＊＊＊

1. 공간 나열
　• 동작동사, 상태동사, 이다동사에 두루 쓰인다.
　• 선행어(문)와 후행어(문)를 바꾸어도 의미의 변화가 없다.
　• 여러 가지 사실을 대등하게 나열한다.

- 시상어미를 쓰는 경우에 선행절과 후행절의 시상이 같으면 선행절에서는 생략하고 후행절에만 쓸 수 있다.

> 예 주말에는 빨래를 하**고** 방 정리를 합니다.
> 언니는 회사로 가**고** 나는 학교로 갔어요.
> 동생은 얼굴이 동글**고** 눈이 크다.
> 그 가게에서는 담배도 팔**고** 필름도 팝니다.
> 우리 형님은 의사**고** 교수다.

2. 순차 나열

- 시간적인 순서를 나타내므로 동작동사하고만 쓸 수 있다.
- 선행절의 주어와 후행절의 주어가 동일하다.
- '-고' 앞에 시상어미를 쓸 수 없다.
- 선행절과 후행절을 바꾸지 못한다.

***

2.1. 시간적으로 선행하는 동작이 선행절이 되고 나중에 일어난 동작이 후행절이 되는 경우

- 문장 내용에 따라 선행절이 후행절의 원인이나 이유가 된다.
- '-고서'와 '-고 나서'로 대치할 수 있다.

> 예 숙제를 하**고** 놀아요.
> 먼저 전화를 하**고** 찾아 뵙지요.
> 여행을 하**고** 기행문을 썼어요.
> 이사하**고** 며칠 동안 앓았어요.
> 취직 시험에 떨어지**고** 자신을 잃었나 봐요.

***

2.2. 선행동작의 상태나 결과가 유지되면서 후행 동작이 진행을 나타내는 경우

- 수단이나 방식을 나타낸다.
- '-고서'로 대치할 수 있다.

> 예 을 그냥 입**고** 자요?
> 가방을 메**고** 학교에 갑니다.
> 내 차를 타**고** 가자.
> 그들은 술을 마시**고** 시간 가는 줄 모르**고** 떠들었습니다.

너 비를 맞고 왔구나!

✳✳

2.3. 선행동작을 보면 반드시 후행절과 같은 행위가 나올 수밖에 없음
을 강하게 표현하는 경우

- 강조를 하기 위해서 의문형을 쓰는 경우가 많다.

예 이렇게 늦은 시간에 들어오고 야단을 안 맞을 줄 알았니?
가난한 이웃을 모른 척하고 어찌 사랑을 말할 수 있을까요?
화분에 물 한 번을 안 주고 어떻게 꽃이 피기를 기다려요?
신문도 안 읽고 경제 문제를 논할 수 있을까?
한국말을 모르고 한국인의 정서를 알 수 없다.

✳✳

2.4. 후행절을 함축적으로 생략하고 의문문으로 말하는 경우

- 상대방의 말에 이의를 제기하거나 힐난, 비아냥의 의미를 가진다.

예 가 : 나 심부름 안 할 거야.
나 : 심부름 안 하면 누가 용돈을 주고? (안 주지.)
가 : 시간만 있으면 여자 친구랑 쇼 구경을 갈텐데.
나 : 여자 친구는 있고? (여자 친구도 없으면서)
< ☞ '-고는', '-고서', '-고야', '-고 나다', '-고 가/오다', '-고 들다',
'-려고 들다', '그리고'>

✳✳

3. 여러 가지 사실을 나열하여 뜻을 더해 주는 경우에 쓴다.

3.1. 이다동사와 결합하여 '선행 명사가 나타내는 종류의 사물은 가리
지 않고'의 뜻으로 쓰는 경우 : '-고 -고'의 형태로 쓰임.

예 현금이고 수표고 돈은 다 가지고 도망갔어요.
신문이고 잡지고 읽을 만한 것은 전부 부쳐 주십시오.
헌 옷이고 빈 병이고 버릴 것은 다 가지고 나오세요.
어른이고 아이고 '만남'이란 노래를 모르는 사람은 없다.
누구고 누구고 할 것 없이 우리는 모두 반대다.

✳✳

3.2. 서로 상반되는 사실을 나열하는 경우

- 상반되는 의미의 짝이 있는 일부 동작동사와 상태동사에만 쓸 수
있다.

- '-고' 앞에 있는 동사의 시제는 현재이고, 뒤에는 명사구가 온다.

예 싸고 비싼 것은 상관 않겠어요.
길고 짧은 것은 대 봐야 알아요.
우리에게는 크고 작은 문제들이 계속 생겼습니다.
위급한 상황에서 지위의 높고 낮음을 가릴 수 없었다.
울고 웃는 것이 인생살이란다.

4. 본동사와 보조동사를 연결해 주는 연결어미로 쓰는 경우가 있다.

- '-고'와 결합한 보조동사로는 '-고 있다, -고 싶다, -고 나다, -고 말다, -고 들다' 등이 있다.

붙임

　보조동사란 문장에서 홀로 쓰이지 못하고 본동사에 붙어서 본동사에 의존해서 쓰이는 동사를 말한다. 보조동사는 일부 동작동사나 상태동사가 '-고, -어/아/여, -게, -지'와 같은 연결어미와 결합하여 된 것으로서, 본동사에 의미를 더해 주고 본동사와 밀접한 관계를 가지면서 보조적 기능을 더해 주는 것이 특징이다. 이 보조동사들은 동작의 진행, 종결, 희망, 부정, 사동, 피동 등의 의미를 나타낸다.

※※

(Vst₁)고 (Vst₁)

범주 통어적 구문

구조 동사1 + 연결어미 -고 + 동사1
일부 동작동사나 상태동사에 쓰인다.

의미 동사를 반복함으로써 동작의 반복이나 상태 또는 상황을 강조하는 의미를 가진다.

예 너무 슬퍼서 울고 또 울었어요.
그립고 그리운 정희 씨에게
이 넓고 넓은 세상에서 그 사람을 어떻게 찾니?
오르고 또 오르면 못 오를 이 없건만 사람은 제 아니 오르고 뫼만

높다 하더라.
높고 높은 하늘이라 말은 하지만 나는 나는 높은 게 또 하나 있지.

**
-고는

범주   연결어미
구조   연결어미 -고 + 조사 -는
- 동작동사와 결합한다.
- '-고는' 앞에는 시상어미를 쓰지 않는다.

의미   순차나열을 나타내는 '-고'의 성격상 '-고'와 결합된 선행 동작을
한 다음에 후행 동작을 함을 나타낸다. <☞ p. 98 -고 2.1>

예   박 선생은 회의를 마치**고는** 나가 버렸다.
일을 망치**고는** 책임을 안 지려 한다.
영화를 보**고는** 메모를 해 두는 습관이 있다.
다시 안 만나기로 하**고는** 또 만나는구나.
주사를 맞**고는** 효과를 보았습니다.

**
-고서

범주   연결어미
구조   연결어미 -고 + 연결어미 -아서

숙제를 끝냈다 + -고서 + TV를 봤다
→ 숙제를 끝내고서 TV를 봤다.

의미   두 개 이상의 동작이 시간적인 순서로 일어남을 나타낸다.

1. 시간적으로 선행하는 동작이 먼저 오고 나중에 일어난 동작이 후
행절이 되는 경우
- '-고'와 '-고 나서'로 대치할 수 있다. <☞ p. 98 -고 2.1. >

> **예** 손을 씻**고서** 밥을 먹어라.
> 철수가 떠나**고서** 영희도 떠났다.
> 이사하**고서** 며칠 동안 앓았어요.
> 전화를 받**고서** 밖에 나갔어요.
> 친구에게 화를 내**고서** 후회를 했어요.

2. 선행 동작의 상태나 결과가 유지되면서 후행 동작이 진행됨을 나타내는 경우

> **예** 자동차를 몰**고서** 시외로 나가 봅시다.
> 무거운 가방을 들**고서** 갔어요.
> 코트를 입**고서** 춥다고 한다.
> 회사를 그만두**고서** 놀고 있어요.
> 아이는 나를 붙들**고서** 한 동안 놓지 않았습니다.

3. 여러 개의 동작이 이어나는 경우에는 앞의 동작에는 '-고'만을 쓰고 마지막 동작에만 '-고서'를 쓴다.

> **예** 요를 깔고 이불을 덮**고서** 자리에 누웠습니다.
> 장갑을 끼고 목도리를 하**고서** 나가라.
> 우리들은 짐을 풀고, 옷을 갈아 입**고서** 식당으로 내려갔다.
> 청소를 하고 빨래를 하**고서** 쉬었습니다.
> 전화번호를 적고 인사를 하**고서** 헤어졌다.

**
-고야

범주　연결어미
구조　연결어미 -고+조사 -야
　　　• 동작동사와 결합한다.
의미　선행동사를 강조하거나 한계를 나타낸다.

< ☞ p. 98 -고 2.1, p. 365 -(이)야>

1. 서술문으로 쓰이는 경우
문장에 '비로소', '드디어'와 같은 부사가 온다.

예 아기는 우유 한 병을 마시**고야** 잠이 들었어요.
내 설명을 듣**고야** 그는 이해를 한 모양이었다.
그 부부는 영화를 끝까지 보**고야** 자리에서 일어났다.
잘 도착했다는 전화를 받**고야** 안심을 했어요.
남편은 아침 신문을 다 보**고야** 출근하는 버릇이 있다.

2. 반어적 의문문에 쓰이는 경우

예 월드컵 본선에 못 나가**고야** 어찌 축구를 잘 하는 나라라고 할 수 있겠어요?
그렇게 눈치가 없**고야** 어떻게 성공하겠니?
하루에 세 끼 먹**고야** 이 일을 할 수 있겠어요?
일당 삼만원을 받**고야** 누가 이 힘든 일을 한단 말이요?
한번 가 보**고야** 그 집을 어떻게 찾아가겠어요?

> **붙임**
>
> 1. '-고야'의 '-고'는 시간적 나열을 나타내는 '-고서'와 대치될 수 있으므로 '-고야'도 '-고서야'와 대치될 수 있다.
> 2. '-고야'는 보조동사 '말다'와 결합해서 '-고야 말다' 형태로 쓰인다. <☞ p. 296 '-고 말다'>

＊＊

-고자

범주 연결어미

구조 동작동사에 붙어서 쓰인다.

- 선행절과 후행절의 주어가 동일한 경우에 쓰인다.
- '-고자'가 붙는 선행절에는 시상어미가 올 수 없다.
- '-고자 하다'의 형태로 문장의 끝에 쓰인다.
- '-고자 안/못 하다' 형태로는 쓰지 않는다.

친구를 만나다 + -고자 + 이곳에 왔습니다
→ 친구를 만나고자 이곳에 왔습니다.

의미 주어의 의도나 희망을 나타낸다.

> **예** 선생님을 뵙**고자** 여기까지 왔습니다.
> 마음에 드는 사람이 있으면 결혼을 시키**고자** 합니다.
> 한미 양국은 좋은 관계를 유지하**고자** 노력해 왔어요.
> 그의 위치에서는 무슨 일이나 하**고자** 하면 할 수 있어요.
> 우리 회사의 이익만을 챙기**고자** 하는 일은 아니다.

＊＊

[-에] 관하여

범주 통어적 구문
구조 조사 -에 + 의존동사 관하다 + 연결어미 -여
조사 '-에'와 활용이 불완전한 '관하-'가 결합한 형태로서 '-에 관하여, -에 관해서, -에 관한'의 세 가지로 쓰인다. '-에 관하여'나 '-에 관해서'는 결합한 명사와 함께 부사어로 쓰이고, '-에 관한'은 관형어로 쓰인다.

의미 '-에 대하여, -에 관계되어'의 뜻으로 쓰이는 말이다. '-에 관하여'는 '-에 대하여'에 비해서 격식체이고, 공식적인 느낌을 주기 때문에 회화에서 보다 문어에서 많이 쓴다.

> **예** '노인과 복지 문제'**에 관하여** 졸업 논문을 썼습니다.
> 동아리 모임에서 통일**에 관한** 토론회를 가졌습니다.
> 정부는 노사문제**에 관해서** 관심을 표명하였다.
> 나는 문학**에 관해서는** 낫놓고 ㄱ자도 모른다.
> 한국어 문법**에 관한** 책을 좀 읽어 보세요.

***
–(는)구나, –(는)군(요), –(이)로구나

범주　감탄형 종결어미

구조　동작동사, 상태동사와 이다동사에 붙어서 쓰인다.

> 비가 오다 + 는구나
> → 비가 오는구나

'–(는)구나'는 해라체 감탄형 종결어미이다. '–(는)군'은 '–(는)구나'의 준말이지만, 존대를 나타내는 종결어디 '–요'를 붙여서 존대형으로 쓸 수 있다.

의미　감탄을 나타낸다.

1. 화자가 새롭게 알게 된 사실을 말할 때, 또는 새로운 느낌을 말할 때 쓴다.

- 놀라거나 감탄하는 뜻이 있다.

예　어머, 눈이 오**는구나**.
아, 참 시원하**구나**!
벌써 12시가 되었**구나**.
불고기가 맛이 있**군요**.
헤어지게 되어서 섭섭하시겠**군요**.

2. 이다동사와 어울리는 경우

- '–(이)로구나'의 형태로 쓰임.
- 화자가 무엇인지 모르던 것을 새로이 알게 되어 놀라거나 감탄함을 나타낸다.

예　나는 무엇인가 했더니 떡이**로구나**.
나는 누구인가 했더니 바로 너**로구나**.
네가 읽는 것이 만화책이**로구나**.
여기가 소문으로만 듣던 금강산이**로구나**.
꿈만 같은데 이것이 꿈이 아니**로구나**.

*
−(는)구려

범주 종결어미

구조 동작동사, 상태동사, 이다동사와 결합해서 쓰이는 하오체 종결어
미이다. 시상어미와 어울린다.

의미 감탄을 나타낸다.

  1. 동작동사와 결합하는 경우
- 현재 시제일 때는 '−는구려'를 쓴다.
- 청유의 뜻을 가지거나 감탄의 뜻이 있다.
- 존대형 어미와 어울린다.

  예 어두워지는데 어서 가**구려**.
       성경책을 한 번 읽어 보시**구려**.
       기쁜 소식이 왔으니 마음 놓으시**구려**.
       서류를 꼼꼼하게 검토했**구려**.
       이제는 환자가 얘기를 하**는구려**.

  2. 상태동사, 이다동사와 결합하는 경우
- 새로운 것을 발견하고 감탄하는 뜻이 있다.
- 존대형 어미와는 어울리지 않는다.

  예 산에 오르니 기분이 상쾌하**구려**!
       날씨가 추우니 손님이 없**구려**.
       문을 닫고 있으니 답답하**구려**.
       모두가 무사히 돌아오기를 비는 마음 간절하**구려**.
       아직도 소식이 없다니 이상하**구려**.

*
−(는)구먼

범주 종결어미

구조 동작동사, 상태동사, 이다동사와 결합하는 해체 감탄형 종결어미

이다. 시상어미, 존대형어미와 결합한다. 준말은 '-(는)군'이다.

의미　감탄을 나타낸다.

　　예　아, 집이 참 크**구먼**.
　　　　전망이 참 근사하**구먼**.
　　　　회사 일이 잘 안 되었**구먼**.
　　　　오늘은 재수가 없**구먼**!
　　　　형님이 멋쟁이이시**구먼**.

-(는)군(요)　<☞ p. 105 -(는)구나>

'그-' 형태의 부사어

'그렇게 하다'나 '그러하다' 혹은 '그리하다'에 여러 가지 연결어미 '-고, -는데, -어서, -지만, …'이 붙어서 된 부사어이다.

　　예　그리고, 그런데, 그래서, 그렇지만 등

'그-'형태의 부사어는 뒷 문장 첫머리에 오며 '그-'는 앞 문장을 가리킨다. 이것은 앞 문장과 뒷 문장을 연결해 주면서 뒷 문장을 수식하는 역할을 한다.

　연결어미로 연결된 문장은 앞의 절과 뒤의 절이 하나의 문장을 구성하지만, '그-'형태의 부사어가 있는 문장은 대체적으로 앞의 문장과 뒷 문장이 독립되어 있다.

　　예　김 선생님이 오셨습니다. **그리고** 이 선생님도 오셨습니다.
　　　　(김 선생님이 오시고 이 선생님도 오셨습니다.)

　　　　담배를 피우고 싶습니다. **그렇지만** 참아요.
　　　　(담배를 피우고 싶지만 참아요.)

　　　　신문에 기사가 났어요. **그래서** 그 사실을 알았어요.
　　　　(신문에 기사가 나서 그 사실을 알았어요.)

붙임

일부 '그-' 형태의 부사어는 화자 혹은 화자와 청자 사이의 말에 대해서 쓰이는 것이 보통인데 때때로 화자와 청자의 지시 대상과의 거리에 따라 '그렇게 하다'나 '그러하다' 대신에 '이렇게 하다, 이러하다, 저렇게 하다, 저러하다'에 연결어미가 결합한 형태를 사용한다.

예 이러니까, 저러니까, 이래도, 저래도, 이렇지만, 저렇지만, 이래서, 저래서, 등

그래도

범주 문장 연결 부사

구조 '그러하다/그리하다'와 양보를 나타내는 연결어미 '-어도'가 결합한 형태로서, 뒷 문장의 첫머리에 놓여서 앞 문장과 연결한다.

의미 앞의 문장과 같이 가정을 하거나 인정을 하여도 앞의 내용과 인과관계가 성립되지 않는 상황이 존재함을 나타내는 말이다.

<☞ p. 356 -어도>

***

1. 앞뒤 문장을 동일한 화자가 말하는 경우

예 1년 동안 한국말을 공부했어요.
그래도 아직도 서툴러요.

아까 낮잠을 잤어요.
그래도 또 졸려요.

혜리는 눈이 나빠요.
그래도 안경을 안 쓰려고 해요.

극장에는 사람이 많았습니다.
그래도 우리는 그냥 표를 샀습니다.

제시간에 도착할 수 없을 거예요.
그래도 가능한 한 빨리 갑시다.

✳✳

2. 대화에서 앞 사람의 말에 대해 인정하거나 동의하지만, 그와 관련
된 다른 상황이 존재함을 나타내기 위해 뒷 사람이 앞 사람의 말을
받아서 말하는 경우

예　가 : 이제는 한국말을 잘 하시지요?
　　나 : **그래도** 말할 때는 왠지 떨려요.
　　　　(한국말을 잘 해도 말할 때는 왠지 떨려요.)

　　가 : 돈이 넉넉하니까 염려 말고 써.
　　나 : **그래도** 아껴서 써야지. (돈이 많아도 아껴서 써야지.)

　　가 : 푹 쉬고 나니 두통이 좀 나았어요.
　　나 : **그래도** 병원에 한 번 가보세요.
　　　　(두통이 나았어도 병원에 가 보세요.)

그래서

범주　문장 연결 부사
구조　'그러하다/그리하다'와 원인, 이유, 시간적인 순서를 나타내는 연
　　　　결어미 '-어서'가 결합한 형태로서, 뒷 문장의 첫머리에 놓여서 앞
　　　　문장과 연결한다.
의미　앞 문장의 내용이 뒷 문장의 내용에 대해 원인이나, 이유, 근거, 시
　　　　간적으로 앞섬을 나타낸다. 앞뒤 문장을 동일한 화자가 말하는 경
　　　　우와 두 화자가 대화체로 말하는 경우를 나누어 생각할 수 있다.

<　☞ p. 357 -어서 >

✳✳✳

1. 앞뒤 문장을 동일한 화자가 말하는 경우
　• 연결어미 '-어서'로 한 문장을 만들 수 있다.

예　엄마가 아이에게 야단을 쳤어요.
　　그래서 아이가 울고 있어요.

　　어제 술을 마셨어요?
　　그래서 지금 머리가 아픈 거예요?

남쪽 지방에는 비가 굉장히 많이 왔어요.
그래서 홍수가 났어요.

좀 열심히 해 봐.
그래서 부모님을 기쁘시게 해 드려.

우리는 돈을 벌었어요.
그래서 우선 집을 샀어요.

**

2. 대화에서 앞 사람의 말을 근거로 해서 뒷 사람이 하는 말이 이루어
진 것임을 나타내는 경우

예 　가 : 저는 영어를 전공했어요.
나 : **그래서** 영어 회화를 그렇게 잘하시는군요.

가 : 지난 번에 일등을 했습니다.
나 : **그래서** 상을 탔어요?

가 : 운전하는데 개가 보였어요.
나 : **그래서** 어떻게 했어요?
가 : **그래서** 급히 브레이크를 밟았지요.
나 : **그래서**요?
가 : 개가 놀라서 도망가더군요.
나 : **그래서**요?
가 : 나도 놀래서 사고를 낼 뻔 했어요.

**

그래서 그런지

범주　통어적 구문
구조　문장연결 부사 '그래서'와 '그러한지'의 준말인 '그런지'가 결합
한 형태로서 뒷 문장의 첫머리에 쓰여서 앞 문장과 연결한다.
의미　앞 문장이 뒷 문장에 대한 원인, 이유, 판단의 근거가 된다고 화자
가 추정할 때 사용한다. 그러나 이때 화자에게 앞 문장의 내용이
뒤에 나오는 추정의 유일한 근거라는 확신은 없다.
'그래서'의 '그'는 앞 문장의 내용을 받고 '그런지'의 '그'는 뒷

문장의 내용을 받는데 '그런지'의 '-ㄴ지'가 추정을 나타낸다.

<☞ p. 109 그래서, p. 357 -어서>

1. 앞뒤 문장의 화자가 동일한 경우

예　내 동생은 성격이 좋아요. **그래서 그런지** 친구들 사이에 인기가 있어요.

금년에는 무역 흑자가 예상된답니다. **그래서 그런지** 정부는 모든 일을 자신있게 처리하는 것 같습니다.

눈이 나빠졌어요. **그래서 그런지** 뭘 보려면 얼굴이 괜히 찡그려져요.

시험을 잘 보면 내가 영화 구경을 시켜 주겠다고 했어요. **그래서 그런지** 아이가 공부를 아주 열심히 해요.

영수씨가 이번에 과장으로 승진했어요. **그래서 그런지** 요즘 기분이 좋아 보여요.

2. 대화체로 쓰이어, 청자의 판단이 '화자의 말에서 원인을 찾을 수 있는 것인지 모르지만 또는 그러한 확신은 없지만'의 뜻으로 쓰이는 경우

예　가 : 생일 선물을 받았어요.
　　나 : **그래서 그런지** 기분이 좋으신 것 같아요.

　　가 : 주말이라서 튀김을 했단다.
　　나 : **그래서 그런지** 집안에서 좋은 냄새가 나요.

　　가 : 최 선생은 바쁜 중에도 독서를 참 많이 합니다.
　　나 : **그래서 그런지** 상식이 아주 풍부해요.

**
그랬더니

범주　문장 연결 부사

구조　'그리하였더니'의 준말로서 뒷 문장의 첫머리에 놓여서 앞 문장과 연결한다.

의미　앞 문장에서는 과거에 화자가 자신이 행동하거나 말한 것을 회상하여 보고하고 뒷 문장에서는 앞 문장의 동작으로 생긴 결과나 또는 앞 문장 뒤에 생긴 단순한 사실을 설명하는 것이다.

<☞ p. 213 -었/았/였더니>

1. 앞뒤 문장을 동일한 화자가 말하는 경우

예 차를 샀어요. **그랬더니** 생활이 편해졌어요.
30분 일찍 출발했어요. **그랬더니** 차가 덜 밀렸어요.
우리는 남은 것을 싸 달라고 했어요. **그랬더니** 식당 주인은 잘 싸 주었어요.
내가 기타를 쳤어요. **그랬더니** 친구들은 노래를 했어요.
내가 며칠만 기다려 달라고 했어요. **그랬더니** 그는 그러라고 하더군요.

2. 대화에서 뒷 사람이 앞 사람의 말에 대해 그 결과나 그로 인해 인지한 사실을 질문하는 경우

예 가 : 내가 잘못했다고 했습니다.
나 : **그랬더니** 그 사람이 뭐라고 그래요?

가 : 내가 밖으로 뛰어 나가 보았어.
나 : **그랬더니** 누가 있었어요?

가 : 광화문으로 해서 왔어요.
나 : **그랬더니** 택시 요금이 훨씬 적게 나오지요?

✻✻✻

그러나

범주 문장 연결 부사
구조 뒷 문장의 첫머리에 놓여서 앞 문장과 연결한다.
의미 뒷 문장의 내용이 앞의 것과 대립이 됨을 나타낸다.

<☞ p. 145 -(으)나>

1. 앞뒤 문장을 동일한 화자가 말하는 경우

예 전화를 걸었습니다. **그러나** 아무도 안 받습니다.
저는 음악을 좋아합니다. **그러나** 노래는 부를 줄 모릅니다.
고향 생각이 많이 나요. **그러나** 일이 끝날 때까지 안 가겠어요.
선생님은 자세히 설명하셨어요. **그러나** 학생은 알아 듣지 못했어요.
대부분 그 의견에 찬성할 것입니다. **그러나** 반대하는 사람도 있을 겁니다.

2. 대화에서 화자의 의견에 청자가 대립되는 생각이나 단서를 붙이는 경우

예
가 : 이 가방이 싸요.
나 : **그러나** 그건 작은 것이지요?

가 : 그 사람은 맡은 일을 틀림없이 하지요?
나: 예, **그러나** 남을 도와주지는 않는 것 같아요.

가 : 운동이 건강에 제일이에요.
나 : **그러나** 운동을 너무 많이 하면 오히려 나빠요.

> **붙임**
>
> '그러나'는 '그렇지만'과 같은 뜻으로 서로 대치해서 쓸 수 있다.
>
> <☞ p. 120 그렇지만>

**

그러니까

범주 문장 연결 부사

구조 '그러하니까'의 준말로서, 뒷 문장의 첫머리에 놓여서 앞 문장과 연결한다.

의미 앞의 문장이 뒤의 문장의 필연적인 이유가 되거나 앞 문장의 동작이 일어나는 그때, 뒷 문장의 동작이 일어남을 나타낸다.

<☞ p. 182 -(으)니까>

1. 앞뒤 문장을 동일한 화자가 말하는 경우

예
내가 그에게 빨리 오라고 했어요. **그러니까** 먼저 가라고 하더군요.
건물 앞에서 사진을 찍을 거예요. **그러니까** 빨리들 나오세요.
내가 친절하게 했어요. **그러니까** 그들도 나에게 친절해졌어요.
소나기가 쏟아졌어요. **그러니까** 모두들 건물 안으로 들어섰습니다.
재미있게 보셨지요? **그러니까** 돈을 내시겠지요?

2. 대화에서 사용하는 경우

예 가 : 내일은 일찍 일어나야 돼.
　　나 : **그러니까** 어서 자자.

　　가 : 두 시간 동안 책을 읽었더니 눈이 아파요.
　　나 : **그러니까** 좀 쉬라고 했잖아.

　　가 : 옆 방 학생에게 좀 조용히 하라고 했어요.
　　나 : **그러니까** 뭐라고 그래요?
　　가 : **그러니까** 미안하다고 그래요.

붙임

1. 대화문에서는 앞뒤 문장의 필연적 이유가 되지 않으면서 단순히 대화의 순서를 위해 쓸 수 있다.
2. 화자와 청자, 사물의 거리에 따라 '이러니까', '저러니까'를 쓴다.
3. 구어에서는 '그러니까는', '그러니깐'으로도 쓴다.

＊＊

그러더니

범주　문장 연결 부사

구조　그러하다/그리하다 + -더니

　　'그러하다/그리하다'에 연결어미 '-더니'가 결합한 형태로서 뒷문장의 첫머리에 놓여서 앞 문장과 연결한다. 두 문장은 주어가 3인칭이어야 하고 동일 주어이거나 동일 주제에 관한 내용이어야 한다. 앞 문장의 시상은 과거완료만 쓴다.

의미　과거시에 화자가 대개 보거나 들은 경험을 회상하여 보고하는 뜻을 나타내는데 뒤의 문장은 앞 문장의 결과가 되거나 변화를 나타낸다. < ☞ p. 212 -더니 >

1. 앞뒤 문장을 동일한 화자가 말하는 경우 :

예 두 사람은 날마다 만났어요. **그러더니** 결혼합니다.
　　하늘이 어두워졌어요. **그러더니** 소나기가 쏟아지기 시작했어요.
　　정 선생은 동전을 꺼냈어요. **그러더니** 공중전화로 갔어요.

그는 시간이 없다고 했다. **그러더니** 좀더 빨리 가자고 했다.
집을 안 팔겠다고 했어요. **그러더니** 그냥 팔았어요.

2. 두 화자가 대화를 하는 경우 :

- 한 화자가 말하는 내용에 대해 청자는 화자가 경험한 것을 회상해
서 말하도록 이끌어 주며 말을 잇도록 한다.

예　가 : 그 도둑은 내 가방을 열었어요.
　　나 : **그러더니** (그 도둑은) 어떻게 했어요?
　　가 : **그러더니** 돈을 찾는 것 같았어요.
　　나 : **그러더니요**?

　　가 : 영수 씨가 갑자기 울기 시작하더군요.
　　나 : **그러더니** 어떻게 했어요?
　　가 : **그러더니** 가방을 가지고 휙 나가버렸어요.

　　가 : 그 얘기를 듣더니 친구가 화를 냈어요.
　　나 : **그러더니요**?
　　가 : **그러더니** 전화를 끊어버렸어요.

＊＊
그러면

범주　문장 연결 부사
구조　'그리하다/그리하다'에 연결어미 '-면'이 결합한 형태로서 뒷 문
　　　　장의 첫머리에 놓여서 앞 문장과 연결한다. '그러면'을 다시 줄여
　　　　서 '그럼'이라고 한다.
의미　앞 문장이 뒷 문장의 전제나 가정임을 나타낸다. 전제의 뜻보다는
　　　　'그러하다고 가정하면'의 뜻으로 더 많이 쓰인다.

< ☞ p. 301 -(으)면>

1. 앞뒤 문장을 동일한 화자가 말하는 경우 :

- 뒷 문장은 예정이나 추정을 나타내는 시상어미가 오거나, 예정을
나타내는 내용이 온다. 또는 전제에 대하여 어떻게 되었음을 나타
내는 말이 온다.

예   친구하고 얘기해 봐요. **그러면** 해결하는데 도움이 될 거예요.
빠른 우편으로 부치십시오. **그러면** 이틀 안으로 들어갈 거예요.
읽고 싶은 책이 있으면 아빠에게 사 달라고 해요. **그러면** 두말않고
사 주세요.
피곤할 때는 잠깐 자요. **그러면** 피곤이 좀 풀리는 것 같아요.
어서 건물이 완공되었으면 좋겠어요. **그러면** 이사를 할 수 있을 테니까요.

2. 대화에서 사용하는 경우

• 앞 문장에 동작동사, 상태동사, 이다동사를 다 쓸 수 있다.

예   가 : 지금 통화 중입니다.
나 : **그러면** 조금 있다가 다시 걸어 봅시다.

가 : 나는 중국 음식이 싫은데.
나 : **그럼** 한식집으로 가지요, 뭐.

가 : 노사 문제에 대해서 협상을 하고 싶습니다.
나 : **그럼** 정식으로 회의를 엽시다.

붙임

　‘그러면’의 줄인 말 ‘그럼’은, ‘물론 그렇다’는 뜻의 강한 긍정을
나타내는 감탄사로 쓰이는 ‘그럼’과는 동음이의적 형태이다.

**
그러면 그렇지

범주　통어적 구문

구조　조건을 나타내는 문장 연결 부사어 ‘그러면’과 ‘그렇지’가 결합한
형태로서, ‘그러면’은 앞에서 제시된 사건의 인과관계 중에서 ‘원
인, 이유’ 등을 뜻하고, ‘그렇지’는 그 결과를 뜻한다. 상대방의 말
에 대한 응답을 할 때, 문장의 첫머리에 쓰인다.
준말은 ‘그럼 그렇지’이다.

의미　상대방의 말을 듣고 그 말이 옳고 당연함을 감탄조로 나타낼 때 사
용한다.

강한 표현이기 때문에 '그러면 그렇지' 다음에 오는 표현은 의문형으로 서술을 나타내거나 부정형으로 긍정을 나타내는 강조형이 많다. <☞ p. 115 그러면>

예
가 : 지영이가 합격을 했대요.
나 : **그러면 그렇지**, 그렇게 열심히 했는데 합격하고 말고.

가 : 준수가 술을 마시고 밤에 늦게 들어왔어요.
나 : **그러면 그렇지요**, 준수가 일찍 들어올 리가 있나요?

가 : 네 말대로 해 줄게.
나 : **그러면 그렇지**, 네가 내 말을 안 들을 수야 없지.

가 : 지난 번에 산 주식 값이 상당히 올랐어요.
나 : **그럼 그렇지**, 내 짐작이 틀림없다니까요.

가 : 2대 0으로 우리가 이겼어요.
나 : **그럼 그렇지** 그렇고 말고. 우리를 이길 자가 있을까?

**
그러면서

범주   문장 연결 부사

구조   그러하다/그리하다 + 연결어미 -면서
'그러하다/그리하다'와 '-면서'가 결합한 형태로서, 뒷 문장의 첫머리에 놓여서 앞 문장과 연결한다. 앞 문장과 뒷 문장은 주어가 동일하고 시상이 동일해야 한다.
동작동사, 상태동사, 이다동사와 결합한다.

의미   앞의 문장의 동작을 하거나 상태가 지속되면서 동시에 뒷 문장의 동작이나 상태가 일어남을 나타낸다. <☞ p. 306 -(으)면서>

1. 앞뒤 문장을 동일한 화자가 말하는 경우

예
그 남자는 키가 작습니다. **그러면서** 뚱뚱합니다.
그는 공부를 아주 잘 해요. **그러면서** 놀기도 잘 합니다.
비가 뚝뚝 떨어집니다. **그러면서** 햇빛이 납니다.
물건의 질이 나빠요. **그러면서** 값은 꽤 비싸요.

언니는 자기 방도 안 치워요. **그러면서** 나더러 게으르다고 해요.

2. 대화에서 후행문의 화자가 선행 화자의 말에 동의하고 거기에 덧붙여서 말하는 경우

예 가 : 그 비서는 참 성실해요.
　　나 : **그러면서** 예의가 바릅니다.

　　가 : 다림질하는 건 귀찮은 일이야.
　　나 : **그러면서** 실크블라우스를 사겠다고?

　　가 : 김 선생은 코를 골아서 같이 못 자겠어요.
　　나 : **그러면서** 다른 사람보고 코를 곤다고 합니다.

**

그러므로

범주　문장 연결 부사
구조　'그러하다/그리하다'와 연결어미 '-므로'가 결합한 형태로서, 뒷문장의 첫머리에 놓여서 앞 문장과 연결한다.
의미　'그런 까닭에, 그런 이유로'의 뜻으로 쓰인다.
　　　　논리적 전개를 위한 문어체 문장에서 많이 쓰인다.

<☞ p. 308 -(으)므로>

예 부모 사랑을 받고 자란 아이들은 성격이 원만합니다. **그러므로** 자녀 교육은 사랑이 제일입니다.

　　속담은 한 민족의 문화 소산입니다. **그러므로** 속담을 많이 알고 있다는 것은 그 나라 사람의 사고 방식을 잘 안다는 이야기입니다.

　　현대인들은 긴장과 불안 속에서 살고 있습니다. **그러므로** 현대인들에겐 종교가 필요합니다.

　　직장에서 한국인과 공동 작업을 할 수 있어야 합니다. **그러므로** 한국어 실력이 중급은 되어야겠지요.

　　오늘 밤 폭우가 예상됩니다. **그러므로** 낮은 곳에서 야영을 하시는 분들은 높은 곳으로 대피해 주시기 바랍니다.

***
그런데

범주 문장 연결 부사

구조 '그러하다/그리하다'와 연결어미 '-ㄴ데'가 결합한 형태로서, 뒷 문장의 첫머리에 놓여서 앞 문장과 연결한다.

의미 앞 문장이 뒷 문장의 발화에 대한 배경이 됨을 나타낸다.
이때에 선행절은 후행절을 위한 도입이 되기도 하고 대립의 의미를 가지기도 하고 또 상황을 묘사하여 후행절의 보조 정보가 되기도 한다. <☞ p. 173 -는/(으)ㄴ데>

1. 앞뒤 문장을 동일한 화자가 말하는 경우

예 이것은 교보문고에서 산 연필이에요. **그런데** 아주 질이 좋아요.
택시로 가려고 해요. **그런데** 택시가 오지를 않는군요.
아침에는 날씨가 선선했어요. **그런데** 오후에는 무더워졌습니다.
두 시간 동안 이야기했습니다. **그런데** 할 이야기가 아직도 남았습니다.
지금까지의 이야기를 모르시지요? **그런데** 왜 안 물어 보세요?

2. 대화에서 사용하였을 때 선행 화자의 말을 인정하고 그를 배경으로 하여 후행 화자가 말하는 경우

예 가 : 요즘 한국 경제 사정은 좋지 않아요.
나 : **그런데** 세계 경제는 어때요?

가 : 백화점에서는 물건이 잘 팔리나 봐요.
나 : **그런데** 시장에서는 안 팔린대요.

가 : 동네 사람들이 그 환자를 정성껏 돌보았어요.
나 : **그런데** 죽었으니 참 안 됐습니다.

**
[-어/아/여서] 그런지

범주 통어적 구문

구조 연결어미 -어/아/여서 + 동사 그러하다 + 연결어미 -ㄴ지

동사에 붙어서 선행절을 후행절에 종속적으로 연결한다. 이것은 후행절의 서술 부분을 두 번 반복해야 하는 번거로움을 피하기 위해서 '그런지'로 대신하는 것이다. <☞ p. 110 그래서 그런지>

선행절과 후행절의 주어는 동일해야 한다.

의미 '선행절 때문에 후행절과 같은 결과가 생겼다고 단정할 수 없지만'의 뜻을 나타낸다.

예 사람이 많**아서 그런지** 지하철은 언제나 덥다.
나는 솔직해**서 그런지** 생각한 것을 다 말해 버려요.
그는 바쁜 일이 있**어서 그런지** 아직도 안 돌아왔습니다.
결석한 학생이 많**아서 그런지** 선생님 표정이 안 좋다.
30분이나 기다**려서 그런지** 그는 약간 화가 나 있었다.

붙임

이다동사에 붙어서 쓸 때는 '-(이)라서 그런지'를 쓴다.

예 너는 교포**라서 그런지** 한국말을 쉽게 배우는구나.
그는 고아**라서 그런지** 가끔 우울한 표정을 짓곤 합니다.
유명한 배우가 출연하는 영화**라서 그런지** 극장에 사람이 많다.

✳✳✳
그렇지만

범주 문장 연결 부사

구조 그러하다/그리하다+연결어미 -지만
'그러하지만'의 준말로서, 뒷 문장의 첫머리에 놓여서 앞 문장과 연결한다. 앞뒤 문장은 대립의 관계일 수도 있고, 뒷 문장이 앞 문장과 전혀 관계없는 내용이 올 수도 있다.

의미 앞 문장의 내용을 인정하거나 받아들이지만 뒷 문장의 내용이 자유롭게 올 수 있음을 나타낸다. '그러나'로 대치할 수 있다.

<☞ p. 412 -지만>

1. 앞뒤 문장을 동일한 화자가 말하는 경우

예　아버지는 자가용으로 출근하세요. **그렇지만** 우리는 버스로 다닙니다.
나는 그 사람을 사랑해요. **그렇지만** 그는 나를 사랑하지 않나 봐요.
집에서는 간편한 옷을 입어요. **그렇지만** 외출할 때는 정장을 해요.
그 집 부인은 상냥해요. **그렇지만** 남편은 무뚝뚝해요.
우리 언니가 노래를 잘 해요. **그렇지만** 나는 언니보다 더 잘해요.

2. 대화에서 선행 화자의 말을 인정하지만 후행 화자가 거기에 부연
하고 싶은 의견이나 반대 의견이 있음을 나타내는 경우

예　가 : 너는 아침마다 늦게 일어나는구나.
　　나 : **그렇지만** 나는 지각은 안 해요.

　　가 : 이따가 6시에 오세요.
　　나 : **그렇지만** 아까는 5시에 오라고 했잖아요.

　　가 : 좌석 버스가 편해요.
　　나 : **그렇지만** 어떤 때는 자리가 없어서 서서 가게 되지요.

그렇지 않아도/그렇찮아도

범주　통어적 구문
구조　'그렇게 하지 않아도'의 준말로서 '그러지 않아도'로도 쓴다.
　　　• 뒷 문장의 첫머리에 놓여서 앞 문장과 연결한다.
　　　• 후행절의 서술어는 의도를 나타내는 말, '-(으)려고 하다, -(으)려
　　　는 참이다, -(으)려던 참이다' 등을 써야 한다.
의미　'앞 문장과 같이 말하지 않아도' 또는 '그렇게 제안하지 않아도'
　　　또는 '그렇게 행동하지 않아도, 이미 뒷 문장과 같이 생각하거
　　　나 의도하고 있는 상태에 있음'을 나타낸다. 아직 동작으로 옮기
　　　지는 않은 상태이다.

＊＊
1. '그렇게 말하지 않아도' 혹은 '그렇게 제안하지 않아도'의 뜻으
로 사용하는 경우

예　가 : 앞으로 자주 들르세요.
　　나 : **그렇지 않아도** 자주 들르려고 했어요.

가 : 커피 한잔 줄까?

나 : **그렇지 않아도** 한잔 달라고 하려고 했어요.

가 : 아, 냉면이 먹고 싶다.

나 : **그러지 않아도** 점심으로 냉면을 사 줄 생각이었어.

*

2. 상대방(또는 청자)의 어떤 행위를 보고 화자가 자기도 그와 같은
   생각을 이미 하고 있었음을 말하는 경우

例 (어머니가 숙제를 하라고 한다.) **그러지 않아도** 숙제를 하려고 했어요.
   (상대방에서 먼저 전화를 했을 때) **그렇지 않아도** 제가 전화를 드리려
   고 했어요.
   (텔레비전을 끄는 것을 보고) **그러지 않아도** 텔레비전을 그만 보려고
   했어요.

***

그리고

범주 문장 연결 부사

구조 두 개의 문장이 있을 때 주로 뒷 문장의 첫머리에 놓여서 앞 문장
과 연결한다.

　　　• 단어나 구를 연결하기도 하는데, 이때 연결되는 문장 성분은 동일
　　　해야 한다.

의미 연결어미 '-고'의 속성처럼 사물의 공간적인 나열이나 시간적인
서열을 나타낸다.
대체적으로 앞 문장의 서술어와 뒷 문장의 서술어의 범주는 동
일하다. <☞ p. 97 -고>

1. 앞뒤 문장이나 단어를 동일한 화자가 말하는 경우

例 김 사장님이 오셨어요. **그리고** 부인도 오셨어요.
   둘이서 극장 구경을 갔어. **그리고** 저녁을 먹었어.
   자기 소개를 하세요. **그리고** 취미도 말씀하세요.
   아름다운 산과 들, **그리고** 친구들이 보고 싶습니다.
   가족의 이름, 나이, **그리고** 성별을 쓰십시오.

2. 대화에서 사용하는 경우

- 단어와 단어의 연결은 하지 않는다.

예 가 : 아이들에게 과자를 나누어 주세요.
나 : **그리고** 귤도 나누어 주어야지요?

가 : 여주인공의 생애가 인상적이에요.
나 : **그리고** 음악이 괜찮았지요?

가 : 김혜리 씨는 노래를 잘해요.
나 : **그리고** 춤도 잘 추어요.

붙임

1. 구어에서 '그러구'로 잘못 말하는 사람이 있는데 이것은 표준어가 아니다.
2. '그리고'는 의미없는 군말(간투사)로 쓰는 경우가 있다.
3. 단어나 명사구를 연결시켜 주는 경우에는 '-와/과'를 붙여서 '~와/과 그리고 ~'의 형태로도 쓴다. <☞ p. 374 -와/과>

＊
[–기(가)] 그지없다/한이 없다

범주 통어적 구문
구조 상태동사 + 명사형 어미 –기 (+ 주격조사 –가)+ 명사 한 + 주격조사 –이 + 없다

'-기'와 결합한 명사형에 '끝이 없다'를 뜻하는 '그지없다'나 '한(限)이 없다'가 결합한 것으로, '-기' 다음에 오는 주격조사 '-가'는 생략되기도 한다.

너의 행동은 실망스럽다 + –기 (+ –가)+ 그지없다/한이 없다
→ 너의 행동은 실망스럽기(가) 그지없다/한이 없다.

의미 주로 동사의 상태가 끝이 없을 정도로 심함을 나타낸다.

예 창 밖으로 보이는 바다의 경치는 아름답**기가 그지없었다.**

구조 대원들이 수재민에게 보낸 사랑은 따뜻하**기 그지없다.**
나를 부르는 그의 음성은 다정하**기가 그지없다.**
군대 생활은 지루하**기 한이 없는** 것입니다.
아들, 딸 낳고 잘 사는 네가 부럽**기가 한이 없구나.**

붙임

'그지없다, 한이 없다'는 다음과 같이 부사형 '그지 없이, 한이 없
이'로 바꾸어서 쓸 수 있다.

예 부드럽**기 그지없다** → 그지없이 부드럽다.
기쁘**기가 한이 없다** → 한이 없이 기쁘다.

-기

범주 명사형 어미
구조 동작동사, 상태동사, 이다동사에 붙어서 그것들을 명사나 명사절
로 만드는 구실을 한다.
동사와 결합하여 그 동사를 명사형으로 만드는 '-기' 앞에는 시상
어미가 올 수 없다. 단지 '-기' 다음에 이어지는 말이 주된 의미를
가질 때(-기 때문에, -기로서니)는 시상어미를 쓴다.
의미 '-기'는 주로 동작의 '과정성'이나 '미완결성'의 의미를 가진다.

< ☞ p. 282 -(으)ㅁ >

✻✻✻
1. 동작동사, 상태동사와 결합하여 명사로 아주 굳어진 것

예 말하**기,** 듣**기,** 달리**기,** 뛰**기,** 나누**기,** 보**기,** 더하**기,** 빼**기,** 크**기,** 밝
기, 빠르**기,** 굵**기**
듣**기**가 말하**기**보다 어렵습니다.
황선수는 초등학교 때도 달리**기** 선수였습니다.
과일은 크**기**에 따라 값이 다릅니다.
누가 이기나 내**기** 합시다.
어려운 문제일수록 보**기**를 많이 주어서 스스로 깨닫도록 한다.

※※
2. 문장을 명사화하는 경우
- 조사 '–이/가, –은/는, –를/을, –에, –로'와 결합하여 문장에서 주어, 목적어, 부사가 되기도 하고, '–기'에 여러 가지 문법 요소가 붙어서 '–기 위해서, –기 마련이다, –기 한이 없다'와 같은 문형을 만들기도 한다.

예 이 광고 사업으로 성공하**기**를 빕니다.
길을 몰라서 집을 찾**기**가 어렵습니다.
단체로 가**기**에 좋은 곳을 찾아 봅시다.
나는 너를 만나**기** 위해서 여기까지 왔다.
손님이 오시**기** 전에 저녁 식사를 끝냅시다.

※※
3. '–기'가 문장의 종결어미 구실을 하는 경우
- '–기'는 행위의 과정을 나타내고 동적인 의미가 있기 때문에 문장 끝에 놓인 동작동사의 어간 다음에 쓰여서 군장의 종결어미 구실을 한다.
- 공공 표어나 일반 사건을 기술할 때 또는 속담에 쓰인다.

예 지각하지 않**기**
질서 지키**기**
누워서 떡 먹**기**
나라 사랑하**기**
저녁에 늦게 들어오는 사람이 설거지하**기**

※※
–기(가) D. Vst

범주   통어적 구문
구조   명사형 어미 –기 + 주격조사 –가 + 상태동사
동작동사의 명사형이 상태동사의 주어로 기능하는 문장 형식이다.
서술어로 쓰이는 상태동사는 대부분 감정 표현 동사이다 :
좋다, 싫다, 슬프다, 섭섭하다, 편하다, 괴롭다, 쉽다, 어렵다, 피곤

하다, 부끄럽다, 즐겁다, 어떻다 등

한국을 떠나다 + -기 + -가 + 싫다 → 한국을 떠나기가 싫다.
한국에서 생활하다 + -기 + -가 + 편하다 → 한국에서 생활하기가 편하다.

서술문에서는 동작동사의 주어가 1인칭이어야 하고 의문문에서는 주어가 2인칭이어야 한다. 3인칭 주어는 쓰이지 않는다. 주어가 일반적인 사람일 때도 쓴다.

의미 동작동사가 나타내는 것에 대한 화자의 판단을 말하거나 청자의 생각을 물을 때 쓴다.

예 한국말을 공부하**기**가 어떻습니까?
여기를 떠나**기**가 섭섭해요.
모른다는 말을 하**기**가 창피해요.
잃어버린 물건은 찾**기**가 어렵습니다.
비행기를 타고 뉴욕까지 가**기**가 정말 지루해요.

> **붙임**
>
> '-기가'에 대한 서술어로 상태동사 이외에 특정한 명사와 결합한 이다동사도 쓴다. 이때는 조사 '-가'를 생략하기도 한다 :
> -기 나름이다, -기가 다행이다, -기 일쑤이다,…
> '-기가'를 주어로 한 문장의 서술절로 '-이/가 없다'의 형태를 쓴다 :
> -기가 한이 없다, -기가 짝이 없다, …

✷✷
-기는 -(는/ㄴ)다/하다

범주 통어적 구문

구조 동사1 + 명사형 어미 -기 + 보조사 -는 + 동사1 + -(는/ㄴ)다/하다

동일한 동사를 반복하여, 앞의 것은 명사형으로 뒤의 것은 서술형으로 쓴다. 뒤의 것은 '하다'로 대치할 수 있다.
'-기' 앞에는 시상어미가 올 수 없지만 뒤의 동사에는 시상어미를

쓸 수 있다.

존대형 어미 '–시–'는 앞, 뒤 두 동사에 다 쓸 수 있다. 구어에서는
'–기는'을 줄여서 '–긴'으로도 쓴다.

예쁘다 + –기 + –는 + 예쁘다 → 예쁘기는 예쁘다.　→ 예쁘긴 예쁘다

의미　같은 동사를 두 번 반복하고 또 보조사 '–는'을 씀으로써 동사의
동작이나 상태를 강하게 표현한다.

1. 동작동사와 결합하는 경우

- 동사의 행위를 통해 예상하거나 기대할 수 있는 것과는 다른 상태
나 동작이 있음을 나타낸다.

예　차들이 가**기는 가요**. 그러나 빨리 달리지 못해요.
잘하진 못했지만 하**긴 했어요**.
지금 설명한 것을 알**기는 알겠지요**?
만나**기는 만났어요**. 그런데 이야기는 못했어요.
그 사람 전화번호를 듣**기는 들었는데** 잊어 버렸어요.

2. 상태동사와 결합하는 경우

- 동사의 상태를 강조한다.

예　사람이 많**기는 많군요**.
복사기를 쓰니까 편하**긴 편하더라**.
환경 오염이 심각하**긴 심각한가** 봐요.
맞는 구두가 없는 걸 보니 발이 크**기는 큰** 모양입니다.
돈이 좋**긴 좋은가** 봐요. 돈으로는 못하는 일이 없어요.

3. 동사의 반복을 피하기 위하여 두 번째 동사를 하다로 대치하는
경우

예　그가 노력을 하**긴 했지요**.
그를 만나 보**기는 하겠어요**.
어머니께 말씀을 드리**기는 했다**.
요즘 경제적으로 어렵**긴 합니다**.
출장 문제를 생각해 보**기는 했다**.

**
-기는(요)

범주 결합형

구조 동사 + 명사형 어미 -기 + 보조사 -는 (+종결어미 -요)

좋다 + -기 + -는 + -요
→ 좋기는요

의미 '대조'의 뜻을 가진 '-는'과 결합하였기 때문에, 상대방 의견에 대조 혹은 반대가 되는 의사를 나타낸다. 따라서 칭찬에 대한 겸손의 표현도 된다.

- 대화체에서 주로 쓰인다.
- 상대방의 말에 '-기는 뭐가 -ㅂ니까?'로 대답할 것을 줄여서 표현하는 말이다.

1. 동작동사나 상태동사와 결합하는 경우

예 가 : 바쁜가 봐요.
나 : 바쁘**기는요**.
　　('바쁘기는 뭐가 바쁩니까?'에서 '뭐가 바쁩니까'를 생략한 말)

가 : 많이 다치셨나봐요.
나 : 다치**기는요**.

가 : 너 졸았지?
나 : 졸**기는**.

가 : 자네 나 때문에 돈 많이 썼네.
나 : 많이 쓰**기는요**.

가 : 집안 분위기가 참 아늑해요.
나 : 아늑하**기는요**.

2. 이다동사와 결합하는 경우
- 한자로 된 일부 명사와 결합하는데, '부자, 효녀, 영양식' 등과 같이 어떤 특징이나 성격을 내포하고 있는 명사와 어울린다.
이다동사와 결합하는 경우에 일부 명사는 명사의 성격을 규정짓는 수식어가 있어야 한다.

예 가 : 너 참 효자다.

나 : 효자**기는요**.

가 : 이 방에 있는 물건들이 모두 고급입니다.

나 : 고급이**기는요**.

가 : 시험을 잘 보고 못 보고는 그 날의 재수지요.

나 : 재수**기는요**. 실력이지요.

가 : 지금 그 말씀은 명령입니까?

나 : 명령이**기는요**. 그냥 한 말이지요.

가 : 같이 가던 사람이 결혼할 사람이지요?

나 : 결혼할 사람이**기는요**.

붙임

명사에 이다동사를 붙여서 '-(이)기는요'를 쓰는 경우에는 이다동사를 생략하고 '-는요'만을 쓸 수 있다.

예 가 : 아직 미성년이잖아요.

나 : 미성년**은요**. 스무살이 넘었는데요.

가 : 역시 너는 천재구나!

나 : 천재**는**. (천재는 무슨 천재니?)

＊＊
-기도 -(는/ㄴ)다/하다

범주 통어적 구문

구조 동사1 + 명사형 어미 -기 + 보조사 -도 + 동사1 + -(는/ㄴ)다/
하다

동일한 동사가 반복되거나 '하다'를 쓰는 형태이다.

'-기' 앞에는 시상어미가 올 수 없지만 뒤의 동사에는 시상어미를
쓸 수 있다.

동작동사, 상태동사와 결합한다.

예쁘다 + -기 + -도 + 예쁘다
→ 예쁘기도 예쁘다.

의미　동사의 명사형에 '또는, 역시'의 뜻으로 쓰이는 '-도'가 붙었을 뿐
아니라 같은 동사를 두 번 반복해서 쓰기 때문에 강조의 뜻이 있
다. 강조의 뜻은 경우에 따라 감탄의 의미를 나타내기도 한다.
문장의 동사들은 '잘, 정말' 등과 같은 강조나 정도를 나타내는 부
사의 수식을 받을 수 있다.

예　울**기도** 잘 **운다.**
들**기도** 잘 **한다.**
먹**기도** 정말 잘 **먹는다.**
세상은 정말 좋**기도 하다.**
물건이 많**기도 많구나.**

＊＊
-기도 하고 -기도 한/하다

범주　통어적 구문

구조　동사 + 명사형 어미 -기 + 보조사 -도 + 하다 + 연결어미 -고 +
-기도 하다
명사형 어미 '-기'에 보조사 '-도'가 붙은 명사절에다가 서술어로
하다동사를 붙인 것이, 연결어미 '-고'로써 선행절과 후행절을 이
룬 것이다. 선행절과 후행절에는 다른 동사를 쓰는데, 보통 대조되
는 뜻을 가지는 경우가 많다. 동작동사와 상태동사에 쓰인다.

웃다 + -기 + -도 + 하다 + -고 + 울다 + -기 + -도 + 한다
→ 웃기도 하고 울기도 한다.

의미　선행절과 후행절의 동작이나 상태가 한 가지로 일어남을 나타
낸다.

예　주말에는 책을 읽**기도 하고** 낮잠을 자**기도 한다.**

점심은 먹**기도 하고** 안 먹고 굶**기도 해요.**
통근 버스는 제시간에 오**기도 하고** 늦게 오**기도 해요.**
외국 여행을 한다는 것이 기쁘**기도 하고** 두렵**기도 합니다.**
양로원 할머니들은 나를 보면 손을 잡**기도 하고** 등을 두드려 주**기도**
한다.

**
-기란

범주 결합형
구조 명사형 어미 -기 + 명사절이 주제임을 나타내는 조사 -란
명사형 어미 '-기'에 '-라고 하는 것은'이 줄어서 된 조사 '-란'이
붙은 것이다. 동작동사에 붙어서 쓰인다. 후행 서술어에는 '어렵다,
힘들다'의 뜻을 가진 말이나 강한 표현의 유형들이 많이 쓰인다.

<☞ p. 261 -(이)란>

한국어를 배우다 + -기란 + 쉽지 않다
→ 한국어를 배우기란 쉽지 않다.

의미 '어떤 것을 하는 것은'을 나타낸다.

예 9층까지 걸어서 올라다니**기란** 여간 어렵지 않아요.
시간을 내서 남을 도와주**기란** 쉬운 일이 아니다.
나쁜 버릇을 고치**기란** 어렵다는 것을 깨달았습니다.
일류 대학에 입학하**기란** 하늘의 별 따기입니다.
담배를 끊**기란** 여간 힘든 일이 아니에요.

**
-기로는

범주 결합형
구조 명사형 어미 '-기'에 조사 '-로'와 보조사 '-는'이 결합한 형태
이다.

음식이 맛있다 + -기 + -로 + -는
→ 음식이 맛있기로는

의미   화자의 생각에 여러 가지 행위가 있지만 그 중에 '-기로는'과 결
합한 것을 선택하여 어떠함을 말한다.

1. 문장에서 주제의 기능을 나타내는 경우
   - '여럿 중에서 선택한 이 주제(주절)는 ~이 제일이다.'의 뜻으로
     쓰인다.

   예   살기 편하**기로는** 아파트가 제일입니다.
        수다스럽**기로는** 우리 언니를 따를 사람이 없다.
        부지런하**기로는** 한국 사람들이 세계 제일이다.
        건강에 좋**기로는** 적당한 운동이 최고야!
        옷을 멋있게 입**기로는** 헤리 씨가 최고지.

2. 문장에서 삽입절의 구실을 하는 경우
   - '알다, 듣다, 생각하다'와 같은 극히 제한된 동작동사와 결합한다.
   - 보조사 '-는' 없이 쓰일 수 있다.

   예   제가 듣**기로는** 그의 아버지가 큰 사업을 하신대요.
        이 문제는, 제가 생각하**기로는** 쉽게 해결되기 어려울 것 같아요.
        내가 판단하**기로는** 한국 선수가 틀림없이 이길 것이다.
        우리가 알**기로는** 그 물건은 수입이 안 됩니다.
        제가 듣**기로는** 다음 달부터 휘발유 값이 인상됩니다.

붙임

삽입절의 경우는 '-는 바로는'으로 대체할 수 있다.

   예   제가 들은 **바로는** 대통령은 국빈으로 미국을 방문한다고 합니다.
        우리들이 아는 **바로는** 환율은 인상될 것입니다.

＊
-기로서니

범주   결합형

구조 ・ 일부 동작동사, 상태동사, 이다동사와 결합한다.

　　・ 후행절은 의문 형태나 ‘–는담, –는단 말입니까?, –(으)ㄹ 수야 없
　　　지요, –어(아, 여)서야 되겠어요?’와 같이 원망을 나타내는 말을
　　　쓴다.

　　・ 문장에는 강조를 나타내는 조사 ‘–야’를 쓰기도 한다.

　　・ 선행절의 ‘–기’ 앞에는 완료를 나타내는 시상어미를 쓸 수 있다.
　　　그러나 ‘–겠–’은 쓰지 못한다. 후행절의 시제는 현재, 과거, 미래
　　　를 쓸 수 있다.

　　　날씨가 춥다 + –기 + –로서 + –니
　　　→ 날씨가　춥기로서니

의미　양보를 나타내는 말로서 선행절의 사실을 인정한다고 해도 후행절
　　　의 사실처럼 되는 것은 인정할 수 없다는 말이다. 보통 문장 첫머
　　　리에는 자주 ‘아무리’를 쓴다.

예　아무리　바쁘**기로서니**　전화　한번　할　시간이　없담.
　　아무리　어렵**기로서니**　포기를　해서야　되겠어요?
　　김준수　씨가　실수를　했**기로서니**　그만한　일로　해고를　하겠어요?
　　아무리　결혼　반지**기로서니**　너무　비싼　것　아니예요?
　　비가　쏟아지**기로서니**　모르는　사람의　우산　속으로　들어간단　말이요?

＊＊
–기만

범주　결합형

구조　명사형 어미 ‘–기’에 ‘한가지 뿐’의 뜻을 가진 ‘–만’이 결합한 형태
　　　이다.

　　　후행 서술어는 선행 동사의 반복이거나 ‘하다’ 동사가 온다.

　　　Vst1기만　Vst1다.
　　　바쁘다 + –기 + –만 + 하다(/바쁘다)
　　　바쁘기만 하다(/바쁘다)

의미   오직 한가지의 뜻을 가진 '-만'이 있고 같은 동사를 반복했기 때문에 강조의 뜻이 있다.

예   다른 일은 안 하고 한국말을 배우**기만** 해요.
나는 괴롭**기만** 한데 너는 즐거운 모양이구나.
날씨가 나쁘다더니 좋**기만** 좋다.
아기가 놀**기만** 잘 노는데 왜 운다고 했어요?
시계가 잘 가**기만** 가는데 왜 고장이 났다고 했어요?

붙임

'-기만 하다면, -기만 하다고, -기만 해서, -기만 한데' 등의 형태로 쓰이는데, 이것들은 각각 '-다면, -다고, -아서, -는데' 등으로 대치할 수 있으며, 전자가 후자에 비하여 뜻이 더 강하다.

예   크**기만** 하다고 다 비싼 것은 아니다.
마음에 드는 신부감이 있**기만** 하다면 금방이라도 결혼을 하겠다.
내가 보기에는 멋있**기만** 한데 왜 안 입는다고 해?

**
-기에

범주   결합형
구조   명사형 어미 '-기'에 조사 '-에'가 붙은 것이다.
의미   쓰임에 따라 다음과 같은 뜻을 나타낸다.
1. 상황적인 이유를 나타내는 경우
   - 조사 '-에'의 의미 중 이유를 나타내는 경우와 같은 뜻으로 사용되는 경우다. <☞ p. 367 -에>
   - 선행절의 주어는 주로 2, 3인칭을 쓴다.
   - 후행절에는 명령형과 청유형을 쓰지 않는다.
   - 시상어미 '-었(았, 였)', '-겠-'을 쓴다.
   - 구어체로는 '-길래'를 쓴다.
   - '-기 때문에'에 비하여 이유를 나타냄이 덜 분명하며 대체할 수는

없다.

예   하도 기침이 나**기에** 약을 먹었어요.
양복값이 적당하**기에** 한 벌 샀습니다.
수업 시간에 졸**기에** 주의를 주었어요.
누가 따라 오**기에** 뒤를 돌아다 보았다.
일이 많**기에** 같이 하자고 했습니다.

2. 기준이 되게 하는 경우
- 동작동사하고만 결합한다.
- 보조사 '−는'이 덧붙을 수 있다.
- 후행절의 서술동사로 올 수 있는 것은 일부 상태동사 '좋다, 나쁘다, 크다, 바쁘다, 적당하다, 늦다, 부족하다, 익숙하다, 지치다' 등이다.

예   요즘 학생들은 놀**기에** 바쁘다.
우리 힘으로 그들을 구조하**기에는** 역부족이다.
이젠 너와 입씨름하**기에** 지쳤다.
지금 남의 집에 전화를 하**기에는** 너무 늦은 시간입니다.
집에서 학교까지는 걷**기에** 좀 먼 거리입니다.

3. 삽입구로 쓰이는 경우
- 보조사 '−는'이 덧붙을 수 있다.
- 판단을 나타내는 몇 개의 동사, '생각하다, 보다, 듣다, 알다'와 어울려 삽입구를 형성한다.

예   제가 알**기에는** 그는 여간 자존심이 강한 사람이 아닙니다.
당신이 보**기에** 이 사고는 누구의 잘못입니까?
네가 보**기엔** 내가 잘난 체하는 것 같니?
김 선생님이 보시**기엔** 네가 그 일을 하기에 적당하지 않은가 보다.
제가 보**기에** 노사 문제는 쉽게 해결될 것 같지 않습니다.

*
-기야

범주 결합형

구조 명사형 어미 -기 + 조사 -야
후행 서술어는 선행 동사의 반복이거나 '하다'동사가 온다. 동작동사와 상태동사와 결합한다. '-기야 ~지만', '-기야 ~지요'의 형태로 많이 쓴다.

의미 '물론 이러이러하지만, 그러나 다른 어떤 것들도 있음'을 나타낸다. 강조의 뜻이 강하다.

> **예** 늦게라도 오**기야** 오겠지요.
> 읽**기야** 읽었지요. 그런데 무슨 말인지 모르겠어요.
> 물건이 튼튼하**기야** 하겠지만 모양이 좋지 않군요.
> 제가 김 사장을 만나보**기야** 하겠지만 기대는 하지 마십시오.
> 웃**기야** 웃지만 좋아서 웃는 것은 아니다.

[-는] 길

범주 통어적 구문

구조 관형사형 어미 -는 + 명사 길
문장에서는 이것 뒤에 조사 '-에', '-로'나 이다동사의 활용형이 온다.

- 주로 이동 동사(가다, 오다, 나가다, 출근하다, 귀국하다…)와 어울린다.

> **예** 학교에서 돌아오다 + -는 + 길 + -에 + 친구를 만났다
> → 학교에서 돌아오는 길에 친구를 만났다.

의미 '길'은 도로를 의미하기도 하고, 시간적이거나 공간적인 과정을 의미하기도 한다. 따라서 '-는 길'은 목표점을 향해서 움직이는 과정을 나타내고, 그때 후행절의 행위가 있음을 나타낸다.

✻✻✻

1. '-는 길' 다음에 이다동사가 오는 경우

- 행위를 하는 도중의 뜻으로도 쓰고 그 행위를 하는 순간의 뜻으로도 쓴다.

[예]　판소리를 배우러 가**는 길**이에요.
　　　친구를 만나러 나가**는 길**이다.
　　　잔칫 집에서 오**는 길**이다.
　　　공항으로 선생님 마중을 나가**는 길**입니다.
　　　우체국에 가**는 길**이면 이 편지 좀 부쳐 주세요.

✻✻✻

2. '-는 길에'의 경우

- 선행절의 행위를 하면서 곁들여서 후행절의 행위도 함을 나타낸다.

<☞ p. 138 -는 김에>

[예]　지나가**는 길에** 들렀습니다.
　　　귀국하**는 길에** 하와이에 있는 친구 집에서 하룻밤을 잤어요.
　　　시내 나가**는 길에** 서태지 테이프 하나 사 오세요.
　　　퇴근하**는 길에** 포장마차에서 한잔 했다.
　　　회사에 가**는 길에** 아이를 유치원에 데려다 줍니다.

✻✻

3. '-는 길로'의 경우

- 동사의 관형형 대신에 지시 관형사 '이, 그'와 함께 '이 길로', '그 길로'로 쓸 수도 있다.
- 동작을 끝마치자마자의 뜻으로 쓴다.

[예]　그는 집에 들어오**는 길로** 책상에 앉았다.
　　　호텔에 도착하**는 길로** 전화 해.
　　　어떤 학생은 수업이 끝나**는 길로** 아르바이트를 하러 갑니다.
　　　두 사람은 결혼식을 하고 **그 길로** 신혼 여행을 떠났다.
　　　어머님이 편찮으시다는 소식을 듣고 **그 길로** 고향으로 돌아갔다.

✻✻

4. 동작동사의 '-(으)ㄹ 길', 또는 '-(으)ㄹ 수 있는 길'의 경우

- 수단의 뜻을 나타낸다.

[예]　기술을 빨리 익힐 **수 있는 길**은 꾸준한 노력 뿐입니다.

고생 안 하고 돈 **벌 길**을 찾아 봐요.
이 길만이 우리가 잘 **살 수 있는 길**입니다.
부모는 잃은 아이를 다시 찾을 **길**이 없었다.
졸업 후 그 사람 소식을 **알 길**이 없었는데 오늘 우연히 만났어요.

＊＊
[-는/(으)ㄴ] 김에

범주   통어적 구문
구조   관형사형 어미 –는 + 명사 김 + 조사 –에
       동작동사와 결합한다.

       친구 생일 선물을 사다 + -는 + 김 + -에 + 내 것도 하나 사다
       → 친구 생일 선물을 사는 김에 내 것도 하나 샀다.

의미   선행 동작을 하는 기회에 함께 후행 동작을 한다는 뜻을 나타낸다.
       원래의 목적은 선행 동작을 하는 데 있었다.

예   여기까지 **온 김에** 친구를 만나 보고 가야겠어요.
       부엌 수리를 하**는 김에** 화장실도 고쳤어요.
       이야기를 꺼**낸 김에** 하고 싶은 이야기를 다 해 버렸어요.
       맥주를 사러 슈퍼에 **간 김에** 아침에 먹을 빵도 샀다.
       돈을 쓰**는 김에** 흠뻑 썼다.

> 붙임
>
> ‘-는 길에’는 이동의 의미를 나타내는 동사만 쓸 수 있으나 ‘-는 김
> 에’는 곁들여서 할 수 있는 동작동사면 다 쓸 수 있다.

＊＊＊
-까지

범주   보조사
구조   명사, 부사, 다른 보조사 그리고 어미에 붙여서 쓴다.

의미   시간이나 공간, 또는 동작이나 상태가 미치는 한계를 나타낸다.

1. 시간이나 공간을 나타내는 말과 결합하여 한계를 나타내는 경우

< ☞ p. 325 −부터 >

> **예** 5시 반**까지** 기다리겠습니다.
> 언제부터 언제**까지** 휴가입니까?
> 해가 뜰 때**까지** 아무도 일어나지 않았습니다.
> 부산**까지** 가는 길인데 같이 갑시다.
> 이 책을 몇 쪽**까지** 읽으면 돼요?

2. 현재의 상태나 정도 위에 더함을 나타내는 경우

> **예** 이제는 그분이 거짓말**까지** 합니다.
> 준수네가 김밥에 음료수에 과일**까지** 준비한대요.
> 스미스 씨는 한국말은 물론이고 일본말**까지** 할 줄 압니다.
> 발음이 나쁜 데다가 더듬기**까지** 하는군요.
> 너**까지** 나를 의심하니?

붙임

　'−까지'는 부사어, 조사, 어미와 어울리는 경우가 있다. 조사의 경우는 '−까지'의 뒤에 붙는 것이 특징이다.

- 부사어와 어울리는 경우 : 아까까지, 여태까지, 늦게까지
- 다른 조사와 어울리는 경우 : −까지는, −까지만, −까지도, −까지라도
- 어미와 어울리는 경우 : −면서까지, −고까지, −어서까지 …

> **예** 여태**까지** 회사에서 뭘 했어요?
> 시험 때라서 늦게**까지** 공부하는 모양입니다.
> 네가 좋다고 하면 나는 언제**까지라도** 네 곁에 있을 거야.
> 우리가 할 수 있는 데**까지는** 해 보고 그래도 안 되면 그만둡시다.
> 무리를 하**면서까지** 도와주었으니 고마움을 알겠지요.

*
-깨나

범주	보조사
구조	일부 명사 중 동작동사나 상태동사와 밀접한 관계가 있거나 동사에서 파생된 것과만 결합한다. 동작동사 구문에서는 동작이 미치는 대상(목적어)에 붙고 이다동사 구문에는 쓰지 않는다.
의미	주어가 하는 동작, 사건 등이 '지나치게 잦거나' 상태에 있는 대상이 '지나치게 많음'을 나타낸다. '-깨나'에는 비아냥거리는 느낌 또는 못마땅해 하는 느낌이 들어 있어서 점잖은 말로는 쓰지 않는다.

예 말하는 것을 보니 아이가 말썽**깨나** 부리겠더라.
힘**깨나** 쓸만한 남자들 둘이 갑자기 안으로 들어왔습니다.
아는 체 하는 걸 보니 공부**깨나** 했나 보다.
그 노인은 아들이 성공을 했으니 자랑**깨나** 하겠군요.
선물 사느라고 돈**깨나** 썼겠다.

***
-께

범주	여격조사
구조	여격조사 '-에게'와 '-한테'의 존대형
의미	사람을 나타내는 명사에 붙어서 쓰이며 동작의 상대가 됨을 나타낸다.

예 어른들**께** 말씀 드리겠어요.
선생님**께** 세배하러 가는 길입니다.
이것을 할아버지**께** 갖다 드려라.
우리 집에서는 먼저 하나님**께** 감사 기도를 하고 식사를 시작합니다.
늘 수고를 해 주시니 여러분들**께는** 미안한 마음뿐입니다.

✳✳✳
-께서

범주　주격조사

구조　주격조사 '-이/가'의 존대형

의미　결합되는 명사가 나타내는 대상(주어)이 말하는 사람이나 듣는
사람보다 높을 때에 사용되는데, 듣는 사람이 우선적인 기준이 된
다. '-께서'가 쓰이면 서술어도 존대 형태를 써야 한다.

< ☞ p. 35 주체존대 >

예　선생님**께서** 인사 말씀을 하셨습니다.
사모님**께서** 손수 만드신 과자랍니다.
사장님**께서는** 아까 퇴근하셨습니다.
어느 분**께서** 질문을 하셨습니까?
우리는 할머니**께서** 갑자기 눈물을 흘리셔서 당황했다.

붙임

1. '-께서'는 '-가/이'와 달리 '-는, -도, -라도, -야' 등 다른 조사와
어울려서, '-께서는, -께서도, -께서라도, -께서야' 등으로 쓴다.

예　부모님**께서는** 고향에 사십니까?
모두들 웃었어요, 할아버지**께서도** 크게 웃으셨어요.
아버지께서 못 가시면 어머니**께서라도** 꼭 가실 거예요.

2. '-께서'와 '-께'는 모두 존대를 나타내는 조사이지만 기능상으로는
전혀 관계가 없다. '-께'는 여격조사 '-에게, -한테'의 존대형이다.

< ☞ p. 140 -께 >

[-(으)ㄴ] 끝에

범주　통어적 구문

구조　관형사형 어미 -(으)ㄴ + 명사 끝 + 조사 -에
일부 동작동사에 붙어서 쓰인다.

선행절(선행하는 동사)에 부정 형태는 쓰지 못한다.

의미 선행 동작을 한 다음에 후행절이 이루어짐을 뜻하는 말인데 선행
동작을 진행하는 과정이 길고 힘들었음을 나타낸다.

＊＊

1. 동작동사에 연결되는 경우

예 긴 이야기를 **한 끝에** 서로의 속마음을 알게 되었습니다.
생각하고 생각**한 끝에** 전 재산을 자선 사업에 쓰기로 했습니다.
회의에서 토의**한 끝에** 얻은 결론이 바로 타협입니다.
여기저기 알아 **본 끝에** 조카가 부산에 있다는 것을 알게 되었어요.
일년 동안 연구에 매달**린 끝에** 신제품 개발에 성공했다.

＊

2. 회상을 나타내는 관형사형 어미 '-던'과 결합한 '-던 끝에'의 형
태로 쓰는 경우

• 선행 동작의 진행을 회상하는 의미가 있다.

예 며칠을 두고 하숙집을 찾**던 끝에** 마음에 드는 집을 하나 구했어요.
이상적인 여자를 고르**던 끝에** 지금의 아내를 만났어요.
무슨 좋은 수가 없을까 궁리하**던 끝에** 해결책을 생각해 냈습니다.
그 과학자는 연구에 연구를 거듭하**던 끝에** 로봇을 발명했습니다.
기념식에 어떻게 할까 생각하**던 끝에** 참석하기로 마음 먹었다.

＊

3. 의미적으로 동작을 나타내는 명사 다음에 '끝에'를 쓰는 경우 :

• 이것은 선행 명사 자체가 관형어의 구실을 하기 때문이다.

예 우리 언니 내외는 3년 연애 **끝에** 결혼했어요.
고생 **끝에** 낙이 온다.
7시간의 수술 **끝에** 환자가 살아났습니다.
오랜 설득 **끝에** 그 사업을 시작해도 좋다는 허락을 받았다.
긴 장마 **끝에** 보는 햇빛이라 더욱 반가웠다.

-(으)ㄴ 관형사형 어미 <☞ p. 166 -는>

*
-(으)ㄴ들

범주   연결어미
구조   동사에 붙어서 선행절과 후행절을 종속적으로 연결한다.
후행절의 서술어로는 반어적인 의문문이나 강조를 나타내는 문형과 어휘를 쓴다.
존대형 어미 '-시-'는 쓰지만 시상어미는 쓰지 못한다.
의미   선행절의 조건이 어떠함을 상관하지 않고 후행절에서 양보하거나 허용함을 나타낸다.

> **예**   열심히 일을 **한들** 무슨 소용이 있겠어요?
> 아무리 마음이 착**한들** 다른 사람이 몰라 주면 무슨 소용이 있겠어요?
> 일이 이렇게 얽힌 걸 **낸들**(나인들) 어떻게 풀겠어요?
> 선생님께서 야단을 치**신들** 눈 하나 깜짝 안 할 겁니다.
> 부모님 말을 안 듣는 아이가 선생님 말**인들** 듣겠어요?

붙임

'-(으)ㄴ들'은 연결어미 '-어(아, 여)도, -(으)ㄹ지라도', 조사 '-(이)라도'와 비슷하다. 그러나, 후행절이 의문 형태이거나 또는 강한 어감의 말이 와야 하는 제약 때문에 '-어(아, 여)도, -(으)ㄹ지라도, -(이)라도'는 '-(으)ㄴ들'로 쉽게 바꾸지 못한다.

*
-(으)ㄴ즉

범주   연결어미
구조   • 동작동사와 일부 이다동사에 붙어서 쓴다.
• 후행절 서술어에는 현재와 미래 시상어미는 쓰지 않는다. 이것은 완료의 관형사형 어미 '-(으)ㄴ' 때문이다.
의미   선행절이 후행절의 이유나 조건이 됨을 나타낸다.

> **예** 서류를 검토**한즉** 그는 3년 전에 퇴직했더군요.
> 뛰어가 **본즉** 그는 병원으로 실려 가고 있었어요.
> 아침에 방문을 열어**본즉** 그 사람은 이미 떠났더군요.
> 내가 물**은즉** 그는 마지못해 대답했다.
> 그 사람 이야기를 들어**본즉** 잘못은 김영수씨에게 있더라.

붙임

1. '-니까'와 대치할 수 있다. 단지 '-니까'는 회화에서 자주 쓰는데, '-ㄴ즉'은 한자어나 격식을 갖춘 말과 어울린다.
2. 명사가 '-인즉'과 결합하여 쓰이는 경우에는 '다름이 아니라, 바로, -(으)로 말하면'의 뜻으로 쓰인다. 이것들은 보조사 '-는/은'으로 대치하여 주제를 나타낸다.

> **예** 사실**인즉** 이 일의 책임은 과장에게 있습니다.
> 신문 기사의 내용**인즉** 공개된 비밀이었다.
> 소문**인즉** 그 사람이 회사의 공금을 횡령했다더라.

***

-나?

범주   의문형 종결어미

구조   주로 동작동사에 붙어서 쓰이며, '-은/ㄴ가?'와 같은 뜻으로 쓴다.

<☞ p. 155 -(으)네>

의미   하게체 의문형 종결어미로, 존대형 종결어미 '-요'를 붙여서 '-나요?'로 쓴다. '-ㅂ니까?'보다 부드러운 느낌이 있다.

> **예** 그 사람이 우리집 주소를 아**나**?
> 매운 음식을 좋아하**나**?
> 댁의 남편은 일찍 들어오시**나요**?
> 누가 왔**나**? 초인종 소리가 났는데.
> 교실에서 담배를 피우**나**?

-(으)나

범주　연결어미

구조　동사에 붙어서 쓰이어 선행절과 후행절을 대등적으로 연결한다.

졸업을 했다 + -(으)나 + 취직을 못했다.
→ 졸업을 했으나 취직을 못했다.

의미　선행절과 후행절이 의미적으로 '대조됨'을 나타낸다.

- 대조의 뜻을 나타내는 연결어미 '-지만'과 대치할 수 있으나, '-(으)나'는 '-지만'에 비해서 문어체로 많이 쓴다.

예　질은 **좋으나** 모양이 마음에 들지 않습니다.
이상은 **높으나** 현실은 그렇지 않다.
옛날에는 학교 운동장이었**으나** 지금은 주차장이 되었습니다.
마음은 젊**으나** 몸이 말을 안 듣습니다.
색이나 크기는 잘 맞**으나** 디자인이 마음에 안 듭니다.

붙임

상태를 과장하기 위해서 동일한 어간을 반복해서 '-(으)나'로 연결한다. 일부 상태동사에만 쓰인다.

예　크나 큰 집　　　넓**으나** 넓은 세상
기나 긴 밤　　　좋**으나** 좋은 세월
머나 먼 이국땅

-(으)나 -(으)나

범주　통어적 구문

구조　연결어미 '-(으)나'의 반복형으로서, 일부 동작동사나 상태동사와 결합하며, 뒤에 오는 서술어를 수식한다. 시상어미를 쓸 수 없다.

신문을 보다 + -나 + 방송을 듣다 +-으나 + 시원한 소식이 없다
→ 신문을 보나 방송을 들으나 시원한 소식이 없다.

의미　두 개의 행위가 일어나서 상황이 달라짐과 관계없이 늘 같음을 나타낸다. <☞ p. 234 -든지 -든지>

예　우리는 비가 오**나** 눈이 오**나** 작업을 했다.
자**나** 깨**나** 당신 생각 뿐입니다.
오**나** 가**나** 그 이야기이니 이젠 정말 듣기가 싫다.
부모는 앉으**나** 서**나** 자식 걱정입니다.
죽으**나** 사**나** 우리는 같은 배를 탄 사람이다.

붙임

-(으)나 마나

1. 일부 동작동사와 결합해서 관용구로 쓰인다. '-마나'는 보조동사 '-지 말다'의 '말으나'의 준말로 부정을 나타낸다.

2. 어떤 행위를 하든지 안 하든지 이미 화자가 다 알고 있는 사실이기 때문에 마찬가지고 결론적으로는 그 행위를 할 필요가 없음을 나타낸다. 웃어른에게나 점잖은 표현으로는 쓰지 않는다.

   예　그 사람 이야기는 들으**나 마나** 자기 자랑입니다.
   이 장미는 보**나 마나** 김 선생이 보냈을 거예요.
   아내한테는 이야기하**나 마나** 내가 가자고 하면 갈 거예요.

3. '-어(아/여) 보나 마나'는 시도를 나타내는 보조동사 '-어 보다'와 '-나마나'가 결합한 형태로서 문장에서 관용구로 쓰인다.

   예　계산해 보**나 마나** 네가 틀렸어.
   물어 보**나 마나** 그 사람은 결혼했어요.
   전화해 보**나 마나** 집에서는 이미 떠났을 거예요.

-(이)나

범주　조사

구조　명사와 결합하며, 앞에 오는 명사와 뒤에 오는 명사를 연결하거나, 보조사 등으로 쓰인다.

의미　'사물을 임의로 열거해 놓고 그 중의 하나를 선택함'을 나타낸다.

**

1. 명사와 명사를 연결하는 경우
- 동질이거나 동격인 명사를 두 개 이상 열거할 때 쓴다.
- '혹은, 또는'의 뜻이다.

예　아침에는 커피**나** 우유를 마십니다.
학교에 갈 때는 버스**나** 택시를 탑니다.
선생님은 화요일**이나** 수요일에 귀국하실 것입니다.
중학교 다닐 때는 주말마다 축구**나** 농구를 했다.
나는 무슨 실수**나** 잘못을 한 일이 한 번도 없습니다.

***

2. 보조사로 쓰이는 경우
- 마음 속에 여러 가지를 열거해 놓고 그 중에서 하나만을 선택하는 뜻이 있다. 그러나 그것이 최선의 것이 아님을 나타낸다.
- 다른 조사와 결합해서 쓰이면 조사 본래의' 의미에 선택의 뜻이 덧붙는다.

예　집에서 라면**이나** 끓여 먹자.
심심한데 영화**나** 볼까?
호프집에 가서 맥주**나** 한잔 합시다.
제가 할 수 있는 것은 돈으로**나** 보상을 하는 것입니다.
어머니는 안 된다고 하시겠지만 말씀**이나** 드려 보겠어요.

**

3. –(이)나가 수를 나타내는 의존명사에 붙어서 의문문에 쓰이는 경우
- 의문사가 있는 의문문에서는 '쯤'의 의미를 나타낸다.
- 의문사가 없는 의문문이나 서술문에서 '감탄'이나 '예상 밖에 많음'을 나타낸다.

예　가 : 손님이 몇 분**이나** 오십니까?
나 : 열 분 오십니다.
가 : 열 분**이나** 오십니까?

가 : 너는 한 달에 책을 몇 권**이나** 읽니?

나 : 열 권 쯤 읽어.

가 : 열 권**이나** 읽는다고? 굉장하구나.

나는 그 영화를 다섯 번**이나** 보았다.

선생님의 소설이 다섯 개 국어**로나** 번역이 되었습니까?

나다

범주   동작동사

구조   연결어미 '-고'와 '-어(아/여)' 아래에 쓰이어 보조동사로 쓰일
때가 있다.

의미   '생기다, 결론이 나다'의 뜻을 나타낸다.

예   내 이름이 신문에 **났어요**.
시장에 불이 **나서** 손해가 많습니다.
이것은 비밀이니까 소문이 **나면** 안 됩니다.
아이들은 눈을 보더니 신이 **나서** 소리쳤다.
어디서인지 이상한 소리가 **났어요**.

붙임

'-고 나다'의 경우에는 보조동사를 이루어 앞의 동작이 끝남을 나타
내고< ☞ p. 148 -고 나다>, '-어(아/여)나다'의 경우에는 '살아나다,
나타나다, 일어나다'와 같이 하나의 단어로 굳어져서 앞의 동작의 진
행을 강조한다.

＊＊

-고 나다

범주   보조동사

구조   연결어미 -고 + 동작동사 나다
시간적인 순서를 나타내는 연결어미 '-고'에 '결말이 나다, 끝장

이 나다'의 뜻을 가진 보조동사 '나다'가 결합한 것이다.

일부 동작동사와 결합한다.

일부 '-(으)니, -(으)니까, -(으)면'과 같은 연결어미와 결합하여 선행절에 쓰인다.

의미   본동사의 동작이나 사건이 끝나고 시간적으로 후에 후행절의 동작이나 사건이 일어나거나, 그런 상태가 되었음을 강조해서 나타낸다.

예   숙제를 다 하**고 나니까** 마음이 가벼워졌어요.
힘든 일을 하**고 나니** 온 몸에 땀이 흘렀습니다.
모든 것을 다 얘기하**고 나면** 오해가 풀릴 거야.
목욕을 하**고 나서** 맥주를 한잔 마셔 봐요. 기분이 좋아질테니.
컴퓨터를 사**고 나니까** 더 좋은 것이 나왔다고 하는군요.

*

[-기] 나름이다

범주   통어적 구문

구조   동작동사 + 명사형 어미 -기 + 명사 나름 + 이다동사
동작동사의 명사형이, '됨됨이'나 '따름이다'의 뜻을 나타내는 명사 '나름'과 결합한 것이다.

생각하다 + -기 + 나름 + 이다
→ 생각하기 나름이다.

의미   문장의 주어는 의문형의 명사절이거나, 의미적으로 양면성을 가진 것으로, 전체 문장의 주어가 '-기' 명사형에 내포된 의미에 달렸음'을 나타낸다.

예   가전 제품의 수명은 사용하**기 나름이다.**
축하 행사를 어떻게 하느냐는 여기서 결정하**기 나름입니다.**
찬성한 것이 잘한 일인지 아닌지는 생각하**기 나름이다.**
결혼 생활이 행복하냐 안 하냐는 두 사람이 노력하**기 나름입니다.**
요즘 아이들은 버릇이 없다고 하지만 그것은 부모가 가르치**기 나름입니다.**

> 붙임
>
> 1. '-기 나름이다'와 같은 뜻으로 '-ㄹ 나름이다'를 쓰기도 한다.
>
>   예   성공하고 못하고는 자기가 **할 나름이다.**
>
> 2. '나름'은 인칭 대명사나 보통 대명사에 붙여서 쓰며, '자체적으로' 또는 '스스로 판단하여'의 의미를 나타낸다.
>
>   예   이번 일은 나 **나름으로** 신경을 썼다.
>   형은 형 **나름으로** 가족을 위해 애쓴 것 같다.
>   이번 행사는 그 **나름으로** 특색이 있어서 좋았다.
>   사과는 사과 **나름의** 맛이 있고 배는 배 **나름의** 맛이 있다.

**
-(이)나마

범주   보조사

구조   문장에서 주어나 목적어로 쓰인 명사와 결합하면 격조사가 나타날 수 없다.

'-(으)로, -에, -에서, -에게' 등과 어울려서, '-(으)로나마, -에나마, -에서나마, -에게나마'로 쓰인다. 연결어미 '-어서', 부사형 어미 '-게' 등과도 결합하여 '-어서나마, -게나마'로 쓰인다.

의미   마음에 부족한 생각을 가지고 있으면서도 할 수 없이 허용하거나 양보함을 나타낸다.

예   헌 우산**이나마** 있으니 다행이다.
    형이 쓰던 자전거**나마** 한 대 있습니다.
    외국에서**나마** 잘 있다니 안심이구나.
    우선 전화로**나마** 소식을 알려 드립니다.
    직접 찾아뵙지 못하면 편지로**나마** 감사하다는 인사를 드리세요.

붙임

1. '-(이)나마'와 '-(이)라도'

이 두 보조사는 양보와 허용을 나타내고 있으므로 어떤 경우에는 서로 교체할 수 있을 정도로 뜻이 비슷하다. 그러나 '-(이)나마'는 화자가 마음에 불만스러움을 가지고 있으면서 할 수 없이 후행동작을 하는 것이고, '-(이)라도'는 이것저것 가리지 않고 선택해야 함을 나타내므로 교체할 수 없는 경우도 있다.

예 비닐 우산**이나마** 쓰고 갑시다.
(비닐 우산인 것이 불만이지만 그래도 쓰고 갑시다.)
비닐 우산**이라도** 쓰고 갑시다.
(비닐 우산은 선택할 수 있는 것의 차선이니 그냥 쓰고 갑시다.)

2. 그러나 '누구, 무엇, 무슨, 언제, 어디, 어떤'과 같이 어울릴 때는 '-(이)라도'는 쓸 수 있지만, '-(이)나마'는 쓸 수 없다.

예 **누구**라도 오거든 이 편지를 전해 줘요.
무슨 일이라도 생기면 어떻게 하지요?
네가 오라면, 나는 **언제**라도 달려 가겠어.

---

*

-(으)ㄹ 나위가 없다

범주 통어적 구문

구조 관형사형 어미 -(으)ㄹ + 의존명사 나위 + 조사 -가 + 상태동사 없다.
관용적인 표현으로서 극히 일부 동작동사와만 어울린다.

의미 '나위'는 '틈, 여지'라는 사전적 의미를 가진 말인데, '-(으)ㄹ 나위가 없다'는 '더 없이 만족함'을 나타낸다.

예 그의 성품은 말**할 나위 없이** 좋다.
박 선생은 선생님으로서는 더**할 나위 없는** 사람입니다.
더**할 나위 없이** 잘해 주는 아빠인데도 아이들은 불만인가 보다.

비서실에서 작성한 보고서는 더할 **나위 없이** 완벽했다.
세계적으로 인정받는 회사 제품이니 질은 의심할 **나위가 없다**고 본다.

＊
–는 날에는

범주　통어적 구문
구조　관형사형 어미 –는 + 명사 날 + 조사 –에는
관형사형 어미 '–는'과 날짜를 나타내는 명사 '날' 그리고 조사
'–에는'이 붙어서 된 것이다.
- 문장에서 부사어로 쓰이어 뒤에 오는 서술어를 수식한다.
- 동작동사하고만 어울린다. 따라서 다른 관형사형 어미는 쓰지
  않는다.
- 가정을 나타내는 '–는 날이면'의 형태로도 쓴다.

의미　'이러이러한 때, 이러이러한 경우에는'의 뜻을 나타내는데 대개
일이 잘못됨을 가정하는 경우에 쓴다.

예　비행기를 놓치는 **날에는** 큰일나요.
아버지 앞에서 실수를 하는 **날에는** 혼이 나곤 했어요.
제 날짜에 결재가 안 되는 **날이면** 우리 회사는 망한다.
누구든지 바스락 소리라도 내는 **날에는** 우리 모두 끝장이다.
또 한번 거짓말을 하**는 날엔** 용서하지 않겠어.

내다

범주　동작동사
구조　동사 '나다'의 사동형으로서 '–어/아/여'에 붙어 보조동사가 된
다. ＜☞ p. 148 나다, p. 153 –어/아/여 내다＞
의미　'밖으로 옮기다', '생기거나 일어나게 하다' 또는 '힘을 주어 앞에
오는 동작이 결국은 이루어지게 하다'를 나타낸다.

예　어머니는 나를 보고 화를 **내셨습니다.**

소리를 **내지** 말고 가만히 들어가자.
시험 문제를 **내는데** 2시간이나 걸렸다.
월말마다 공과금을 **내는** 사람들로 은행은 복잡하다.
상을 탔으니 한턱 **내세요.**

＊＊
–어/아/여 내다

범주　보조동사
구조　연결어미 '–어/아/여'와 보조동사가 결합한 형태로서 동작동사와
　　　결합한다. 의미상 동사의 피동형은 쓰지 않고 완료의 뜻을 강하게
　　　나타내는 동사나 어려움의 극복을 나타내는 동사하고만 결합한다.
의미　주어의 힘으로 어떤 일을 끝마쳐서 완성시켰다는 뜻을 나타낸다.

　예　우리는 그의 전화번호를 찾**아 냈습니다.**
　　　네가 그 일을 **해 냈구나!**
　　　군대 생활의 어려움을 잘 참**아 냈습니다.**
　　　그가 있는 곳을 알**아 내야** 합니다.
　　　그 사람은 고통을 견**뎌 내고** 마침내 건강을 되찾았어요.

붙임

1. 좀더 강한 표현을 하기 위하여, 다른 보조동사 '–고 말다, –어 버리
다'와 결합하여 쓰기도 한다.

　예　그들은 결국 상대 팀을 이**겨 내고 말** 것이다.
　　　누가 도둑인지 밝**혀 내고 말겠다.**
　　　그 사람 이름은 **빼 내 버려라.**

2. 연결어미 '–어서'와 결합하였는데, '–서'를 생략함으로써 보조동사
와 같은 형태로 쓰는 경우가 있다. 이때의 '내다'는 본동사로서 '제
출하다'의 뜻이다.

　예　내일까지 자기 소개서와 이력서를 **써(서) 내세요.**
　　　돈이 없어서 여비는 꾸**어(서) 냈습니다.**
　　　사진을 붙**여(서) 내** 주시기 바랍니다.

-(느)냐?　　종결어미 <☞ p. 186 해라체>

-(느/으)냐고　　<☞ p. 193 -(는/ㄴ)다고>

-(느/으)냐나 봐요　　<☞ p. 321 -나 보다>

-(느/으)냐나요　　<☞ p. 195 -(는/ㄴ)다나요>

-(느/으)냐더니　　<☞ p. 198 -(는/ㄴ)다더니>

-(느/으)냐든지　　<☞ p. 198 -(는/ㄴ)다든지>

-(느/으)냐면　　<☞ p. 199 -(는/ㄴ)다면>

-(느/으/이)냬요　　<☞ p. 207 -(는/ㄴ)대요>

**
- 너라

범주　종결어미

구조　해라체 명령형 종결어미로서 동사 '오다'나 '오다'와 결합한 동사

하고만 어울린다. 해라체 종결어미는 '-어(아/여)라'가 쓰이는 것이 대부분인데 오다, 나오다, 들어오다, 해오다, 가져오다, 읽어오다, … 등과 같은 동사는 '-너라'를 붙여서 쓴다.

< ☞ p. 84 -거라, p. 186 해라체, p. 447 [부록4] 종결어미 체계>

의미 해라체이기 때문에 윗사람이 아주 아랫사람에게 쓴다. 흔히 어른이 아이에게 쓴다.

예 영희야, 이리 오**너라**.
안으로 들어 오**너라**.
내일은 숙제를 잊지 말고 해 오**너라**.
13쪽부터 17쪽까지 외워 오**너라**.
과일은 이층 내 방으로 올려 오**너라**.

**

-(으)네, -나?/는/(으)ㄴ가?, -세, -게(하게체 종결 어미)

범주 종결어미
구조 청자가 객관적으로는 나이나 위치로 보아 존대 받을 만하지만 화자보다 아랫사람일 때 쓰는 격식체 종결어미이다.

< ☞ p. 35 존대말과 반말>

- 해체(-어/아/여)와 대체할 수 있으나 하체에 비하여 격식을 차리는 말이다.
- 교수가 학생에게, 장인, 장모가 사위에게, 형님이 나이가 든 동생에게, 나이가 든 친구 사이에서 쓸 수 있다. 2인칭 대명사 '자네'와 어울리는 말이다.

문장형태	동사의 종류	끝음절	하게체 종결어미	활용 예
서술형	동작동사		−네	가네, 먹네
	상태동사	자음	−(으)네	많으네, 많네
		모음	−네	크네, 예쁘네
	이다동사	자음	−이네	책상이네, 봄이네
		모음	−네	의자네, 사고네
의문형	동작동사		−나?/−는가?	먹나?/먹는가?
	상태동사	자음	−나?/−은가?	많나?/많은가?
		모음	−ㄴ가?	큰가?
	이다동사	자음	−인가?	신문인가? 도서관인가?
		모음	−ㄴ가?	김친가? 여긴가?
명령형	동작동사		−게	가게, 먹게
청유형	동작동사		−세	가세, 먹세
감탄형	동작동사		−는구나, −네	가는구나, 먹는구나, 먹네
	상태동사		−구나, −(으)네	많구나, 크구나, 좋으네
	이다동사	자음	−이구나, (이)네	밤이구나, 군인이구나, 어른이네
		모음	−구나, −네	반지구나, 선배구나, 아이네

*

1. 하게체 서술형 종결어미 '−(으)네'의 경우

예 심부름을 시켜서 미안하네.
　　김군, 나는 먼저 가네, 자네는 이따가 오게.
　　여보게, 돈은 내가 냈네.
　　어제 자네가 보낸 전송 서류는 받았네.
　　요즘은 불경기라서 장사가 안 되네.

붙임

상태동사에는 '−으이', 이다동사에는 '−ㄹ세'를 쓰기도 한다.

예 고마우이.
　　폐가 많으이.
　　참 오래간만일세. 이게 몇 해 만인가?
　　여기가 내 방일세.

✱✱✱

2. 하게체 의문형 종결어미 '-나?', '-는/(으)ㄴ가?'의 경우

<☞ p. 144, p. 169>

3. 하게체 청유형 종결어미 '-세'의 경우

예   이제 그만 떠나**세**.
일도 끝났으니 한잔 하고 가**세**.
서서 이러지 말고 앉아서 얘기하**세**.
모내기철이니 농촌 봉사나 하러 가**세**.
노**세**, 노**세**, 젊어 노**세**. 늙어지면 못 노나니.

✱

4. 하게체 명령형 종결어미 '-게'의 경우

예   소설책 한 권만 빌려주**게**.
나는 오늘 못 가겠네. 자네나 가**게**.
어서 오**게**. 오래간만이네.
필요한 것이 있거든 어려워 말고 말하**게**.
좀 조용히 좀 하**게**. 무슨 말이 그렇게도 많은가?

✱✱

-(으)네(요)

범주   종결어미
구조   동작동사, 상태동사, 이다동사와 결합한다.
의미   느낌이나 감탄을 나타내는 종결어미로서 여성스럽고 부드러운 느
         낌을 준다. <☞ p. 105 -(는)구나>. 청자를 존대할 때는 '-요'를 붙
         여서 '-네요'의 형태로 쓴다.

예   아, 흰눈이 내리**네**.
공부한다더니 책상에서 잠만 자**네요**.
이 식당 음식이 생각보다 괜찮**네**.
우리 아기는 착하기도 하**네**.
컴퓨터로 처리하니까 일이 여간 쉽지 않**네**.

-(으)네 -(으)네 하다

범주 통어적 구문

구조 종결어미 -(으)네 + 동사 + -(으)네 + 동사 하다

서술형 종결어미 '-네'가 하다동사와 결합한 것으로 간접화법의 형태로 쓴다. 선행 동사와 후행 동사는 의미상 서로 상반되거나 관계가 있는 동사를 쓴다.

좋다 + -(으)네 + 싫다 + -(으)네 + 하다

→ 좋으네 싫으네 하다.

의미 선행 동사처럼 말하기도 하고 후행 동사처럼 말하기도 하여 이런저런 불평이 많음을 나타낸다.

<☞ 184 -(느/으/이)니 -(느/으/이)니 (하다)>

예 음식이 맛이 있네 없네 **하면서** 한 그릇 다 먹었습니다.

그 부부는 사네 안 사네 **하면서** 한 평생을 살았습니다.

미우네 고우네 **해도** 마누라밖에 없더라.

돈이 적었네 일이 많았네 **하는** 걸 보니 불평이 많은 것 같습니다.

가네 안 가네 말이 **많더니** 결국 모두 여행을 가는군요.

붙임

관용적인 표현으로 굳어진 것으로는 '-네 어쩌네 하다, 이러네 저러네 하다'가 있다.

예 신랑감이 못 생겼네 어쩌네 **하더니** 괜찮네요.

회사 안에서는 새 과장이 이러네 저러네 **하고** 말들이 많다.

방이 좁네 어쩌네 **하더니** 그래도 그 집에서 살기로 했나봐요.

*

-노라

범주 종결어미

구조 일부 동작동사에 붙어서 쓰이는 옛체의 서술형 종결어미로서, 시

상어미 ‘–겠–’과도 결합한다. 존대형 어미와는 쓰지 않는다.

- 주어는 1인칭이다.

의미 존엄성과 웅장함을 널리 알리려는 마음의 표현이다.

예 다정도 병인 양하여 잠 못 이뤄 하**노라**.
내 그대의 죄를 물어 벌하**노라**.
우리는 조국을 위해 청춘을 바치겠**노라**.
우리는 우리 고향을 끝까지 지킬 것을 맹세하**노라**.
오 백년 도읍지를 필마로 돌아드니 산천은 의구한데 인걸은 간 데
없다. 어즈버 태평연월이 꿈이런가 하**노라**. (시조)

※
–노라고

범주 연결어미
구조 종결어미 –노라 + 연결어미 –고
일부 동작동사에 붙어서 쓰인다. 시상어미와 결합한다.

의미 ‘–노라’의 인용문 형태인 ‘–노라 하고’의 의미를 나타낸다. 어떤
행위를 하는데 의지를 가지고 했음을 나타니거나 단순히 인용하는
뜻을 나타낸다.

예 그는 거짓말을 했**노라고** 솔직하게 말했다.
그는 그 옛날의 그 여자 친구를 잊을 수 없**노라고** 했다.
꾼 돈은 꼭 갚겠**노라고** 하더군요.
아픈 아내를 위해 정성을 다하겠**노라고** 맹세를 했습니다.
노인은 고마운 마음을 잊지 않겠**노라고** 하고 사라졌다.

붙임

‘–노라고’는 ‘–느라고’와 같은 뜻으로도 쓰인다.

＜☞ p. 161 –느라고 2. ＞

예 나는 하**노라고** 했는데 결과가 좋지 않게 되었다.
하**노라고** 한 것이 이렇게 되었습니다.
참**노라고** 참았지만 더 이상 참을 수는 없었다.

※
-노라면

범주   연결어미
구조   종결어미 -노라 + 연결어미 -면
일부 동작동사에 붙어서 쓰이며 시상어미와 결합하지 않는다.
의미   '-노라고 하면'의 준말로서 인용의 형태로 쓰이지만, '-느라면'과
같은 뜻으로도 쓰인다. <☞ p. 163 -느라면>

예   사**노라면** 잊힐 날 있으리다. <김소월>
열심히 하**노라면** 언젠가는 알아 주겠지요.
학생들과 대화를 하**노라면** 나도 모르게 학생 기분이 납니다.
이 오솔길을 걷**노라면** 학교 때 생각이 난다.
푸른 바다를 보고 있**노라면** 가슴이 확 트이는 것 같다.

놓다

범주   동사
구조   '-어(아, 여)'나 '-(이)라'와 어울려서 보조동사로 쓰인다.
의미   사물의 보유나 상태의 유지를 나타낸다.

※※
-(이)라 놓아서

범주   통어적 구문
구조   이다동사의 -이 + 종결어미 -라 + 보조동사 놓다 + 연결어미 -아서
• 명사와 결합하여 쓰인다.
• 구어체로 많이 쓰이며 '놓아서'는 '놔서'로 발음한다.
• 문장에서 '워낙', '원래'와 같은 부사와 함께 쓴다.
의미   선행절을 이유나 원인으로 해서 후행절과 같은 결과가 나옴을 의
미한다. '-(이)라서'의 뜻과 같으나, 앞의 사실을 지니고 있음을

나타내므로 좀더 강하다.   <☞ p. 260 –(이)라서>

예 이 책은 워낙 귀중본**이라 놓아서** 빌려 드릴 수가 없습니다.
워낙 고집이 센 사람**이라 놔서** 내 말도 잘 안 들어요.
바쁘신 분**이라 놔서** 만나 뵙기가 어렵습니다.
워낙 유명한 음식점**이라 놓아서** 발디딜 틈이 없어요.
원래 무뚝뚝한 사람**이라 놓아서** 상대방을 생각하지 않고 말을 합니다.

✳✳
–어/아/여 놓다

범주 보조동사

구조 연결어미 '–어/아/여'와 보조동사 '놓다'가 결합한 형태로서, 일
부 동작동사와 결합한다.

의미 선행 동사의 완료상태가 그대로 보존됨을 뜻한다.

예 책을 **펴 놓아라.**
여기 이름을 **써 놓고** 들어가세요.
손수건은 서랍에다가 넣**어 놓았어요.**
텔레비전을 **켜 놓고** 거기서 뭘 하니?
식사 준비를 **해 놓았으니까** 이따가 잡수세요.

–느라고

범주 연결어미

구조 연결어미 –느라 + 연결어미 –고
선행절의 동작이 진행되는 과정에서 생기는 시간적인 폭을 나타내
는 '–느라'와 순차적 나열을 가리키는 '–고'가 결합해서 된 연결어
미로서, 선행절을 후행절에 종속적으로 연결한다.

• 동작동사 중에 시간을 요하는 동사하고만 결합한다.
• 서술어에 명령형 '–ㅂ시오'와 청유형 '–ㅂ시다'는 쓰지 않는다.
• 선행절과 후행절의 주어는 같아야 하고 유정물이어야 한다.

축구 시합을 보다 + -느라고 + 밤을 새운다

→ 축구 시합을 보느라고 밤을 새운다.

의미 선행절이 이루어지는 과정에서 생기는 시간과 노력이 후행절의 행
위나 상태에 영향을 줌을 나타낸다.
선행절에 시상어미가 나타나지 않아도 후행절의 시제와 일치한다.

✳✳

1. 선행절이 후행절의 이유가 되는 경우

예 시험 공부를 하**느라고** 친구도 못 만나요.
조**느라고** 선생님이 부르시는 소리를 못 들었다.
비디오를 보**느라고** 시간 가는 줄 몰랐습니다.
어머니 전화를 기다리**느라고** 외출을 못했어요.
보고서를 쓰**느라고** 정신이 없다.

✳

2. '-느라고' 앞에 쓰인 동작동사를 반복해서 후행절에 쓰는 경우

• 보통 같은 동사를 반복해서 쓰지만, 하다동사인 경우에는 하다만
을 반복한다.

• 주어가 그 행위를 힘껏 했으나 별로 효과가 없음을 나타낸다.

예 우리는 뛰**느라고** 뛰었어요. 그래도 일등은 못했어요.
나는 지금까지 참**느라고** 참았어요.
며느리는 시부모를 위해서 하**느라고** 했지만 아무 소용이 없었다.
나는 아이를 달래**느라고** 달랬습니다.
사고가 안 나도록 조심하**느라고** 했어요. 그래도 사고가 났어요.

✳✳

-느라니까

범주 연결어미

구조 연결어미 -느라 + 연결어미 -니까
선행절의 동작이 진행되는 과정에서 생기는 시간적 폭이라는 뜻의
'-느라'와 이유와 시간(때)의 계기를 나타내는 '-니까'가 결합해서
된 연결어미로서 선행절을 후행절에 종속적으로 연결한다.

- 주어는 1인칭만 쓴다. 2인칭은 의문문일 때만 쓴다.
- 명령형과 청유형에는 쓰지 않는다.

  하루 종일 서 있다 + -느라니까 + 이제 허리가 아프군요
  → 하루 종일 서 있느라니까 이제 허리가 다프군요.

의미   선행절에서는 화자 개인의 행동을 진행시키는 과정에서 얻어지는 경험을 말하고, 후행절에서는 그 경험 때문에 얻어지는 결과를 말한다.

  예   방 청소를 하**느라니까** 책상 밑에서 동전이 나왔어요.
  몸이 아파서 누워 있**느라니까** 슬픈 생각이 나요.
  밤중에 혼자 길을 걷**느라니까** 무서운 생각이 들지 않겠어요?
  과장님의 말씀을 듣**느라니까** 이 일에 대한 자부심이 생겼습니다.
  옛날 사진을 보**느라니까** 학교 때 생각이 난다.

******
-느라면

범주   연결어미

구조   연결어미 -느라 + 연결어미 -면
  선행절의 동작이 진행되는 과정에서 생기는 시간적 폭을 나타내는 '-느라'와 가정과 조건을 나타내는 '-면'이 결합된 것이다.

- 선행절이 가정을 나타내는 문장이므로 후행절의 서술어는 시제가 현재와 미래이고, 명령형과 청유형을 쓰지 않는다.

  재미있는 일을 하다 + -느라면 + 시간 가는 줄 모른다.
  ☞ 재미있는 일을 하느라면 시간 가는 줄 모른다.

의미   선행절에서 말하는 대 전제가 후행절에서는 자연적으로 얻어지는 결과가 된다. 따라서 일반적인 사실이나 규칙으로 표현되는 문장이 많다.

  예   네 말을 듣**느라면** 웃음이 저절로 난다.
  함께 사**느라면** 정이 듭니다.

시내에서 운전을 하**느라면** 인내심이 생깁니다.
한국에서 사**느라면** 자연히 한국 풍습에 익숙해질거예요.
그 사람을 자꾸 만나**느라면** 좋아하게 될 거야.

−는/은

범주   보조사

구조   명사나 부사 또는 다른 조사나 어미에 붙어서, 선행하는 말에 뜻을
더해 준다.

주어, 목적어 기능을 하는 명사에 붙을 때에는 격조사가 생략된 채
'−는/은'이 쓰인다. 그 이외의 경우에는 다른 조사와 결합하여 쓴
다. 때때로 어미나 부사와 결합하여 쓴다.

< ☞ p. 454 [부록 12] 조사의 이중 배합표 >

의미   '−는'이 붙은 명사가 문장의 맨 앞에 올 때는 그 명사가 문장의 주
제임을 나타내고, 그 밖에 명사가 아닌 다른 형태소와 결합해서 쓰
이는 경우에는 '대조'와 '강조'의 뜻을 나타낸다.

***

1. 주제를 나타내는 경우

• 문장 맨 앞 명사에 붙어서 그 명사구가 문장의 주제임을 나타낸다.

예   오늘**은** 집에서 쉬겠습니다.
그**는** 친절하게 길을 가르쳐 주었어요.
혜리**는** 키가 큽니다.
이 방만**은** 햇볕이 잘 들어요.
김치**는** 한국의 대표적인 음식이다.

***

2. 대조나 강조를 나타내는 경우

• 선행문과 후행문이 대조 관계에 있다.

예   그는 듣기**는** 못하지만 말하기**는** 잘합니다.
선생님**은** 말씀하시는데 학생**은** 졸고 있어요.
기차**는** 출발하는데 사람들**은** 저기서 이야기만 한다.
엄마**는** 일을 하고 아기**는** 논다.

일**은** 급하고 전화**는** 안 되니 큰 일입니다.

✳✳

3. 다른 조사와 어미 뒤에 붙어서 쓰이는 경우
- 앞에 오는 조사의 의미에 대조나 강조의 뜻으로 한정한다.
- 일부 부사나 어미 뒤에 붙어서 쓰이는데 이대는 선행어의 뜻에 대
  조나 강조의 뜻이 덧붙는다.

예 교실에서**는** 장난하지 마세요.
사람이 빵만으로**는** 살 수 없다.
한국말을 잘**은** 못 해요.
조금**은** 가져도 돼요.
집이 멀지**는** 않아요.

붙임 '-가/이'와 '-는/은'의 용법

'-가/이'와 '-는/은'이 문장에서 주격 조사로 기능할 때는 그 차이를 알기 어렵고 이들의 사용법을 혼동하기 쉽다.

① 준수**가** 집에 있다.
② 준수**는** 집에 있다.

는 영어나 기타 언어로 번역하는 경우에 '-가/이'와 '-는/은'의 차이를 나타내기 어렵다. 그러나 ①의 '준수가'는 준수라는 사람의 존재를 지정하는 반면, ②의 '준수는'은 준수는 집에 있는데 준수와 대조를 이루는 다른 사람의 존재를 염두에 두고 화두의 주제를 나타낼 때 쓰는 문장이다.

③ 준수가 대학생**이** 되었다.
④ 준수가 대학생**은** 되었다.

에서 ③은 준수가 대학생이 된 사실을 보고하는 것으로 '대학생이'가 '되었다'의 보어가 된다. ④는 준수가 대학생이 되었지만, 그러나 거기에 다른 단서가 붙음을 암시한다. 즉, 대학생이 되었지만, 문제가 많다든가 혹은 제대로 졸업을 할 수 있을지 모르겠다든가를 생각할 수 있다.

⑤ 이번에는 제**가** 찍을게요.

　　여럿이서 기념 사진을 찍을 때, 카메라 든 사람을 향해 ⑤와 같이 말한다. 이 말은 여러 사람 속에서 자신을 배타적 존재로서 내세움을 뜻한다. 그러니까 '이번에는 저**는** 찍을게요.'는 비문이 된다.

　　⑥ 저녁은 제**가** 사겠습니다.

의 경우도 대중 사이에서 배타적 대립 관계로서 자신을 지정함은 ⑤와 같다.

－는/－(으)ㄴ/－(으)ㄹ

범주　관형사형 어미
구조　동사에 붙어서 그 동사가 관형사가 되게 한다. 이 관형사형 어미들은 동사와 결합하면 시상을 나타내는데 동사의 종류에 따라 다음과 같이 나타난다.

동사	관형어미	시상	예
동작동사	－는	현재, 동작의 진행	가는 사람
	－(으)ㄴ	과거, 동작의 완료	간 사람
	－(으)ㄹ	미래, 추측	갈 사람
상태동사	－(으)ㄴ	현재, 상태	예쁜 꽃
이다동사	－ㄴ		교수인 남편

　　수식을 받는 명사는 문장에서 조사와 어울려 주어, 목적어, 보어로 쓰이고 이다동사와 어울려 서술어로도 쓰인다.
의미　한국어의 관형사는 명사 앞에서 뒤에 오는 명사를 수식하는데 이것은 영어에서 형용사가 뒤에 오는 명사를 수식하는 것과 같다.

＊＊＊
　1. '－는'이 동작동사와 결합하는 경우
　• 수식 받는 명사가 동작을 진행하고 있음을 나타내고 시제는 현재이다.

저기 사람이 오다 + -는 + 저 사람이 친구이다
→ 저기 오는 사람이 친구이다.

예 지금은 쉬는 시간이다.
모르는 단어가 많습니다.
동생은 웃는 얼굴이 귀여워요.
가는 말이 고와야 오는 말이 곱다.
나를 부르는 소리가 들린다.

＊＊＊

2. '-(으)ㄴ'이 동작동사와 결합하는 경우
• 수식 받는 명사의 동작이 완료됨을 나타내며 시제는 과거다.

어제 사람을 만나다 + -(으)ㄴ + 그 사람은 선성님이다
→ 어제 만난 사람은 선생님이다.

예 이것이 어제 **산** 책입니다.
내가 **준** 돈을 다 썼어?
여기 선생님께 **온** 편지가 있습니다.
지난 번에 찍은 사진인데 보세요.
우리 어머니가 만드**신** 과자입니다.

＊＊＊

3. '-(으)ㄹ'이 동작동사와 결합하는 경우
• 미래 시제로서 뒤에 오는 명사에 대한 동작의 추측을 나타낸다.

주말에 (사람을) 만나다 + -(으)ㄹ + 사람과 약속을 했다
→ 주말에 만날 사람과 약속을 했다.

예 오늘 밤에는 **할** 일이 많아요.
시내에 **볼** 일이 있어서 나갑니다.
이것은 가족에게 보**낼** 선물입니다.
아침에 먹**을** 우유를 사 가지고 가자.
강의 시간에 발표**할** 것을 준비합니다.

＊＊＊

4. '-(으)ㄴ'이 상태동사와 결합하는 경우
• '-(으)ㄴ'이 상태동사와 어울리면 수식 받는 명사는 현재 상태를
나타낸다.

(음료수가) 시원하다 + -(으)ㄴ + 음료수를 마신다
→ 시원한 음료수를 마신다.

예　슬픈 영화를 보고 울었어요.
부지런**한** 사람은 꼭 성공합니다.
밖에서 시끄러**운** 소리가 났다.
신문 기자들은 선수에게 간단**한** 질문을 했습니다.
아까 사무실에 이상**한** 전화가 왔어요.

＊＊

5. 이다동사에 '-ㄴ'을 붙여서 쓰는 경우
- '-인'과 결합한 명사는 뒤에 오는 명사를 수식한다. 앞뒤의 두 명사는 같은 대상을 나타내며 의미상으로 동격이다.
- 이다동사는 사물을 지정하는 뜻이 있으므로 앞의 명사는 수식을 받는 뒤의 명사의 종류나 성질을 지정하여 준다.

여기는 대한민국의 수도이다 + -ㄴ + 여기는 서울이다
여기는 대한민국의 수도인 서울이다.

예　이것은 한국의 특산물**인** 인삼입니다.
이분은 과학자**이신** 최 박사님입니다.
나는 오늘 고등학교 동창**인** 준수를 만났어.
소형차**인** 프라이드가 세계 시장에서 인기가 있어요.
우리의 경쟁 회사**인** 신미에서 새 상품을 개발했다.

＊＊

6. 동사 '있다/없다'가 관형사형 어미와 결합하는 경우
- '-는', '-을'과 결합하는 경우에 동작동사처럼 활용한다.
- 과거 시제는 '-은'을 쓰는 사람도 있으나 대개 과거 회상을 나타내는 '-던'과 결합하여 '있던'으로 쓴다. < p. 218 -던>

동사	관형 어미	활용	예
동작동사 '있다/없다'와 '있다/없다'가 들어있는 상태동사	는	동작동사처럼 활용한다	있는, 없는, 재미있는, 맛없는
	을		있을, 재미있을, 맛없을
	-던	'-은'을 쓰지 않고 '-던'을 쓴다	있던, 재미있던, 맛없던

예 방에 있**는** 짐들을 모두 쌌다.
개도 맛없**는** 음식은 안 먹는다.
지금 사무실에는 아무도 없**을** 것입니다.
고급 물건이 이렇게 많이 있**을** 줄 몰랐어요.
그렇게 맛있**던** 잡채가 쉬어서 못 먹게 되었어요.

✳✳✳
–는/(으)ㄴ가(요)?

범주 (하게체)의문형 종결어미
구조 동사의 종류, 시제, 받침이 있고 없음에 따라서 활용 형태가 다르다. <☞ p. 155 –(으)네>
의미 '–(으)ㄴ/는가?'에 존대형 어미 '–요'를 붙여서 존대말로 쓰는데 격식체 '–ㅂ니까?'에 비해서 부드럽고 여성적인 느낌을 준다.

예 어디 아픈**가**?
졸업식이 어제였**는가**?
이렇게 늦은 시간에 웬일이**신가요**?
아니, 이게 꿈**인가**?
자네는 오늘 아침에도 또 늦었**는가**?

붙임

1. '–는가?'는 화자가 스스로 의심을 나타내는 혼잣말로도 쓴다.
2. '있다/없다'는 동작동사처럼 활용하고 '계시다'는 상태동사처럼 활용한다.

   예 있**는가요**?
   없**는가요**?
   계**신가요**?

**
–는/ㄴ가 하면

범주 통어적 구문

구조 의문을 나타내는 어미 '–는가'에 하다동사와 가정적 조건을 나타
내는 '–면'이 붙은 것으로서 동작동사, 이다동사와 결합한다.

- 선행문과 후행문의 서술어는 서로 상반된 것, 또는 관계가 있는 것
을 쓴다.

- 시상어미 '–었–'을 쓴다. 의문형 어미 '–나'를 써서 '–나 하면'의
형태로도 쓴다.

의미 선행의 내용이 주제 전체를 지배하지 못하고 한편으로 후행의 내
용도 존재함을 나타낸다. 반복의 느낌이 강하다. 따라서 문장에
'–도', '–곤 하다', '이제는'과 같은 어휘들이 자주 나타난다.

예 커피에다가 설탕만 넣는 사람이 있**는가 하면** 크림만 넣는 사람도 있다.
이제는 좀 이해를 했**는가 하면** 전혀 모르는 소리를 한다.
아**빠가 하면** 아니고, 아**빠가 하면** 아니고 그렇다.
준수가 철이 들었**는가 하면** 어린 아이 같이 말하곤 한다.
누가 **왔나 하면** 바람 소리일 뿐, 아무도 없다.

–는/(으)ㄴ/(으)ㄹ걸(요)

범주 종결어미

구조 동작동사, 상태동사, 이다동사에 붙는다. 이들 동사와 결합하는 시
상어미에 따라 구분해 보이면 다음과 같다.

동사 구분	현재, 진행	과거, 완료	(과거)추정	미래, 추측
동작 동사	–는걸요	–었(았/였)는걸요 –(으)ㄴ걸요	–었(았/였)을걸요	–겠는걸요 –(으)ㄹ걸요
상태 동사	–(으)ㄴ걸요	–었(았/였)는걸요	–었(았/였)을걸요	–(으)ㄹ걸요
이다 동사	–(이)ㄴ걸요	–(이)었는걸요	–(이)었을걸요	–(이)ㄹ걸요

의미   어떤 동작이나 상태에 대한 화자의 의사나 느낌, 판단 등을 강하고 당당하게 표현한다.

******

1. 단정적으로 강조해서 쓰는 경우

예   오늘은 거기까지 갈 시간이 없**는걸**.
구름을 보니 밤에는 눈이 오겠**는걸**.
입장권을 사는 사람이 생각보다 많**은걸**.
그 사람은 오늘 파티에 안 **올걸**.
달러 값이 오늘도 또 올랐**는걸요**.

******

2. 대화에서 상대 의사에 동의하지 않는 이유를 제시하는 경우

예   김 : 다음에 또 만납시다.
박 : 내일 귀국하**는걸**.

김 : 왜 화를 내요?
박 : 더 이상 참을 수가 없**는걸요**.

김 : 언제 결혼해요?
박 : 벌써 결혼했**는걸요**.

*****

3. '-(으)ㄹ걸'이 동작동사에 붙어서 과거에 대한 후회나 아쉬움을 나타내는 경우

• 과거에 실제로 그렇게 하지 못했음을 뜻한다.
• 문장에서 '이러이러하게 할 것을 그렇게 하지 못해서 후회스럽다'는 뜻인데, '-(으)ㄹ걸'은 '이러이러하게 할 것을'에 해당하는 말이 된다.
• 주어는 1, 2인칭이다.
• 부정 형태는 '-지 말걸'을 쓴다.
• 혼잣말이 아닌 상대 존대로는 '-(으)ㄹ걸 그랬어요'를 쓴다.

예   좀더 열심히 공부**할걸**.
추석에 큰아버지를 찾아**뵐걸**.
그 날 술을 마시고 운전하지 **말걸**.
돈을 좀 아끼고 낭비하지 **말걸** 그랬어요.
기회가 있을 때 적극적으로 해 **볼걸** 그랬지요?

붙임

후회나 아쉬움을 나타내는 경우에는 가정적 전제를 나타내는 '-(으)면'이 선행절이 될 때가 있다.

- 주어가 3인칭일 수 있다.
- '-(으)면 좋을걸, -(었)으면 좋(았)을걸, -었더라면 좋(았)을걸'의 형태로 쓰인다.

예   그 일은 박 선생이 직접했으면 **좋을걸**.
종업원들이 좀 친절했으면 인상이 **좋을걸**.
명예 퇴직에 대해서는 이야기하지 말았으면 좋았**을걸요**.
경제 문제에 좀더 관심을 가졌으면 좋았**을걸** 그랬어요.
노사문제를 원만하게 해결했더라면 좋았**을걸** 그랬습니다.

✻✻

4.   '-(으)ㄹ걸'이 추정을 나타내는 경우

- 주어가 3인칭일 때
- 미래를 나타내는 시간 부사어와 같이 쓰일 때
- 과거를 나타내는 시상어미 '-었-'과 결합하여 '-었을걸'의 형태일 때

예   철수는 도서관에 있**을걸**.
한국 경제는 앞으로 계속 좋아**질걸요**.
9시니까 기차가 곧 도착**할걸**.
지리산에도 폭설이 내렸**을걸**.
경제 위기 때문에 구조 조정이 필요할**걸요**.

붙임

주어가 1인칭일 경우는 화자가 자기를 객관화시켜서 말할 때이다.

예   내일 이맘 때는 내가 집에 없**을걸**.
나라도 화를 냈**을걸**.

✳

–는/ㄴ다손치더라도

범주 연결어미

구조 간접 인용구 –는/ㄴ다손 + 동사 치다 + 시상어미 –더– + 종결어미
–라 + 연결어미 –아도

동작동사나 상태동사에 붙어서 선행절을 후행절에 종속적으로 연
결한다.

- 뜻을 분명하게 하고 강조하기 위해서 문장 앞에 '아무리'를 붙이고 문
장 끝은 이중 부정을 하거나 '–다니요?' 등 강한 어감의 표현을 쓴다.

의미 선행절을 인정한다고 하여도 그러한 것이 후행절에는 아무 영향
이 미치지 않음을 나타내는 것으로서 '–다고 하더라도'와 같은
의미이다.

예 일이 바쁘**다손치더라도** 친한 친구 결혼식에 안 갈 수는 없지요.

아무리 낮잠을 잤**다손치더라도** 아직까지 안 올 수는 없지 않아요?

아무리 돈이 많**다손치더라도** 세상 일을 모두 돈으로 해결할 수는 없
습니다.

술에 취해서 정신이 없었**다손치더라도** 나를 못 알아보았다니 말이나
돼요?

아무리 비만 때문에 고민한**다손치더라도** 매일 굶다니요?

붙임

1. 이다동사에는 '–(이)라손치더라도'를 쓴다.
2. '–더라도, –(으)ㄹ지라도, –(으)ㄴ다고 해도'와 같은 뜻으로 쓰이지
   만 '–다손치더라도'는 이들보다 좀더 강한 표현이다.

–는/(으)ㄴ데

범주 연결어미

구조 선행절과 후행절을 종속적으로 연결한다. 동작동사에는 '–는데'
가 쓰이고 상태동사, 이다동사에는 '–(으)ㄴ데'가 쓰인다.

집에 가다 + -는데 + 비가 왔다
→ 집에 가는데 비가 왔다.

문장 끝에서 종결어미처럼 쓰이기도 한다.

<☞ p. 176 -는/(으)ㄴ데요>

의미   문장에서 후행절을 표현하기 위한 보조 정보로서 배경이나 상황을 설정해 주는 역할을 한다.

***

1. 후행절의 사실에 대해 선행절이 배경이 되어서 도입의 역할을 하는 경우

예   한잔 하러 **가는데** 같이 가시겠어요?
몸이 **아픈데** 출근해요?
이것은 외제**인데** 좀 비싸요.
답답**한데** 밖으로 나가자.
어제 옷을 **샀는데** 색이 마음에 안 들어요.

붙임   '-는데'와 '-(으)니까'

'-는데'가 이유를 나타내는 '-(으)니까'와 같은 뜻으로 쓰이는 것 같으나 청자가 후행절의 정보를 무리없이 받아 들이도록 하기 위한 상황 설명일 뿐, 이유는 아니다. '-는데'는 청자에게 생각해서 판단할 수 있는 여유를 주는데, 이러한 점이 이유만을 분명하게 밝히는 '-(으)니까'보다는 부드러운 느낌을 준다.

예   아기가 **자는데** 떠들지 마세요.
아기가 **자니까** 떠들지 마세요.

추**운데** 집에 있자.
추우**니까** 집에 있자.

***

2. 후행절의 동작이 일어날 때의 상황을 묘사하는 경우
   • 주로 동작동사와 결합하고 현재 시제를 쓴다.

예   저녁을 먹**는데** 전화가 왔어요.
TV를 보**는데** 엄마가 꺼 버렸어요.

자동차를 타고 가**는데** 그는 우리를 계속 웃겼어요.
자판기에서 커피를 뽑**는데** 인수씨가 지나갔어요.
신호 대기 중**인데** 갑자기 저 차가 이쪽으로 왔어요.

붙임 '-는데'와 '-(으)ㄹ 때'

'-(으)ㄹ 때'는 후행절의 동작이 일어난 시간을 나타내고, '-는데'
는 후행절을 돕는 보조 정보로서 그 행위가 일어나는 동안의 상황을 알
려 주는 역할을 한다.

예 길을 건너**는데** 신호등이 바뀌었다.
길을 건널 **때** 신호등이 바뀌었다.

책을 읽**는데** 옆에 아이가 말을 시켰다.
책을 읽을 **때** 옆에 아이가 말을 시켰다.

＊＊

3. 선행절과 후행절이 서로 대조적인 관계를 나타내는 경우

예 엄마는 일을 하**는데** 아빠는 신문만 봐요.
한국의 봄은 따뜻**한데** 바람이 많아요.
그 가수는 노래는 잘하**는데** 춤을 못 춘다.
다른 공장은 노**는데** 우리 공장은 일이 많습ㄴ다.
그 분은 영어는 잘하**는데** 한국말은 서투릅니다.

＊＊

-는/(으)ㄴ데도

범주 연결어미
구조 연결어미 -는/(으)ㄴ데 + 조사 -도
동사에 붙어서 선행절과 후행절을 종속적으로 연결한다.
현재와 과거시상은 쓰지만 미래 추측을 나타내는 '-겠-'은 쓰지
않는다.
의미 선행절의 동작이나 상태가 있음에도 구애받지 않고 후행절의 동작
이나 상태가 일어남을 나타낸다.

예 어머니가 부르시**는데도** 대답을 안 한다.
식후에는 꼭 이를 닦**는데도** 충치가 생겨요.
날마다 청소를 하**는데도** 먼지가 많아요.
서랍을 다 찾아 보았**는데도** 서류는 없었다.
내가 주의하라고 했**는데도** 또 실수를 했군요.

붙임

1. 구애받지 않음을 강하게 표현할 때는 '−는/(으)ㄴ데도 불구하고'를 쓴다.
2. '−는/(으)ㄴ데도'가 쓰인 문장은 '그런데도'를 써서 두 문장으로 나눌 수 있다.

예 냉장고가 **큰데도** 과일을 다 넣을 수가 없군요.
냉장고가 큽니다. **그런데도** 과일을 다 넣을 수가 없군요.

✳✳
−는/(으)ㄴ데요

범주 종결어미
구조 연결어미 '−는데'에 종결어미 '−요'가 붙은 것이다. 존대말로 쓰인다. <☞ p. 173 −는데>
의미 연결어미 '−는데'로 연결되는 후행절을 말하지 않음으로써, 상대와 반대되는 의견이나 감정을 직접적으로 노출시키지 않고 함축적으로 나타낸다.

1. 대화에서 상대방의 말을 듣고 대답하는 경우

• 상대 의사에 반대되는 생각을 나타내는 표현의 배경이나 상황을 표현함으로써 의사를 간접적으로 나타낸다.

예 가 : 우산을 가지고 가세요.
나 : 비가 그쳤**는데**…(왜 우산을 가지고 가라고 그러세요?)
가 : 영희 씨 있으면 좀 바꿔 주세요.
나 : 그 분은 지금 자리에 없**는데요**. (어떻게 할까요?)

가 : 이 잡채 맛 좀 보세요.
나 : 제 입에 꼭 맞**는데요**. (너무나도 좋습니다.)

2. 상대방에 대한 응답이 아니라, 화자의 생각을 암시적으로 나타내는 경우, 또는 감탄을 하는 경우

예   아, 굉장한 미인**인데**!
단풍이 참 아름다**운데요**.
이번 학기에는 장학금을 꼭 받아야 하**는데**.
컴퓨터 통신으로 사귄 사람**인데**…
참으로 아끼는 골동품이었**는데**.

**
–는/(으)ㄴ/(으)ㄹ지

범주   어미
구조   동사와 결합하여 명사절이나 부사절로 사용된다.
의미   문장에서 다음과 같이 사용한다.

1. –(으)ㄴ지 (알다/모르다)

- 동사와 결합하여 명사절의 역할을 한다. 이것은 '-ㄴ 것, -ㄴ 일' 등으로 대치할 수 있다.
- '-ㄴ지'는 다른 명사절과 마찬가지로 뒤에 '-가, 를, 도, 는' 등의 조사를 붙여 쓸 수 있다.
- 서술어로는 '사실과 관계가 있는' 동작동사가 온다. 즉, '알다, 모르다, 말하다, 기억하다, 잊다, 이해하다, 조사하다, 연구하다, 살피다, 알리다, 가르치다, 발표하다, 궁금하다, 결정하다'와 같은 동사들을 쓴다.
- 동작동사, 상태동사와 결합할 때 시상에 따라서 다음과 같은 형태로 쓴다.

	동작동사	상태동사
현재	-는지	-(으)ㄴ지
미래, 추정	-(으)ㄹ지	
과거, 완료	-었/았/였는지	

예   저 여자가 누구**인지** 아세요?
   최 선생님이 언제 한국을 떠나**실지** 몰라요.
   부인이 누구를 만났**는지** 말씀하십시오.
   아이들이 어디에 있**는지** 알려 주세요.
   그 곳 날씨가 어**떨지가** 궁금합니다.

붙임

1. '-(으)ㄹ지'와 '-(으)ㄹ는지'는 같은 뜻으로 쓴다.

   예   내일은 답장이 **올지** 알아요?
      내일은 답장이 **올는지** 알아요?

2. 반대되는 말이나 상대되는 말을 반복해서 쓰기도 한다.

   예   오늘은 그가 집에 있**는지** 나갔**는지** 물어 봅시다.
      말을 안 하니 아**는지** 모르**는지** 통 알 수가 없군요.
      갈지 말지 (갈**는지** 말**는지**) 생각 중이에요.

2. 얼마나 -(으)ㄴ지 알다/모르다
   • '아주 ~하다'의 뜻으로, 감정의 표현을 강하게 할 때 쓴다.

예   요즘 얼마나 바**쁜지** 모릅니다.
   아기가 얼마나 귀엽게 생겼**는지** 몰라요.
   아침을 안 먹어서 얼마나 배가 고**픈지** 몰라요.
   내가 당신을 얼마나 사랑하**는지** 모르실 거예요.
   얼마나 말이 **빠른지** 받아 쓸 수가 없었어요.

붙임

   '얼마나 -(으)ㄴ지 알다'의 경우에, 의문문이 아니고 서술문이면
'그 정도를 안다'는 뜻으로 쓰고, 위와 같은 강한 감정의 표현으로 쓰지
않는다.

   예   우리는 서울의 전세값이 얼마나 비**싼지** 압니다.
      환자의 상태가 얼마나 나**쁜지** 의사 선생님만 아십니다.

3. '명사, 조사, 연결어미 + 인지'의 형태로 쓰이는 경우

• '모르지만'이 생략된 상태로 문장이 이어진다.

예 어디에서**인지** 아름다운 음악 소리가 들려 왔다.
무엇 때문**인지** 며느리는 화가 나 있었다.
웬일**인지** 소식이 없군요.
친구가 아파서**인지** 오늘 학교에 오지 않았어요.
몇 평 짜리**인지** 아파트가 꽤 넓다.

**
-는/은커녕

범주 보조사

구조 '-커녕'은 보통 보조사 '-는/은'과 결합해서 '-는/은커녕'의 형태
로 쓴다. 문장에서 주격 조사와 목적격 조사의 구실은 하지 않는
다. 동사와 결합할 때는 '-기는커녕'의 형태로 쓰인다.

의미 앞의 사물과 뒤의 사물을 비교함으로써 범주를 한정하는 뜻을 나타
낸다.

1. 명사와 명사를 연결하는 경우

• 부정적 의미를 나타내는 문장에서 'N₁는/은커녕 N₂도'의 형식으
로 쓰며, 후행 명사에 '-도'나 '-조차'를 붙여서 쓴다.

예 그는 결혼**은커녕** 연애도 한 번 못 해 본 사람입니다.
저는 해외 여행**은커녕** 제주도에도 못 가 보았습니다.
월급으로는 저축**은커녕** 생활비도 부족해요.
아들하고 대화**는커녕** 얼굴 본지도 한참 되었다.
나는 눈물**은커녕** 콧물도 안 나온다.

2. 부사구로서 술어를 수식하는 경우

• 화자가 기대했던 내용과는 달리 오히려 그 반대의 결과가 일어난
경우에 둘 모두를 제시하면서 후자를 강조하는 표현이다.

예 칭찬**은커녕** 야단만 맞았어요.
내일이 시험인데도 공부**는커녕** 낮잠만 잔다.

돈이 남기**는커녕** 모자라서 보탰어요.
엄마가 없는 사이에도 아기가 울기**는커녕** 잘만 놀았다.
저 아이는 심부름**은커녕** 하루종일 말썽만 피운다.

> 붙임
>
> 명사와 결합한 '-는커녕'은 '-는 고사하고'와 대치할 수 있다. 그러나 동사와 결합한 '-기는커녕'은 '-는 고사하고'와 바꾸지 못한다.

-니?   종결어미 <☞ p. 186 -(는/ㄴ)다>

(으)니

범주   연결어미

구조   선행절을 후행절에 종속적으로 연결한다.

산에 오르다 + -니 + 시원한 바람이 분다
→ 산에 오르니 시원한 바람이 분다.

의미   선행절이 후행절의 상황을 설정하는 구실을 하는데 선행절은 대개 후행절의 근거가 된다.

**

1. 선행절이 후행절의 근거나 이유가 되는 경우

- 동작동사, 상태동사, 이다동사와 결합한다.
- 미래 시제는 쓰지 않는다.(미래 시제의 경우에는 '-(으)ㄹ 테니(까)'를 쓴다. <☞ p. 419 -(으)ㄹ 테니까>)
- 이 경우에 대체로 '-(으)니까'와 대체할 수 있다.

예   일이 끝났**으니** 이제 나갑시다.
시간이 없**으니** 어서 서두르자.
사진을 **보니** 어머니 생각이 난다.
맥주를 한 잔씩 마**시니** 긴장이 풀렸다.
재능이 있는 아이**니** 잘 키워 봅시다.

✻

2. 선행절이 후행절의 상황이 되는 경우

- '-(으)니' 앞에 시상어미는 쓰지 않고 현재만 쓴다.
- 이다동사는 쓰지 못한다.
- '-(으)니까'와 대체할 수 있다.

예 심심**하니** 비디오나 빌려 보자.
안을 들여다**보니** 한 젊은 부인이 앉아 있었다.
식사를 조절**하니** 몸이 참 가벼워졌다.
추워서 방문을 닫**으니** 이제는 답답하구나.
노인이 길을 물**으시니** 그 여인은 친절하게 가르쳐 주었습니다.

✻

3. 화자의 심정과 지각을 특별히 나타내는 경우

- 후행절의 서술어로 '큰일이다, 웬일일까요? 어떻게 하지요?' 등이 온다.
- 미래 시상어미 '-겠-'은 쓰지 않는다.
- '-(으)니까'로 대치할 수 없다.

예 아이가 아직도 안 들어**오니** 웬일일까요?
차가 이렇게 밀렸**으니** 어떻게 하지요?
환경 오염이 심**하니** 큰일이군요.
저 아이가 내 말을 안 들**으니** 당신이 야단 좀 치세요.
백일장에서 장원을 했**으니** 굉장하군요.

붙임

'-(으)니까'와 '-(으)니'의 비교	
-(으)니까	-(으)니
선행절의 구체적인 이유가 후행절에 영향을 준다	선행절이 후행절의 상황 설정의 역할을 한다
후행절과 밀착되어 직접적인 영향을 준다	화자의 내심 또는 화자의 생각과 밀착되어 설명한다.

-(으)니까

범주　연결어미

구조　동사에 붙어서 선행절을 후행절에 종속적으로 연결해 준다.

> **예**　학교에 늦었다 + -(으)니까 + 택시를 타고 가겠다
> → 학교에　늦었으니까　택시를　타고　가겠다.

의미　선행절이 후행절의 이유가 되거나, 화자의 지각 행위에 대한 상황 설정을 할 때 쓴다.

***

1. 선행절이 후행절의 이유가 되는 경우

- 선행절의 이치로 해서 후행절에 어떤 결과가 나오게 됨을 말한다.
- -(으)니까 앞에 과거 시상어미를 쓸 수 있다.
- 미래 추측을 나타낼 때는 시상어미 '-겠-'을 쓰지 않고 '-(으)ㄹ 테니까'를 쓴다.

> **예**　추**우니까** 안으로　들어오십시오.
> 친구에게서　편지를　받**으니까** 고향　생각이　납니다.
> 서류를　찾았**으니까** 이제　안심하세요.
> 오래간만에　만났**으니까** 술이나　한잔　합시다.
> 우리들은　거기　없었**으니까** 아무　것도　모른다.

***

2. 선행절에서 화자의 지각 행위를 서술하기 위한 상황 설정을 하는 경우

- 선행절의 주어는 화자이고 후행절의 주어는 다른 것이 대부분이다.
- 선행절에서는 '-었-, -겠-'을 쓰지 않고, 후행절에는 '-겠-'을 쓰지 않는다.

> **예**　회의를　마치**니까** 12시였어요.
> 자리에　누우**니까** 잠이　안　온다.
> 봄이　되**니까** 꽃들이　활짝　피었다.
> 창문을　여**니까** 시원한　바람이　들어왔다.
> 사무실에　전화하**니까** 통화　중이었습니다.

✳✳

3. '-(으)니까(요)'

- 후행절(주문장)을 앞에 놓아 표현을 강조한다. 종결어미 '-요'를
붙이면 존대형이 된다.
회화에서 많이 쓴다.

예 아까보다 시원해졌지요? 선풍기를 켜**니까요**.
이제는 가을이구나! 황금빛 들을 보**니까**.
이따가 전화해 보세요. 지금은 바쁘**니까요**.
도서관에 가면 영수를 만날 수 있을 거야. 내일 시험이 있**으니까**.
준수한테서 전화가 올거에요. 전화번호를 남겼**으니까요**.

- 대화에서 상대방의 말을 다시 반복하지 않그 이유가 되는 선행절
만을 말할 때 쓴다.

예 가 : 늘 규칙적으로 저금을 하시는군요.
나 : 우리는 봉급 생활자**니까요**.

가 : 왜 이렇게 차가 막히지.
나 : 퇴근 시간이**니까요**.

가 : 회원들이 꽤 많이 모였어요.
나 : 흥미있는 주제**니까요**.

✳✳

4. '-(으)니깐요'

- '-니까는요'의 줄인 말로서 회화에서 '-니까요'를 강조해서 말할
때 쓴다.
- 이것은 강한 표현이기 때문에 점잖지 못하고 상대방의 말에 짜증
을 내거나 항의하는 뜻으로 쓴다.

예 가 : 벌써 코트를 입었네.
나 : 추우**니깐요**.

가 : 너는 날마다 누구를 만나니?
나 : 고등학교 때 친구들을 만난다**니깐요**.

가 : 왜 이렇게 늦게 왔니?
나 : 이 시간엔 차가 밀린다**니깐요**.

**
-(느/으/이)니 -(느/으/이)니 (하다)

범주 통어적 구문

구조 연결어미 -느니 (+동사) + 연결어미 -느니 (+동사 하다)

- 연결어미 -(느/으/이)니를 반복한 것이다. 동작동사에는 '-(느)니', 상태동사에는 '-(으)니', 이다동사에는 'N(이)니'를 붙여서 쓴다.
- 서로 상반되거나 또는 관계가 있는 동사를 두 개 이상 나열하여 선행절과 후행절의 내용이 대립되도록 한다. 주로 현재형으로 많이 쓰이고 시상어미와는 잘 쓰이지 않는다.
- 하다동사와 결합하여 '-(으)니 -(으)니 하다'의 형태로 많이 쓰인다.

의미 '이렇게 말하기도 하고 저렇게 말하기도 함'을 나타낸다. '-니'는 연결어미이므로 연결성, 연속성의 뜻을 가지고 있어서 선행 동사와 후행 동사가 나열되어 있음을 나타낸다.

<☞ p. 158 -(으)네 -(으)네 하다>

1. 동작동사나 상태동사와 결합하는 경우

예 싸니 비싸니 **해도** 다들 사 갔어요.
지금은 내가 옳**으니** 네가 옳**으니 할** 때가 아니다.
우리는 태풍 때문에 여행을 떠나**느니** 마**느니 하다**가 못 떠났다.
그 여자와 결혼을 하**느니** 안 하**느니 하더니** 결국은 하게 되었어요.
방이 크**니** 작**으니 해도** 그 가격에 이만한 방 구하기 어려울 거예요.

붙임

1. '있다/없다' 동사와는 결합하지 않는다. '있다/없다'는 '-네 -네 하다'와 쓰인다.
2. 관용어로 쓰이는 '이러니 저러니 해도, 어떠니 저떠니 해도'는 '이렇다, 저렇다, 또는 어떻다고 말이 많아도'의 뜻인데 그 다음에 오는 말은 '그래도 ~이 제일이다/좋다'이다.

   예 이러니 저러니 **해도** 어려운 일이 있을 때는 형밖에 없다.
   어떠니 저떠니 **해도** 내 집이 제일이다.

2.　이다동사와 결합하는 경우
- 시상어미와는 결합하지 않는다.
- 이런 저런 사물이 나열되어 있어서 많거나 독잡함을 나타낸다.

예　어머니는 사과**니** 굴이**니** 잔뜩 깎아 놓으셨어요.
　　책상 위에는 편지**니** 서류**니** 그런 것들로 가득했습니다.
　　권력**이니** 돈이**니** **하는** 것은 중요한 것이 아닙니다.
　　사전**이니** 참고서**니** **하는** 것들을 다 찾아 보았어요.
　　놀이터**니** 이웃집**이니** 다 가 보았지만 아이는 없었다.

붙임

　'뭐니뭐니 해도'는 관용적인 표현으로 '무엇이ㄴ 무엇이니라고 말해도'가 줄어진 말로 사물의 이름을 이것저것 들어 갈해도 그 다음에 오는 사물이 제일이라는 뜻이다. 이와 비슷하게 '누구니 누구니 해도, 어디니 어디니 해도'도 쓰인다.

예　**뭐니뭐니 해도** 건강에는 운동이 제일입니다.
　　뭐니뭐니 해도 사람은 성격이 좋아야 합니다.
　　사회는 **누구니 누구니 해도** 김혜미가 잘 본다.

ㄷ 불규칙동사

　어간이 'ㄷ'으로 끝나는 동사 중 어떤 것은 모음 앞에서 'ㄷ'이 'ㄹ'로 바뀐다. 여기에 속하는 동사로는 듣다, 걷다, 묻다(질문하다), 싣다, 깨닫다, … 등이 있다.

< ☞ p. 3 동사의 불규칙 활용, p. 445 [부록 2] 동사의 불규칙 활용 분류>

듣 │ 다
　│ 으면 → 듣으면 → 들으면

예　내 말 좀 들어 봐요.
　　시내에서 걸어서 여기까지 왔습니다.
　　길을 물으니까 친절하게 가르쳐 주었어요.
　　나한테 묻지 말고 저분한테 물어요.

큰 짐부터 차례로 차에 실어라.

'ㄷ'으로 끝난 동사 중 "받다, 묻다 (땅에), 닫다, 믿다, 얻다, …' 등은 규칙 활용을 하여, 모음 앞에서도 'ㄷ'이 'ㄹ'로 바뀌지 않는다.

***
－(는/ㄴ)다, －(느)냐?/니?, －(어/아/여)라, －자 (해라체)

범주　종결어미

구조　격식체 반말을 나타내는 해라체이며, 아이들에게 쓰거나 친구 사이에도 친분 관계가 아주 두터울 때 쓴다. 문장의 형태와 동사의 종류에 따라서 아래의 표와 같이 활용한다. 존대형 어미 '－시－'와 결합하며 시상어미와도 결합한다. <☞ p. 35 존대말과 반말>

문장형태	동사의 종류	끝음절	해라체 종결어미	활용 예
서술형	동작동사	자음	－는다	먹는다
		모음	－ㄴ다	간다
	상태동사	자·모음	－다	좋다, 크다
	이다동사	자음	－이다	책이다
		모음	－다	의자다
의문형	동작동사	자·모음	－(느)냐? / －니?	가느냐? / 가니?
	상태동사	자음	－(으)냐? / －(으)니?	좋으냐? / 좋으니?
		모음	－냐? / －니?	크냐? / 크니?
	이다동사	자음	－이냐?	책이냐?
		모음	－냐?	의자냐?
명령형	동작동사	자·모음	－어(아, 여)라	먹어라, 가라
청유형	동작동사	자·모음	－자	먹자, 가자
감탄형	동작동사	자·모음	－는구나	먹는구나
	상태동사	자·모음	－구나	좋구나, 크구나
	이다동사	자음	－이구나	책이구나
		모음	－구나	의자구나

예　저기 아이들이 **온다**.
　　점심에는 라면을 **먹자**.
　　여기 빈자리가 있**구나**.
　　이 의자에 앉**아라**.
　　너 숙제 다 했**니**?

붙임

1. 개인을 대상으로 하는 글이 아닌 경우에는 객관적 표현 형식의 문어체로 해라체를 쓴다. 따라서 일반 서적이나 신문, 잡지 등에서 해라체를 볼 수 있다.
2. 인용문의 경우에는 본래의 말이 존대말이든 반말이든 모두 해라체로 바꾸고, 거기에 '-고 하다'를 붙여서 쓴다. 단지 명령형은 '-어(아, 여)라' 대신 '-(으)라'에 '-고 하다'를 붙여서 쓴다.

*

-(는/ㄴ)다? -(이)라?

범주　종결어미
구조　동작동사, 상태동사, 이다동사에 붙어서 쓰이는 해라체 서술형 종결어미 '-(는/ㄴ)다', '-(이)라'가 의문형 종결어미로 쓰이는 경우이다. '-(는/ㄴ)다고요?, -(는/ㄴ)다고 그렇게 말했어요?'를 줄여서 하는 말이다. 이다동사가 명사와 결합하는 경우에는 '-(이)라'를 쓰기도 한다.
의미　상대가 말한 것을 되받아서 그렇게 말했느냐고 확인하는 것인데 대개는 못마땅함, 비아냥거리는 느낌이 있다. 또 자기가 생각한 것을 되뇌어 볼 때도 이 말을 쓴다.

예　가 : 개인 생활에 대한 질문에는 대답할 수 없습니다.
　　나 : 대답할 수 **없다**?

　　가 : 아이들이 말을 안 들어요.
　　나 : 말을 안 듣**는다**?
　　이번 연휴에는 무엇을 **한다**?

내가 말렸는데도 떠**났다**? 괘씸하군.
첫날부터 결석**이라**? (기분이 나쁘군.)

-다가

범주 연결어미
구조 동사와 결합하여 선행절을 후행절에 종속적으로 연결한다. 동작의 지속성이 있는 동사하고만 어울린다. 선행절과 후행절의 주어가 같아야 한다.
의미 선행절의 행위에 다른 동작을 부가하는 뜻이 있다.

✻✻✻

1. 단순히 동작의 전환을 나타내는 경우
- 선행 동작이 진행될 때 후행 동작이 덧붙는다.
- 선행 동작이 계속될 수도 있다.

  예 집에 가**다가** 친구를 만났어요.
  저녁을 먹**다가** 사고 전화를 받았습니다.
  버스에서 내리**다가** 돈지갑을 잃어버렸습니다.
  자**다가** 꿈을 꾸었어요.
  설거지를 하**다가** 접시를 깨뜨렸어요.

✻✻

2. 선행 동작과 후행 동작이 인과적인 경우
- 후행절이 부정적인 의미를 나타낸다.

  예 무리하**다가** 병이 났다.
  과속을 하**다가** 사고를 냈어요.
  고집을 부리**다가** 야단을 맞았군요.
  늦잠을 자**다가** 회사에 늦었습니다.
  부장님께 대들**다가** 해고를 당했어요.

✻✻✻

3. 선행절과 후행절의 주어가 다르고 서술어가 동일한 경우
- '1'이 동작의 전환인 것과 달리 이 경우에는 목적어나 보어가 바뀌고 시간에 따른 상황의 전환을 나타낸다.

예 이 방은 할아버지가 쓰시**다가** 요즘은 수철이가 씁니다.

이 가게에서는 쌀과 연탄을 팔**다가** 요즘은 쌀만 팝니다.

이 옷은 어머니가 입으시**다가** 내게 주셔서 요즘은 내가 입어요.

집 근처 슈퍼에서 식료품을 사**다가**, 요즘은 대형 할인매장에서 삽니다.

우리는 수돗물을 마시**다가** 요즘은 생수를 배달시켜서 먹어요.

붙임

1. '-다가 말다'는 '-다가'에 '그만 두다'의 뜻을 나타내는 '말다'가 더해진 것이다.

    예 아이들이 밥을 먹**다가 말았어요.**

    비가 오**다가 마는군요.**

    무슨 일이든지 하**다가 말면** 안 됩니다.

2. '-다가 -다가'는 서로 상반되거나 관계가 있는 두 개의 동작동사를 씀으로써 동작이 교대로 반복해서 일어남을 나타낸다. 뒤에는 반드시 '하다'동사가 붙는다.

    예 울**다가** 웃**다가** 하는데 왜 그러니?

    몸이 아파서 자**다가** 깨**다가** 하나봐요.

    연필로 쓰**다가** 볼펜으로 쓰**다가** 하니까 글이 예쁘지 않아요.

3. '여기에다가 쓰세요'처럼 '-다가'는 조사와도 결합해서 사용한다. '-로다가', '-한테다가' 등등. <☞ p. 371 -에다가>

-었/았/였다가

범주 결합형

구조 완료 시상어미 -었(았/였) + 연결어미 -다가

부가의 뜻을 가진 연결어미 '-다가'에 완료 시상어미 '-었/았/였-'이 결합한 형태이다.

의미 선행 동작이 완료된 이후에 동작이 전환됨을 나타낸다.

＊＊＊

  1. 후행절의 동작이 부가되어, 선행 동작 이전의 상태로 원상 회복시

키거나 선행 동작을 취소시키는 경우
- 선행절과 후행절의 동사는 의미상 서로 상반되거나 관계가 있는 동사이어야 한다.
- 의미상의 제약 때문에 결합하는 동사가 많지 않다.
- 선행절과 후행절의 주어는 동일해야 한다.

예 학교에 **갔다가** 왔습니다.
의자에 **앉았다가** 일어났습니다.
편지를 **썼다가** 찢었습니다.
칠판에 **썼다가** 지웠습니다.
옷을 **입었다가** 벗습니다.
모자를 **썼다가** 벗었습니다.
문을 **열었다가** 닫습니다.
불을 **켰다가** 껐습니다.
과자를 **주었다가** 빼앗았습니다.
그 말을 **했다가** 취소했습니다.

＊＊

2. 선행 동작이 후행절의 상황이나 이유가 되는 경우

예 시내에 **나갔다가** 차가 밀려서 혼났어요.
시장에 **갔다가** 바지 하나를 샀어요.
문을 **열었다가** 먼지가 들어와서 얼른 닫았다.
상한 음식을 **먹었다가** 배탈이 났어요.
말대답을 **했다가** 어머님께 꾸중을 들었어요.

＊＊

-다가는

범주 연결어미

구조 연결어미 -다가 + 보조사 -는
- 연결어미 '-다가'에 보조사 '-는'이 결합한 형태이다.
- 시상어미 '-었-'과 결합한다.

의미 어느 동작을 하면 뒤에 좋지 못한 결과가 오게 된다는 뜻으로 앞 동작을 경계할 때 쓴다. 선행문은 가정적인 의미가 있으므로 후행

문은 추측을 나타내는 말이 대부분이다. <☞ p. 188 –다가 3. >

예 잘못하**다가는** 다치니까 조심해요.
여기서 실수를 했**다가는** 저 아래로 떨어진다.
사장에게 잘못 보였**다가는** 큰일 난다.
그렇게 놀기만 하**다가는** 졸업을 못할 거야.
그렇게 사치스럽게 살**다가는** 재산을 다 날릴 겁니다.

붙임

'–다가는'은 단순히 동작의 전환을 강조할 때도 쓴다.

<☞ p. 188 –다가 1. >

예 울**다가는** 웃고 웃**다가는** 울고 한다.
아기가 엄마를 찾**다가는** 울고, 엄마를 찾**다가는** 울고 합니다.
떠나는 것이 섭섭한지 가**다가는** 자꾸 돌아다 보았습니다.
고물 자동차는 가**다가는** 멈추고 가**다가는** 멈추고 했다.

**
–다(가) 보니

범주 통어적 구문

구조 연결어미 –다(가) + 보조동사 보다 + 연결어미 –니
부가를 나타내는 연결어미 '–다(가)'와 동사 '보다'에 연결어미
'–니'가 결합한 형식이다.

의미 '선행 동사와 같은 행위를 하거나 그러한 상태가 계속되다가 그 결
과로 후행절과 같은 일이 생긴다'는 뜻을 나타낸다.

<☞ p. 192 –다(가) 보면>

예 가까운 친구로 지내**다 보니** 서로 사랑하게 되었어요.
직장 생활을 오래 하**다가 보니** 가끔 지루해질 때가 있어요.
자**다가 보니** 도둑이 서랍을 열고 있었다.
독신 생활을 하**다가 보니** 결혼이 필요없다는 생각이 듭니다.
회사 일이 바쁘**다 보니** 자주 연락을 드리지 못했어요.

✳✳
–다(가) 보면

범주 통어적 구문

구조 연결어미 –다(가) + 보조동사 보다 + 연결어미 –면
부가를 나타내는 연결어미 '–다가'와 동사 '보다'에 조건을 나타
내는 연결어미 '–(으)면'이 결합한 형식이다. '–다(가) 보면'의
후행절에는 완료시제는 쓰지 않는다. <☞ p. 301 -(으)면>

의미 동사에 붙어서 '선행 동사와 같은 행위를 하거나 그러한 상태로 있
음을 전제로 한다면 후행절과 같은 일이 생긴다'는 뜻을 나타낸다.

예 운전을 하**다가 보면** 사고를 낼 때가 있어요.
당황하**다가 보면** 아는 것도 대답을 못할 때가 있습니다.
바쁘게 지내**다 보면** 결혼 기념일을 잊어버릴 수도 있지요.
이사를 자주 하**다가 보면** 가구에 흠이 생깁니다.
친구들하고 정신없이 떠들**다 보면** 시간 가는 줄 모른다.

붙임 '–다 (가)보면'과 '–다(가) 보니' 비교
'–다(가) 보면'은 어떤 전제나 가정에 대한 일반적인 결과를 말하
는 것이고 '–다(가) 보니'는 화자나 주어의 지각 행위에 따른 개인적
인 경험을 말하는 경우가 많다.

✳✳
–(었)다가 –(었)다가 하다

범주 통어적 구문

구조 연결어미 –(었/았/였)다가 + 동사 + 연결어미 –(었/았/였)다가 +
동사 하다
과거 시상어미와 부가를 나타내는 연결어미 '–다가'의 반복형에 동
사 '하다'가 결합한 형식이다.

의미 서로 관계가 있거나 상반되는 두 개의 동작동사가 붙어 동작이 반
복해서 일어남을 나타낸다. <☞ p. 188 -다가>

예 오늘은 종일 비가 **오다가** 진눈깨비가 **오다가 한다.**
시장에 여러 번 **왔다 갔다 했더니** 다리가 아프다.
너희들이 불을 자꾸 **껐다 켰다 하니까** 스위치가 고장났잖아.
언니는 아까부터 누구에게 편지를 쓰는지 **썼다가 지웠다가 합니다.**
할아버지는 안경을 **썼다가 벗었다가 하신다.**

-(는/ㄴ)다고, -(느/으)냐고, -자고, -(으)라고, -(이)라고

범주 연결어미

구조 종결어미 + 인용 연결어미 -고
서술형 종결어미 '-(는/ㄴ)다'에 인용을 나타내는 '-고'가 결합한
간접 인용문 형식이다.
원화자의 말이 서술문으로서 동작동사나 상태동사면 '-(는/ㄴ)
다고'를 쓰고, 원화자의 말이 서술문으로서 의문문이면 '-(느/
으)냐고', 청유문이면 '-자고', 명령문이면 '-(으)라고'를 쓴다.

<☞ p. 20 인용문>

의미 이것은 문장의 의미에 따라서 다음 두 가지로 나눌 수 있다.
******

1. 사람의 말을 인용하는 경우
   - '-(는/ㄴ)다고 하고, -(는/ㄴ)다고 하면서, -(는/ㄴ)다고 해서'의
     준말이다. <☞ p. 429 -(는/ㄴ다)고 하면서, p. 430 -(는/ㄴ다)고 해서>
   - 선행절에서는 다른 사람이 말한 것을 인용해서 말하고 후행절에서
     는 선행절과 같은 화자가 말한 것을 계속해서 인용해서 말하거나
     혹은 선행절을 말하면서 동시에 하는 행위를 나타낸다.
   - 선행절이 후행절의 이유나 원인이 됨을 나타낸다.

예 지우개가 **없다고** 좀 빌려 달래요.
아내는 용돈을 벌써 다 **썼느냐고** 잔소리를 했다.
퇴근 길에 한잔 **하자고** 포장마차에서 만나재요.
텔레비전 소리가 시끄럽**다고** 꺼 버렸어요.
영원히 자기를 잊지 **말라고** 하더니 반지를 주었어요.

*

2. 주어가 1인칭일 때 '-(는/ㄴ)다고 생각하고'의 뜻으로 쓰이는
경우

- 선행절에는 화자 자신의 말을 인용한 것이 오고 후행절에는 선행
절에서 기대한 것과 다름을 나타내는 말이 오는 경우가 많다. 이때
후행절은 생략하기도 한다.
- 서술문 형식인 '-(는/ㄴ)다고, -(이)라고'만 쓰고 기타 형식은 쓰
지 않는다.

예 나는 급한 일**이라고** 뛰어 왔지요. (와보니 급한 일이 아니다)
이 시장이 싸**다고** 택시까지 타고 왔다. (하나도 안 싼 걸)
난 무슨 선물이나 **준다고** … (선물도 아무 것도 안 준다)
난 그 남자가 부자**라고**, … (알고 보니 부자도 아니다)
나는 그것이 진짜 보석이**라고**, … (가짜를 가지고 진짜라고 했다)

**

-(는/ㄴ)다고요

범주 결합형
구조 간접인용의 형태에 종결어미 '-요'가 결합한 형식으로 '-(는/ㄴ)
다고요, -(느/으)냐고요, -(으)라고요, -자고요, -(이)라고요'의
형식으로 쓰인다.
의미 다른 사람의 말을 듣고 그 말을 인용하여 반복함으로써 확인하는
말이다.

- 질문형식으로도 쓸 수 있으며, 이때는 다른 사람에게 들었는데 잘
듣지 못해서 확인하는 경우와 들었으나 동의할 수 없는 경우 등에
쓰인다.

예 가 : 저 분이 우리 회사 사장님이에요.
나 : 뭐**라고요?**
가 : 우리 회사 사장님이**라고요.**
가 : 오늘 저녁에 우리집으로 초대를 하겠어요.

나 : 저를 초대하신**다고요?**

가 : 예, 순미 씨를 우리집으로 초대한**다고요.**

가 : 주말에는 시험 공부만 했어요.

나 : 주말에는 시험 공부만 했**다고요?**

다 : 예, 그랬**다고요.**

가 : 뭘 좋아하세요?

나 : 뭘 좋아하**냐고요?**

가 : 예, 뭘 좋아하시**냐고요.**

붙임

   다른 사람의 말을 듣고 인용하는 것이 아니고, 자기의 말을 강조하거나 자랑하기 위해서 인용문 형식을 쓰는데, 이때는 서술문 형식 '-다고요'만을 쓴다.

   예   다음 주에 우리는 일본으로 관광 여행을 떠난**다고요.**
       우리 아들이 사법 고시에 합격했**다고요.**

-(는/ㄴ)다나 봐요   < ☞ p. 321 -나 보다>

**
-(는/ㄴ)다나요, -(느/으)냐나요, -(으)라나요, -자나요, -(이)라나요

범주 통어적 구문

구조 종결어미 '-(는/ㄴ)다, -(으/느)냐, -(으)라, -자, -(이)라'+ 의문형 종결어미 '-나요'

       인용문의 네 가지 형태에 의문형 종결어미 '-나요'가 붙은 것인데 경우에 따라서 서술문이나 의문문으로 쓰인다.

의미 인용된 문장을 전달하는데, 상황에 따라서 인용된 내용을 가볍게 생각하거나 빈정거리는 느낌이 있다.

예   가 : 김 선생님은 왜 이 연속극을 안 봐요?
     나 : 시시해서 보기가 싫**다나요.**

     자기 일은 자기가 알아서 한**다나요?**
     내가 화를 내니까 신경질부리지 말**라나요.**
     전화를 거니까 조금 이따가 다시 걸**라나요.**
     시간이 없는데 늑장을 부리면서 왜 이렇게 서두르느**냐나요.**

✳✳
-(는/ㄴ)다니

범주   연결어미

구조   간접인용을 나타내는 '-는다고 하-'에 연결어미 '-니'가 결합한
        '-는다고 하니'의 준말이다.

의미   인용된 선행절이 후행절의 상황을 설정하는 구실을 하는데, 선행
        절은 대개 후행절의 근거가 된다. <☞ p. 180 -(으)니>

예   골목 안 가게에서 싸게 **판다니** 거기서 사자.
     많은 재산을 혼자 갖겠**다니** 정말 욕심이 많군요.
     여기부터는 자동차로 못 올라간**다니** 걸어서 갈 수밖에 없지요.
     준수가 제대를 **한다니** 여간 기쁘지 않으시겠어요.
     네가 그런 착한 일을 **했다니** 믿어지지 않는구나!

붙임

  인용된 절의 종결형에 따라 '-(느/으)냐니, -자니, -(으)라니, -(이)
라니'의 형태로 쓰인다.

예   나보고 누구**냐니** 나를 모르니?
     갑자기 돈을 꿔 **달라니** 돈이 있어야지요.
     아침마다 운동장에서 뛰**라니** 아이들이 힘들어 하지요.
     여기가 우리 회사인데 출입금지**라니** 무슨 일이 있었어요?
     혜리씨 선보는데 나보고 같이 **가자니** 무슨 말입니까?

**
-(는/ㄴ)다니요?

범주　결합형

구조　'-(는/ㄴ)다니 무슨 말입니까?'의 후행절을 생략하고 종결어미 '-요'를 결합한 형식으로, 선행절의 형식에 따라서 '-(는/ㄴ)다니요?, -(느/ㄴ)냐니요? -자니요?, -(으)라니요?, -(이)라니요?'가 쓰인다. 동작동사, 상태동사, 이다동사와 결합한다.

의미　다른 사람이 말한 것을 인용하는데 그 말에 동의하지 않거나 의심해서 되물을 때 쓴다. 상대 의견에 동의하지 않음을 나타내므로 공손한 말씨는 아니다.

예　그 사람은 요즘 자주 안 옵니다.
자주 안 **온다니요?** 아까도 왔는걸요.

고등학교 학생이에요?
고등학교 학생**이냐니요?** 대학교 3학년인데요.

그만 합시다.
그만 하**자니요?** 이렇게 할 일이 많은데요.

붙임

'-다니요?'는 상태동사와 결합하는 형식이지만 다음과 같이 동작동사와 결합하면 시상과 관계없이 동작의 사실만을 나타낸다.

-다니요?	-는/ㄴ다니요?
동작의 사실만을 나타낸다.	동작의 현재 진행을 나타낸다.
유학을 가다니요? 아니, 아이가 벌써 책을 읽다니요?	유학을 간다니요? 아니, 아이가 벌써 책을 읽는다니요?

**

-(는/ㄴ)다더니, -(느/으)냐더니, -자더니, -(으)라더니, -(이)라더니

범주   결합형

구조   간접화법의 종결어미와 연결어미 '-더니'가 결합한 형태로서, '-(는/ㄴ)다고 하더니, -(느/으)냐고 하더니, -자고 하더니, -(으)라고 하더니, -(이)라고 하더니'의 준말이다.

의미   화자가 다른 사람의 말을 듣고 그것을 회상하여 말하는 것이다.

> **예**   약속을 지킨**다더니** 또 어기는군요.
> 나한테 일찍 **오라더니** 자기는 왜 안 오는 거야.
> 밤을 새워서 일을 끝내**자더니** 벌써 잠이 들었군요.
> 고향이 부산**이라더니** 정말 부산 사투리를 많이 쓰십니다.
> 그는 시간 당 얼마를 주느**냐더니** 다른 일자리를 찾아가 버렸어요.

**

-(는/ㄴ)다든지, -(느/으)냐든지, -자든지, -(으)라든지, -(이)라든지

범주   결합형

구조   간접 인용어미 -(는/ㄴ)다/-(느/으)냐/-자/-(으)라/-(이)라 + 연결어미 -든지
동작동사와 상태동사하고만 결합한다.

의미   인용된 말을 몇 개 들어 말하며 그 중 무엇이나 가리지 않고 선택함을 말한다.

> **예**   더 기다리**라든지** 그냥 떠나**라든지** 말씀을 분명히 하십시오.
> IMF니까 소비절약을 하**자든지** 하는 표어가 필요하다.
> 우리는 좋**다든지** 싫**다든지**를 말하는 의사 표현이 불분명하다.
> 전화를 했으면 무슨 말을 해요. 만나**자든지**.
> 형은 편지에 자기 이야기만 합니다. 부모님이 안녕하시**냐든지** 하는 가족 안부도 묻지 않고요.

**
-(는/ㄴ)다면, -(느/으)냐면, -자면, -(으)라면, -(이)라면

범주　결합형

구조　간접 인용문의 종결어미 + 연결어미 -면

- 간접 인용 '-고 하다'에 전제 조건을 나타내는 '-면'이 결합한 축약된 형태이다. 문장에 따라서 '-고 하-'를 복원할 수 있는 경우도 있지만 굳어져서 복원할 수 없는 경우도 있다.

- 선행절이 서술형이면 주문장의 서술어에는 주로 '-겠다, -ㄹ 것이다, -었을 것이다, -ㄹ 테다, -ㄹ 텐데' 등이 쓰인다.

  일기 예보를 들었다 + 면 + 우산을 가지고 왔을 것이다
  → 일기 예보를 들었다면 우산을 가지고 왔을 것이다.

  누구를 만났느냐 + 면 + 여자 친구를 만났다
  → 누구를 만났느냐면 여자 친구를 만났다.

의미　'선행절의 사실을 가정하면'의 뜻을 나타낸다.

> **예**　이것이 꿈**이라면** 깨지 말았으면 좋겠는데.
> 한국에서 태어났**다면** 한국말을 잘 할텐데.
> 친구가 한잔 하**자면** 저는 거절을 못 해요.
> 제가 만난 사람이 누구**냐면** 한국어 선생님이에요.
> 한국에서 살**라면** 그냥 살 거예요.

**
-다시피

범주　어미

구조　일부 동사에 붙어서 부사어로 기능하게 한다.

의미　'거의 선행 동작과 같이'의 뜻으로 쓰이거나 재확인을 나타낸다.

  1. '거의 앞의 동작과 같이'의 뜻으로 쓰이는 경우

예 우리는 싸우**다시피** 해서 이 장소를 빌렸습니다.
그는 늙으신 어머니를 끌어 안**다시피**하며 모시고 들어갔다.
사업 실패로 김군의 집은 거의 망하**다시피** 하였다.
그 학생의 논문은 남의 것을 베끼**다시피** 한 것이다.
너는 아주 들어눕**다시피** 하고 앉았구나.

2. 청자가 이미 알고 있는 사실을 재확인하는 부사구의 경우 :
'보다, 알다, 듣다'와 같은 일부 동작동사하고만 결합해서 쓰인다.

예 보시**다시피** 우리가 가진 것은 두 주먹 뿐입니다.
지금 들으시**다시피** 공장 일은 잘 진행되고 있습니다.
네가 보**다시피** 지금은 네 부탁을 들어줄 형편이 아니다.
이미 아시**다시피**, 요즘 중소기업의 자금 사정이 좋지 않습니다.
보시**다시피**, 요즘은 신문 볼 틈도 없습니다.

**
[-(으)ㄴ] 다음에

범주 통어적 구문
구조 관형사형 어미 -(으)ㄴ + 명사 다음 + 조사 -에
과거 시상의 관형사형 어미와 명사 '다음'에 조사 '-에'가 결합한
형식으로 동작동사하고만 쓰인다.
의미 '동작을 한 후에'의 뜻을 나타낸다.

예 결혼 문제는 취직을 **한 다음에** 생각해 보겠어요.
어른이 수저를 드**신 다음에** 너도 수저를 들어라.
계획을 잘 **짠 다음에** 일을 시작합시다.
물이 끓**은 다음에** 국수를 넣어서 삶아요.
목욕**한 다음에** 맥주 한잔은 정말 맛있어요.

**

[-기(가)] 다행이다

범주 통어적 구문

구조 동작동사 + 명사형 어미 -기 + 주격조사 -가 + 명사 다행 + 이다동사
명사절에 '다행이다'가 붙은 것으로, '-기' 앞에 완료 시상 '-었
(았/였)-'이 올 수 있다.

비가 오다 + -기 (+ -가) + 다행 + 이다
→ 비가 오기가 다행이다.

의미 불행한 상황이나 사건이 있었지만, 주어절이 의미하는 내용은 그
나마 '잘된 일'이라는 뜻이다.

예 집에 아무도 없었**기 다행이다**.
불이 나지 않았**기 다행입니다**.
차가 부서졌는데도 사람이 다치지 않았**기** 천만**다행입니다**.
준비가 부족하였는데 질문이 없**기가 다행이지요**.
선약이 취소되었**기에 다행이지**, 그렇지 않았더라면 참석하지 못할 뻔
하였어요.

-(는/ㄴ)단다

범주 종결어미

구조 인용문 해라체의 종결어미 '-(는/ㄴ)다고 한다'의 준말이다.
인용된 문장의 종결형에 따라 '-(느/으)냔다, -잔다, -(으)란
다, -(이)란다'가 있다.

의미 인용을 나타내거나 강조하기 위해 쓴다.

**

1. 인용을 나타내는 경우

예 라디오를 들으니까 내일은 비가 **온단다**.
성욱이는 오늘 저녁에 좀 늦**는단다**.
애, 저 아이가 네 이름이 뭐**냔다**.
오랜만에 동창끼리 한번 모이**잔다**.

열이 날 때만 이 약을 먹으**란다**.

*

2. 어떤 말을 확실히 하거나 강조하기 위한 경우

- 서술형태로 쓰이는 '-(는/ㄴ)단다, -(이)란다' 만이 쓰인다.

예　이것이 어린 아이들의 솜씨**란다**.
우리 선수들이 그 일을 해 냈**단다**.
이 인형 우리 아빠가 사 왔**단다**.
우리 집에는 맛있는 과자가 많**단다**.
견우와 직녀는 해마다 한번씩 밖에 못 만났**단다**.

붙임

'이거 우리 아빠가 사 왔단다.' 나 '우리집에는 맛있는 것이 많단다' 와 같이 아이들이 어떤 사실을 자랑하기 위해서 이 말을 쓸 때는 말끝을 올리는 것이 특징이다.

달다

범주　동작동사
구조　의존동사로서 쓰일 때는 불완전하며, 활용 형태로는 '-를/을 달라, 다오'의 두 가지로만 쓰인다.
인용문에서, '~를/을 주십시오, -어(아, 여) 주십시오'처럼 원화자 자신이 무엇을 원함을 나타낼 때 '달라고 하다'를 쓴다.

<☞ p. 23 인용문 5.2.8>

예　물 한 잔 **다오**.
우리에게 자유를 **달라**!
내 부탁을 들어 **다오**.
미안하지만 문 좀 열어 **다오**.
아이들이 사 **달라면** 안 사 줄 수가 없다.

**
-(는/ㄴ)담, -(이)람

범주 종결어미

구조 해체의 종결어미 '-단 말인가'의 줄어진 형태로서 구어체이다.
'-(는/ㄴ)담'은 동작동사와 상태동사에 쓰고, '-(이)람'은 이다
동사에 쓴다.

> **붙임**
>
> 　서술어 앞에는 '이렇게, 저렇게' 등의 부사어가 와서 서술동사가 강
> 한 표현이 되도록 수식하는 경우가 많다.

의미 혼잣말로 중얼거릴 때 쓴다. 상대방의 말이나 의사에 동의하지 않
고 가볍게 핀잔을 주거나 비난하는 뜻이 있다.

예　가 : 참 예쁘다.
　　나 : 어디가 **예쁘담**. 내가 보기엔 하나도 안 예쁘다.

　　가 : 나는 추워서 안 나가겠어요.
　　나 : 뭘 그렇게 나가지 못할 정도로 **춥담**.

　　웬 사람이 이렇게 **많담**.
　　왜 저렇게들 떠들고 **있담**.
　　일을 빨리 빨리 처리하지 못하고 이렇게 **더디담**.

*
-(는/ㄴ)답시고, -(이)랍시고

범주 결합형

구조 일부 동작동사나 상태동사에 붙어서 쓰이며, 종결어미 '-(는/ㄴ)
다'에 '-ㅂ시고'가 결합한 형태로, 이다동사에는 '-(이)랍시고'
를 쓴다. 긍정적인 의미를 가진 동사나 자랑을 나타내는 동사하고
만 어울린다.

의미   주어가 어떤 일을 잘하려고 하거나 혹은 자랑스러운 상태로 만들려고 하는데 화자가 보기에는 그 결과가 만족스럽지 않아 빈정거릴 때 쓴다. 주어가 1인칭일 때는 자조 섞인 말이 된다.

예   설거지를 도와**준답시고** 접시를 깨뜨렸어요.
가수가 **된답시고** 공부는 안 하고 노래방에만 가요.
그는 정치를 **한답시고** 집안 돈을 다 써 버렸다.
친구**랍시고** 부탁했더니 거절을 하는구나.
너는 그것도 영어**랍시고** 미국 사람들 앞에서 말하는 거니?

******

-어/아/여 대다

범주   보조동사
구조   연결어미 어(아, 여) + 보조동사 대다
'대다'는 '서로 맞닿게 하다, 계속해서 공급하다'의 뜻을 가진 말이다. 일부 동작동사에 붙어서 쓰이며 시상어미와 존대형 어미는 선행 동사에 붙지 않고 '대다'에 붙는다.
의미   앞의 동작이 계속해서 심하게 반복됨을 나타낸다. 강한 표현이므로 점잖은 말에는 쓰지 않는다.

예   쉬는 시간이면 학생들이 떠들**어 댄다**.
아이는 어디가 아픈지 계속 울**어 대요**.
누구인데 그렇게 전화를 걸**어 대니**?
김 교수는 화가 나면 담배를 피**워 대는** 버릇이 있다.
사람들이 어찌나 떠들**어 대는지** 안내 방송을 들을 수 없었다.

******

-대로

범주   조사
구조   명사에 붙어서 쓰인다.

의미   '앞에 오는 명사의 뜻과 같이', 또는 '앞에 오는 명사의 뜻을 따라서'의 뜻으로 쓰인다.

> **예**   선생님 말씀**대로** 열심히 하겠습니다.
> 네 마음**대로** 하지 말고 내 말**대로** 해.
> 이**대로** 헤어지자니 아쉽습니다.
> 너는 너**대로** 나는 나**대로** 따로따로 가자.
> 이 모임을 위해서 나는 나 나름**대로** 애를 썼습니다.

[-는/(으)ㄴ/(으)ㄹ] 대로

범주   통어적 구문
구조   관형사형 어미 –는/(으)ㄴ/(으)ㄹ + 의존명사 대로
부사어로 기능한다.
의미   동사에 붙어서 '앞의 동작이나 상태와 같은 모양으로', 또는 '어떤 일이 일어나는 그때'의 뜻을 나타낸다.

✳✳
1. 선행 동사의 '동작이나 상태와 같은 모양으로'의 뜻으로 쓰는 경우
- 동작동사와 상태동사에 두루 쓰인다.

> **예**   선생님이 부르시**는 대로** 받아 썼습니다.
> 저희들이 하라**는 대로** 하시겠어요?
> 생각**한 대로** 말해 봐요.
> 어떻게 해도 좋으니 하고 싶**은 대로** 하세요.
> 마음 먹**은 대로** 하라고 하세요.

✳✳
2. '어떤 일이 일어나는 그때 즉시'의 뜻으로 쓰는 경우
- 동작동사에만 쓰이며, '–는 대로'의 형태만 쓴다.

> **예**   도착하**는 대로** 편지를 드리겠습니다.
> 이 일이 끝나**는 대로** 해외 여행을 떠나려고 합니다.
> 그 사람을 만나**는 대로** 이 말을 전하겠습니다.
> 그 일이 끝나**는 대로** 이 서류를 복사해 주세요.
> 손님들은 오**는 대로** 방명록에 이름을 썼습니다.

> 붙임   '2'의 '-는 대로'와 '-자마자'의 비교
> '-는 대로'는 선행 동작이 일어나고 그 상태가 지속되는 가운데 잇대어서 후행 동작이 일어남을 말한다. 그런데 '-자마자'는 선행 동작이 일어났을 때만 가리키고 후행 동작과 어떤 연관이 없어서 우연성을 가지는 경우가 많다. <☞ p. 395 -자마자>

*

3. '더 이상 어떻게 할 수 없을 정도로 극한 상황까지'의 뜻으로 강한 표현에 쓰는 경우
  • '-ㄹ 대로'의 형태에 일부 동작동사가 반복해서 붙는다.

예 이젠 나도 모르겠다. **될 대로 되어라**.
   노력할 대로 했는데도 일은 안 되었다.
   우리는 **지칠 대로 지쳐서** 한 발자국도 움직일 수 없었다.
   양보할 대로 양보했지만 그들은 꿈쩍도 안 한다.
   뉴스를 보느라면 정말 **썩을 대로 썩은** 정치라는 생각이 든다.

**

대신(에)

범주 의존명사
구조 명사 다음에서 쓰인다.
의미 선행 명사를 후행 명사로 대체함을 나타낸다.

예 내 **대신** 네가 집을 좀 보면 어떠니?
   장관의 말씀을 차관이 **대신** 읽었다.
   꿩 **대신** 닭이라, 영희가 없으니까 나보고 가자는 거지요?
   엄마 **대신** 언니가 나를 데리러 왔다.
   일찍 주무세요. 그 **대신** 내일 일찍 일어나시고요.

**
–는/(으)ㄴ 대신(에)

범주   통어적 구문

구조   관형사형 어미 –는/(으)ㄴ + 의존명사 대신 (+조사 –에)
관형사형 어미 '–는/(으)ㄴ'과 명사 '대신'에 조사 '–에'가 결합한 형식으로, 조사 '–에'는 흔히 생략된다. 미래시상의 관형사형 어미 '–(으)ㄹ'은 쓰지 않는다. 선행 동사로는 동작동사와 극히 일부 상태동사가 쓰인다.

의미   선행절의 행위나 상태를 후행절의 것으로 대체함을 나타내거나 당연히 있어야 할 사물이나 행위가 아닌 다른 것이 그 자리를 차지함을 나타낸다.

예   하루 쉬**는 대신에** 밤일을 하겠습니다.
그는 부모님을 안 모시**는 대신** 용돈을 듬뿍 드린다고 했다.
김 선생님은 노래를 못하**는 대신** 피아노를 잘 친다.
박 선생은 침착**한 대신에** 박력이 없는 것이 흠이지요.
젊은 날에는 꿈이 많**은 대신에** 고민도 많았다.

**
–(는/ㄴ)대요, –(느/으/이)내요, –재요, –(으)래요, –(이)래요

범주   결합형

구조   '–(는/ㄴ)다고 해요'의 준말로서 구어체에서 많이 쓰인다. 이것은 문장의 마침법에 따라서 다음과 같이 쓰인다.   < ☞ p. 20 인용문 >

서술문	동작동사 + 는/ㄴ대요 상태동사 + 대요 명사 + (이)래요
의문문	동작동사 + (느)내요 상태동사 + (으)내요 명사 + (이)내요

청유문	동작동사 + 재요
명령문	동작동사 + (으)래요

의미　간접인용을 나타낸다.

1. 서술문

예　우리 교포가 그린 만화가 인기가 있**대요**.
　　옛날부터 두 사람이 친했**대요**?
　　한국어 능력 시험을 보았는데 3급에 합격했**대요**.
　　시월 구일은 한글날**이래요**.
　　그 아가씨는 장래 희망이 행복한 가정을 꾸미는 거**래요**.

2. 의문문

예　내일은 몇 시에 만나**느냬요**.
　　결혼했**느냬요**?
　　남은 음식은 어떻게 하**느냬요**.
　　외국인에게 어떤 선물이 좋**으냬요**.
　　이름이 **뭐냬요**.

3. 청유문

예　이 건물 앞에서 사진을 찍**재요**.
　　김명호 씨가 자기 집으로 가**재요**.
　　한잔하면서 터 놓고 얘기 좀 하**재요**.
　　농촌에 가서 농사를 짓고 살**재요**.
　　기름기가 많은 음식을 먹지 말**재요**.

4. 명령문

예　잠깐만 기다리**래요**.
　　어머니는 나보고 동생을 데리고 가**래요**.
　　남편은 나에게 어려운 일이 있어도 참**으래요**.
　　교회에서는 남을 위해서 봉사를 하**래요**.
　　혜리가 나보고 돈을 꿔 달**래요**.

***
[-에] 대하여

범주   통어적 구문

구조   조사 -에 + 동사 대하다 + 어미 -여

조사 '-에'와 '관계하다, ~을 소재로 삼다'으 뜻을 가진 동사 '대하다'의 활용형이 결합한 형식으로, '-에 대해서, -에 대한'의 형태로도 쓰인다. '-에 대한'은 다음에 오는 명사를 수식하는 관형어 구실을 한다.

의미   명사에 붙어서 '그 사물에 관하여', 또는 '사물을 대상으로 하여'의 뜻을 나타낸다.

예   정리 해고**에 대한** 선생님의 의견을 듣고 싶습니다.
나는 한국의 경제 문제**에 대해서** 논문을 썼다.
오늘은 김 교수님이 한국의 전통문화**에 대하여** 강연을 해 주시겠어요.
한국 풍습**에 대해서는** 저는 하나도 몰라요.
그 사건**에 대해서** 알고 싶어요.

***
-더군(요)

범주   종결어미

구조   회상 시상어미 -더- + 종결어미 -군(요)

시상어미 '-더-'와 종결어미 '-군(요)'가 결합한 형태로서 서술문의 종결어미 구실을 한다. 주어는 항상 3인칭이며, 1인칭일 때는 극히 제한된 경우에만 쓴다. 동작동사, 상태동사, 이다동사와 결합한다.   <☞ p. 11 과거 회상>

의미   화자가 과거에 직접 경험한 것, 즉, 보거나 느끼거나 인지한 것을 회상하여 보고함을 나타낸다.

예   그는 좋은 아내**더군요**.
그 학생이 미국으로 돌아갔**더군요**.
아버지는 화가 많이 나셨**더군요**.

어제 전화했을 때 그 분은 회의중이시**더군요.**
제가 말씀 드리지도 않았는데 선생님께서 이미 알고 계시**더군요.**

붙임

1. 시상어미 '-더-'와 결합한 종결어미

	해요체	하게체	해라체
서술문	-더군요, -더라고요	-더군	-더라, -더라고
의문문	-던가요?	-던가?	-더냐? -디?

2. 주어가 1인칭일 때, 즉 화자가 자신의 경험을 회상하여 말할 때는 '-더'를 쓰지 않는다. 그러나,

   1)   느낌을 나타내는 상태동사일 때는 1인칭도 가능하다. 이것은 느낌 상태동사(재미있다, 좋다, 싫다, 밉다, …)가 '-아/어/여 하다'와 결합하면 동작동사화하여 3인칭 주어에서 쓸 수 있는데, 이와 같은 맥락에서 1인칭 주어를 객관화시켜서 3인칭처럼 생각하여 말하는 표현이다.

   예   나는 그 영화가 재미있**더군요.**
   나는 그 사람이 싫**더군요.**
   다른 사람들은 괜찮다고 했지만 나는 그 방이 덥**더군요.**
   강아지가 죽었다는 소식을 들으니 슬프**더군요.**

   2)   피동의 뜻일 때는 1인칭도 쓴다.

   예   나는 오늘 공이 잘 던져지**더군요.**
   그가 몹시 아프다는 소식을 들으니 일이 손에 안 잡히**더군요.**
   오늘은 밥이 많이 먹히**더군요.**

   3. '-더-' 문장의 교수-학습

'-더-' 혹은 '-었(았/였)더-' 문장의 교수-학습은 다음과 같은 입장에서 하면 수월하다. '김 선생이 오더군요.'라는 문장에서 주어인 김 선생의 동작의 진행을 화자가 보고 경험한 것을 말하는 것이므로. '김 선생이 오-'까지를 한 덩이로 보고, 이를 경험하여 말하고 있는 화자와 대응되는 서술어를 '-더군요'로 보는 것이다.

'김 선생이 왔더군요.'에서 보면 이 설명을 더욱 분명하게 알 수 있

다. '김 선생이 왔–'까지를 하나의 덩이로 보면 김 선생의 오는 동작은 이미 완료된 것인데 화자가 김 선생이 온 상태를 보고, '–더군요'로써 그 경험을 말하는 것이 된다.

✻✻✻
–었/았/였더군요

범주　종결어미

구조　시상어미 –었/았/였 + 회상 시상어미 –더– + 종결어미 –군요
　　　　주어는 대체로 3인칭이고 동작동사, 상태동사, 이다동사와 결합
　　　　한다.

의미　화자는, 문장 주어의 동작이 끝난 것을 보거나 경험하고, 그 상황
　　　　을 회상해서 말할 때 쓴다.　＜☞ p. 209 –더군(요)＞

예　내가 도착했을 때는 사람들이 많이 모**였더군요.**
　　　동네 약국들이 다 문을 닫**았더군요.**
　　　대답 못하는 것을 보니 영수는 공부를 안 **했더군요.**
　　　사진을 보니 그 여자도 젊었을 때는 예**뻤더군요.**
　　　그 군인의 아버지도 군인이**었더군요.**

붙임

'–더군요'와 '–었더군요'의 비교

–더군요	선행 동작이 진행되는 것을 보고 그것을 후에 회상해서 말할 때 쓴다. 즉 '김 선생이 오더군요'는 화자가 김 선생이 오는 것을 보았고 그것을 회상해서 말하는 것이다.
–었더군요	선행 동작이 다 완료되고, 그 완료된 상태를 화자가 보았으며, 후에 그것을 회상해서 말할 때 쓴다. 즉 '김 선생이 왔더군요'는 화자가 김 선생이 와 있는 상태, 즉 오는 행위가 이미 완료되었음을 보고 이를 회상해서 말하는 것이다.

**
-더니

범주   연결어미
구조   회상 시상어미 -더 + 연결어미 -니
선행절을 후행절에 종속적으로 연결한다. 화자가 과거에 어떤 사물의 동작이 진행됨을 보거나 느낀 것을 회상하여 말하는 선행절과, 현재나 과거 동작의 진행이나 완료된 상황을 말하는 후행절로 이루어진다.

- 선행절의 주어는 주로 3인칭이다.
- 후행절에는 미래 시제가 올 수 없다.
- 주로 서술문에서 쓰이고, 청유문과 명령문에서는 안 쓰인다.

의미   선행절과 후행절의 사실의 차이를 나타내는 것과 후행절이 선행절 행위의 결과로 나타나는 경우로 나눌 수 있다.

1. 선행절과 후행절 사실의 차이를 나타내는 경우

예   아까는 비가 오**더니** 지금은 눈이 온다.
할아버지께서 정정하시**더니** 갑자기 돌아가셨군요.
혜리는 전에는 날씬하**더니** 요즘은 살이 많이 쪘더라.
어렸을 때는 사과가 좋**더니** 요새는 귤이 좋아.
어제부터 머리가 아프**더니** 오늘 아침엔 일어날 수가 없어요.

2. 후행절이 선행절의 행위의 결과로서 나타나는 경우

예   아들이 열심히 공부하**더니** 일류 대학교에 합격했어요.
그 사무원은 밤을 새서 일하**더니** 지친 것 같다.
혜리는 아까 국수를 많이 먹**더니** 배탈이 났나봐요.
후배가 책을 빌려가**더니** 안 가져옵니다.
아이들이 폭력 영화를 자주 보**더니** 성격이 거칠어지는 것 같다.

붙임

선행절의 주어는 3인칭을 쓴다. 그러나 화자가 자기를 객관화시켜서 말하는 경우에는 1인칭도 쓴다.

> 예　(내가) 생각이 나**더니** 또 잊어 버렸어요.
> 발음이 잘 되**더니** 왜 이렇게 안 되는지 모르겠네.
> 처음 한국에 왔을 때 부모님 생각이 많이 나**더니** 요즘은 그렇지
> 도 않아요.

＊＊
–었/았/였더니

범주　연결어미

구조　과거 시상어미 –었 + 회상 시상어미 –더 + 연결어미 –니
- 동작동사 다음에 쓰인다.
- 후행절에서는 선행 동작에 대한 결과를 나타내거나 단순한 사실을 상황으로 설명하며 순차접속을 나타낸다.
- 선행절의 주어는 1인칭이어야 하지만 후행절의 주어는 제약이 없다.
- 후행절에는 미래 시제가 오지 않는다.

의미　화자가 과거에 자기가 행동한 것을 회상하여 말할 때 쓴다. 화자와 주어가 동일한 경우에는 화자 자신이 과거의 자기 행위를 돌이켜서 회상하는 것이 된다. <☞ p. 212 –더니>

> 예　약을 먹**었더니** 다 나았어요.
> 벨이 울려서 내가 나가 보**았더니** 아무도 없었어요.
> 축하카드를 보**냈더니** 감사하다는 전화가 왔어요.
> 내가 늦게 들어**갔더니** 아내가 화를 내더군요.
> 아이에게 장난감을 사 주**었더니** 아주 좋아하거군요.

붙임

　선행절의 주어가 3인칭일 경우가 있는데 이것은 화자가 그 사람이 하는 동작의 완료를 보고 그 경험을 말하는 것이다.

> 예　학생이 질문을 **했더니** 선생님은 자세히 설명하셨다.
> 사람들이 웃**었더니** 그는 더욱 신이 나서 떠들었습니다.
> 그가 노래를 **했더니** 모두들 박수를 쳤습니다.

✳✳
-더라

범주   종결어미

구조   시상어미 -더 + 종결어미 -라

시상어미 '-더-'와 종결어미 '-라'가 결합한 형태로서 동작동사, 상태동사, 이다동사와 결합한다. 문장의 주어는 주로 3인칭이다. 의문형 종결어미로는 '-더냐?'가 있고, 시상어미 '-더-'와 결합한 해라체 청유형과 명령형은 쓰지 않는다. <☞ p. 209 -더군(요)>

의미   화자가 과거 경험을 회상하여 보고함을 나타내며, 반말로서 아주 낮춤 해라체 서술형에 해당한다.

1.   단순히 서술형 종결어미로 쓰이는 경우

예   그 학생은 자전거를 잘 타**더라**.
이 식당은 냉면이 맛있**더라**.
부인이 정말 미인이**더라**.
그 회사 제품이 질이 좋**더라**.
그 얘기를 듣고 사장님께서 만족해 하시**더라**.

2.   의문 대명사와 함께 쓰는 경우

• 무엇, 누구, 언제, 어디 등과 같이 쓰면, 과거의 사실을 회상하려 하지만 잘 생각나지 않음을 나타낸다.

• 혼잣말로도 쓴다.

예   어제 만난 그 아이 이름이 뭐**더라**.
지난 번에 우리 집에 온 사람이 누구**더라**.
친구 결혼식이 언제**더라**.
무엇 때문이**더라**, 하여튼 화가 났었어요.
내가 돈지갑을 어디다가 두었**더라**.

붙임

1. '어쩐지 -더라'의 형식으로 쓰는 경우는, 상대의 말을 듣고 과거를 회상하여 그 행위나 상태가 일어난 이유를 알게 되었음을 회상하여 하는 말이다.

예 가 : 그 분은 아나운서 출신이래요.
　 나 : **어쩐지** 말을 잘하더라.

　 가 : 아기가 오줌을 쌌어요.
　 나 : **어쩐지** 자꾸 울더라.

　 가 : 부모님한테서 유산을 받았어요.
　 나 : **어쩐지** 요즘 돈을 펑펑 쓰더라.

　 가 : 그 아이가 어머니께 야단을 맞았대요.
　 나 : **어쩐지** 기분이 안 좋아 보이더라.

　 가 : 그 분의 어머니가 한국 사람이래요.
　 나 : **어쩐지** 한국말을 잘 하더라.

2. '-더군요, -더라'의 간접화법 형태로 '-더라고 하다'를 쓴다.

예 하숙방에서 손님이 기다리고 **있더라고** 친구에게 **말하였다.**
　 공장에는 주문 맡은 일이 가득하**더라고 했다.**
　 여행을 다녀온 친구가 동생이 외국에서 잘 지내**더라고 이야기해** 주었다.
　 그 분을 만나면 제가 만나고 싶어하**더라고 전해 주세요.**
　 유럽 여행은 배낭 여행이라서 돈이 덜 들**더라고 했다.**

＊＊
-더라고(요)

범주　종결어미

구조　시상어미 -더- + 종결어미 -라고(요)
　　　'-더-'앞에 시상어미 '-었/았/였-'과 '-겠-'을 붙일 수 있다.

의미　화자가 과거에 경험한 사실을 회상하면서 그 말을 확인하거나 깨
　　　달음을 나타낸다. 이는 '-어라'와 같은 의미이지만 '-고' 다음에
　　　말이 생략된 느낌을 주어 함축적이다. 구어적이고 비격식적이며
　　　구수한 느낌을 준다. '-요'를 붙이면 존대가 된다.

< ☞ p. 214 -더라>

1. 화자가 주어의 동작 진행을 경험하거나 일반적이고 습관적인 행위를 경험하고 회상하는 경우

예 건물 안은 시원해도 밖은 굉장히 덥**더라고.**
언니는 여행 갔다 올 때는 꼭 선물을 주**더라고.**
그 배우의 인기가 동남아에서도 대단하**더라고요.**
요즘은 여자들도 야구장에서 열심히 응원을 하**더라고요.**
결혼식에서 보니 신부가 굉장히 미인이**더라고요.**

2. '-더-' 앞에 시상어미가 붙어서 완료된 상황이나 화자의 의지, 또는 화자가 추측한 것을 회상하는 경우

예 영희 씨한테서 메시지가 왔**더라고.**
높은 산은 벌써 단풍이 들었**더라고.**
삼년 만에 보니 아이가 많이 컸**더라고요.**
준비를 많이 해야 잘 가르치겠**더라고요.**
인간 복제가 사회적으로 문제가 있겠**더라고요.**

> **붙임**   '더라'와 '-더라고(요)'의 비교
>
> 주어가 2인칭일 때 '-더라'는 쓸 수 있지만 '-더라고(요)'는 2인칭을 3인칭처럼 객관화시켜야 자연스럽다.
> '방학이 되면 너희들은 집안에서만 놀더라.'에 비해, '방학이 되면 너희들은 집안에서만 놀더라고.'는 어색하다. 그러나 '그 아이들은 방학이 되면 집안에서만 놀더라고.'처럼 3인칭 주어는 무관하다. 이는 '-더-'와 결합한 '-라고'가 간접 인용문의 의미를 가지고 있기 때문에 2인칭에는 잘 맞지 않아서이다.

✳✳
-더라도

범주   연결어미

구조   회상 시상어미 -더 + 종결어미 -라 + 연결어미 -(아)도
시상어미 '-더-'와 종결어미 '-라', 연결어미 '-(아)도'가 결합한 형태로서 선행절을 후행절에 종속적으로 연결한다.

의미 선행절과 같이 가정을 하여도 후행절에서는 그 이상의 일을 함을
나타내거나 변함없음을 나타내는 연결어미이다.

예 화가 나**더라도** 참으세요.
문제가 쉽**더라도** 잘 생각해서 대답하십시오.
실패하**더라도** 기회는 또 있으니까 문제 없습니다.
내일은 무슨 일이 있**더라도** 지각하면 안 돼.
어렵**더라도** 끝까지 포기하지 말고 노력하세요.

> **붙임** '-더라도'와 '-어/아/여도'의 비교
>
> '-더라도'는 '-어/아/여도'에 비해서 좀더 가정적이며 실현 가능성이
> 적다. 다음 예를 보면 더욱 분명하다. '이것은 봄이 와도 꽃이 안 피겠다.'는
> 자주 쓰지만 '이것은 봄이 오더라도 꽃이 안 피겠다.'는 어색하다. 이유는
> '봄이 오는 것'은 기정사실이기 때문에 가정적 표현이 맞지 않기 때문이다.

-더라도	-어(아, 여)도
예 얘기하기 싫**더라도** 하세요. 그 사람을 만나**더라도** 얘기는 안 할 거예요. 외국으로 이민을 가**더라도** 김치는 해 먹습니다.	**예** 얘기하기 싫**어도** 하세요. 그 사람을 만**나도** 얘기는 안 할 거예요. 외국으로 이민을 **가도** 김치는 해 먹습니다.

✳✳

-더러

범주 조사

구조 사람을 나타내는 명사에 붙어서 쓰이는 조사로서, 주로 구어체에
서 많이 쓴다. <☞ p. 317 -보고>

의미 동작이 미치는 대상 혹은 화제의 대상을 뜻하는 것으로, '-더러'
가 있는 문장은 반드시 인용문의 형태를 갖는다.

예 박물관 안내인이 우리**더러** 조용히 하래요.
이사할 때 친구**더러** 도와달라고 하세요.
하숙집 아주머니**더러** 오늘은 늦는다고 했어요.
택시 기사**더러** 올림픽대로로 해서 가자고 했어요.

누구**더러** 전화하라고 했어요?

구어에서는 '-더러' 앞에 '-ㄹ-'을 붙여서 '날더러, 널더러, 우릴더러'와 같은 형태로 쓰기도 한다.

**

-던

범주 관형사형 어미

구조 과거 회상의 시상어미 '-더-'와 관형사형 어미 '-ㄴ'이 결합한 형태로서 동사와 결합하여 뒤에 오는 명사를 수식한다.

의미 과거 동작의 진행이나 동작의 일상성(습관적인 행위)을 화자가 보거나 느끼거나 경험한 것을 회상하여 보고하는 뜻을 나타낸다.

1. 화자가 문장 주어의 과거 동작 진행을 회상하는 경우

   - 동작의 진행은 동작이 끝난 것이 아니기 때문에 미완성을 나타낸다.

   예 그것은 내가 마시**던** 커피니까 내가 마시겠어.
   배가 고파도 하**던** 일은 끝내고 나갑시다.
   남이 먹**던** 음식을 어떻게 먹어요?
   내 용돈을 대 주시**던** 할아버지가 돌아가셨다.
   지갑을 두고 가서 가**던** 길을 되돌아왔다.

2. 과거에 주어가 습관적으로 하는 동작을 화자가 경험하고 이를 회상하며 말하는 경우

   예 오빠가 쓰**던** 가방을 내가 써요.
   이것은 새 옷이 아니고 입**던** 옷이에요?
   우리가 어렸을 때 뛰어놀**던** 운동장 생각나요?
   전에 아침마다 오르**던** 산이지만 나는 더 이상 오를 수 없었다.
   어머니가 읽으시**던** 성경책이니 어머니의 손때가 묻었을 것이다.

＊＊
-었/았/였던

범주　결합형

구조　완료형 시상어미 -었- + 회상 시상어미 -더 + 관형사형 어미 -ㄴ
시상어미 '-었/았-'과 시상어미 '-더-'와 관형사형 어미 '-ㄴ'이 결
합한 형태로서 동사와 결합하여 뒤에 오는 명사를 수식한다.

의미　과거 시간에 완료된 동작을 화자가 보거나 경험하고 그것을 회상
하며 보고함을 나타낸다.

예　우리가 **갔던** 산은 아주 높았습니다.
내가 앉**았던** 의자에 앉아요.
여기 놓**였던** 꽃병을 누가 치웠니?
여행을 같이 **갔던** 사람들이 모이기로 했어요.
지난 번 회의에서 의논하지 못**했던** 문제들을 이야기합시다.

붙임　1. '-(으)ㄴ', '-던', '-었(았, 였)던'의 비교

① 어제 **만난** 사람이 마음에 든다.
② 3년 동안 **만나던** 사람과 헤어졌다.
③ 어제 **만났던** 사람이 마음에 든다.

이 문장들은 의미가 각각 다르다. ①과 ③이 '어제'라는 과거 시에 한
번 만난 사람이라는 점에서는 같다. 그러나 ①의 '만난 사람'은 '만나
다'라는 사실을 말하는 것뿐인데 비해 '만났던'은 과거 만났을 때의 장
면을 회상해서 말하는 느낌으로 화자의 태도에는 차이가 있다. ②의 경우
는 '3년 동안 습관적으로 여러 번 만났음'을 말한다.

④ 아까 **먹은** 사과
⑤ 아까 **먹던** 사과
⑥ 아까 **먹었던** 사과

에서, ④는 이미 다 먹은 사과에 대한 이야기이고, ⑤는 사과를 다 먹지
않고 남은 부분에 대한 이야기다. ⑥은 가끔 쓰는 사람이 있기는 하지만
엄밀하게 말하면 비문이다. 왜냐하면 이미 먹어버린 사과 지금은 볼 수
없는 사과를 말하고 있으니 토한 경우 등 특별한 경우가 아니면 쓸 수 없

는 문장이다. 이와 같이 '-었(았, 였)던'의 경우에는 같이 결합할 수 없는 동사들이 있다. -던과 -었던의 차이는 '내가 가던 곳', '내가 늘 앉던 의자', '의자에 앉던 사람'과 '내가 갔던 곳', '내가 앉았던 의자'를 비교해 보면 더욱 정확하게 차이를 알 수 있다.

이것을 정리해 보면 다음 표와 같다.

	-(으)ㄴ	-던	-었(았, 였)던
동작이 일어난 시간	과거	과거	과거
동작의 과정	완료 상태	진행 상태	완료 상태
화자의 태도	사실을 그대로 보고함.	경험한 것을 회상하여 보고함.	경험한 것을 회상하여 보고함.

2. ⑦ 이것은 내가 **살던** 집입니다.
   ⑧ 이것은 내가 **살았던** 집입니다.
   ⑨ 이 대학교는 내가 **다니던** 학교입니다.
   ⑩ 이 대학교는 내가 **다녔던** 학교입니다.

사람들은 위 말들을 구별하지 않고 쓴다. 즉 다 살고 이사를 했거나 이미 학교를 졸업했는데도 ⑦⑨와 같이 말하는 것은 화자가 살던 때와 다니던 그 당시를 회상해서 말하는 것이고, 그래서 어떤 정감이 느껴지기도 한다. 그에 비해서 ⑧⑩은 동작의 완료를 나타내는 '-었/-았'이 들어감으로써 단절된 상황을 회상하는 느낌이 있다.

***

-던가요?

범주   종결어미

구조   시상어미 '-더-' + 의문형 종결어미 -ㄴ가요?

시상어미 ' -었/았/였-' 또는 '-겠-'과 결합한다.

동작동사, 상태동사, 이다동사와 결합한다.

의미   청자가 과거에 경험한 것을 회상하여 말하도록 질문하는 형식이다.

1. '던가요?'의 경우

- 청자가 과거에 경험한 행위의 진행을 회상하여 말하도록 질문하는
형식이다.

> 예 아이가 공부를 하**던가요?**
> 축구 시합에서 우리 팀이 이기**던가요?**
> 새로 들어온 기사가 운전을 잘 하**던가요?**
> 우리 부모님께서도 건강하시**던가요?**
> 이번 여행 중 어디가 좋**던가요?**

2. '-었(았/였)던가요', '-겠던가요?'의 경우

- 청자가 과거에 경험한 행위의 완료 상황을 회상하여 말하도록 하
거나 행위의 추측, 가능성에 대하여 말하도록 질문하는 형식이다.

> 예 (당신은) 지난번에 독감 예방 주사를 맞으셨**던가요?**
> 제가 선생님한테서 돈을 꾸었**던가요?**
> 제가 그런 나쁜 말을 했**던가요?**
> 그 분이 우리 아이 돌잔치에 왔**던가요?**
> 약속 시간까지 짐을 옮길 수 있겠**던가요?**

**

-던데

범주　연결어미

구조　시상어미 '-더-'와 연결어미 '-는데'가 결합한 형태로서 선행절
을 후행절에 종속적으로 연결한다. <☞ p. 173 -는데> 동작동사,
상태동사, 이다동사와 결합한다. 1인칭 주어는 잘 쓰지 않는다.

의미　선행절이 나타내는 화자의 경험이 후행절의 배경이나 상황이
된다.

> 예 날씨가 좋**던데** 밖으로 나가시지요.
> 영어를 잘 하시**던데** 이 서류 좀 번역해 주세요.
> 새 차를 사셨**던데** 나 좀 태워 주세요.
> 아까 손님이 오셨**던데** 만나 보셨어요?
> 회사 건물이 새 건물이**던데** 언제 지으셨어요?

붙임

1. 상태동사와 결합하는 경우에 주어가 1인칭일 때가 있다.

　　예　나는 그 집 음식이 맛이 **없던데** 아이들은 좋아해요.
　　　　나는 부끄럽**던데** 너는 그렇지 않은 것 같더라.
　　　　나도 섭섭하**던데** 어머니는 오죽 섭섭하셨겠어요.

2. '-던데'는 '-(는/ㄴ)다, -(으/느)냐, -자, -(으)라, -(이)라 '와 결
합하여 인용형태로 쓰인다. '-(는/ㄴ)다던데, -(으/느)냐던데, -자
던데, -(으)라던데, -(이)라던데'

　　예　이번 주말이 영수씨 생일이라**던데** 선물로 뭘 살까?
　　　　아버지는 유명한 변호사라**던데** 아들은 사업가가 되었군요.
　　　　그 친구가 다음 주에 군대에 간다**던데** 우리 한번 모여야지.

＊
-었/았/였던들

범주　결합형

구조　동사에 붙어서 선행절을 후행절에 종속적으로 연결한다. 후행절의
종결어미는 '-(으)ㄹ 것이다, -(으)ㄹ걸, -(으)ㄹ 텐데요' 등을
쓴다.

의미　과거의 동작이나 상태를 후회함을 나타낸다. 후행절은 현실과 반
대되거나 현실적으로 불가능한 사실을 쓴다.

　　예　점수가 1점만 더 많**았던들** 떨어지지는 않았을 텐데.
　　　　내가 그 근처 지리를 알**았던들** 길 찾느라고 고생하지는 않았겠지.
　　　　출발하기 전에 차를 잘 점검**했던들** 사고가 나지 않았을 텐데.
　　　　미리 미리 발표 준비를 **했던들** 이렇게 밤을 새우지 않았을 텐데.
　　　　95년도에 내가 고 3만 아니**었던들** 나도 미국에 갈 수 있었을 거예요.

붙임

　　'-었/았/였더라면'은 과거에 한 사실을 후회스럽게 생각하는 경우와
다행스럽게 생각하는 경우에 쓰이지만, '-었던들'은 후회스럽게 생각
하는 경우에만 쓴다. ＜☞ p. 364 -었/았/였더라면＞

*
−데

범주 종결어미

구조 과거를 회상하여 보고함을 나타내는 시상어미 '−더−'에 하게체 종
결어미 '−이'가 결합한 형태로서 하게체 서술형 종결어미이다. 동
작동사, 상태동사, 이다동사에 붙어서 쓰이며, 자음으로 끝나는 명
사와 결합하는 경우에는 '−이데'를 쓴다. 존대형 어미, 시상어미와
결합한다.

의미 회상하여 보고하거나 스스로의 느낌을 나타낸다.

> **예** 두 남매가 손을 잡고 저 아래로 내려가**데**.
> 주말인데도 고속도로는 한산하**데**.
> 구멍 가게가 생각보다 물건 값이 싸**데**.
> 그 사람이 집에 혼자 있**데**.
> 우리 옆 집 아저씨도 알고 보니 이산 가족이**데**.

**
[−는/(으)ㄴ/(이)ㄴ] 데다가

범주 통어적 구문

구조 동작동사, 상태동사, 이다동사에 붙어 쓰인다.
선행절과 후행절의 주어는 동일해야 한다.

의미 선행 동작이나 상태에 후행 동작이나 상태가 덧붙어서 일어남을
나타낸다. 선행절과 후행절의 동사는 같은 성질의 것으로 통일성
이 있어서 '그래서'로 연결되는 문장이 하나의 결론으로 집약될
수 있어야 한다. <☞ p. 371 −에다가>

> **예** 준수는 머리가 좋은 **데다가** 열심히 해요. (그래서 이번에 1등을 했어요.)
> 술을 마시는 **데다가** 담배도 피워요. (그래서 건강이 안 좋아요.)
> 혜리는 얼굴이 예쁜 **데다가** 성격이 좋아요. (그래서 사람들이 좋아해요.)
> 그는 말이 **빠른 데다가** 발음도 분명하지 않아요. (그래서 알아 듣기
> 가 어려워요.)

그 차는 낡은 **데다가** 엔진 상태도 안 좋아요. (그래서 타고 갈 수가 없어요.)

-도

범주 보조사

구조 문장에서 주어, 목적어 기능을 하는 명사에 붙어서 그 기능을 하고 뜻을 더해 준다. 그러나 문장에서 격의 기능을 할 때는 격조사는 생략되고 '-도'만 홀로 쓰인다.

- 주격, 목적격 조사 이외의 다른 조사와 쓰일 때는 그들 조사 뒤에 붙는다. 예를 들면, '-과도, -에게도, -께도, -께서도, -까지도' 등과 같다. 또 때로는 어미나 부사와 결합하여 '-어서도, -다가도, -는데도, 많이도, 퍽도, 빨리도, …'와 같이 쓴다.

의미 '또, 또한, 역시' 따위의 의미로 해석된다.

***

1. 한 문장에서 두 가지 이상의 사물을 한꺼번에 열거하는 경우

예 요즘 돈도 없고 시간**도** 없다.
과일**도** 사고, 야채**도** 사고, 고기**도** 좀 사 와요.
준수**도** 일찍 왔고 혜리**도** 아까 왔어요.
주말에 청소**도** 하고 빨래**도** 해요.
방학 때는 아르바이트**도** 하고 여행도 가요.

***

2. '문맥으로 파악할 수 있는 것과 마찬가지로'의 의미로 쓰는 경우

예 지금**도** 화가 안 풀렸니?
오늘**도** 비가 오는군요.
오늘은 바빠서 점심**도** 못 먹었습니다.
대학생이 그런 것**도** 몰라?
아직**도** 그 아이가 안 왔니?

**

3. 강조의 의미로 쓰는 경우

- 특히 정도 부사어에 붙었을 때 강조의 의미를 나타낸다.

예 많이**도** 먹는다.
따님이 귀엽게**도** 생겼습니다.
집안을 깨끗이**도** 치웠구나.
우울한 것은 아마**도** 비 때문이겠지.
철수가 안 오다니 이상**도** 하지?

＊

-도 -(으)려니와

범주 통어적 구문
구조 일부 상태동사에 쓰인다.
의미 그 상태를 인정하면서, 후행절에 그와 비슷하거나 대립되는 동작
이나 상태를 덧붙일 때 쓴다. 연결어미 '-고'와 '-지만' 등과 대
치할 수 있다.

예 시장은 물건 값**도** 싸**려니와** 야채 같은 것이 싱싱해서 사람들이 많이
갑니다.
두 사람은 잘 어울리기**도** **하려니와** 취미도 비슷해서 잘 살거야.
이 절은 경치**도** 좋**으려니와** 보물도 많습니다.
비빔밥은 영양**도** 풍부하**려니와** 먹기도 간편해서 점심 식사로 적당해요.
그 회사는 자본금**도** 넉넉하**려니와** 해외에 지사도 몇 개 있다.

＊

-도 -(이)려니와

범주 통어적 구문
구조 명사1 + 조사 -도 + 명사1 + 이다동사 + 어디 -려니 + 조사 -와
동일 명사를 반복해서 붙여, 선행하는 명사와 후행하는 명사가 모
두 뒤에 오는 하나의 서술어에 연결되지만, 직접 연결되지는 않아
함축적인 의미를 나타낸다.
의미 두 개의 명사가 나타내는 사물을 인정하면서 그 사물과 비슷하거
나 대립되는 말을 덧붙일 때 쓴다.

> **예** 돈도 돈**이려니와** 그 사람에게 속은 것이 더 화가 나요.
> 일도 일**이려니와** 마음이 불편해서 더 머물 수가 없어요.
> 별장은 경치**도** 경치**려니와** 공기가 맑아서 좋아요.
> 그 소설은 내용**도** 내용**이려니와** 우선 제목이 마음에 들어요.
> 음식들이 모양**도** 모양**이려니와** 맛이 기가 막혀요.

-도록

범주 연결어미

구조 동작동사와 일부 동작성 상태동사와 결합해서 선행절을 부사어로
기능하게 한다.

의미 선행 동작이 어떤 지점에 도달하기까지를 나타낸다. 문장에서는
'하다'와 같이 쓰여 사동과 같은 뜻으로 쓰이기도 한다.

＊＊

1. 시간이나 공간 또는 그 밖의 점에 도달함을 나타내는 경우

> **예** 그는 12시가 되**도록** 안 들어왔어요.
> 우리들은 밤새**도록** 술을 마셨어요.
> 학생들은 목이 터지**도록** 응원을 했습니다.
> 나는 너를 죽**도록** 사랑한다.
> 마감 기일이 지나**도록** 일을 못 끝냈어요?

＊＊＊

2. '-도록' 다음에 '하다'나 그 밖의 서술어와 어울려서 사동의 뜻을
나타내는 경우

- 사동을 만드는 어미 '-게'와 대치할 수 있다.

> **예** 병이 빨리 낫**도록** 치료를 열심히 합니다.
> 기계가 고장나지 않**도록** 조심해서 쓰세요.
> 잊어버리지 않**도록** 날마다 연습합시다.
> 유리그릇이 깨지지 않**도록** 조심하세요.
> 그 사람이 눈치채지 않**도록** 조용히 나오세요.

붙임

　'-도록'은 원칙적으로 동작동사하고만 어울린다. 단지 동작동사화

할 수 있는 몇 개의 상태동사와 어울리는데 이것은 일반 대중의 관용화
로 볼 수 있다.

> **예** 일이 밀려서 늦**도록** 퇴근을 못했어요. (늦어지도록)
> 방이 따뜻하**도록** 불을 때요. (따뜻하게 되도록)
> 다투지 말고 좋**도록** 합시다. (좋게 되도록)

✳✳✳
3. '-도록 하다'를 1인칭이나 2인칭을 주어로 하여 쓰는 경우
- 이것은 3인칭 주어를 어떻게 하게 만드는 사동의 뜻으로 쓰는 것
  인데 주어의 의지를 강조해서 표현한다.

> **예** 이제부터는 저금을 하**도록** 하겠어요.
> 저도 선생님의 말씀대로 하**도록** 하겠어요.
> 자극적인 음식을 피하고 충분히 쉬**도록** 하십시오.
> 앞으로 늦지 않**도록** 하십시오.
> 아이가 불 곁에 가지 않**도록** 하세요.

✳✳
도중(에)

범주 의존명사

구조 동작이나 행위를 나타내는 명사 다음에 쓰인다.

의미 선행 명사가 나타내는 동작이나 행위를 하는 중간에 서술어의 동
작이나 행위가 일어남을 나타낸다.

> **예** 영화 촬영 **도중에** 화재가 났어요.
> 김 선생님은 수업 **도중에** 잡담을 많이 하신다.
> 모두들 시장해서 회의 **도중에** 저녁을 먹을 수밖에 없었다.
> 녹음 **도중에** 전기가 나가서 녹음을 끝내지 못하고 말았어요.
> 그 소설가는 집필 **도중에** 과로로 쓰러졌습니다.

**
-는 도중에

범주   통어적 구문

구조   관형사형 어미 -는 + 의존명사 도중 + 조사 에
　　　　관형사형 어미 '-(으)ㄴ, -(으)ㄹ'은 쓰지 않는다.

의미   어떤 동작을 하는 중간에 혹은 그 사이에 후행절의 동작이 일어남
　　　　을 나타내는 말이다.

예   일본으로 가**는 도중에** 비행기가 추락했다.
　　　회의를 하**는 도중에** 갑자기 '불이야!' 소리가 났다.
　　　훈련을 받**는 도중에** 그는 슬그머니 나가버렸습니다.
　　　우리는 산으로 올라가**는 도중에** 비를 만났습니다.
　　　나는 박사 과정에서 공부하**는 도중에** 취직이 되었습니다.

> **붙임**
>
> 　'-는 도중에, -는 중에, -는 길에'는 모두 '어떤 일을 하는 중간'이
> 라는 뜻에서 공통점을 가지고 있지만, '-는 길에'는 주로 길에서 이루
> 어지는 행위로서 '가다, 오다' 동사와 잘 어울리고, '-는 도중에'는 '-는
> 중에'와 달리 중간 지점의 뜻이 있으므로 일부 동사와 어울린다.

***
[-(으)ㄴ/는] 동안(에)

범주   통어적 구문

구조   관형사형 어미 -는 + 명사 동안 (+조사 -에)
　　　• 관형사형 어미 없이 명사에 '동안에'를 직접 붙여서 쓸 수 있다.

의미   동작동사 다음에 써서 '어느 때부터 어느 때까지의 시간적인 사
　　　　이'를 나타내며 '-에'를 생략하기도 한다.

예   서울에서 사**는 동안** 친구를 많이 사귀었어요.
　　　제가 나간 **동안에** 전화온 것 없어요?
　　　버스를 기다리**는 동안** 지나가는 사람을 구경해요.

내가 회사에서 일**한**　**동안**　아내는 대학에서 공부를 했다.
저는 방학 **동안** 고향에 갔다 왔어요.

※

−되

범주　연결어미

구조　동작동사에 붙어서, 선행절을 후행절에 종속적으로 연결한다.
'ㅆ'이나 'ㅄ'으로 끝난 동사 다음에는 '있으되, 하였으되, 없으
되'와 같이 '−으되'로 쓴다.

의미　앞의 사실을 인정하거나 허락하지만 후행절과 같은 제한적 조건이
있음을 나타내는 연결어미이다.

예　이 방을 쓰**되** 어질러 놓지는 말아라.
술을 마시**되** 취하지 않을 정도로 마시세요.
경제적인 지원을 하**되** 우리의 형편이 허락하는 범위 안에서 합시다.
할아버지는 우리를 사랑하셨으**되** 결코 버릇없는 아이로 기르지는 않
으셨어요.
묶인 규제를 풀**되** 환경은 훼손하지 않게 하십시오.

붙임

이다동사에는 '−(이)로되'를 쓴다.

예　농촌은 농촌**이로되** 농촌의 옛 모습은 아니구나.
그의 조상은 양반은 아니**로되** 상당히 점잖은 사람이었다.
김 군은 우리 부서의 연구원은 아니**로되** 이런 프로젝트에 참가시
키기로 했다.

※※

[−게] 되다

범주　보조동사

구조 부사형 어미 -게 + 동사 되다

동작동사나 상태동사와 결합하여 그 동사가 피동형이 되게 한다.
피동 형태, 결과 중심의 표현으로 쓰인다.

의미 다른 사람의 행위나 상태에 의해서 자연적으로 동작을 하게 되거
나 상태에 있게 되는 피동 형태이다. 따라서 '-게 되다'의 문장에
는 '결국, 마침내, 드디어' 등의 말이 자주 쓰인다.

예 회사 일로 출장가**게 되었다**.
드디어 졸업을 하**게 되었다**.
부끄러워서 얼굴이 빨갛**게 되었다**.
제가 이번 일을 맡**게 된** 김영수입니다.
이야기를 듣고서야 그 분이 유명한 분이란 것을 알**게 되었다**.

붙임

'-게 되다'와 '-어 지다'의 비교 <☞ p. 411 '-어 지다'의 붙임>

**

[-어/아/여] 두다

범주 보조동사

구조 연결어미 -어/아/여 + 동사 두다

타동사와만 결합한다.

의미 동작이 끝난 상태가 그대로 오래 보존됨을 뜻한다.

예 시간이 있을 때 세계 명작을 읽**어 두어라**.
지금은 너무 피곤하니까 나를 그냥 내버**려 두세요**.
만드는 방법을 잘 **봐 두었다가** 나도 해 보아야지요.
초기에 치료하지 않고 그냥 놓**아 두면** 병이 악화될 거예요.
그 소설가는 재미있는 생각이 날 때마다 수첩에다가 적**어 두는** 습관
이 있었다.

붙임

'-어 두다'는 '-어 놓다'에 비하여 상태 보존 시간이 더 오래 지속
됨을 나타낸다.

＊
[-는/(으)ㄹ] 둥 [-는/(으)ㄹ] 둥 (하다)

범주　통어적 구문
구조　‘관형사형 어미 -는/(으)ㄹ + 의존명사 둥’의 반복
- 동작동사에 관형사형 어미가 붙어서 의존명사 ‘둥’을 수식하는 것으로 두 번째의 ‘-는 둥’은 ‘말다’의 활용형태가 와서 ‘-는 둥 마는 둥’으로 쓰이기도 한다.
- 남의 말을 인용하는 형식으로도 쓰이며, 이 경우에는 ‘여러 가지 말이 있었지만 결국에는’의 뜻을 나타낸다.

의미　선행 동작 같기도 하고 후행 동작 같기도 해서 뭐라고 확실하게 말할 수 없음을 나타낸다. 시간에 쫓겨 허둥지둥하거나 정리되지 않은 상황에서 빚어지는 불안정성, 불평 같은 문장에서 쓰인다. <☞ p. 241 -는/(으)ㄴ/(으)ㄹ 듯하다> ‘-는 둥 마는 둥’의 경우에는 부정적인 면이 강하다.

예　어서 밥을 먹**는 둥** 마**는 둥** 하고 나왔다.
열심히 공부해도 시험에 합격**할 둥** 말 **둥** 한데 그렇게 놀기만 하다니….
남편은 내 말은 듣**는 둥** 마**는 둥** 하고 나가 버렸어요.
반찬이 짜다**는 둥**, 맛이 없다**는 둥** 하더니 그래도 다 먹었군요.
요즘 회사 직원들 사이에서는 감원을 한다**는 둥**, 어쩐다**는 둥** 하고 말이 많아요.

＊＊
[-(으)ㄴ] 뒤에

범주　통어적 구문
구조　관형사형 어미 -(으)ㄴ + 명사 뒤 + 조사 -에
동작동사와만 결합한다. ‘-에’ 다음에 다른 조사가 붙을 수 있다.
-(으)ㄴ 뒤에는, -(으)ㄴ 뒤에도…

의미　동작동사에 붙어서 ‘그 동작을 한 다음에’의 뜻을 나타낸다. 명사 ‘뒤’는 정면의 반대 쪽이나 차례에 있어서의 나중을 가리키는 말

이지만 이때에는 '차례'만을 나타낸다. 시간과 차례를 가리키는 '-ㄴ 다음에'와 대치할 수 있다.

- 문어보다 구어에서 많이 쓰인다.

예 대학교를 졸업**한 뒤에** 대학원에 진학할 겁니다.
술을 마**신 뒤에** 이 약을 먹으면 머리가 안 아프대요.
네가 떠**난 뒤에** 친구한테서 전화가 왔더라.
결혼식이 끝**난 뒤에** 피로연을 합니다.
먼저 팜플렛을 나누어 **준 뒤에** 설명을 했습니다.

*
-든

범주   연결어미
구조   동작동사나 상태동사와 결합하여 쓰이며 문장에서는 부사구가 된다.
의미   두 개 이상의 말을 들어 이야기할 때 무엇이나 가리지 않고 선택함을 나타낸다.

- '-든지'와 대치할 수 있다.

예 네가 사귀는 사람이 누구**든** 나는 상관하지 않겠어.
학생이 몇 시에 오**든** 몇 명이 출석을 하**든** 선생님은 관심을 갖지 않으신다.
요즘은 물가가 올라서 무엇을 사**든** 만원은 있어야 합니다.
아이들이 어디에서 어떤 친구와 사귀**든** 당신은 관계하지 않겠단 말이요?
희생을 하더라도 어떻**든** 통일만 되면 된다는 것은 아니다.

붙임

'-든 -든'이나 '-든 말든'의 형태로 쓰이며, 서로 상반되는 뜻을 가진 어휘를 늘어 놓아 무엇을 선택하든지 상관하지 않음을 나타낸다.

예 옷을 사 주었으니까 가**든** 말**든** 네 마음대로 해라.
방이 좁**든** 넓**든** 그런 것은 문제가 안 돼요.

**

-(이)든

범주   보조사

구조   '-든지'와 같이 화자가 생각하는 두 개 이상의 명사를 대등적으로
연결한다. 이 경우에 의문대명사가 쓰이든지 또는 선행 명사 앞에
관형사형 의문사가 오는 것이 특징이다. 명사가 자음으로 끝나면
'-이든'을 쓰고, 모음으로 끝나면 '-든'을 쓴다.

의미   두 개 이상의 말을 들어 이야기할 때 무엇이나 가리지 않고 선택함
을 나타낸다.

- '-(이)든지'와 대치할 수 있다.

예   어느 대학**이든** 들어갈 수만 있다면 다행이겠다.
나는 몇 년**이든** 그가 내게로 올 때까지 기다릴 생각입니다.
새가 모이는 곳이라면 그 교수는 어디**든** 안 간 곳이 없다.
무슨 일이**든** 선생님을 위하는 일이라면 힘껏 하자.
뭐**든** 이 사회를 위해서 도움이 되는 일을 좀 해 봐라.

붙임

1. '-든' 앞에는 '-로, -에, -서, -에게, -한테, …' 등이 붙어서 '-로
든, -에든, -서든, -에게든, -한테든, …'으로 쓰인다.

   예   시간이 없으니 어느 길로**든** 빨리 가 주세요.
   김 선생에게**든** 박 선생에게**든** 연락이 되는 사람에게 전합시다.

2. '-든'은 '-든 -든'의 형태로 쓰이는데, 두 개의 단어는 서로 대립
되는 것이 많이 쓰인다.

   예   서울**이든** 시골**이든** 나는 일자리만 있다면 가겠습니다.
   이것**이든** 저것**이든** 네 마음에 드는 것을 골라라.

-든지

범주　연결어미

구조　동사와 결합하여 선행절과 후행절을 대등적으로 연결한다. 존대형
어미 '-시-', 완료형 어미 '-었-'과는 직접 결합하지만, '-겠-'은
'-겠다든지'의 형태로 쓰인다.

의미　동작들을 나열하여 일정하지 않은 선택을 나타내며, 화자는 주로
주절의 서술어에 중점을 둔다.

＊＊＊

1. 의문 대명사 '언제, 어디, 어떤, 누구, ……'가 있는 문장에서 쓰이
는 경우

　예　누구를 만나**든지** 말 조심하세요.
　　　어디를 가**든지** 건강하기만 하여라.
　　　저는 무슨 일이 있**든지** 약속을 지킵니다.
　　　뭘 먹**든지** 꼭꼭 씹어서 먹어요.
　　　그는 어떤 사람과 사귀**든지** 나한테 이야기를 해 준다.

＊＊

2. 문장에서 '-든지 -든지'의 형태로 쓰는 경우

　• 이때 사용하는 동작동사, 상태동사는 서로 대립되거나 반대되는
　　말인데, 그 중 어느 것을 선택해도 괜찮음을 나타낸다.

　예　편지를 쓰**든지** 전화를 하**든지** 소식을 전해야 합니다.
　　　나가**든지** 조용히 있**든지** 해라.
　　　네가 결혼을 하**든지** 이혼을 하**든지** 나는 모른다.
　　　싫**든지** 좋**든지** 고향이니까 찾아 갑니다.
　　　키가 크**든지** 작**든지** 그에게는 문제가 안 되었다.

＊

3. 종결어미처럼 쓰이는 경우

　• 뒤의 말이 생략된 것이며, 여러 가지 가능성이 있는 사실 중 '이것
　　을 선택해도 좋음'을 나타낸다. 반말(해체나 해라체)에 속한다.

　예　피곤하면 그냥 먼저 자**든지**.
　　　말하기 싫으면 그만 두**든지**.
　　　자신이 없는 일은 시작을 하지 말**든지**.

감기가 드는 것 같으면 아예 약을 하나 먹**든지**.
이 고장난 라디오는 고칠 수 없으면 버리**든지**.

붙임

1. 어떤 동작에 대하여 긍정과 부정을 나열하고 그 중 하나를 선택함을
   말할 때는 '–든지 말든지'를 쓴다.

   예   따라 오**든지** 말**든지** 네 마음대로 해.
        먹**든지** 말**든지** 해라.
        이미 시작한 알이니 계속하**든지** 말**든지** 알아서 해요.

2. '–든지'와 '–거나'는 둘다 선택을 나타내지만 다음과 같은 차이가
   있다. < ☞ p. 78 –거나>

–든지	–거나
동작이나 상태를 지정하는 것이 아닌 부정 선택	지정 선택
청자 선택	화자 선택
주절의 서술어에 중점을 둔다.	주절의 서술어보다 '–거나'와 붙은 동사의 동작에 중점을 둔다.

3. '–든가'는 '–든지'의 비표준어이다.

＊＊
–(이)든지

범주   보조사

구조   명사 다음에 쓰여 선행 명사와 후행 명사를 연결한다. 명사가 자음
        으로 끝나면 '–이든지', 모음으로 끝나면 '–든지'를 쓴다. 다른
        조사와 결합할 수 있다.

의미   무엇이나 가리지 않음을 나타낸다.

   예   지하실**이든지** 창고**든지** 좀 빌려 주세요.
        사무실에서**든지** 집에서**든지** 언제든지 일 생각만 합니다.
        언니하고**든지** 친구하고**든지** 구경을 다녀 봐요.

쌀**이든지** 야채**든지** 집에서 가져올 수 있는 건 다 가져와.
샌드위치**든지** 김밥이**든지** 뭐든지 만들자.

붙임

1. '-(이)든지'는 의문 대명사 '누구, 어디, 언제, 무엇' 등이나 의문 부사 '어떻게'와 결합하여 쓴다.

   예 무엇이**든지** 잘 먹는 사람이 건강해요.
   내 방은 언제**든지** 열려 있습니다.
   누구**든지** 실수는 하는 거예요.

2. '-(이)든지'는 줄여서 '-든'으로도 쓴다.

3. 다른 조사와 어울려서, '-한테든지, -(으)로든지, -에서든지, -에든지'의 형태로 쓰인다.

-들

범주 보조사
구조 일부 명사, 대명사, 조사, 어미, 부사에 붙여서 쓴다.
의미 복수를 나타낸다.

✳✳✳

1. 명사에 붙여서 쓰이는 경우

   • 사람이나 사물을 가리키는 명사가 문장에서 주어나 목적어로 쓰이면 그 명사가 복수임을 나타낸다.

   예 손님**들**이 12시에 돌아가셨어요.
   극장 앞에 사람**들**이 줄을 서 있다.
   우리 회사에서 생산하는 차**들**은 엔진이 좋습니다.
   근래에 생산되는 제품**들**은 믿을 수가 없다.
   어른**들**이 안에서 이야기를 하는 사이에 아이**들**은 밖에서 놀았다.

✳✳✳

2. 조사, 어미, 부사에 붙여서 쓰이는 경우

   • 문장의 주어가 표면에 안 나타나고 주어에 있어야 할 '-들'을 조사나 어미, 혹은 부사에 붙여서 쓴다.

✲✲

3. 인칭대명사 중 복수를 나타내는 '우리, 저희, 너희'에 '−들'을 덧붙여서 '우리들, 저희들, 너희들'로 쓴다.

> **예** 언제까지들 여기 있겠니? (너희들은 언제까지 여기 있겠니?)
> 앉아서들 놀아요. (너희들은 앉아서 놀아요.)
> 지하철을 타고들 왔어요. (아이들이 지하철을 타고 왔어요.)
> 계산은 분명히들 하세요. (여러분들, 계산은 분경히 하세요.)
> 차린 건 없지만 많이들 드세요. (여러분들, 많이 드십시오.)

붙임

1. 원래 '−들'은 주어에 붙어서 주어가 복수임을 나타내는 것이다. 그런데 '−들'이 다른 자리에 있는 조사나 어미, 또는 부사에 붙어서, 주어가 복수임을 나타내는 경우가 있다.
   이때 이 '−들'이 붙은 말들은 가산성 여부를 따지지 않는다.

   > **예** 전기들 좀 아껴 써요.
   > 커피들 마시고 천천히 합시다.
   > 노래들을 부르고 재미있게 놀았어요.

2. 한국어는 인구어와 달리 비록 복수를 나타내는 말일지라도 다음과 같은 경우에는 '−들'을 쓰지 않는다.

   1) 문장에 수량을 나타내는 상태동사나 부사가 있을 때는 쓰지 않는다.

   > **예** 교수님 서재에는 책이 많더라.
   > 바구니에는 과일이 가득히 담겨 있었다.
   > 여기저기서 전화가 왔다.

   2) 수를 나타내는 단위 명사 아래에는 쓰지 않는다.

   > **예** 우리는 맥주 세 병을 마셨다.
   > 최 선생님한테서 전화가 여러 번 왔어요.
   > 사과 다섯 개를 주십시오.

   3) '둘, 셋, 넷' 등과 같이 수를 나타내는 명사 뒤에는 쓰지 않는다.

   > **예** 그는 아들 셋을 잘 키웠습니다.

교실에는 여학생이 셋, 남학생이 다섯 있다.
다섯이 함께 여행을 갔어요.

4) 장소를 나타내는 대명사 '여기, 저기, 거기'에는 쓰지 않는다.
그러나 <붙임 1>의 경우처럼 문장 주어가 복수임을 나타낼 때
는 '-들'을 쓸 수 있다.

예   저기들 온다. (친구들이 저기 온다.)
여기들 모여 있습니다. (학생들이 여기 모여 있습니다.)
여기서들 기다립시다. (우리들이 여기서 기다립시다.)

들다

범주 동작동사

구조 연결어미 '-어'를 매개로 하여 '가다/오다, 내다, 서다, 앉다, 올
리다, 주다, 차다' 등과 결합하여 들어가다/들어오다, 들어내다,
들어서다, 들어앉다, 들어올리다, 들어주다, 들어차다'와 같은 복
합동사를 이룬다.

- ㄹ동사이므로 'ㄴ, ㅂ, ㅅ'으로 시작하는 어미가 오면 어간의
'ㄹ'은 탈락한다.
- 연결어미 '-고, -려고'와 결합하여 보조동사 '-고 들다, -려고 들
다'가 된다.

의미 '안으로 가거나 오다, 어떤 생각이나 느낌이 생기다'의 뜻을 나
타낸다.

예   외국에서 관광객들이 단체로 **들어온다.**
필요 없는 물건들은 밖으로 **들어내** 주십시오.
경제가 어려우니까 외국에서 물건을 **들여오기가** 힘들다.
값이 쌀 때 많이 **들여** 놓으십시오.
나는 어떤 때 이 세상에 꼭 필요한 존재라는 생각이 **든다.**

**
-고 들다

범주 보조동사

구조 연결어미 -고 + 동사 들다

- 나열의 뜻을 가진 연결어미 '-고'와 '안으로 가다'의 뜻을 가진 동사 '들다'가 결합한 보조동사로서 일부 동작동사와 쓰인다.
- '들다'의 본래의 뜻이 안으로 들어감을 나타내는 것이므로 앞에 오는 본동사도 안으로 들어갈 수 있는 성질을 가진 동사하고만 어울린다.

의미 '어떤 행위를 깊이 있게 하다'의 뜻을 나타낸다.

예 영수는 책을 파고 **드는** 성격이 있다.
강 기자는 사건의 실마리를 찾기 위해 캐고 **들었다.**
김 부장이 어찌나 따지고 **드는지** 혼났어요.
그 사람은 한 번 궁금한 건 파고 **들어** 반드시 알아 내고야 만다.
관심있는 주제를 파고 **들어** 연구해 보면 좋은 논문이 나올 것이다.

*
-듯(이)

범주 부사형 어미

구조 동작동사에 붙어서 쓰이며, 선행절을 부사어로 기능하게 한다. 뒤에 오는 문장의 서술어는 '-듯이'가 결합하는 동사와 의미적으로나 화용적으로 관계가 있는 동사를 사용해야 한다.

의미 후행 동작이 선행 동작과 비슷함을 나타낸다. 선행하는 말은 대개 관념적이고 일반적인 사실이어서 관용적인 표현이 많이 나타난다.
< ☞ p. 240 -는/(으)ㄴ/(으)ㄹ 듯이, p. 241 -는/(으)ㄴ/(으)ㄹ 듯하다>

예 벼락부자가 되었는지 돈을 물 **쓰듯이** 쓴다.
등에서는 땀이 비오**듯이** 흘러 내렸다.
남편은 아내에게 속삭이**듯이** 말했습니다.
꽃잎이 눈 내리**듯이** 날리는 오후였다.

지원자의 대부분이 낙엽 떨어지**듯이** 우수수 떨어질 것이다.
시간이 물 흐르**듯** 빠르게 지나갔어요.
거짓말을 밥 먹**듯이** 하는 사람이니 믿지 마세요.
오락실을 제 집 드나들**듯이** 해요.

＊
−는/(으)ㄴ/(으)ㄹ 듯(이)

범주 통어적 구문

구조 관형사형 어미 '−는(은/을)'에 '−처럼, −같이'의 뜻을 가진 의존
명사 '듯(이)'가 결합한 형식으로 문장에서 부사어로 기능한다.

의미 서술어의 동작이나 상태가 어떤 특정한 것과 흡사함, 혹은 유사함
을 나타낸다. 관형사형 어미에 따라 그 사용법을 다음과 같이 분류
할 수 있다. <☞ p. 239 −듯(이)>

1. −는 듯이
   - '−는−'의 성격상 동작동사하고만 어울린다.
   - '현재 그 동작이 진행되는 것 같이'의 뜻을 나타낸다.

   예 편지에는 잘 지내**는 듯이** 잘 있다고 씁니다.
   받을 것 다 받으면서 거저 주**는 듯이** 선전하더라.
   언니는 자지 않으면서 자**는 듯이** 가만히 누워 있었어요.
   준수는 그 집을 아**는 듯이** 앞장 서서 갔습니다.
   다 알면서도 아무 것도 모르**는 듯이** 시치미를 뗀다.

2. −(으)ㄴ 듯이
   - 동작동사, 상태동사, 이다동사에 두루 쓰인다.
   - 동작의 완료나 상태의 진행을 나타낸다.

   예 잘못하고도 자기가 잘**한 듯이** 큰 소리를 치네.
   먹고도 안 먹**은 듯이** 입을 싹 씻었어요.
   나는 누구를 만나든지 친**한 듯이** 웃고 반깁니다.
   가짜를 진짜**인 듯이** 목에 걸고 다녀 봐요.
   남자들은 여자 앞에서 자기가 제일**인 듯이** 뽐내려고 한다.

3. −(으)ㄹ 듯이

- 동작동사하고만 어울리며 미래, 추측을 나타넌다.

예 여행을 떠나자고 하니까 아이들은 **뛸 듯이** 좋아했습니다.
금방 빗방울이 떨어**질 듯이** 하늘은 어두워지기 시작한다.
다시는 안 만**날 듯이** 돌아서서 가더니 웬 일로 전화를 했니?
사무원은 나의 청을 들어**줄 듯이** 고개를 끄덕이었다.
금방이라도 **울 듯이** 눈에 눈물이 고였다.

붙임   '-는(은/을) 듯이'와 '-듯이' 비교

-는(은/을) 듯이	-듯이
• 관형사형 어미와 의존명사로 된 통어적 구문	• 어미
• 후행 동사에 제약 없음.	• 후행 동사에 제약 있음.
• 후행 동작이나 상태가 마치 어떤 특정 사실과 유사함을 나타낸다.	• 후행 동작을 일반적인 통념에 비유한다.

＊＊
–는/(으)ㄴ/(으)ㄹ 듯하다

범주 통어적 구문
구조 관형사형 어미 –는/(으)ㄹ/(으)ㄴ + 의존명사 듯 + 동사 하다
의미 '선행하는 동작이나 상태일 것 같다'는 뜻의 추측을 나타낸다.
＜☞ p. 240 –는/(으)ㄴ/(으)ㄹ 듯(이)＞

예 말하는 걸 보니 영리**할 듯합니다.**
오늘은 연락이 **올 듯하니까** 사무실에 있읍시다.
내일쯤이면 일이 끝**날 듯하니,** 그때 다시 모여서 회의를 하자.
눈이 **올 듯하니** 우산을 가지고 가라.
사장님께서 하실 말씀이 있**는 듯한** 눈치입니다.

붙임

1. 동일한 동사를 반복해서 '-ㄹ 듯 -ㄹ 듯하다'의 형태로 쓰는데 이것은
여러 번 그러한 행위를 할 것 같이 보이지만 결국은 그 행위를 안

하고 마는 경우에 쓰인다.

> **예** 손님이 물건을 **살 듯 살 듯 하더니** 안 사고 가 버렸어요.
> 가물 때는 비가 **올 듯 올 듯 하다가도** 안 와요.
> 그는 이야기를 **할 듯 할 듯 하다가** 그만두었다.

2. '-는 듯 마는 듯하다'는 '그러한 행위를 하는 것 같기도 하고 안 하는 것 같기도 하다'의 뜻으로 어떤 행위를 완벽하게 하지 못함을 나타낸다. <☞ p. 231 -는/(으)ㄹ 둥 -는/(으)ㄹ 둥>

> **예** 영주는 나한테 유감이 있는지 **본 듯 만 듯하더라.**
> 형은 내 이야기를 **듣는 듯 마는 듯** 창 밖만 내다보고 있었다.
> 늦어서 화장은 커녕 세수도 하**는 듯 마는 듯**했습니다.
> 간 밤에는 하숙집이 시끄러워서 잠을 **자는 듯 마는 듯**했다.

******

-는/(으)ㄴ/(으)ㄹ 듯싶다

범주 통어적 구문

구조 관형사형 어미 -는/(으)ㄴ/(으)ㄹ + 의존명사 듯 + 보조동사 싶다

의미 동사에 붙어서 '-는 것 같다'의 뜻을 나타낸다. 근사함을 나타내는 '-듯'과 어느 곳에 마음이 있음을 나타내는 '-싶다'가 붙어서 된 말이므로 어떤 것을 추측하는데 화자의 주관적인 판단이 개입되었음을 나타낸다.

> **예** 직원들이 회사 일에 적극적으로 참여하**는 듯싶더니** 그렇지 않군요.
> 참새 한 마리가 나무 가지에 앉**을 듯싶었는데** 그냥 날아갑니다.
> 며칠 전부터 우리가 나타나기를 기다**린 듯싶습니다.**
> 병세가 호전되**는 듯싶더니** 다시 악화되었어요.
> 내가 응시한 회사에서 다음 주에는 합격 통지서가 **올 듯싶습니다.**

*
−디

범주　연결어미

구조　일부 상태동사와 어울리며 앞뒤로 동일한 상태동사를 연결한다.
- '−디 −(으)ㄴ' 형식으로 뒤에 오는 동사는 관형형으로 쓰인다.

의미　상태가 심함을 나타낸다.

> **예**　그들은 좁**디** 좁은 방에서 세 식구가 살고 있어요.
> 웬일인지 비싸**디** **비싼** 물건만 눈에 띈다.
> 그는 맵**디** **매운** 김치를 잘도 먹는다.
> 아들은 차**디** **찬** 손을 내 뺨에 대었다.
> 새는 높**디** **높은** 하늘을 향하여 날아가 버렸습니다.

*
−디?

범주　의문형 종결어미

구조　시상어미 '−더−'에 해라체 의문형 종결어미 '−니'가 붙어서 된 어미이다.

의미　화자가 청자에게 과거시에 경험한 것을 회상하여 대답하도록 질문하는 문장에 쓰이며, 비슷한 형태로는 '−더냐'가 있다.

< ☞ p. 209 −더군(요) >

> **예**　새벽에 산에 올라가는 사람이 많**디**?
> 형이 너한테 귀찮게 굴**디**?
> 기숙사 방이 불편하지 않**디**?
> 두 선수의 호흡이 잘 맞**디**?
> 새마을호로 가는 경주 여행이 어떻**디**?

*
−따라

범주　보조사

구조　시간을 나타내는 극히 일부 명사, '오늘, 그 날' 또는 어느 특정한 날 등에 붙여서 쓴다.

의미　'보통 때와 달리'의 뜻을 나타낸다.

예　점심을 사 주기로 약속했는데 그 날**따라** 지갑을 안 가지고 나갔단다.
장례식 날**따라** 바람이 어찌나 불었는지 몰라요.
중요한 회의가 있는데 오늘**따라** 차가 막힐게 뭐람.
어머니가 오셨는데 오늘**따라** 할 일이 산더미같이 쌓였으니 걱정이다.
한동안 가물더니 결혼식 날**따라** 비가 억수같이 쏟아졌다.

＊＊
[-에] 따라(서)

범주　통어적 구문

구조　조사 -에 + 동사 따르다 + 연결어미 -아(서)
조사 '-에'와 동사 '따르다'의 활용형이 결합한 형식으로 명사에 붙어서 쓰인다.

의미　'결합한 명사를 기준으로 하여 뒤에 오는 서술어가 제한 받음'을 나타낸다.

예　음식점에 **따라** 냉면 맛이 조금씩 다릅니다.
시간에 **따라** 교통이 복잡하기도 하고 좀 덜 복잡하기도 합니다.
날씨에 **따라** 기분도 달라지는 것 같다.
학교에 **따라서** 등록금에 차이가 있습니다.
일의 성과에 **따라서** 연봉을 받게 됩니다.

＊＊＊
[-(으)ㄹ] 때

범주　통어적 구문

구조　관형사형 어미 -(으)ㄹ + 명사 때
관형사형 어미 '-(으)ㄹ'과 시간을 나타내는 '때'가 연결된 형식이다. 선행절과 후행절의 주어는 동일하다.

동작동사, 상태동사, 이다동사에 붙어서 쓰이고, 존대형 어미 '-시-'와 시상어미와도 같이 쓰인다.

의미 그 동작이나 상태가 진행되는 때나 진행되는 동안을 나타낸다. 추정을 나타내는 관형사형 어미 '-(으)ㄹ'은 동작이나 상태가 진행되는 불확실한 시간을 나타낸다.

예 한국에 **올 때** 어디로 해서 왔어요?
부엌 일을 **할 때**는 앞치마를 입고 합니다.
잡채를 먹**을 때**마다 잡지 생각이 나요.
선생님을 뵈러 **갈 때**는 선물을 사 가지고 갔어요.
저녁 식사는 아버지가 돌아오**실 때**까지 기다리자.

붙임

'때'가 명사 다음에 쓰였을 때는 어떤 기간을 나타낸다. 예를 들면 '학교 때, 시험 때, 선거 때'가 그러한 경우이다.

관형사형 어미 '-(으)ㄴ'은 거의 쓰지 않고, 동작의 완료를 나타내는 경우에는 '-었(았/였)을 때'를 쓴다. <☞ p. 245 -었(았/였)을 때>

***

-었(았/였)을 때

범주 통어적 구문
구조 과거 시상어미 -었/았/였 + 관형사형 어미 -을 + 명사 때
의미 선행 동작이나 상태가 완료된 시점에 후행 동작이나 상태가 이루어짐을 나타낸다.

예 공항에 도착**했을 때** 친구가 기다리고 있었어요.
어렸을 때 우리는 같은 교회에 다녔지요.
황 선수가 운동장에 들어**섰을 때** 사람들은 박수를 쳤어요.
건물이 다 완성되**었을 때** 주인은 굉장히 기뻐했다.
내가 그를 만**났을 때** 그는 벌써 결혼한 후였어요.

***
때문(에)

범주 결합형

구조 의존명사 때문 + 조사 -에

이유를 나타내는 명사 '때문'과 조사 '-에'가 결합한 형태이다. 명사만으로도 동작의 의미를 짐작할 수 있을 때에 'N 때문(에)'을 쓴다. 따라서 이것과 결합하는 명사는 제한되어 있다. 조사 '-에'가 붙지 않은 '명사 + 때문'으로 된 문장의 서술어는 '이다'와 '아니다'만 온다.

의미 '앞에 오는 명사를 이유로 해서, 혹은 까닭으로'의 뜻을 가진 말이다.

예 비 **때문에** 소풍을 못 갔습니다.
비스 **때문에** 늦었어요.
아이들 **때문에** 항상 웃는다고요.
이혼하는 부부가 많아지는 것은 의식의 변화 **때문이다.**
학교를 그만둔 것은 등록금 **때문**만은 아니다.

***
-기 때문에

범주 통어적 구문

구조 명사형 어미 -기 + 의존명사 때문 + 조사 -에
후행문에 '-(으)ㅂ시오, -(으)ㅂ시다, -(으)ㄹ까요?'는 오지 못한다.

비가 오다 + 기 + 때문에 + 집에 있었다
→ 비가 오기 때문에 집에 있었다.

의미 선행문이 후행문의 이유를 나타낸다. 이유를 나타내는 연결어미 '-(으)니까, -어서'에 비하여 이유의 뜻이 더 강하다.

예 재일 교포이**기 때문에** 한국말을 모릅니다.
돈이 없**기 때문에** 물건을 안 삽니다.

손님이　오시**기　때문에**　음식을　만듭니다.
어제는　피곤했**기　때문에**　집에서　쉬었어요.
전화가　왔**기　때문에**　만났어요.

> **붙임**　'-기 때문에'와 '-때문에'의 비교
>
> '때문에'에　명사를　직접　붙이는　경우와　명사형　어미　'-기'를　붙여서　명사절로　만들어　사용하는　경우가　있는데　이는　다음과　같이　구분할　수　있다.
>
> 1. 선행문의　서술절을　생략하는　경우
>   ① '비가 오기 때문에 소풍을 못 갔다.'는　② '비 때문에 소풍을 못 갔다.'와　의미상　같다.　이때　②의　'비'는　'오다'라는　서술어　없이도　의미를　알　수　있어서　생략이　가능하다.　③'월급이 적기 때문에 다른 회사로 갔습니다.'와　④'월급 때문에 다른 회사로 갔습니다.'도　같은　맥락에서　④에　굳이　'적다'라는　서술어가　필요없는　것이다.
>
> 2. 선행문의　서술절　동사가　'이다'인　경우에는　그　주어를　생략하고　쓴다.
>   ⑤ '외국인이기 때문에 한국말을 모른다.'에서　'그는'이라고　하는　주어는　생략되었지만　선행문은　주어가　있고,　서술어　'이다'가　있는　완전한　문장　형식이므로　'-이기 때문에'라고　하는　형태가　필요하다.
>
> 3. 그런데　'때문에'　앞에　오는　것이　문장이　아니고　명사형　어휘이면,　'-(이)기'는　쓰지　않는다.　이때의　어휘는　문장　이해에　도움을　줄　수　있는　속성을　지니고　있어야　한다.　즉　대화자　사이에　공감할　수　있는　요소가　있어야　한다.
>   ⑥ 동생　때문에　머리가　아프다. (동생은 말썽을 부린다.)
>   ⑦ 교통　때문에　이사하기로　결심했다. (교통이 복잡하다.)

ㄹ동사

어간이　'ㄹ'로　끝나는　동사는　뒤에　'ㄴ, ㅂ, ㅅ'으로　시작하는　어미가　오면　어간의　'ㄹ'이　탈락한다.　<☞ p. 3 동사의 불규칙 활용>

<table>
<tr><td>알</td><td>다</td></tr>
</table>

는 → 알는 → 아는

ㅂ니다 → 압니다

세요 → 알세요 → 아세요

- 'ㄴ, ㅂ, ㅅ'외의 소리로 시작하는 어미와 결합할 때는 'ㄹ'이 탈락하지 않는데, 'ㄹ'로 끝나는 모든 동작동사와 상태동사는 다 이와 같이 활용한다. 따라서 이것은 불규칙 활용이라고 하기보다는 ㄹ동사의 특징이라고 할 수 있다.

동작동사 : 울다, 살다, 놀다, 늘다, 날다, 갈다, (차를)밀다, 졸다

상태동사 : 멀다, 가늘다, (설탕이)달다, 설다, (사과가)잘다

< ☞ p. 445 [부록 2] 동사의 불규칙 활용 분류>

예 한국말을 **아십니까?**

그분이 **사는** 곳이 어디인지 몰라요.

아이들이 **떠드니까** 시끄러워요.

바람이 **부니까** 창문이 흔들린다.

아기들은 배가 부르면 잘 **놉니다.**

붙임

일반적으로 받침으로 끝나는 동사의 어간이 자음으로 시작하는 어미를 만나면 매개모음 '으'를 삽입해서 쓴다(-으면, -으려고, …). 그러나 'ㄹ'로 끝나는 동사 다음에는 매개모음 '-으-'가 붙지 않고 어미와 직접 결합한다.

예 만들다 : 만들려면, 만들려고, 만들므로, 만들며,

멀다 : 멀면, 멀며

-(으)ㄹ 관형사형 어미 < ☞ p. 166 -는/(으)ㄴ/(으)ㄹ>

***
-(으)ㄹ게(요)

범주 종결어미
구조 관형사형 어미 -(으)ㄹ + 의존명사 것 + 이다동사 + 종결어미 -
어(요)

- 구어체에서 주로 쓰이는데, 주어가 1인칭이고 동작동사일 때만
쓴다.

의미 화자의 미래에 있을 어떤 사실에 대한 의지, 맹세 그리고 약속을
나타낸다.

> **예** 극장표는 내가 **살게**.
> 새해부터는 술과 담배를 **끊을게**.
> 내가 도와**드릴게요**. 염려 마세요.
> 앞으로는 약속을 꼭 **지킬게요**. 한번만 용서해 주세요.
> 여행 떠날 준비를 하라고 **할게요**.

-(으)ㄹ까(요)?

범주 종결어미
구조 문장이 의문문임을 나타낸다.
의미 동작의 주체인 주어의 인칭에 따라 의미가 다르고 그에 따른 대답
의 형태도 다르다.

***
  1. 주어가 1인칭 단수인 경우
  - 동작동사와 어울리며 화자가 자신이 앞으로 행동할 것에 대해서
청자의 의사를 묻는다.
  - 대답의 형태는 명령형 '-ㅂ시오'이다.

> **예** 창문을 **닫을까요**?
> 제가 도와**드릴까요**?
> 이 가방을 어디에다가 **놓을까**?
> 최 선생님 오시라고 전화**할까**?

이사장님의 비서를 **부를**까요?

***

2. 주어가 1인칭 복수인 경우

- 동작동사와 어울리며 주어가 청자를 포함한 '우리'일 때를 말하는데, 이때 대답의 형태는 청유형 '-ㅂ시다'이다.

예 저기 나무 그늘에서 **쉴까요?**
모짜르트를 **들을까?** 쇼팽을 **들을까?**
주말에 우리 둘이 여행이나 떠**날까?**
양로원 문제는 더 이상 이야기하지 **말까요?**
우리가 사는 지구를 보호하기 위해서 뭘 해야 **할까요?**

***

3. 주어가 3인칭인 경우

- 동작동사, 상태동사, 이다동사와 두루 어울리며, 주어의 행동이나 상태에 대한 화자의 추측을 나타낸다.
- 대답은 '-(으)ㄹ 것입니다'나 이와 유사한 형태를 쓴다.

예 누가 이길까요? 한국 선수가 이**길까요?**
산에 심은 나무들이 잘 자**랄까요?**
여기서 전주까지 기차로 얼마나 걸**릴까요?**
그 다이아몬드가 정말 진짜**일까요?**
이 화초가 실내에서 잘 **살까요?**

**

4. 주어의 인칭에 상관없이 동작에 대한 가능성을 청자에게 묻는 경우

- 대답은 '-(으)ㄹ 것입니다'의 형태를 쓴다.

예 길이 미끄러운데 버스가 여기까지 **올까요?**
학생들이 이 문제를 틀리지 않고 **풀까요?**
여당 의원들이 올바른 판단을 **할까?**
부유한 가정에서 자란 아이들이 힘든 훈련을 참고 견**딜까?**
우리 모두가 힘을 합친다면 다시 일어**날까요?**

붙임

가능성을 묻는 경우에는 대개 가능성을 나타내는 말 '-(으)ㄹ 수 있다'를 덧붙여서 뜻이 분명해지도록 할 때가 많다.

> **예**　영화에 나오는 대사를 알아 들을 수 있을**까**?
> 저 꼭대기에 있는 감을 딸 수 있을**까요**?

*

5. 의문문 형태로서 서술문의 기능을 하는 경우

- 문장이 표현하는 의미와 상반되는 뜻을 강하지 나타낸다.

> **예**　아무리 새 것을 버릴**까요**?
> 그렇게 큰 회사에서 월급을 제 날짜에 안 **줄까요**?
> 친한 사이인데 그 정도 일로 싸웠**을까**?
> 떨어져 있다고 마음도 멀어졌**을까요**? 그렇지 않을 것 같은데요.
> 자기가 낳은 자식을 미워**할까요**?

*

6. 인용문과 같이 '–(이)라고 할까?(혹은 –(이)랄까?), –는다고 할까?'의 형태로 쓰이는 경우

- 화자가 하고자 하는 표현이 생각나지 않아서 확실한 표현을 못하고 머뭇거릴 때 하는 말로, 뒤에서는 앞에 말들을 종합해서 한 마디로 결론짓는 말이 온다.

> **예**　그를 만났을 때의 첫인상은 뭐**랄까**? 촌닭 같았다고 **할까**? 좀 묘했다.
> 우리 두 사람은 환희**랄까**? 인생의 가장 아름다운 순간을 맛 보았다.
> 부도가 나서 가족이 뿔뿔이 헤어지게 되었을 대의 기분, 좌절감이**랄까**? 그것은 지금도 잊을 수가 없다.
> 취중이었다고 **할까**? 흥분했었다고 **할까**? 그는 내가 이해할 수 없는 말들을 횡설수설 늘어 놓았다.
> 그는 내게 미안해서였다고 **할까**? 아무튼 쓸 데 없이 신경을 쓰고 있었다.

*

–(으)ㄹ라

범주　종결어미
구조　동작동사나 이다동사에 붙어서 쓰이는 해라체의 종결어미이다.
의미　그러한 일이 일어날까봐 염려함을 나타낸다.

> **예** 넘어**질라**. 천천히 가라.
>
> 깨뜨**릴라**. 조심해서 다루어라.
>
> 쓸데없는 말은 하지 말어. 오해**할라**.
>
> 우유는 날짜를 보고 사. 오래된 것**일라**.
>
> 소문**날라**. 이 편지는 아무도 모르게 전해라.

붙임

다음과 같이 상태동사가 동작동사처럼 쓰이는 경우도 있다.

> **예** 일찍 떠나라. 늦을라.
>
> 소금은 조금 넣어. **짤라**.

＊
–(으)ㄹ라고?

범주 종결어미

구조 동작동사, 상태동사, 이다동사에 붙어서 쓰이는 해체의 종결어미로서 의문문이나 감탄문에 쓰인다.

의미 의문문과 감탄문에 따라 다른 의미를 나타낸다.

1. 의문문에 쓰이는 경우

- 어떤 사실을 의심하면서 되묻는 경우인데 이때는 의문보다는 부정의 뜻이 있다.

- '아무리, 설마'와 같은 부사와 쓴다.

> **예** 아무리 그 소문이 정말**일라고**?
>
> 설마 그런 일이 있**을라고**?
>
> 이 세상에 귀신이 있**을라고**?
>
> 아무리 내가 일등을 했**을라고**?
>
> 박 선생이 나에 대해서 그런 나쁜 생각을 **할라고**?

2. 감탄문에 쓰이는 경우

- 혼잣말처럼 하는 감탄문에 쓰이어 '아주 어떠하다'는 뜻을 나타낸다.

- 동작동사에 붙는 경우에는 부사의 수식을 받아야 한다.
- 문형은 '-니 얼마나 (혹은 오죽이나) -ㄹ라고?'의 형태로 쓰인다.

예   이렇게 피가 나니 오죽이나 아**플라고**?
  아침도 안 먹었다니 얼마나 배가 고**플라고요**?
  다섯 살짜리 아이가 혼자 집에 있었으니 얼마나 무서웠**을라고요**?
  너무 서러워하지 말게. 나같은 사람도 있**을라그**?
  먼 곳에서 달려 왔으니 땀을 얼마나 많이 흘렸**을라고**?

붙임

  '-요'가 붙어서 '-(으)ㄹ라고요?'의 형태로 쓰이면 혼잣말이 아니고 상대에게 하는 해요체 종결어미가 된다.

＊＊
-(으)ㄹ래야

범주   연결어미
구조   의도를 나타내는 '-(으)려고 하다'와 당위성을 나타내는 연결어미 '-어야'가 결합한 '-(으)려고 해야'의 준말.

- 후행절에는 부정 형태의 문형, '-이/가 없다, -ㄹ 수가 없다'가 오며 동작동사를 반복해서 사용한다. 주로 구어체에서 쓰인다.

의미   화자가 의지를 가지고 아무리 노력해도 더 이상 어떻게 할 수 없음을 나타내거나, 그러한 행동이 불가능함을 나타낸다.

예   구경꾼이 많아서 앉**을래야** 앉을 데가 없군요.
  외국에서 사니까 의논을 **할래야** 의논할 사람이 없어요.
  이제는 나도 더 참**을래야** 도저히 참을 수가 없습니다.
  너무 빨라서 쫓아**갈래야** 쫓아갈 수가 없었다.
  문이 잠겼으니 들어**갈래야** 들어갈 수가 있어야지요.

**
-(으)ㄹ래요

범주 종결어미

구조 동작동사에 붙어서, 주어가 1인칭이면 서술형으로 쓰이고 2인칭이면 의문형으로 쓰인다. 명령형과 청유형으로는 쓰이지 않는다.

의미 앞으로 어떻게 하겠다고 하는 주어의 의도를 나타내는 말로, '-(으)려고 해요, -겠어요'와 비슷하다. 구어에서 많이 쓰는 비격식체의 말이므로 정중한 느낌을 주지 못한다.

> **예** 차 뭐 드**실래요?**
> 한달 생활비가 얼마나 들었는지 계산 좀 해 **볼래요.**
> 누가 이기나 한번 해 **볼래요?**
> 방학에는 해외 여행이나 떠**날래요.**
> 심심하니까 친구 집에나 갔다가 **올래요.**

*
-(으)ㄹ망정

범주 연결어미

구조 동사에 붙어서 선행절을 후행절에 종속적으로 연결하는데, 부사 '-비록'과 자주 같이 쓴다.

의미 선행절의 사실을 인정하나 그것에 매이지 않고 후행절의 사실도 인정함을 나타낸다.

> **예** 몸은 떠나 있**을망정** 마음만은 항상 네 곁에 있다.
> 비록 한국말이 서투**를망정** 나는 한국 사람입니다.
> 저희는 따로 **살망정** 늘 부모님을 생각합니다.
> 비록 임대 아파트에서 **살망정** 자가용은 있다.
> 노점상을 **할망정** 남에게 폐는 안 끼칩니다.

＊
－ㄹ세

범주　종결어미
구조　이다동사에 붙어서 쓰이는 하게체 서술형 종결어미로서 나이가 많은 사람이 젊은 사람에게 하는 형식이다.
의미　말이 부드럽고 정감이 있다. 감탄이나 강조를 나타내는 '－그려'를 붙여 '－ㄹ세 그려'로 쓰인다. <☞ p. 35 존대말과 반말>

예　올해도 풍년**일세**.
　　이 아이가 내 딸**일세**.
　　여기는 미국이 아닐세.
　　자네도 알다시피 금년에 내가 환갑**일세**.
　　이번 일은 대성공**일세** 그려.

＊
－(으)ㄹ지라도

범주　연결어미
구조　동사와 결합하여 선행절을 후행절에 종속적으로 연결한다.
의미　미래의 일을 양보적으로 가정하는 연결어미이다.
　　'－(ㄴ/는)다고 해도'와 같은 뜻으로 대치할 수 있다.

예　오늘밤을 새울**지라도** 이 책을 다 읽겠어요.
　　어떤 어려움이 있**을지라도** 꼭 성공하고야 말겠습니다.
　　그 여자가 사과를 **할지라도** 나는 용서를 못한다.
　　비록 떨어져 있**을지라도** 마음만은 변하지 맙시다.
　　다시 만나지 못**할지라도** 건강하시고 행복하세요.

＊
－(으)ㄹ지언정

범주　연결어미

구조 동사에 붙어서 선행절을 후행절에 종속적으로 연결하며, 부사 '차라리, 비록'과 같이 쓴다.

의미 선행절의 동작이나 상태는 양보해도 후행절은 양보할 수 없음을 나타낸다.

예 밤을 새서 숙제를 **할지언정** 텔레비전의 연속극은 꼭 봐요.
시험지의 답이 **틀릴지언정** 옆 사람 것은 안 봅니다.
차라리 야단을 맞**을지언정** 거짓말은 못하겠어요.
차라리 유학을 포기**할지언정** 그와 헤어질 수는 없습니다.
비록 지금 실업자로 지**낼지언정** 희망은 버리지 않겠다.

−(이)라?

종결어미 <☞ p. 187 −(는/ㄴ)다?>

−(으)라고

<p. 193 −(는/ㄴ)다고>

−(이)라고

<p. 193 −(는/ㄴ)다고>

−(으/이)라곤

범주 결합형

구조 인용을 나타내는 '−라고'에 강조를 나타내는 '−는'이 결합한 '−라고는'의 축약형이다. 인용 형태는 '동작동사 + (으)라고'와 '명사 + (이)라고'의 두 가지로 나눌 수 있다.

의미 인용의 형태에 따라 의미가 달라진다. 그러나 '−는'의 속성상 대조와 강조를 나타냄은 같다.

＊＊

  1. 동작동사와 결합하여 '−(으)라곤'으로 쓰는 경우

  • 인용문과 후행문을 대조적으로 나타낸다. 따라서 인용문이 긍정이

면 후행문이 부정이 된다.

예 일찍 오**라곤** 했는데 일찍 올지 모르겠습니다.
듣고만 있지 말고 자기 의견을 말하**라고는** 했어요.
책을 보라고 했지 가지**라곤** 안 했다.
이것밖에 없으니까 더 달**라고는** 하지 마세요.
네가 하고 싶은 대로 해. 내가 이렇게 하라 저렇게 하**라곤** 하지 않겠다.

＊＊

2. 명사와 결합하여 '-(이)라곤'으로 쓰는 경우

- '앞에 오는 명사로 지칭되는 모든 것은'의 뜻을 나타내며 뒤에는
  강조를 나타내는 말이 온다.

예 먹을 것**이라곤** 하나도 없다.
돈**이라곤** 천 원짜리 한 장밖에 안 남았어요.
친구**라곤** 옆 집에 사는 순희뿐입니다.
내가 아는 노래**라곤** 아리랑밖에 없어요.
전화를 안 해 본 데**라곤** 한 군데도 없다.

-(으)라나 봐요   <☞ p. 321 -나 보다>

-(이)라나 봐요   <☞ p. 321 -나 보다>

-(으)라나요   <☞ p. 195 -(는/ㄴ)다나요>

-(이)라나요   <☞ p. 195 -(는/ㄴ)다나요>

-(으)라더니   <☞ p. 198 -(는/ㄴ)다더니>

-(이)라더니 <☞ p. 198 -(는/ㄴ)다더니>

***
-(이)라도

범주 보조사

구조 명사 다음에 바로 쓰이어 격조사를 대신하거나 다른 조사와 결합하여 쓴다 : '-에라도, -에서라도, -에게라도, -에게서라도, -하고라도'

의미 여러 사물 중에서 썩 마음에 드는 것을 택할 수 없으므로 그것이나마 선택함을 나타낸다.

> **예** 음료수가 없으면 냉수**라도** 한 그릇 주세요.
> 심심한데 바둑이**라도** 두자.
> 할 일이 없으면 집에 편지**라도** 쓰렴.
> 머리가 나쁘니까 노력이**라도** 해야지요.
> 김 박사가 못 오시면 부인이**라도** 대신 오셨으면 좋겠어요.

***
-(이)라도

범주 연결어미

구조 '-라고 해도'의 준말로서, 이다동사와 결합하여 선행절을 후행절에 종속적으로 연결한다.

의미 만일 선행절 같다고 가정하여도 상관하지 않고 후행절과 같이 할 것이라는 뜻을 나타낸다.

> **예** 그가 부자가 아니**라도** 혜리가 결혼했을까?
> 그가 대통령이**라도** 우리는 할 말을 해야 합니다.
> 아무리 아까운 것이**라도** 상했으면 버려요.
> 어려운 문제**라도** 꼼꼼히 풀어 봐요.
> 할 일이 태산이**라도** 식사부터 하고 합시다.

붙임

1. 다른 연결어미와 결합하여 쓰기도 한다.

> **예** 뛰어서**라도** 쫓아 가자.
> 외울 수 없으면 보고**라도** 읽어요.

2. '이다/아니다' 이외의 동사에는 '–아(어, 여)도'를 쓴다.

–(으)라든지 < p. 198 –(는/ㄴ)다든지 >

**
–(이)라든지

범주 조사

구조 여러 가지 사물을 들어서 말할 때 쓴다. '–(이)라든가'와 대치할 수 있다. < ☞ p. 234 –든지 >

의미 문장에서는 두 가지 이상의 사물을 들어서 말하는데 그 다음에는 그런 종류의 사물을 종합적으로 말하는 '그런 ~하는 것…' 등의 한마디가 필요하다.

> **예** 용돈 외에 책값**이라든지** 교통비**라든지** 그런 돈은 따로 줍니다.
> 호텔 방에는 라디오**라든지** 텔레비전**이라든지** 하는 시설이 있게 마련이다.
> 학생들 가방에서는 담배**라든지** 연애 편지**라든지** 하는 것들이 나옵니다.
> 건설 현장은 기계 소리**라든지** 망치 소리**라든지** 하는 소리로 시끄럽습니다.
> 수질 오염**이라든지** 매연**이라든지** 하는 공해 문제는 시급히 해결해야 합니다.

–(으)라면 < ☞ p. 199 –(는/ㄴ)다면 >

-(이)라면 <☞ p. 199 -(는/ㄴ)다면>

✲✲
-(이)라서

범주 연결어미

구조 이다동사에 붙어서 선행절을 후행절에 종속적으로 연결한다. '-(이)라고 해서'의 준말이다.

의미 앞의 말이 뒷말의 이유나 전제적 사실이 됨을 나타낸다.

> **예** 가수**라서** 역시 노래를 잘 부르는군요.
> 제가 직접 싼 도시락**이라서** 맛이 있을 겁니다.
> 내부 수리중**이라서** 영업을 안 합니다.
> 밤**이라서** 어디가 어디인지 분간할 수가 없더라.
> 그 회사는 워낙 경쟁이 센 데**라서** 들어가기가 어렵습니다.

붙임

'-(이)라서'의 준말은 '-(이)라'이다.

> **예** 휴가철**이라** 동해안에는 사람이 몰린다.
> 언니는 멋쟁이**라** 근사한 옷이 많다.
> 시험 때**라** 도서관에 학생이 많아요.

✲
-(으)락 -(으)락 하다

범주 통어적 구문

구조 서로 관계가 있거나 혹은 상반되는 뜻을 가진 두 개의 동작동사에 붙어서 전체가 문장의 서술어로 기능한다. 시상어미나 존대형 어미는 쓰지 않는다.

의미 첫 번째 동작과 두 번째의 동작이 교체되면서 반복됨을 나타낸다.

> **예** 비가 오락 가락 **한다.**

관절염 때문에 계단을 오르**락** 내리**락 하기가** 힘듭니다.
쥐가 들**락** 날**락 하면서** 빵 부스러기를 다 먹었어요.
지난 밤에는 잠이 안 와서 엎치**락** 뒷치**락 하면서** 밤을 새웠어요.
그 환자는 요즘 정신이 오**락** 가**락 하는** 모양이다.

붙임

색깔을 나타내는 상태동사에 붙어서 쓰이는 경우가 있다.

예 그는 화가 나서 얼굴이 붉**으락** 푸르**락** 했다.

※
-(으)ㄹ락 말락 하다

범주   통어적 구문
구조   일부 동작동사에 붙어서 전체가 문장의 서술어로 기능한다.
의미   동사의 동작이 이루어지다가 안 이루어지다가 하는 경계에 있음을
     나타내는 말이다. 동작의 상태를 나타낸다.

예 안개 때문에 앞 차가 보**일락** 말**락 한다.**
     옷이 약간 젖**을락** 말**락 할** 정도로 비를 맞았다.
     머리가 어깨에 닿**을락** 말**락 하게** 잘라 주세요.
     잠이 들**락** 말**락 하는데** 밖에서 소리가 들렸어요.
     그는 들**릴락** 말**락 한** 소리로 아프다고 했다.

※※
-(이)란

범주   조사
구조   명사와 어울려서 쓰이며 '-이라고 하는 것은'의 준말이다. 동사의
     명사형에도 쓴다.
의미   '소위 사람들이 -(이)라고 말하는 것은'의 뜻으로 주제를 나타
     내는 조사 '-는/은'과 바꿔 쓸 수 있다. 주로 어떤 것을 정의할

때 쓴다.

예 친구**란** 어려울 때 도와주는 사이가 아닙니까?
부부**란** 인생의 동반자라고 생각해요.
예술**이란** 우리의 감정을 윤택하게 하는 거예요.
인생**이란** 길고도 짧은 것이다.
행복함**이란** 가까운 곳에 있는 것입니다.

*
-(으)란듯이

범주 결합형
구조 일부 동작동사에 붙어서, '-(으)라고 하는 듯이'의 준말로서 선행
절을 부사로 기능하게 한다.
의미 '-라고 명령하는 것과 같이, -라고 하는 것처럼'의 뜻으로 쓰인다.
선행하는 동작을 나타내기 위해서 일부러 후행 동작을 함을 나타
낸다. 고의성이 있기 때문에 자랑하는 느낌이 있다.

예 두 남녀는 사람들 앞에서 보**란듯이** 팔장을 끼고 나갔다.
이러쿵저러쿵 말 많던 그들도 결혼하더니 보**란듯이** 잘 살고 있습니다.
아주머니는 나 들**으란듯이** 불평을 늘어놓았다.
김 장군은 나의 이야기를 듣고 꿈 깨**란듯이** 껄껄 웃었어요.
준수는 잘**난듯이** 우쭐대면서 떠든다.

-(이)람   종결어미 <☞ p. 203 -(는/ㄴ)담>

-(이)랍시고   <☞ p. 203 -(는/ㄴ)답시고>

＊＊
-(이)랑

범주 조사

구조 명사에 붙어서 쓰이는 조사로서, 둘 이상의 사물을 연결하는 접속
의 기능을 하는 경우와 일부 동사 앞에 쓰이어 부사어 기능을 나타
내는 경우가 있다.

의미 주로 구어체에서 많이 쓰이며, '함께'의 뜻을 가지고 있다.

> **붙임**
>
> '-(이)랑'은 구어와 시어로 쓰이고, 또 여자의 말이나 아이들의 말
> 로 많이 쓰인다.

1. 접속의 기능을 하는 경우
   - '-와/과'와 대치할 수 있다. <☞ p. 374 -오-/과 >

   예 좀 도와 줘. 너**랑** 나**랑**은 소꼽 친구잖아.
   오늘은 엄마**랑** 아기**랑** 나들이를 가네요.
   옷이랑 세면 도구**랑** 카메라**랑** 다 가방에 넣었어요.
   후추**랑** 마늘**이랑** 넣고 양념을 잘 해 봐요, 맛이 있을테니.
   신문**이랑** 잡지**랑** 모두 정리 좀 해라.

2. '같다, 비슷하다' 등 일부 동사 앞에서 부사어를 이루는 경우

   - '-와/과'와 대치할 수 있다.

   예 나는 우리 엄마**랑** 키가 비슷하다.
   사진을 보니까 너는 아버지**랑** 꼭 닮았구나.
   혼자 가지지 말고 형**이랑** 나누어서 가져라.
   아빠**랑** 얘기해 보고 결정할래요.
   오 사장 내외**랑** 같이 저녁이나 한번 합시다.

3. 둘 이상의 사물을 연결해야 할 경우인데도 하나의 명사만 씀으로
   써 '등등'의 뜻을 나타내는 경우

   - '-와/과'와 대치할 수 없다.

   예 삼촌이 사 주어서 점심**이랑** 잘 먹었다.

농촌에는 지금 모심기**랑** 할 일이 태산 같단다.
주말에는 청소**랑** 할 일이 많다.
자꾸 뚱뚱해져서 테니스**랑** 운동을 좀 해야 할 텐데.
시장에 가시더니 생선**이랑** 다 사 오셨다.

-(으)래요 <☞ p. 207 -(는/ㄴ)대요>

-(이)래요 <☞ p. 207 -(는/ㄴ)대요>

※
-(으)랴?

범주 종결어미

구조 의문형 반말 종결어미로서 존대형 어미와 결합하지만 시상어미와
는 쓰지 않는다.

의미 화자가 앞으로 자기가 할 행위나 의도에 대하여 청자의 의사를 묻
는 경우와, 상대방이나 또는 제삼자의 심정을 헤아려 짐작하는 경
우가 있다. '-ㄹ까'와 대치할 수 있다. 구어체에서 많이 쓰인다.

1. 화자가 청자에게 어떻게 해 줄까 하고 청자의 의사를 묻는 경우

- 동작동사에 붙어서 쓰이며, 주어는 1인칭이다.

예 내가 좀 도와주**랴**?
돈이 모자라는 모양인데 좀 빌려 주**랴**?
우리가 너희 집까지 태워다 주**랴**?
뭘 주**랴**? 마실 걸 주**랴**? 과일을 주**랴**?
어디 앉으**랴**? 네 옆에 앉으**랴**?

2. 다른 사람의 심정을 짐작하는 경우

- 반어적 의문형태로 쓰인다.
- 강조하기 위하여 '어찌, 왜, 아니, 얼마나' 등의 부사를 쓴다.

- 동작동사나 상태동사에 붙어서 쓰이며 주어는 2인칭이나 3인칭이다.

예 아! 어찌 잊**으랴**? 6.25의 쓰라린 기억을!
갑자기 부모님이 돌아가셨으니 그 슬픔이 어더하**랴**?
합격만 했어도 기쁠텐데 수석까지 했으니 왜 아니 자랑스러우시**랴**?
하루종일 강의를 했는데 얼마나 피곤하시**랴**?
심혈을 다해 키운 회사가 부도가 났다니 얼마나 기가 막히**랴**?

＊
-(으)랴 -(으)랴

범주 통어적 구문
구조 동작동사에 붙어서 선행절을 후행절에 종속적으로 연결한다.
의미 두 개 이상의 행위를 하느라고 분주함, 또는 분주해서 힘듦을 나타낼 때 쓴다. 따라서 후행절에는 바쁘다는 뜻을 나타내는 말만이 올 수 있다.

예 김 양은 손님 질문에 대답하**랴** 전화 받으**랴** 여간 바쁘지 않아요.
엄마는 아기 우유 먹이**랴** 기저귀 갈아주**랴** 힘이 드나봐요.
사무실에 나오면 이거하**랴** 저거하**랴** 눈코뜰새가 없습니다.
빨래하**랴** 설거지하**랴** 손에 물이 마를 날이 없습니다.
그는 요즘 장사하**랴** 취미 생활하**랴** 하루도 쉴 날이 없다.

붙임

'-(으)랴 -(으)랴'는 부사로 굳어진 '부랴부랴, 부랴사랴'가 있는데 이것은 급히 서두르는 모양을 나타낸다.

예 혜리는 무슨 생각이 났는지 **부랴부랴** 책가방을 싸더군요.
고향에서 형이 왔다는 소식을 듣고 **부랴부랴** 뛰어 왔어요.
전화를 끊더니 **부랴부랴** 회사로 달려갔어요.

***
-(으)러

범주   연결어미

구조   동작동사와 결합하여 선행절을 후행절에 종속적으로 연결한다. 후행절에는 '가다/오다' 같은 동사가 보통 쓰이는데, 선행절에는 의미상 이동을 나타내는 '여행하다, 출장가다, 도착하다, 출발하다와 (꿈을) 꾸다, …' 등과는 쓰지 않는다.

의미   선행 동작을 이룰 목적으로 후행 동작을 함을 나타낸다.

예   한국말을 배우**러** 여기에 왔어요.
무엇하**러** 시내까지 갔었어요?
책을 빌리**러** 도서관에 갑니다.
이번 주말에는 수영하**러** 가자.
남자 친구를 만나**러** 태평양을 건너왔다.

**
-(으)려거든

범주   연결어미

구조   '-(으)려고 하거든'의 준말로서 동작동사와 결합하여 쓰인다. 후행문에는 명령이나 '-어야 하다'와 같은 말이 온다.

의미   주어의 의도를 실행하려면 후행문과 같은 조건이 있어야 함을 의미한다.

예   라면을 먹으**려거든** 물을 끓여요.
의사가 되**려거든** 지금부터 열심히 공부를 해라.
성공하**려거든** 무슨 일에나 정성을 기울여요.
좋은 글을 쓰**려거든** 독서를 많이 해야 해요.
사장님과 면담을 하시**려거든** 미리 약속을 하셔야 합니다.

***
-(으)려고

범주　연결어미

구조　동작동사와 결합해서 선행절을 후행절에 종속적으로 연결한다. 후
행절에는 현재시제와 완료시제만을 쓰고, 미래 동작으로 이어지는
청유형이나 명령형을 쓰지 않는다.

의미　선행절의 행위를 할 의도로 후행절의 동작을 하는데, 선행절의 동
작은 할 생각만 가지고 있고 아직 행동으로 옮기지 않았음을 나타
낸다.

> **예**　한국 풍습을 배우**려고** 한국 사람 집에서 살아요.
> 지지 않**으려고** 우리는 연습을 많이 했어요.
> 나는 비밀을 지키**려고** 말을 안 했어요.
> 취직을 하**려고** 한국말을 배워요.
> 어머니와 이야기를 하**려고** 집에 전화를 했다.

**
-(으)려고 들다

범주　통어적 구문

구조　연결어미 -(으)려고 + 동사 들다
의도의 뜻을 나타내는 '-(으)려고'와 '어떤 생각이나 느낌이 생기
다'의 뜻을 가진 '들다'가 결합한 형태로서, 선행 동사에 뜻을 더
해 주는 보조동사적인 기능을 한다. <☞ p. 238 들다>

의미　동작동사에 붙어서 그러한 행위를 할 의도를 가지고 적극적으로
추진함을 나타낸다. '-(으)려고 하다'보다는 거센 느낌을 주는
표현이다.

> **예**　이야기를 자꾸 숨기**려고 드니까** 더 궁금해요.
> 다섯 살짜리 꼬마가 무엇이든지 알**려고 든다**.
> 일을 배우**려고 들면** 금방 배워요.
> 개가 화가 나서 주인을 물**려고 들었다**.

형은 언제나 내 것을 **뺏으려고 들어요.**

1. 위의 단어 중에는 '-고'를 생략해서 '-려 들다'의 형태로도 쓸 수 있
   는 말로는 '숨기려 들다, 배우려 들다, 알려 들다'가 있고 '-려고 들
   다'의 형태로만 쓸 수 있는 말로는 '물려고 들다'가 있다.
2. 동작동사에 '-(으)려 들다'가 붙어서 하나의 복합동사로 굳어진 것
   으로는 '달려들다, 말려들다'가 있다.

***
-(으)려고 하다

범주 통어적 구문

구조 의도를 나타내는 연결어미 '-(으)려고'와 동사 '하다'가 결합한 형
태로서, 동작동사와 결합한다.

의미 주어의 의도만을 나타내므로 아직 행위로 옮기지는 않은 상태
이다. <☞ p. 267 -(으)려고>

예 동생에게 생일 선물을 부치**려고 합니다.**
돈을 다 쓰기 전에 운동화를 사**려고 합니다.**
두 사람이 싸우**려고 해서** 내가 말렸어요.
세종문화회관에 가**려고 하는데** 뭘 타고 가야 돼요?
이번 방학에 배낭여행을 가**려고 해요.**

구어체에서는 흔히 '(으)ㄹ'을 덧붙여서 '-을려고 하다'로 많이
쓴다.

갈려고 하다, **쉴려고** 하다, 일어**날려고** 하다.

***
–(으)려고(요)

범주 종결어미

구조 동작동사에 붙어서 쓰이며, '–(으)려고'가 들어있는 문장의 후행
절을 생략한 것이다.

의미 화자가 주어의 의도를 묻거나 또는 주어의 의도를 알아차림을 나
타낸다.

> **예** 벌써 주무시**려고요**?
> 이렇게 늦은 시간에 외출하**려고**?
> 친구들에게 내 사생활 이야기를 하**려고**?
> 우리 대문 앞에다가 주차를 하시**려고요**!
> 우리들에게 선물을 하시**려고요**. 고마워라.

붙임

'–(으)면 어떻게 하려고(요)?/어쩔려고(요)?'의 형태로 쓰여서,
'그렇게 하면 안 됩니다, 큰일 납니다'의 뜻을 나타내는 경우가 있다.

> **예** 여행하다가 돈이 떨어지면 어쩔**려고(요)**?
> 누가 보면 어쩔**려고**? (여기에서 나쁜 짓을 하니?)
> 담배를 피우다가 선생님께 들키면 어떻게 ㅎ-**려고**?
> 아무리 부모가 자기 자식을 버리**려고**? (그럴 리는 없다.)

–(으)려나?

범주 종결어미

구조 의도를 나타내는 '–(으)려고 하다'와 의문형 어미 '–나'가 결합한
'–(으)려고 하나'의 준말로서, 동작동사에 붙어서 쓰이는 의문형
종결어미이다.

의미 주어의 의도를 청자에게 묻는 것이지만 문장 내용에 따라서는 화
자 자신의 혼잣말로 쓸 때가 있다.

✽

1. 주어가 3인칭인 경우 : 화자가 혼잣말로 하는 해체 종결어미

예 비가 오**려나?** 바람이 왜 이렇게 불지?
형이 짐을 싸는데 어디로 여행을 떠나**려나?**
땅을 파는데 여기에다가 건물을 지으**려나?**
웬일로 몸이 부들부들 떨리지? 병이 나**려나?**
아침부터 까치가 우니 반가운 손님이 오**려나?**

> 붙임
>
> '인수가 오늘도 늦으려나?'와 같이 상태동사와 어울리는 경우도 있지만 이것은 '인수가 오늘도 늦게 들어오려나?'의 줄어진 말일 뿐 원래는 동작동사와만 어울린다.

✽✽

2. 주어가 2인칭인 경우 : 상대방의 의도를 묻는 하게체 종결어미

예 주말에는 골프나 치**려나?**
자네는 앞으로 사업을 하**려나?**
이거 베스트셀러인데 읽으**려나?**
제대 후에는 학교에 복학하**려나?**
김 군, 아까 그 여자인데 전화 받으**려나?**

✽✽

-(으)려나 보다

범주 통어적 구문
구조 의도를 나타내는 '-(으)려고 하다'와 어떤 사실을 보고 미루어 짐작함을 나타내는 '-나 보다'가 결합한 것으로, 동작동사에 붙어서 쓰인다. '-(으)려고 하나 보다'의 준말이다. <☞ p. 268 -(으)려고 하다, p. 321 -나 보다> 존대형 어미와 결합하지만 시상어미와는 쓰지 않는다.
의미 어떤 사실을 보고 주어의 의도가 무엇인지, 주어가 어떻게 할 것인

지를 미루어 짐작함을 나타내는 말이다.

예 친구들이 오늘 저녁은 여기서 자고 가**려나 봐요.**
시꺼먼 구름이 몰려오는 것을 보니 비가 쏟아지**려나 보다.**
오늘은 비밀 이야기를 다 털어 놓**으려나 봐요.**
집 장만을 하는 것을 보니 아주 여기서 살**려나 보지요?**
여행을 떠나시**려나 보지요?** 일찍 서두르시는 걸 보니요.

✱✱
–(으)려다가

범주 결합형
구조 '–(으)려고 하다가'의 준말로서, 동작동사에 붙어서 선행절을 후행절에 종속적으로 연결한다. <☞ p. 268 –(으)려고 하다, p. 188 –다가> 선행절의 주어와 후행절의 주어는 같다.
의미 선행 동작을 할 생각을 가지고 있는데 중도에서 다른 행위가 부가되어 처음에 의도한 행위를 마치지 못하고 다른 행위를 함을 나타낸다.

예 외출을 하**려다가** 비가 와서 그만 두었습니다.
좀더 참**으려다가** 이야기를 하고 말았다.
박준수는 대학원에 진학하**려다가** 마음을 바꾸었대요.
삼층 건물을 지**으려다가** 건축비 때문에 이층으로 지었어요.
당장 결정을 내리**려다가** 하루 더 생각하기로 하였습니다.

✱✱
–(으)려다가는

범주 결합형
구조 '–(으)려고 하다가'와 보조사 '–는'의 결합형 준말로서, 동작동사에 붙어서 선행절을 후행절에 종속적으로 연결한다. 선행절의 주어와 후행절의 주어는 같고, 후행절의 시상은 현재나 미래 추정

형이다. <☞ p. 190 −다가는>

의미 선행 동작을 할 의도를 가지고 진행할 경우에는 후행절과 같은 사고나 불유쾌한 일이 일어날 것임을 나타낸다.

예 몰래 들어가**려다가는** 경비원한테 들켜요.
무리해서 일을 하**려다가는** 큰코 다쳐요.
자네 고집대로 하**려다가는** 일을 원만히 마치지 못할 걸.
자동차를 타고 편안히 앉아서 가**려다가는** 오히려 고생합니다.
한꺼번에 토끼 두 마리를 잡**으려다가는** 다 놓치고 말 걸요.

＊＊
−(으)려면

범주 연결어미
구조 ‘−(으)려고 하면’의 준말로서 동작동사에 붙어서 쓰인다. 후행절에는 필연적인 말이 오게 되므로 ‘−어야 하다’와 같은 문법 형태가 많이 쓰인다. <☞ p. 436 −어/아/여야 하다>
의미 선행절의 동작을 할 의도가 있으면 후행절의 동작이 조건임을 나타낸다.

예 김 교수님을 만나**려면** 연구실로 가 보세요.
비행기 표를 예약하**려면** 어떻게 해야 합니까?
배운 것을 안 잊어버리**려면** 자꾸 연습해야 돼요.
신문을 읽**으려면** 한자를 좀 읽을 줄 알아야 해요.
제시간에 도착하**려면** 지금 서둘러서 떠나야 합니다.

＊＊
−(으)려무나/−(으)렴

범주 종결어미
구조 동작동사와 결합해서 쓰이는 해라체의 명령형 종결어미이다.
‘−(으)려무나’의 준말은 ‘−(으)렴’이다.

의미   주로, 손아랫사람인 상대방의 의사대로 하라는 허락의 뜻을 나타
낸다. 그러나 경우에 따라서 가벼운 명령형으로 쓰인다.

예   추우면 외투를 입**으려무나**.
그렇게 가기 싫으면 가지 말**려무나**.
그 애가 사과하거든 용서를 해 주**려무나**.
비싸더라도 네가 사고 싶은 걸 사**렴**.
늦게 일어나고 싶으면 늦게 일어나고 마음대로 하**렴**.

*
-(으)련마는

범주   연결어미

구조   동사에 붙어서, 선행절을 후행절에 종속적으로 연결한다. 준말은
'-(으)련만'이다.

의미   화자가 미래의 사실이나 가정적 사실을 추측할 때 '-겠지만'의 뜻
으로 쓴다.

예   하숙 생활을 하면 가끔 집 생각이 나**련만** 나는 통 생각이 안 나요.
졸업반 학생이면 애인도 있**으련만** 왜 너는 여자 친구도 없니?
약을 그 정도 먹었으니 나**으련만** 아직도 아프다고 합니다.
이제는 자기 잘못을 뉘우치**련만** 그래도 잘못을 모르나 봐요.
건물 안에 매점도 있**으련만** 눈에 띄지 않는군요.

붙임

소원을 나타내는 '-(으)면 좋겠다'에 '-(으)련만'이 붙어서 '-(으)
면 좋으련만'의 형식으로 쓴다.

예   주말에는 날씨가 맑**았으면 좋으련만** 어떨지 모르겠네요.
일이 잘 해결**되면 좋으련만** 안 될까 봐 걱정이 됩니다.
모든 일이 소원대로 되**었으면 좋으련만**….

*

–(으/이)렷다

범주 종결어미

구조 일부 동작동사나 이다동사에 붙어서 쓰이는 해라체 종결어미이며 고어체이다.

의미 문장에서의 의미에 따라 다음과 같이 구분할 수 있다.

  1. 일부 동작동사나 이다동사와 결합하여 추정된 사실을 확실하게 다지는 뜻을 나타내는 경우

> **예** 네가 그런 짓을 했**으렷다**.
> 네가 지은 죄를 네가 알**렷다**.
> 지금 한 말이 사실**이렷다**.
> 네가 금을 훔친 도둑**이렷다**.
> 네가 적과 내통한 간첩**이렷다**.

  2. 일부 동작동사와 결합하여 명령형으로 쓰이며, 으름장을 놓아 위엄을 부리는 경우

> **예** 어서 사실대로 고하**렷다**. (이실직고하**렷다**.)
> 바른대로 말하**렷다**.
> 금을 훔친 사람이 누군지 빨리 말하**렷다**.
> 네게 그 일을 시킨 사람이 누군지 말하**렷다**.
> 그 사람이 어디에 숨어 있는지 바른대로 고하**렷다**.

–(으)로

범주 조사

구조 명사에 붙어서 문장에서 부사어로 기능함을 나타내는 조사이다. 앞의 명사가 모음과 'ㄹ'로 끝나면 '–로'를 쓰고 그밖의 자음으로 끝나면 '–으로'를 쓴다.

의미 어떤 장소 쪽으로의 방향을 제시하거나 '경로'를 나타낸다. '경로'는 문장의 내용에 따라 '수단, 방법, 원인, 이유, 자격' 등의 뜻

으로 쓰인다.

✱✱✱

1. 목표점이 없이 방향만을 나타내는 경우

- 주로 이동을 나타내는 동사와 같이 쓰인다.

예　이 버스는 동대문**으로** 가요.
　　이번 방학에는 산**으로** 갈까? 바다**로** 갈까?
　　그 여자는 자기 방**으로** 들어가 버렸다.
　　내 안경 어디**로** 갔지? 금방 여기 있었는데.
　　할아버지는 시골**로** 가시더니 아직도 안 오셨어요.

> 붙임　'−에'와 '−(으)로'의 비교
>
> '나는 학교에 간다'와 '나는 학교로 간다'에서, '−에 가다'는 '학교'가 목표점이지만 '−로 가다'는 단지 방향만을 나타낸다.
>
> 예　돌이 땅 바닥**에** 떨어졌다. (돌이 떨어진 낙착점)
> 　　돌이 땅 바닥**으로** 떨어졌다. (돌이 떨어지는 방향 또는 경유지)
>
> 　　영수는 종로**에** 갑니다. (종로가 목적지)
> 　　영수는 종로**로** 갑니다. (종로쪽으로, 또는 종로를 경유해서)

✱✱✱

2. 문장에서 수단이나 방법, 또는 도구를 나타내는 경우

예　그 소식은 라디오**로** 들었어요.
　　어른 댁에 빈손**으로** 갈 수는 없지요.
　　돌**로** 지은 집이라서 정말 시원하군요.
　　선물이니까 포장지**로** 예쁘게 싸 주세요.
　　이 한약을 먹는 동안 밀가루**로** 만든 음식은 피하세요.

✱✱

3. 문장에서 원인이나 이유를 나타내는 경우

예　감기**로** 고생을 했어요.
　　교통 사고**로** 죽는 사람이 매년 늘고 있다고 합니다.
　　네가 웬 일**로** 나한테 차를 사 주겠다고 해?
　　심한 바람**으로** 가로수가 뿌리까지 뽑혔어요.
　　기업체들은 요즘 노사문제**로** 복잡합니다.

***
4. 자격을 나타내는 경우

예 아침으로 빵을 먹어요.
그는 신문사 특파원으로 서울에 와 있습니다.
그 대학생은 가정교사로 이 집에서 산다.
너는 나를 뭘로 보는 거야? 바보로 보는 거야?
부모가 일찍 돌아가셔서 고아로 자랐어요.

**
5. 어떤 동작의 경유나 과정, 변화를 나타내는 경우

예 이 수표를 현금으로 바꿔 주세요.
시청역에서 2호선으로 갈아타야 해요.
파랗던 하늘이 회색으로 변했어요.
슬픔은 강물로 변했다.
신사복을 벗어 놓고 작업복으로 갈아입어요.

***
-(으)로 해서

범주   통어적 구문
구조   조사 -로 + 동사 하다 + 연결어미 -여서
조사 '-로'와 동사 '하다'의 활용형 '해서'가 결합한 형태로서
'가다, 오다'와 같은 이동 동사와 함께 쓴다.

의미   어떤 지점을 경유하거나 통과함을 나타낸다.

예 일본으로 해서 하와이에 갑니다.
어두우니까 큰 길로 해서 갑시다.
어디로 해서 가는 게 길이 막히지 않고 빠를까요?
계단으로 해서 올라가는 게 더 빠르겠어요.
사무실 옆으로 해서 가면 복도 끝에 화장실이 있어요.

-(이)로구나   <☞ p. 105 -(는)구나 2.>

＊＊
–(으)로서

범주　조사

구조　명사어에 붙어서 쓰이는데, 그 명사가 모음과 ‘ㄹ’로 끝나면 ‘–로서’를 쓰고 그밖의 자음으로 끝나면 ‘–으로서’를 쓴다. ‘–서’를 생략하여 ‘–(으)로’만 쓰는 경우도 있다. <☞ p. 276 –(으)로 4. >

의미　앞의 명사가 어떤 자격이 있음을 나타낸다.

　예　이것은 회화책**으로서** 아주 좋습니다.
　　학생**으로서** 해야 할 일이 무엇이겠어요?
　　이 약수는 마시는 물**로서** 적당하지 않습니다.
　　나는 부모**로서**의 책임을 다하려고 노력하고 있습니다.
　　그는 선장**으로서** 배가 가라앉는 것을 보고만 있을 수 없었다.

＊＊
–(으)로써

범주　조사

구조　명사어에 붙어서 쓰이며, 모음이나 ‘ㄹ’로 끝난 명사에는 ‘–로써’를 쓰고, 그밖의 자음으로 끝난 명사에는 ‘–으로써’를 쓴다. 이것은 ‘–(으)로’와 대치할 수 있는데 ‘–(으)로’보다 ‘수단’의 뜻이 더욱 분명하다. <☞ p. 275 –(으)로 2. >

의미　앞의 명사어가 수단, 방법, 이유로 쓰여짐을 나타낸다.

　예　믿음**으로써** 어려움을 극복했습니다.
　　그의 음악은 사랑과 낭만**으로써** 가득 차 있습니다.
　　퇴근 후의 술 한잔**으로써** 그 날의 피로를 풉니다.
　　6 · 25때 국군은 총탄을 맨몸**으로써** 막았어요.
　　옛날 사람들은 해**로써** 시간을 알았다고 해요.

붙임

　일부 동사에 명사형 어미를 붙여서 ‘–ㅁ으로써’의 형태로도 쓴다.

> 쓰레기를 줄**임으로써** 환경 공해를 없애야 합니다.
> 음식을 조절**함으로써** 살을 뺐어요.
> 아버지는 아들과 대화를 나**눔으로써** 문제가 생기는 것을 막았다.

**
-롭다

범주   어미

구조   일부 명사나 관형사 혹은 그 밖에 특정한 말에 붙어서 상태동사가
되게 하는 어미이다< ☞ p. 345 -스럽다>. '-롭다'가 든 동사는
ㅂ불규칙동사로서 활용하여 '-로운, -로워서, -로우면, -로우니
까, …'가 된다.
선행하는 말의 끝음절은 모두 모음으로 끝난, 받침이 없는 말이다.

> 향기**롭다**, 자유**롭다**, 슬기**롭다**, 영화**롭다**, 까다**롭다**
> 이**롭다**, 해**롭다**, 풍요**롭다**
> 번거**롭다**, 애처**롭다**, 날카**롭다**,…
> 새**롭다**, 외**롭다**, …

의미   그러함을 인정하는 뜻을 나타낸다.

> **예**   향기**로운** 꽃 냄새가 방안 가득하다.
> 술과 담배는 우리 건강에 해**롭다**.
> 네가 궂은 일을 하다니 애처**로워서** 못 보겠구나!
> 그의 논문에는 이렇다 할 새**로운** 이론이 하나도 없었습니다.
> 사람은 누구나 풍요**로운** 삶을 누리고 싶어한다.

***
르 불규칙동사

어간이 '르'로 끝나는 동사는 뒤에 모음으로 시작하는 어미, '-어(아,
여)서, -어(아, 여)요, -었(았, 였)습니다'가 오면 '르'의 모음 'ㅡ'가

생략되고 'ㄹ'이 삽입된다. <☞ p. 3 동사의 불규칙 활용>

<pre>
모르 │ 다
     │ 어요 → 모르어요 → 몰ㄹ어요 → 몰러요 → 몰라요
     │   │   │   │
     │   'ㅡ'탈락   'ㄹ'삽입   모음조화
</pre>

<☞ p. 445 [부록 2] 동사의 불규칙 활용 분류>

예　문법을 **몰라서** 대답할 수 없었어요.
선생님 말씀이 너무 **빨라요.**
유치원에서 배운 노래 하나 **불러** 봐라.
배가 **불러서** 더 못 먹겠다.
옛날 옛날에 바보가 하나 살았는데 아주 **게을렀**대요.

-를/을

범주　목적격 조사

구조　명사와 결합해서 타동사의 목적어를 나타내는 목적격 조사의 기능과 다른 조사나 부사어에 붙어서 쓰이는 보조사의 기능을 한다.

의미　격조사일 때는 별 의미가 없지만, 보조사로 쓰일 때는 강조를 나타낸다.

＊＊＊

1. 목적격 조사로 쓰이는 경우

- 타동사의 목적어로 쓰인 명사, 명사류어, 명사절에 붙어서 쓰인다.

예　라디오를 자주 들어요.
대학에서 무엇을 전공했어요?
우리는 비바람이 그치기를 기다렸다.
젓가락을 쓸 줄을 모른다.
그가 누구인지를 모르겠다.

붙임

1. 격조사가 없어도 어느 것이 목적어인지 분명할 때는 이를 생략할 수 있는데 이러한 현상은 대개 구어체에서 일어난다.

> **예** 나 **물** 좀 줘.
> 가방 놓고, **손** 씻고, 이것 먹어라.
> 어서 **전화** 걸어 봐.
> 이 **책** 좀 읽어봐.

2. 모음으로 끝나는 명사 다음에는 '−를' 대신에 '−ㄹ'만을 줄여서 쓰기도 하는데 이는 구어체에서 많이 쓴다.

> **예** 누굴 보고 웃었니?
> **날**보고 손짓을 한다.
> **뭘** 드릴까요? **이걸** 드릴까요?

****

2. 목적격 조사 외에 다른 조사 대신 쓰이는 경우
'−를/을'은 문장에서 '−에, −에게, −과/와, −에서, −(으)로' 등의 대신으로 쓰이거나 이들과 관련된 용법으로 쓰인다. 그리고 문장 서술어와 함께 각각의 의미를 나타낸다.

> **예** 나는 학교**를**(←학교에) 다닙니다.
> 우리는 부산**을**(←부산에) 간다.
> 이 과일은 아이들**을**(←아이들에게) 주세요.
> 혜리는 자기 남자 친구 사진을 우리**를**(←우리에게) 보였다.
> 딸들이 어머니**를**(←어머니와) 닮았군요.
> 우리는 말없이 길**을**(←길에서) 걸었다.
> 비행기가 하늘**을**(←하늘에서) 날아갑니다.
> 우리는 점심을 먹고 곧 산**을**(←산에서) 내려왔다.
> 사람들은 아파트 베란다를 작은 방**을**(←방으로) 만든다.
> 최 교수는 제자를 사위**를**(←사위로) 삼았다.

3. 다른 조사나 부사, 부사류어에 붙어서 양태나 정도를 강조하는 경우

> **예** 그 남자는 자기 아내만을 생각합니다.
> 선생님은 철수하고 나하고**를** 혼동하신다.
> 목이 아파서 음식을 조금**을** 못 먹어요.
> 무엇이든지 꼼꼼하게**를** 하려고 해 봐요.

아이가 잠시도 가만히 있지를 못하고 뛰어다닌다.

**
[-(으)ㄹ] 리가 있다/없다

범주　통어적 구문

구조　관형사형 어미 -(으)ㄹ + 의존명사 리 + 조사 -가 + 동사 있다/
없다

의존명사 '-리'는 이유나 까닭을 나타내는 말로서 문장에서 주격
조사 '-가'와만 결합하고, 이것의 서술어로는 '있다/없다'만 쓰인
다. '-(으)ㄹ 리가 있다/없다'는 관용적 표현으로 동작동사, 상태
동사, 이다동사와 어울려 쓰인다. 서술문에는 '-(으)ㄹ 리가 없다'
만 쓰고, '-(으)ㄹ 리가 있다'는 의문형태로만 쓴다. 서술문이나
의문문 모두 부정을 나타낸다. 완료시상어미와 결합한다.

의미　'-(으)ㄹ 까닭이 있다/없다'의 뜻이다.

> **예**　휴일인데 준수가 집에 있을 **리가 없**지요.
> 내가 네 이름을 잊을 **리가 있**니?
> 그 애가 그런 거짓말을 했을 **리가 있**나요?
> 연락도 없이 지금까지 돌아오지 않다니, 그럴 **리가 있**나?
> 아까 전화한 사람이 준수씨 동생**일 리가 없**어요. 그는 동생이 없어요.

*
-(으)리다

범주　종결어미

구조　동작동사에 붙어서 쓰이는 하오체 종결어미이다.

의미　화자가 미래시에 기꺼이 어떤 일을 할 의지를 보이거나 또는 어떤
일에 대한 추측을 나타낸다. 의지를 보이는 경우는 주어가 1인칭이
고 추측을 나타내는 경우는 3인칭이다. 고어체로서 젊은층에서는
잘 쓰지 않는다.

> **예** 빌린 돈은 꼭 갚**으리다**.
> 통역은 내가 해 드리**리다**.
> 여러분의 은혜는 평생 잊지 않**으리다**.
> 조심해요. 지갑 잃어버리**리다**.
> 이번 권투 시합에서는 김 선수가 꼭 이기**리다**.

＊
-(으)리라

범주　종결어미
구조　동작동사나 상태동사에 붙어서 쓰이는데, 주로 운문에서 쓰여 시
　　　나 노랫말에 많이 쓰인다.
의미　화자의 미래에 대한 의지나 추측을 나타낸다.

<☞ p. 90 -(으)ㄹ 것이다>

> **예** 언젠가는 통일이 되**리라**.
> 너는 앞으로 복을 받으**리라**.
> 이 생명 다 하도록 그대를 사랑하**리라**.
> 가정 환경이 좋으니 성격이 원만하**리라**고 생각해요.
> 경험이 있으니까 잘 해 내**리라**고 생각합니다.

＊＊
-(으)ㅁ

범주　명사형 어미
구조　동작동사, 상태동사, 이다동사에 붙어서 동사를 명사형으로 만드
　　　는 명사형 전성어미이다.
의미　주로 문어체 문장에서 많이 쓴다. '-기'가 행동적이고 외면적인데
　　　비하여 '-(으)ㅁ'은 사실적이고 관념적이며, 내면적이다. 따라서
　　　동사도 진행성이 아닌 지시형인 것이 많다. <☞ p. 124 -기> 이것
　　　을 구어체에서는 '-는 것'으로 바꾸어 쓸 수 있다.

1. 동사 어간과 결합하여 명사로 굳어진 것

   웃다 → 웃음   알다 → 앎   슬프다 → 슬픔   꾸다 → 꿈
   울다 → 울음   살다 → 삶   기쁘다 → 기쁨   지다 → 짐
   믿다 → 믿음   얼다 → 얼음   아프다 → 아픔   추다 → 춤
   조리다 → 조림   졸다 → 졸음   젊다 → 젊음

붙임

다음 경우에는 목적어와 서술어가 동일 어근이다.

예   **잠**을 자다 / **춤**을 추다 / **짐**을 지다 / **꿈**을 꾸다

2. 동사의 어간과 결합하여 그 술어와 관계된 문장을 명사화시키고, 주문장의 한 요소가 되는 경우
   - '–(으)ㅁ'은 사실성을 전제로 하므로 '–겠–'은 쓰지 않고, '–었–' 만 쓴다.

예   그가 한국 사람**임**을 알았다.
그가 결혼했**음**을 모르고 있었다.
그 여행이 두 사람의 **만남**의 계기가 되었다.
말을 **함**이 안 **함**만 못할 때가 있다.
그 말씀을 들**음**으로써 믿**음**이 생기었다.

3. 문장의 종결을 명사화해서 맺는 경우
   - 어떤 사실이나 정보를 알리는 서술문 '–ㅂ니다'의 구실을 한다. 경고문, 보고문, 사전, 법령 등에 쓴다.
   - '–기'와 달리 '–겠–, –었/았–'을 쓸 수 있다.

예   관계자 이외에는 들어오지 못**함**.
성적이 우수하여 이 상장을 **줌**.
유창성은 있으나 발음에 문제가 많**음**.
비행기는 제시간에 출발하였**음**.
오늘은 약간의 비가 오겠**음**.

＊
-(으)ㅁ직하다

범주　종결어미

구조　일부 상태동사와 어울리거나 동작동사의 명사형과 어울리어 쓰
인다.

의미　'그럴 것 같다, 그럴 가치가 있다' 또는 '그러한 상태에 있음'의
뜻을 나타낸다.

예　사과가 빨갛게 익어서 아주 먹**음직합니다.**
체격이 좋아서 **듬직해 보인다.**
그 사람이 갔**음직한** 곳은 다 찾아보았다.
그것은 학생으로서 **바람직한** 행동이 아니다.
믿**음직한** 사나이가 나타나서 그 여자를 구해 주었어요.

＊
-(으)마

범주　종결어미

구조　해라체 서술형 종결어미로서 동작동사와 결합한다. 시상어미와는
쓰지 못한다. 구어체에서 많이 쓴다.

의미　화자가 청자에게 자기 의지를 나타내며 앞으로 일에 약속함을 나
타낸다. <☞ p. 249 -ㄹ게>

예　여기는 내가 있**으마.**
아기는 내가 봐 주**마.**
며칠 있다가 또 오**마.**
너희들 말대로 이제는 술과 담배를 끊**으마.**
이제는 네가 공부할 때 방해하지 않**으마.**

*
-마다

범주 보조사

구조 명사에 붙어서 쓰이는데 다른 조사와 어울릴 수 있다. 예를 들면
'-마다도, -마다는, -마다의'가 쓰인다.

<☞ p. 454 [부록 12] 조사의 이중 배합표>

의미 '하나하나를 빠뜨리지 않고 모두'의 뜻을 나타내는 보조사이다.

예 주말**마다** 무엇을 하십니까?
30분**마다** 섬으로 떠나는 배가 있습니다.
방**마다** 불을 켜놓고 나갔구나!
사람**마다** 얼굴이 다르듯이 생각이 다릅니다.
광복절에는 집집**마다** 태극기를 답니다.

*
-마따나

범주 보조사

구조 명사에 붙어서 '-처럼, -같이'의 뜻을 나타낸다. 이 조사는 '말'
혹은 '말씀'에만 붙어서 쓰이고, 그 '말'이ㄴ '말씀' 앞에는 사람
을 나타내는 단어가 붙는다. 이는 문장 전체를 수식하는 부사구가
되고 그 말을 긍정적으로 받아들이는 말이 문장의 내용이 된다.

의미 '누구누구의 말처럼', 혹은 '누구누구의 말씀같이'의 뜻으로만
쓰인다.

예 김 선생 말**마따나** 우리가 좀 양보할 걸 그랬어요.
어머니 말씀**마따나** 형만한 아우가 없나봐요.
애들 말**마따나** 참 쪽팔리는데요.
의사 선생님 말씀**마따나** 너는 무리를 하지 말아야 한다.
네 말**마따나** 밤잠을 못자서 신경이 날카로워졌나 보다.

*
[-기/게] 마련이다

범주　통어적 구문

구조　동사 + 명사형 어미 -기 + 이다동사

- 동작동사, 상태동사, 이다동사가 '-기'와 결합하여 명사절이 되고 거기에 마련이다가 연결된 구문이다. '마련'은 '그리되는 것은 당연함'의 뜻을 가진 명사이다. '-(으)면 -기 마련이다'의 문형으로 쓴다.

  사람은 만나면 헤어지다 + -기 + 마련 + 이다
  → 사람은 만나면 헤어지기 마련이다.

의미　'-기' 앞에 놓인 동작이나 사실 등이 자연스럽거나 당연함을 나타낸다. 따라서 일반적인 규칙이나 진리에 쓰이며 격언이나 속담에 많다.

예　주머니에 돈이 있으면 쓰**기 마련이다.**
　　공부를 잘하면 얼굴도 예뻐 보이**기 마련이다.**
　　팔은 안으로 굽**기 마련이다.**
　　암탉이 울면 집안이 망하**기 마련이라**는 말이 있다.
　　역사는 어떻든지 흐르**기 마련입니다.**

붙임

　'-기 마련이다'는 '-게 마련이다'와 같은 뜻으로 쓴다. '-게 마련이다'는 동사에 부사형 어미 '-게'를 써서 뒤에 오는 '마련이다'를 수식하는 것으로 '-기 마련이다'와 대체할 수 있다.

*
-마저

범주　보조사

구조　명사에 붙어서 쓰인다. 격조사 '-이/가, -을/를' 대신 쓸 수 있다.

연결어미나 명사형 어미 '-기'와 결합하여 쓰인다.

'-에마저, -에서마저, -어서마저, -면서마저, -기마저'

의미　'앞에 어떤 사실이 있는데 거기에 더 보태서, 혹은 마지막 남은 이 것까지도'의 뜻을 나타낸다. 서술어는 보통 '부정적인 것, 바람직 하지 않은 것'을 나타내는 것이 대부분이다. <☞ p. 399 -조차>

예　너**마저** 나를 의심하니?
바쁜 날은 자동차**마저** 말썽을 부린다고요.
하나 밖에 안 남았는데 그것**마저** 가져 가다니!
남동생은 어렸을 때도 나를 귀찮게 하더니 커서**마저** 귀찮게 한다.
어렸을 때 아버지가 돌아가셨는데 몇 년 전에 어머니**마저** 저 세상으로 가셨어요.

붙임　'-마저'와 '-조차'의 비교
　'-마저'가 더 보탬, 마지막의 극한성을 나타내고 '-조차'는 잇달아 더 보탬을 나타내는데, 그 뜻의 차이가 있음에도 불구하고 이들은 서로 대치할 수 있다.

-만

범주　보조사
구조　명사, 조사, 어미, 부사에 두루 붙어서 쓰인다.
의미　'오직, 단지'의 뜻으로 쓰이며 문장에서는 다음 몇 가지 뜻으로 쓰인다. <☞ p. 314 밖에, p. 331 뿐>

＊＊＊

1. 사물을 최소한으로 한정하여 말하는 경우

예　모두 왔는데 영수**만** 안 왔어요.
그이는 나**만**을 생각할 거야.
조금**만** 먹어도 배가 불러요.
낙제**만** 안 하면 아무 걱정이 없을 것 같아요.
온돌방에서**만** 살았기 때문에 침대 생활이 거북해요.

✳✳✳
2. 앞의 사실이나 동작을 강조하는 경우

예 병원에는 안 가고 약**만** 사다가 먹어요.
집을 잃은 아이는 말을 안 하고 울기**만** 했어요.
아주머니는 거짓말**만** 하고 약속을 안 지킵니다.
보기**만** 해도 침이 꿀떡꿀떡 넘어간다.
돈이 없다더니 잘**만** 쓰네요.

붙임

문장에서 주격 조사나 목적격 조사를 대치해서 쓸 수 있고 같이 쓸 수도 있다. 그러나 그 밖의 조사나 어미와는 앞뒤에 어울려서 쓰인다.

예 –에**만**, –에서**만**, –까지**만**, –에게**만**, –한테**만**, …
–**만**도, –**만**은, –**만**을, –**만**이라도, …
–ㅂ니다**만**, –어야**만**, –어서**만**, –다고**만**, –고서**만**, …

✳✳
3. 정도를 비교하는 경우

• '–만큼'과 같이 비등함을 나타낸다. 그러나 '–만큼'과 대치할 수는 없고, 대개 '–만 못하다'의 형태로 쓴다.

예 고속 버스로 가는 것이 기차로 가는 것**만** 못할 걸요.
아까 들은 소식은 안 들은 것**만** 못해요.
형이 동생**만**도 못하구나.
새로 나온 교재가 전에 쓰던 교재**만** 못하다.
좋은 호텔이라도 우리집**만** 못하다.

✳✳
–만 해도

범주 통어적 구문
구조 보조사 –만 + 동사 하다 + 연결어미 –여도
보조사 '–만'과 동사 '하다'의 활용형이 연결된 형태로서 명사에

붙어서 쓰인다.

의미 ‘마음 속으로는 여러 가지를 고려하고 있지만 그 중에서 선행하는 명사 한가지에 대해서만 말해도 어떠하다’는 뜻을 나타낸다. 따라서 이것은 강한 표현으로 쓰인다.

예 한국은 인구가 많아요. 남한**만 해도** 4500만이 넘어요.
용돈이 부족합니다. 교통비**만 해도** 작년보다 10% 올랐거든요.
옷을 좀 사야겠어. 치마**만 해도** 이거 하나 부에 없잖아.
요즘 읽을 만한 책이 많이 나왔어요. 시집**만 해도** 몇 권 있던데요.
며칠 전까지**만 해도** 덥다고 했는데 이젠 제법 쌀쌀해요.

✳✳✳
-만에

범주 결합형
구조 의존명사 만 + 조사 -에
‘동안’을 의미하는 의존명사 ‘만’에 시간을 나타내는 조사 ‘-에’가 결합한 것으로, 시간을 나타내는 명사와 어울려서 쓰인다. ‘만에’ 다음에 오는 서술어는 동작동사이어야 한다.

의미 어떤 일이 일어난 지 얼마 뒤에 또 다른 일이 일어남을 나타낸다.

예 1년 **만에** 집을 지었어요.
얼마 **만에** 한국에 오셨어요?
그는 석달 **만에** 다시 직장에 나가게 되었다.
결혼한 지 3년 **만에** 아기를 낳아서 여간 기쁘지 않아요.
자동차를 고친 지 일주일 **만에** 또 고장이 났어요.

붙임

1. ‘-만에’ 앞에는 ‘동작이 완료된 상태가 시간적으로 얼마가 지났다’는 뜻을 나타내는 ‘-ㄴ 지’가 오는 것이 보통이다.
2. 오래 전에 만났고 한동안 만나지 못한 사람에게 인삿말로 ‘오래간만입니다’를 쓴다.

✳✳✳
-만큼

범주   보조사

구조   명사에 붙어서 쓰인다.

의미   앞에 오는 명사와 문장에 있는 또 다른 명사의 정도가 비슷함을 나타낸다.

> **예**   아들이 아버지**만큼** 키가 컸다.
> 우리집 사람들**만큼** 착한 사람은 없을 걸요.
> 내가 너**만큼** 영어를 잘 할 수 있을까?
> 부부 생활에서 사랑**만큼** 중요한 것은 없다.
> 독서**만큼** 우리에게 기쁨과 행복을 주는 것이 없다.

붙임

　'-만큼'이 쓰인 문장이 부정문일 때는 두 가지 의미로 해석할 수 있는데 어떤 의미로 쓰이는가는 상황에 따라서 알 수 있다.

> **예**   이 방은 내 방**만큼** 넓지 않아요.
> (① 내 방이 넓은데 이 방은 좁다는 뜻)
> (② 내 방이 좁은데 내 방과 같다는 뜻)
>
> 한국말은 영어**만큼** 어렵지 않아요.
> (① 영어는 어렵지 않은데 한국말도 그와 같이 어렵지 않다.)
> (② 영어는 어려운데 한국말은 영어보다 쉽다.)

✳
-(느/으)니만큼

범주   결합형

구조   연결어미 -(느/으)니 + 의존명사 만큼
동사에 붙어서 선행절을 후행절에 종속적으로 연결한다. 동작동사에는 '-(느)니만큼', 상태동사에는 '-(으)니만큼'을 쓴다. 시상어미는 과거의 '-었-'을 쓰고, 미래 추정 '-겠-'은 쓰지 않는다.

의미 선행절이 후행절에서 말하고자 하는 것의 정도를 헤아려 보는 근거가 됨을 나타내는 연결어미이다. '-는 만큼'의 뜻 중, 정도의 근거를 나타내는 경우와 같아서 이와 대치할 수 있다.

<☞ p. 292 -는 만큼>

예 경제 사정이 여의치 않**으니만큼** 경기가 호전될 때까지 기다리자.
바람이 불고 날씨가 사나**우니만큼** 출발을 연기해 봅시다.
그 분은 명예 교수**이니만큼** 대우를 해 드려야 합니다.
이것은 백제 때의 유물**이니만큼** 제대로 보존해야 할 겁니다.
신제품은 우리가 심혈을 기울여서 만들었**으니만큼** 꼭 성공하리라고 생각합니다.

붙임

시간이나 장소를 나타내는 일부 명사가 반복되어 '-이/가 -(이)니만큼'의 문형으로 쓰이는 경우가 있는데, 이때는 선행절이 화자와 청자가 서로 이해가 되는 특정 시간이나 장소를 나타내고 이를 근거로 하여 후행절이 이루어짐을 나타낸다.

예 시대가 시대**니만큼** 말조심 해요. (자유롭게 말할 수 없는 시대, 언론의 자유가 없는 시대)
때가 때**니만큼** 한잔 하고 싶은 생각이 나는데요. (저녁 퇴근 때)
나이가 나이**니만큼** 인생에 대한 고민이 있겠지요. (청춘시절)
장소가 장소**니만큼** 세금이 많습니다. (좋은 장소)

＊
-(으)리만큼

범주 결합형
구조 동작동사나 상태동사에 붙어서 쓰이며 뒤에 조사 '-은, -도'를 붙여서 쓸 수 있다.
- '-(으)ㄹ 만큼'과 비슷하게 쓰인다.
- 시상어미 '-었/았/였-'은 쓰지만 '-겠-'은 쓰지 못한다.

의미 '무엇을 할 수 있을 정도로'의 뜻을 나타낸다.

예　늙어서 먹**으리만큼**은 재산이 있는 모양입니다.
내가 두 사람 사이를 눈치채지 못하**리만큼** 바보는 아니다.
그는 내가 부끄러우**리만큼** 나를 칭찬하였다.
이력서를 자기 손으로 치**리만큼** 컴퓨터를 한다.
이제는 혼자서도 걸을 수 있**으리만큼** 회복되었습니다.

[-는/(으)ㄴ/(으)ㄹ] 만큼

범주　통어적 구문
구조　관형사형 어미 -는/(으)ㄴ/(으)ㄹ + 의존명사 만큼
　　　동작동사나 상태동사와 쓰인다.
의미　정도가 비슷함을 나타내거나 정도를 헤아려 보는 근거가 됨을 나
　　　타낸다.

＊＊＊
1. 정도가 비슷함을 나타내는 경우

예　그 분이 아시**는 만큼** 나도 미술에 대해서 알아요.
다른 사람이 마시**는 만큼** 나도 맥주를 마셨습니다.
씨를 뿌**린 만큼** 거둘 거야.
많이 있으니 네가 가지고 싶**은 만큼** 가져.
우리는 참을 수 없**을 만큼** 화가 났어요.

＊＊
2. 정도의 근거를 나타내는 경우
- 선행절을 근거로 하여 그 정도의 결과가 후행절에 나타남을 뜻
한다.
- 미래를 나타내는 관형사형 어미 '-(으)ㄹ'은 쓰지 않는다.

예　내가 네게 영어를 가르치**는 만큼** 너도 내게 한국말을 가르쳐주겠지.
동생이 다쳐서 입원까지 **한 만큼** 우리도 손해 배상을 받아야 한다.
조영호의 실력이 뛰어**난 만큼** 일등상은 당연히 그에게로 돌아가야지요.
이번에 발표된 노래는 청소년의 기분에 맞**는 만큼** 인기가 있을 거예요.
예산이 넉넉하지 않**은 만큼** 인건비도 조금 줄 거예요.

> 붙임
>
> 　정도의 근거를 나타내는 경우는 '-(느/으)니만큼'으로 대치할 수도
> 있다. <☞ p. 290 -(느/으)니만큼>

*

[-(으)ㄹ] 만하다

품사　통어적 구문

구조　관형사형 어미 -(으) + 의존명사 만 + 동사 하다
　　　관형사형 어미 '-(으)ㄹ'과 의존명사 '만'과 동사 '하다'가 결합
　　　한 형태로서, 동사에 붙어서 선행동사의 의미를 보충해 주는 기능
　　　을 한다.

의미　동사에 붙어서 '동작이나 상태가 그 정도에 미친다'거나 혹은 '그
　　　럴만한 가치가 있음'을 나타낸다.

　예　쓸 **만한** 것은 버리지 말아요.
　　　그가 있을 **만한** 곳은 다 찾아 보았지만 보이지 않아요.
　　　그는 믿을 **만한** 사람이 못 됩니다.
　　　요즘 서점에는 읽을 **만한** 책이 많아졌다.
　　　그 식당 음식이 먹을 **만하더군요**.

> 붙임
>
> 　'-만'과 '하다' 사이에 '-은, -도'와 같은 보조사가 붙어서 '-(으)
> ㄹ만은 하다, -(으)ㄹ만도 하다'와 같이 쓰인다.

***

말고

범주　보조사

구조　명사에 붙어서 쓰인다. '-는, -도'와 같은 조사를 붙여서 쓸 수 있

다. < p. 294 -말고도 >

의미   '-은 아니고, -은 제외하고'의 뜻을 나타낸다. 구어체에서 많이 쓰인다.

예   너**말고** 그 옆에 사람 말이다.
그 노래**말고** 다른 노래 좀 해 봐요.
만두**말고** 좀더 맛있는 거 없을까?
현금**말고** 저금한 돈도 좀 있어요.
아버지는 사업**말고**는 아무 것도 모르는 분이다.

**

-말고도

범주   보조사
구조   부정의 보조동사 '말다'의 활용형과 조사 '-도'가 결합한 형태로서 문장에서 보조사로 쓰인다.
의미   명사에 붙어서 '그 명사 외에도'의 뜻으로 쓴다.

예   오늘은 숙제**말고도** 할 일이 많아요.
그는 윤희 씨**말고도** 사귀는 사람이 있어요.
나는 이 우산**말고도** 또 있으니까 염려 말고 쓰고 가세요.
아저씨는 이 집**말고도** 시내에 빌딩을 가지고 있다.
그 작가는 이 소설**말고도** 다른 작품을 많이 발표했습니다.

***

말다

범주   보조동사
구조   의존동사로서 '말고, -지 말다, -고 말다'의 형태로만 쓰인다.
• 부정문에서, 서술문과 의문문에 '-지 않다, -지 못하다'가 쓰이고 명령문이나 청유문에 '-지 말다'가 쓰인다. 명령이나 권유를 받는 사람이 그 명령이나 권유를 받아들일 수 있는 동작동사하고만 어

울린다. <☞ p. 31 부정법 7.5>

- 연결어미 '–고'와 결합한 '–고 말다'의 형태로 쓰이어 결국은 앞의 동작을 마쳤음, 이루었음을 나타낸다. <☞ p. 296 –고 말다>

의미 '금지하다, 말리다, 하던 일을 그만두다'의 뜻을 나타낸다.

예 여기서는 담배를 피우지 **마십시오.**
수업 시간에는 껌 씹지 **말아라.**
이제부터는 지각하지 **말자.**
잔디밭에 들어가지 **마시오.**
아이를 울리지 **말아라.**

✳✳✳
–고 말고(요)

범주 통어적 구문
구조 연결어미 –고 + 보조동사 말다 + 연결어미 –고(요)
연결어미 '–고'와 보조동사 '말다'의 결합 형태에 연결어미 '–고'가 붙어서 굳어진 형태이다.
시상어미는 '–었–'만을 쓸 수 있는데 첫번째 '–고' 앞에 온다.

의미 동사에 붙어서, 상대방의 말에 강한 긍정을 나타내거나 혹은 화자의 강한 의지를 나타내는 종결형으로 쓰인다.
문장 앞에 강한 긍정을 도와주는 부사, '그럼, 물론, 암' 등을 자주 쓴다.

예 가 : 제 부탁을 들어 주시겠어요?
나 : 그럼요, 들어 드리고 **말고요.**

가 : 우리 의견에 찬성하세요?
나 : 물론 찬성하고 **말고요.**

가 : 파티는 재미있었어요?
나 : 암, 재미있었고 **말고.**

가 : 다음 주에 같이 여행갈 거지?
나 : 물론이지, 같이 가고 **말고.**

가 : 그 학생이 성실합니까?
나 : 그럼요. 성실하고 **말고요**.

**
-고 말다

범주 보조동사

구조 연결어미 -고 + 동사 말다

연결어미 -고와 부정의 뜻을 나타내는 동사 '말다'가 결합한 보조동사이다. 동작동사와 결합한다. 명령형과 청유형으로는 쓸 수 없다.

예 고향으로 돌아가다 + -고 + 말다
→ 고향으로 돌아가고 말았다.

의미 여러 가지 과정을 거쳐서 종말에는 동작이 끝남을, 동작이 완료됨을 나타낸다.

조심했지만 감기에 걸리고 **말았어요**.
늑장을 부리다가 기차를 놓치고 **말았다**.
두 사람은 결국 이혼하고 **말았다**.
설거지를 하다가 그릇을 깨트리고 **말았습니다**.
주인공은 마지막 장면에서 사랑을 고백하고 **맙니다**.
<☞ p. 316 붙임 '-어/아/여 버리다'와 '-고 말다'의 비교>

**
말이다

범주 통어적 구문

구조 명사 '말'과 이다동사가 결합한 형태이다. 명사, 부사, 부사절, 혹은 문장과 연결되어 쓰인다. 서술형과 의문형으로만 쓰고, 존대형으로는 '말씀입니다'를 쓴다.

의미　'~을 의미한다, 뜻한다'의 뜻을 나타낸다.

1. 명사, 부사, 부사절+말입니다

- 이 경우는 선행하는 서술어를 반복하는 대신 '말입니다'를 쓴다.

例　가 : 이리 오세요.
　　나 : 저 **말입니까?**
　　가 : 아니오, 노란 모자 쓴 분 **말입니다.**

　　가 : 나는 책을 샀습니다.
　　나 : 무슨 책을 **말입니까?**
　　가 : 소설 책을 **말입니다.**

　　가 : 어제는 극장에 갔었어요.
　　나 : 누구하고 같이 **말이야?**

2. 선행문 + 말입니다

- 대화체 응답문에서 선행문 다음에 쓰여 후행문을 대신한다.

　　가 : 두 분은 오늘 여행을 떠나셨어요.
　　나 : 눈이 오는데 **말입니까?** (눈이 오는데 떠나셨습니까?)

　　가 : 수영은 못하겠어요.
　　나 : 힘들어서 **말입니까?**

　　가 : 약속이 있다고 나갔어요.
　　나 : 밥도 안 먹고 **말이야?**

　　가 : 참 좋은 사람이니 한번 만나 보세요.
　　나 : 만나기 싫은데도 **말이에요?**

3. 문장 + -(으)ㄴ/는 말입니다

- 자신의 말이나 상대의 말을 반복할 때 쓰는데 이 경우의 문장은 간접화법의 형식을 쓴다.
- 이 말은 화자가 두 번 반복하여 화가 났거나 강조하는 뜻이 있으며 품위는 없다.

例　이 신용 카드는 유효 기간이 지났**단 말입니다.**
　　내 말은 여기가 좁**단 말이다.**
　　누가 그걸 모르느**냔 말이오.**

어서 가**잔 말이야.**
빨리 불을 켜**란 말이야.**

4. '명사, 부사, 부사어, 연결문 + 말입니다'의 형식이 두 번 이상 반
복된 경우

- 선행어를 강조하는 것으로 '-요'와 뜻은 다르지만 쓰임은 같다.

예 저 **말입니다,** 점심 때가 되었으니까 **말입니다,** 저기 식당으로 갑시다.
엊저녁에 **말이지요,** 우리집 앞에서 **말이에요,** 운전 연습을 하다가 **말
이지요,** 사고를 냈단 **말이에요.**
누가 **말인데요,** 우리집에다가 **말이지요.** 전화로 장난을 해요.
나는 **말이지요,** 이번 방학에 **말이지요,** 학회 초청을 받아서 **말이지
요,** 유럽에 가요.

✳

[-(으)로] 말미암아

범주 통어적 구문
구조 조사 -(으)로 + 동사 말미암다 + 연결어미 -아
일부 명사에 붙어서 쓰인다. 후행절의 서술어는 대부분 피동형,
'-게 되다', '-어 지다', 혹은 '생기다'와 같은 말을 쓴다.
의미 앞의 명사가 원인이 되어 후행절의 결과가 나옴을 나타낸다.
예 이 지방은 통조림 공장의 설립**으로 말미암아** 활기가 생겼습니다.
그는 남편의 뜻하지 않은 승진**으로 말미암아** 과장 부인이 되었다.
강도 사건**으로 말미암아** 경찰들에게 비상 근무령이 내렸습니다.
환경 오염**으로 말미암아** 생태계는 큰 변화를 가져오게 되었다.
대수롭지 않은 말 한마디**로 말미암아** 두 사람 사이는 벌어지게 되었다.

붙임 '-(으)로 인해서', '-는 바람에', '-(으)로 말미암아'의 비교
'-로 인해서'는 원인이 선행 명사에 직접적으로 관련되어 있는 느
낌이고, '-는 바람에'는 동사에 붙여서 쓰므로 '그 동사 바람에, 그
영향으로'의 느낌이다. '-(으)로 말미암아'는 '선행 명사로부터 어떤
영향으로'의 뜻을 나타내어 체계화된 느낌, 정돈된 느낌이 든다. 따라
서 '-(으)로 말미암아'는 문어체나 공식적인 말에 많이 쓴다.

＊
[-기에] 망정이지

범주   통어적 구문

구조   명사형 어미 -기 + 조사 -에 + 명사 망정 + 이다동사 + 연결어미 -지
'-기' 앞에는 현재나 완료시상어미가 올 수 있다. 후행절의 서술어
는 가정법 문형으로 실제 사실의 반대 상황이 제시된다.

그가 왔다 + -기 + -에 + 망정이다 + -지
→ 그가 왔기에 망정이지

의미   선행절처럼 잘 했음을 다행스럽게 생각하그 후행절의 바람직하
지 않은 일을 피할 수 있었음을 나타낸다. 만일 선행절과 같이 하지
않았음을 가정하면 후행절의 일이 잘 안 되었거나 현재와 다른 결
과가 나왔을 것임을 나타낸다.

예   조심해서 운전을 했**기에 망정이지** 잘못했으면 사고가 났을 거예요.
우산을 준비했**기에 망정이지** 소나기를 다 맞을 뻔했다.
마침 돈이 있었**기에 망정이지** 그렇지 않았으면 걸어서 왔을 거예요.
마음에 맞는 사람을 만났**기에 망정이지** 그렇지 않았으면 나는 결혼
을 안 했을 걸.
하느님이 도와주셨**기에 망정이지** 그 때 우리는 모두 죽었을 거야.

＊
-(으)며

범주   연결어미

구조   동작동사, 상태동사, 이다동사에 붙어서 선행절과 후행절을 연결
한다.

의미   두 가지 이상의 동작이나 상태의 나열을 나타낸다. 이 나열은 공간
나열과 시간 나열로 나눌 수 있다.

1. 공간 나열의 경우

• 동작동사, 상태동사, 이다동사에 두루 쓰인다.

- 나열의 뜻을 가진 연결어미 '-고'로 대치할 수 있다.
- 선행절과 후행절을 대등적으로 연결한다.

예   현재 그 집 부모는 서울에서 살**며** 아이들은 미국에서 산다.
이 그림의 가로는 25센티이**며** 세로는 15센티입니다.
신랑은 키가 크**며** 체격이 좋은 편이다.
이런들 어떠하**며** 저런들 어떠하리.
책이며 필기도구**며** 모두 두고 떠났다.

2. 시간 나열의 경우

- 동작동사와만 어울린다. 같은 시간 대에 두 가지 이상의 행위를 하는 동시 나열로서, 선행절과 후행절의 주어는 동일하다. 동시 나열을 나타내는 '-면서'로 대치할 수 있다.

<☞ p. 306 붙임 '-(으)면서'와 '-(으)며'의 비교>

- 선행절을 후행절에 종속적으로 연결한다.

예   나는 문을 열**며** 아이들을 불렀다.
그 여자는 직장 생활을 하**며** 아이들을 키웠습니다.
음악을 들으**며** 운전하니 마음이 안정이 되지?
급한 것이 아니니까 놀**며** 천천히 해.
사업가가 되겠다는 꿈을 꾸**며** 경영학과에 입학했습니다.

붙임

1. 동시 나열의 경우에는 두 개의 동사가 굳어서 부사가 된 것도 있고 관용어처럼 쓰는 것도 있다.

예   그는 자기의 억울한 사정을 울**며** 불**며** 말했다.
접시에 있던 과일을 아이들이 오**며** 가**며** 다 먹었다.
피곤해서 김 선생의 이야기를 졸**며** 들으**며** 했어요.

2. '-(으)며'와 '-고'의 비교

-(으)며	-고
공간 나열의 뜻을 가진 '-(으)며'는 선행절과 후행절이 서로 계속되는, 연속의 느낌이 있다.	공간 나열의 뜻을 가진 '-고'는 선행절과 후행절이 서로 연관 없이 단절된 느낌이 있다.

***
-(으)면

범주   연결어미

구조   동작동사, 상태동사, 이다동사에 붙어서 선행절을 후행절에 종속
적으로 연결한다.
시상어미 '-었-, -겠-'과 존대형 어미 '-시-'를 쓸 수 있다.

의미   선행절은 후행절에 대하여 가정적 조건을 나타내는데 이것은 후
행절이 실현 가능성이 있느냐 없느냐에 따라 두 가지로 나눌 수
있다.

  1. 후행절이 구체적인 일회성 사건으로서 가정적 조건인 경우

- 일반적으로 '혹시'나 '만일'과 같은 부사가 앞에 온다.
- 시상어미 '-었-, -겠-'을 쓸 수 있다.

예   비가 오**면** 안 가겠습니다.
추우**면** 이 옷을 더 입으십시오.
다 읽으셨**으면** 느낌을 말씀해 주세요.
혹시 급한 일이 생기**면** 선생님께 연락을 합니다.
만일 표가 다 팔렸**으면** 어떻게 하지요?

  2. 후행절이 일상적이고 반복적이며 일반적인 사건으로서 가정적 조
건인 경우

- 사실적인 것, 습관적인 것, 반복적인 것을 말한다.
- 시상어미 '-었-, -겠-'을 쓸 수 없다.

예   해가 지**면** 달이 뜹니다.
요즘은 모르는 사람이 오**면** 문을 얼른 안 열어 줍니다.
무슨 일이나 익숙하지 않으**면** 실수를 하기 쉽습니다.
가을이 되**면** 사과가 빨갛게 익습니다.
주차 위반을 하**면** 경찰은 벌금 딱지를 뗍니다.

***
–(었)으면 좋(겠)다

범주 통어적 구문

구조 가정을 나타내는 '–(으)면'에 '좋다'라는 상태동사가 결합한 형태로서 시상어미를 붙여서 자주 쓴다. '좋다' 외에 '하다, 싶다'를 쓰기도 한다.

의미 화자의 희망을 나타낸다.

> **예** 이제 그만 집에 갔**으면 좋겠어요.**
> 평화로운 세상이 되었**으면 합니다.**
> 이 한 해도 우리 모두 건강하고 원하는 일이 이루어졌**으면 해요.**
> 모든 일들이 원만하게 해결되었**으면 싶어요.**
> 정말이지 두 사람이 화해를 했**으면 좋겠습니다.**

***
–(으)면 –(으)ㄹ수록

범주 통어적 구문

구조 동사1 + 연결어미 –(으)면 + 동사1 + 연결어미 –(으)ㄹ수록
동일한 동사에 붙어서 선행절을 후행절에 종속적으로 연결한다. '–(으)ㄹ수록'만을 쓰기도 한다.

의미 동일한 동사를 두 번 반복함으로써 행위를 여러 번 거듭하거나 정도가 심해짐을 나타낸다.

> **예** 한국말은 배우**면** 배울**수록** 더 재미있어요.
> 잠은 자**면 잘수록** 느는거야.
> 그 일은 생각하**면** 생각**할수록** 분한 생각이 들어요.
> 일은 안 하**면** 안 **할수록** 꾀가 나는 법입니다.
> 이 그림은 보**면** 볼**수록** 깊은 맛이 있습니다.

❋❋
-(으)면 몰라도

범주 통어적 구문

구조 연결어미 -(으)면 + 모르다 + 연결어미 -어도

가정적 조건을 나타내는 연결어미 '-(으)면'에 '몰라도'가 결합한 것으로서 동작동사, 상태동사, 이다동사와 결합한다. '-(으)면' 앞에 시상어미를 쓸 수 있다.

의미 주절의 내용을 강하게 표현하는 말인데, 선행절과 같은 조건에서는 예외가 있음을 약하게 덧붙이는 말이다.

예 비가 굉장히 오**면 몰라도** 축구는 꼭 합니다.
유명한 화가의 작품이**면 몰라도** 너무 비싸군요.
네가 마음에 들**면 몰라도** 또 만나라고는 안 하겠어.
서울에서 살았으**면 몰라도** 한국말을 그렇게 잘 하기는 힘들어요.
개봉 영화**면 몰라도** 나는 피곤해서 그냥 가겠어요.

붙임

인용을 나타내는 어미와 결합하여 '-는/(으)ㄴ다면 몰라도, -(느/으)냐면 몰라도, -자면 몰라도, -(으)라면 몰라도, -(이)라면 몰라도'의 형태로 사용한다.

예 너**라면 몰라도** 영어로 대답을 할 사람은 우리 중에 없다.
만화책이**라면 몰라도** 여행 중에는 책을 안 읽어요.
자가용으로 모셔**간다면 몰라도** 멀어서 안 가겠다.
맛있는 것이나 먹**자면 몰라도** 나는 집에 있겠습니다.
합작을 하**자면 몰라도** 우리만 투자를 하고 싶지는 않아요.

❋
-(으)면 -지

범주 통어적 구문

구조 연결어미 -(으)면 + 동사 + 종결어미 -지

불확실한 조건을 나타내는 연결어미 '-(으)면'과 확인 서술을 나타내는 종결어미 '-지'를 동일한 동사에 붙여 쓴다. 선행절을 후행절에 종속적으로 연결한다. '-지' 앞에 '-었-'을 붙여서 '확실함', '강한 의지' 등을 나타낸다.

후행절에는 부정문이 오거나 또는 선행절의 내용과 대응하는 말이 오고, 대개 비교, 또는 강조의 뜻을 나타내는 보조사 '-은/는'이 들어간다.

의미 선행절에서 불확실한 가정을 한 다음 그것이 그러함을 확인하여, 후행절의 내용을 강조하는 표현이다.

예 그 가게보다 싸**면** 싸**지** 비싸지는 않아요.
돈이 모자라**면** 모자라**지** 남지는 않을 것 같은데요.
이 신발이 댁의 아이한테 크**면** 크**지** 작지는 않을 거예요.
나는 안 하**면** 안 하**지** 시시하게는 안 하는 사람입니다.
죽으**면** 죽었**지** 농사는 안 짓겠다고?

***
-(으)면 안 되다

범주 통어적 구문
구조 연결어미 -(으)면 + 부사 안 + 동사 되다
연결어미 '-(으)면'과 부정의 '안'과 동사 '되다'가 결합한 형태이다. 동작동사, 상태동사, 이다동사와 결합한다.

의미 이러한 조건이면 혹은 이러한 경우면 안 된다고 하는 금지의 뜻을 나타내는 서술구이다.

예 기도 중이니까 들어가**면 안 돼**요.
여기서는 담배를 피우**면 안 됩니다**.
옆 사람 것을 보고 쓰**면 안 됩니다**.
떠들**면 안 되**니까 조용히 해.
밤에 손톱을 깎으**면 안 된다**는 말이 있다.

붙임

1. 금지의 뜻을 가진 이 말은 의무나 부과의 뜻을 가진 '-어/아/여야 하다'와 관계가 있다.

   예　가면 **안 됩니다.** 여기 있어야 합니다.
   　　일을 하시**면 안 됩니다.** 쉬어야 합니다.
   　　술을 마시**면 안 됩니다.** 술을 마시지 말아야 합니다.

2. 이중 부정 '-지 않으면 안 되다'는 '-어/아/여야 하다'와 같은 뜻으로 쓴다.

   예　지금 떠나지 **않으면 안 됩니다.**
   　　지금 떠나야 합니다.
   　　이 일을 오늘 마치지 **않으면 안 돼요.**
   　　이 일을 오늘 마쳐야 해요.

<☞ p. 305 -지 않으면 안 되다, p. 436 -어/아/여야 하다>

***

-지 않으면 안 되다

범주　통어적 구문

구조　보조동사 -지 않다 + 연결어미 -으면 + 부사 안 + 동사 되다
　　　부정을 나타내는 보조동사 '-지 않다'에 조건을 나타내는 연결어미 '-면'이 결합하고 거기에 부정을 나타내는 부사 '안'과 동사 '되다'가 결합한 형태로서, 동작동사나 상태동사에 붙어서 쓰인다. 청유형과 명령형에는 쓰이지 않는다.

의미　마땅히 해야 하는 동작이나 그래야 하는 상황을 나타낸다. 이중 부정으로서 강한 긍정을 나타낸다. '-어야 하다'와 같은 뜻으로 쓰이며 대치할 수도 있다. <☞ p. 436 -어/아/여야 하다>

　예　발음은 자꾸 연습하**지 않으면 안 됩니다.**
　　　물과 전기는 아껴 쓰**지 않으면 안 됩니다.**
　　　교차로에서는 속도를 줄이**지 않으면 안 됩니다.**

단체 생활을 하려면 질서를 지키**지 않으면 안 돼요.**
현대인이라면 외국어를 하나쯤 하**지 않으면 안 돼요.**

-(으)면서

범주 연결어미

구조 동작동사, 상태동사, 이다동사에 붙어서 선행절을 후행절에 종속적으로 연결한다. 선행절과 후행절의 주어는 같다.

의미 선행절의 동작이나 상태와 후행절의 동작이나 상태가 동시에 일어남을 뜻한다.

***

1. 두 개의 동작동사와 결합하여 두 가지의 동작이 동시에 일어나는 경우

   예 그는 텔레비전을 보**면서** 저녁을 먹습니다.
   우리는 비를 맞으**면서** 밤길을 걸었다.
   집은 살**면서** 고치기로 했습니다.
   운전하**면서** 졸면 큰일나요.
   자**면서** 꿈을 꾸어요.

**

2. 두 개의 상태동사나 두 개의 이다동사와 결합하여 두 가지 상황이 함께 존재하는 경우

   예 오늘은 흐리**면서** 안개가 끼겠습니다.
   언니는 날씬하**면서** 건강미가 있다.
   그의 성격은 명랑하**면서** 침착합니다.
   그는 훌륭한 선생님이**면서** 자선가이다.
   부산은 나의 고향이**면서** 생활의 터전입니다.

붙임

1. '-(으)면서'와 '-(으)며'의 비교

-(으)면서	-(으)며
• 동작동사의 경우 같은 시간 대에 두 가지 이상의 행위를 하는 공	• 시간 나열의 경우 '(으)면서'와 비슷한 공시 나열의 경우가 있다.

시 나열을 나타낸다.
• 연결어미 '–고'와 대치할 수 있
  지만 선행절과 후행절의 공시성
  을 나타낸다.
	• 연결어미 '–고'와 대치할 수 있
	  는 공간 나열의 경우가 있다.

2. '–(으)면서'는 다른 조사와 결합하여 '–(으)면서는, –(으)면서도, –(으)면서라면, –(으)면서라도' 등의 형태로 쓰인다.

< ☞ p. 307 –(으)면서도>

******

–(으)면서도

범주　결합형

구조　연결어미 –(으)면서 + 보조사 –도

두 개의 동작이 같은 시간 대에 동시에 일어나는 '–(으)면서'와 보조사 '–도'가 결합한 형태로서 선행절을 후행절에 종속적으로 연결한다. '–도'를 생략하고 '–(으)면서'만 쓰는 경우가 많다.

의미　선행절의 동작이나 상태와 반대되는 말 또는 대응하는 말이 후행절에 온다.

> **예**　서로 좋아하**면서도** 결혼은 안 합니다.
> 그 사람은 냉정하**면서도** 따뜻한 데가 있습니다.
> 하나도 모르**면서도** 아는 체를 한다.
> 사업에 실패했으**면서도** 실망하지 않는 것 같습니다.
> 잘 아시**면서도** 모른다고 하네요.

붙임

이다동사와 결합하는 경우에는 '–(이)면서도'가 되는데 이때에 앞에 오는 명사는 사람을 가리키는 말만 온다.

> **예**　오빠는 전기 기술자**이면서도** 라디오를 못 고쳤어요.
> 그는 남자**이면서도** 무슨 일에나 소극적입니다.
> 김 장군은 군인**이면서도** 좋은 아버지였다고 해요.
> 아주머니는 여자**이면서도** 남자가 하는 일을 다 한다.

**
[-는/(으)ㄴ/(으)ㄹ] 모양이다

범주　통어적 구문

구조　관형사형 어미 -는/(으)ㄴ/(으)ㄹ + 명사 모양 + 이다동사

　　　　1인칭 주어는 쓸 수 없다.

　　　　존대형 어미 '-시-'는 관형사형 어미 앞에 쓴다.

　　　　철수가 영어를 잘 한다 + -는 + 모양 + 이다

　　　　→ 철수가 영어를 잘 하는 모양이다.

의미　화자가 사물의 모양을 가지고 객관적인 입장에서 추측하여 말할
　　　　때 쓴다. <☞ p. 321 -나 보다/-(으)ㄴ가 보다>

예　밖에 비가 오는 **모양이다.**

　　　말하는 걸 보니 교포인 **모양이야.**

　　　술 때문에 머리가 아프신 **모양입니다.**

　　　아이들이 지루한 **모양이니** 밖으로 나갑시다.

　　　아직 안 오는 걸 보니, 차가 밀리는 **모양입니다.**

붙임

　'-는 모양이다'와 '-는 것 같다'

-는 모양이다	-는 것 같다
화자가 객관적 사실에 근거를 두고 추측한다.	화자의 주관적 추측이 개입되어 있다.

**
-(으)므로

범주　연결어미

구조　동작동사, 상태동사, 이다동사에 붙어서 선행절을 후행절에 종속
　　　　적으로 연결한다. 이것은 격식을 나타내므로 문어체에서 많이 쓴
　　　　다.

의미　선행절이 후행절의 이유나 근거가 됨을 나타낸다.

> **예**　신호를 어겼**으므로** 벌금을 내셔야 합니다.
> 지금은 장마철**이므로** 음식은 모두 끓여서 먹도록 해야 한다.
> 한 학기 동안 성적이 우수하였**으므로** 이 상장을 줌.
> 현대는 정보시대**이므로** 사원들의 해외 연수는 불가피하다.
> 경제적으로 어려**우므로** 기부금이 줄어들고 있다.

＊＊＊
ㅂ 불규칙동사

‘ㅂ’받침을 가진 동사가 모음으로 시작하는 어미를 만나면 ‘ㅂ’이 ‘오’나 ‘우’로 바뀐다. 즉 ‘돕다’처럼 양성모음(ㅏ, ㅗ)으로 끝난 어간 다음에는 ‘오’가, 음성모음(ㅏ, ㅗ를 제외한 그 밖의 모음)으로 끝난 어간 다음에는 ‘우’가 온다. <p. 445 [부록 2] 동사의 불규칙 활용 분류>

> 돕｜다
> 　아서 → 돕아서 → 도오아서 → 도와서
> 어렵｜다
> 　어서 → 어렵어서 → 어려우어서 → 어려워서

여기에 해당하는 동사로는 다음과 같은 것이 있다.
동작동사 : 눕다, 굽다, 돕다, …
상태동사 : 덥다, 춥다, 어렵다, 쉽다, 맵다, 귀엽다, 밉다, 아름답다, …

> **예**　김치가 **매워서** 입에서 불이 나는 것 같아요.
> 날씨가 **추우니까** 길에 사람이 없습니다.
> 우리 식구들은 그 강아지를 아주 **귀여워**했어요.
> **미운** 놈 떡 하나 더 준다.
> **누워서** TV를 보면 눈이 나빠져요.

붙임
　그러나 다음과 같은 동사는 위의 규칙을 따르지 않고 규칙 활용을 한다.

> 동작동사 : 입다, 잡다, 씹다
> 상태동사 : 좁다, 넓다

***

-ㅂ/습니다, -ㅂ/습니까?, -(으)ㅂ시오, -(으)ㅂ시다
(하십시오체)

범주   종결어미

구조   동작동사, 상태동사, 이다동사에 붙어서 쓰이는 하십시오체 서술형 종결어미이다. 격식을 갖춘 공식적인 말의 아주 높임을 나타내며 단정적인 느낌을 준다. <☞ p. 359 해요체>

문장형태	동사의 종류	끝음절	하십시오체 종결어미	활용 예
서술형	동작동사 상태동사	자음	-습니다	듣습니다, 좋습니다
		모음	-ㅂ니다	삽니다, 기쁩니다
	이다동사	자음	-입니다	책입니다
		모음	-(이)ㅂ니다	종이입니다, 종입니다
의문형	동작동사 상태동사	자음	-습니까?	듣습니까?, 좋습니까?
		모음	-ㅂ니까?	삽니까?, 기쁩니까?
	이다동사	자음	-입니까?	서울입니까?
		모음	-(이)ㅂ니까?	의자입니까?, 의잡니까?
명령형	동작동사	자음	-읍시오	읽으십시오
		모음	-ㅂ시오	쉬십시오
청유형	동작동사	자음	-읍시다	읽읍시다
		모음	-ㅂ시다	쉽시다

1.   서술형과 의문형 : -ㅂ/습니까?, -ㅂ/습니까?

• 선행 동사가 받침이 없으면 '-ㅂ니다, -ㅂ니까?'를 쓰고 받침이 있으면 '-습니다, -습니까?'를 쓴다. <☞ p. 35 존대말과 반말>

예   시내 가는 버스가 **옵니다.**
이 분이 우리 아버지**십니다.**

모두 일어나시기 바**랍니다.**
백화점 앞은 복잡했**습니다.**
약속을 꼭 지키겠**습니다.**

어떻게 오셨**습니까?**
실례지만 올해 연세가 어떻게 되**십니까?**
누구한테서 편지가 왔**습니까?**
선물을 어디에서 사려고 **합니까?**
오늘은 몇 시에 퇴근하려고 하**십니까?**

2. 명령형 : -(으)ㅂ시오

- 반드시 존대형 어미 '-시-'를 붙여서 '-(으)십시오'의 형태로 쓴다.
- 명령형의 부정형태는 '-지 마십시오'이다.
- 동작동사와 결합하지만 일부 상태동사(부지런하다, 정직하다, 냉정하다, 성실하다)와 쓸 수 있다.
- 시제와 쓰지 않는다.

예 여기서 잠깐만 기다리**십시오.**
　　잘 생각해서 답을 쓰**십시오.**
　　이 소식을 다른 사람들에게 전해 주**십시오.**
　　앞으로는 늦지 마**십시오.**
　　잔디를 밟지 마**십시오.**

3. 청유형 : -(으)ㅂ시다

- 선행동사가 받침이 없으면 '-ㅂ시다'를 쓰고 받침이 있으면 '-읍시다'를 쓴다.
- 동작동사와 결합하지만 일부 상태동사(부지런하다, 정직하다, 냉정하다, 성실하다)와 쓸 수 있다.
- 시제는 쓰지 않는다.
- 청유문에 당연히 나타나는 주어 '우리'는 대체로 생략한다. 그러나 '나'는 사용할 경우가 있다(나 좀 내립시다, 나도 노래 좀 부릅시다).
- 이 '-(으)ㅂ시다'는 존대어로 사용하지 못한다.

예 물을 아껴 **씁시다**.
불우 이웃을 도**웁시다**.
산 꼭대기까지 올라가 **봅시다**.
수업 시간에는 떠들지 **맙시다**.
이 문제는 더 이야기하지 **맙시다**.

붙임

청유형 '-(으)ㅂ시다'는 청자를 권유하는 뜻 외에 약한 명령의 의미가 있다.

예 문 좀 **엽시다**.
떠들지 **맙시다**.
조용히 **합시다**.

*

바

범주 의존명사
구조 일부 동작동사의 관형형과 결합해서 '-는 바, -(으)ㄹ 바, -(으)ㄴ 바'의 형태로 쓰인다.
의미 의존명사인 '것, 줄'과 같이 '방법, 일' 등을 나타낸다. 격식체, 문어체에서 쓰인다.

1. '-(으)ㄹ 바' 다음에 '-를 모르다'가 와서 '-(으)ㄹ 바를 모르다'의 형태로 쓰이는 경우에는 '방법'을 나타내며 '-(으)ㄹ 줄 모르다'의 의미와 기능을 한다.

예 갑작스러운 일이어서 사람들은 어찌할 **바**를 모르고 있다.
내가 의심 받고 있다는 사실을 안 후로는 어찌할 **바**를 모르겠어요.
저를 이다지도 칭찬해 주시니 몸둘 **바**를 모르겠습니다.
그는 선생님에게서 꾸중을 듣고 부끄러워서 어찌**할 바**를 몰라했다.
일등이라는 말에 우리는 좋아서 어찌**할 바**를 모르고 껑충껑충 뛰었다.

2. '-는 바', '(으)ㄴ 바', '-(으)ㄹ 바' 다음에 조사가 와서 문장에

서 주어, 목적어, 부사어의 기능을 하고 '–것', '일'의 의미를 나타낸다.

예 그는 자기가 생각하**는 바**를 체계적으로 말한다.
여러분들의 노고를 내가 모르**는 바**가 아닙니다.
계약을 하고 안 하고는 네 문제니까 내가 **알 바**가 아니다.
내가 들**은 바**에 의하면 그의 아버지는 유명한 변호사였다고 한다.
이번 사건으로 우리 모두 얻**은 바**가 많습니다.

3. '–는/(으)ㄴ 바' 뒤에 조사나 서술어를 쓰지 않고서 조건이나 근거를 나타내는 선행절로 사용한다. 이것은 긍문이나 서류 형식에서 많이 쓴다.

예 설문조사를 **한 바**, 그 결과는 다음과 같다.
사원 연수를 실시하**는 바** 그 경비를 지원해 주시기 바람.
여기는 청소년들의 왕래가 많은 지역**인 바** 유해 업소를 단속해야 합니다.
지역 주민의 갈등이 심화되고 있**는 바** 이를 풀 수 있는 처방이 필요하다.
13일 17시 45분경 간첩선이 해안으로 침입**한 바** 우리 군은 이를 격퇴시**킨 바** 있음.

＊
–(으)ㄹ 바에야/–(으)ㄹ 바에는

범주 통어적 구문
구조 관형사형 어미 –(으)ㄹ + 의존명사 바 + 조사 –에 + 조사 –야
관형사형 어미와 '방법', 또는 '일'을 나타내는 의존명사 '바', 조사 '–에', 그리고 강조를 나타내는 조사 '–야'가 결합한 형태이다. '–야' 대신 '–는'을 붙여서 '–ㄹ 바에는'의 형태로도 쓴다. 동작동사에 붙여 쓴다.

의미 선행하는 행위를 하는 것보다는 후행하는 행위를 하는 것이 더 나음을 나타내는 말이다. 따라서 두 가지 중 하나를 선택함을 나타내므로 말이 경직된 느낌을 준다. 부사 '차라리'를 써서 후행하는 행

위가 더 나음을 강조하기도 하고, '아예'를 써서 처음부터 후행 행
위를 택함이 나음을 나타내기도 한다.

> **예** 하루종일 누워만 있을 **바에는** 차라리 밖으로 나가요.
> 심술부리면서 심부름을 **할 바에야** 안 하는 것이 낫다.
> 형님을 만나서 불평을 늘어놓을 **바에는** 차라리 만나지도 말아요.
> 정기예금을 하고 중도에서 해약**할 바에야** 아예 보통예금을 하는 것
> 이 낫지 않을까?
> 수박 겉 핥기식으로 관람을 **할 바에는** 차라리 다음 기회로 미룹시다.

※※

[-는] 바람에

범주 통어적 구문

구조 관형사형 어미 -는 + 의존명사 바람 + 조사 -에
일부 동작동사에 붙어서 쓰인다. 명사 '바람'에와 '때문에', '원
인'을 나타내는 '-에'가 결합한 형태이다. <☞ p. 298 붙임 '-(으)
로 인해서', '-는 바람에','-(으)로 말미암아'의 비교>

의미 선행동작에 근거하여, 혹은 그 영향으로 후행절에서 어떤 결과가
나옴을 나타낸다. 그런데 이때 문장의 내용은 대부분 부정적이다.

> **예** 바람이 세게 부**는 바람에** 집이 다 날라갔다.
> 선생님께서 화를 내시**는 바람에** 몹시 당황했어요.
> 차가 급정거를 하**는 바람에** 승객들은 모두 놀랐어요.
> 경제가 나빠지**는 바람에** 그는 유학을 1년 미루기로 했다.
> 회사에서 사고를 내**는 바람에** 그는 해고 당했습니다.

※※※

밖에

범주 보조사

구조 명사와 어울린다. 뒤에는 반드시 부정형태의 말이 온다. 이다동사

의 부정형 '아니다'는 쓰지 않는다.

의미   오직 그 명사뿐임을 나타낸다.

예   주머니에는 천원**밖에** 없어요.
빨리 가요. 시간이 조금**밖에** 없어요.
옷은 한 벌**밖에** 안 샀는데 돈은 다 썼네.
그 사람은 자기**밖에는** 모르는 사람이에요.
그 남자는 놀고 먹는 것**밖에** 아무 것도 하지 않는 것 같다.
< p. 330 붙임 '-만', '-뿐', '-밖에' 의 비교>

*
[-는/은] 반면(에)

범주   통어적 구문
구조   관형사형 어미 -는/은 + 명사 반면 (+조사 -에)
관형사형 어미 '-는/은'과 반대 의 면을 뜻하는 '반면'이 결합한
형태로서, 동작동사나 상태동사에 붙어서, 선행절과 후행절을 비교
해서 말할 때 쓴다. 주어는 동일하다.

의미   주어가 선행절에서 말한 것과는 달리 후행절에서 어떠함을 나타내
는 것이다.

예   그 회사 제품은 질이 좋은 **반면** 비싼 것이 흠입니다.
아파트는 단독주택에 비하여 편리한 점이 있**는 반면에** 좀 답답하다.
도시 아이들은 영리**한 반면** 꿈이 없다.
이 직장은 작업 환경이 좋지 않은 **반면** 장래성이 보인다.
은행은 이자가 적은 **반면에** 신용을 할 수 있다.

***
[-어/아/여] 버리다

범주   보조동사
구조   연결어미 '-어/아/여'와 보조동사 '버리다'가 결합한 형태로서,

주로 동작동사와 결합한다. 동사 '버리다'의 뜻과 관련되어, 동작
이 완전하게 완료됨을 말할 때 쓴다.

의미   동작의 완료로 인한 화자의 기분이 포함되어 있다. 심리적 부담의
제거에서 오는 시원함, 기대에 어긋남에서 오는 섭섭함, 그리고 동
작의 강조 등을 표현한다.

예   일을 다 끝내 **버렸어요.**
기분 나쁜 일은 잊**어 버리세요.**
남기지 말고 모두 먹**어 버려라.**
손님들은 하나씩 떠**나 버리고** 그 여관은 다시 조용해졌다.
그는 명예와 권리를 내던**져 버리고** 고향으로 갔다.

> **붙임**   '-어/아/여 버리다'와 '-고 말다'의 비교
> '-어/아/여 버리다'는 화자의 심리를 나타내는 반면, '-고 말다'는
> 사실이나 사건의 종말을 나타낸다.

**
[-는/(으)ㄴ] 법이다

범주   통어적 구문
구조   관형사형 어미와 의존명사 '법'과 이다동사가 결합한 형태이다.
일부 동작동사나 상태동사에 붙어서 쓰이며, 동작동사에는 '-는
법이다', 상태동사에는 '-(으)ㄴ 법이다'를 쓴다.

의미   자연적인 법칙이나 '의레 일이 그렇게 됨'을 나타낸다.

예   좋은 말도 여러 번 들으면 듣기 싫은 **법이다.**
작은 고추가 매운 **법이다.**
아프면 집 생각이 나는 **법이지요.**
나이를 먹으면 모든 것이 시들해지는 **법이란다.**
새 사위가 오면 씨 암탉을 잡는 **법이에요.**

*
[-(으)ㄹ] 법하다

범주 통어적 구문

구조 관형사형 어미 -(으)ㄹ + 의존명사 법 + 동사 하다
동작동사와 결합하여 쓰인다. '법'과 '하다' 사이에 조사 '-도'나
'-이나'를 붙여서 쓸 수 있다.

의미 '그럴 듯하다'는 뜻을 나타낸다. '법'이 어떤 사실로 미루어 당연
하거나 또는 이미 버릇이 됨을 나타내는 명사이므로, 그에 맞는 상
황이 이루어진 경우에만 쓸 수 있다.

> **예** 다음 주일 쯤은 답장이 **올 법합니다.**
> 날짜를 보니 그 서류가 여기 어디쯤 있**을 법합니다.**
> 장사가 이렇게 잘 되었으니 보너스라도 **줄 법한데요.**
> 금방 떠났으니까 뒤따라 뛰어가면 만**날 법도 한데요.**
> 뻔한 일을 가지고 거짓말을 하라니 그게 어디 **될 법이나 한** 소리요?

***
-보고

범주 조사

구조 사람을 나타내는 명사가 문장에서 간접 목적어가 될 때 그 뒤에
쓰인다. 주로 앞의 명사는 이야기의 상대가 되고, 문장의 서술동
사는 '말하다, 묻다, 웃다' 같이 상대가 필요한 동작동사를 사용
할 때 쓴다. <☞ p. 369 -에게, p. 440 -한테>

의미 '-을 상대로 하여'의 뜻을 나타낸다. 존대를 받을 만한 사람에게는
쓰지 않는다. <☞ p. 217 -더러>

> **예** 사람들이 나**보고** 한국말을 잘 한대요.
> 아이들**보고** 운동장에 모이라고 했습니다.
> 영순이**보고** 어서 오라고 해라.
> 요즘 남편**보고** 자기라고 부르는 사람이 많아요.
> 너 누구**보고** 오빠라고 하니?

붙임

1. 동사 '보다'에서 온 말이므로, '-보고' 앞에 목적격 조사 '-를/을' 혹은 축약형 '-ㄹ'을 덧붙여서 쓰기도 한다.

　예　날**보고**, 널**보고**, 언닐**보고**, 엄말**보고**, 누굴**보고**

2. '-에게'와 '-보고'의 차이

	-에게	-보고
같은 경우	이야기의 상대가 되거나 동작의 상대가 된다.	
다른 경우	동사의 의미와 관계없이 쓰이며 '주다, 돌아가다, 생기다, 끌리다, 이끌리다'와 같은 동사가 있는 문장에서도 쓰인다.	원래 '보다'에서 온 속성 때문에 '말하다, 이야기하다, 화를 내다' 등 대면이 필요한 동사와 쓰인다.

✱✱✱
-보다

범주　조사

구조　명사에 붙어서 비교의 대상을 나타낸다. 서술어로 상태동사나 동작동사 모두 쓸 수 있는데 동작동사 앞에는 이를 수식하는 부사가 있어야 한다.

의미　두 사물의 비교를 나타내는 문장에서만 쓰인다.

　예　지하철이 버스**보다** 더 빠릅니다.
　　저는 가요를 고전음악**보다** 더 좋아해요.
　　백화점 물건**보다** 시장 물건이 더 싸요.
　　금년에는 작년**보다** 비가 많이 온다.
　　아래층**보다** 윗층의 전망이 좋습니다.

붙임

　문장에서는 비교 중심어가 어떤 것인지 주의해야 한다. '-보다'는 명사와 결합하여 부사어를 형성하는데, 비교 중심이 되는 말과 이 부사어의 위치를 서로 바꿀 수 있기 때문이다.

✳✳✳
[-어/아/여] 보다

범주   보조동사

구조   '-어/아/여'와 보조동사 '보다'가 결합한 형쾌이다. 주로 동작동
사와 결합하고 시상어미는 '-보' 뒤에 쓰인다.

의미   선행 동사의 동작을 시도해 봄을 나타낸다.

> **예**   베스트셀러니까 한번 읽**어 보**세요.
> 맛이 어떤지 시음회에서 먹**어 봤**어요.
> 이 화장품 새로 나온 것인데 한번 발**라 봐**요.
> 모르는 단어는 사전에서 찾**아 보**겠어요.
> 나도 저 배우처럼 예**뻐 봤**으면 좋겠다.

✳✳
-어/아/여 보니

범주   통어적 구문

구조   연결어미 -어/아/여+ 동사 보다 + 연결어미 -니
시도를 나타내는 보조동사 '-어 보다'와 사실 표현의 어미 '-니'로,
탐색, 판단을 위하여 어떤 경험을 했음을 나타낸다. 후행절에는 그
경험을 통해 얻은 화자의 인식이 나타난다.

의미   주로 동작동사를 많이 사용한다. 상태동사의 경우도 있다.

> **예**   그 사람과 사귀**어 보니** 믿을 만한 사람이더군요.
> 새 침대에 누**워 보니** 정말 편했다.
> 지금 생각**해 보니** 그때 내가 잘못했어요.
> 알**아 보니** 물건은 고급이랍니다.
> 젊은이들과 자주 대화를 **해 보니** 그들을 이해하게 되었다.

붙임

1. '보다'동사와는 쓰지 않는다.

> **예**   (×)봐 보니…

2. 상태동사 '아프다'와 결합할 수도 있다.

> **예**   아파 **보니** 건강이 제일이란 생각이 들었어요.

3. '-어/아/여 보니'와 '-고 보니'의 비교

-어/아/여 보니	-고 보니
판단을 위하여 시도해 봄을 나타낸다.	'선행 동작을 완료한 후에 살펴보니'의 뜻이다.
입어 보니 잘 어울렸어요. 그의 말을 들**어 보니** 이해가 되었어요. 먹**어 보니** 참 맛이 있었어요.	**입고(서) 보니** 잘 어울렸어요. 그의 말을 듣**고 보니** 이해가 되었어요. 먹**고 보니** 괜히 먹었다는 생각이 들었어요.

**
-어/아/여 보고 싶다

범주   통어적 구문

구조   보조동사 -어/아/여 보다 + 보조동사 -고 싶다.
시도를 나타내는 보조동사 '-어 보다'에 희망을 나타내는 보조동사 '-고 싶다'가 결합한 형태이다. 동작동사나 희망을 나타내는 일부 상태동사에 붙여서 쓰이지만 이다동사에는 쓰이지 않는다.

의미   그러한 동작을 하거나 그러한 상태가 되어 보기를 희망하는 뜻을 나타낸다.

> **예**   고향에 계신 부모님을 만**나 보고 싶어요.**
> 재미있는 만화책을 읽**어 보고 싶어요.**
> 이 아름다운 자연을 그대로 그**려 보고 싶습니다.**
> 인기 여배우가 되**어 보고 싶은** 사람이 많을 것 같다.
> 나도 저렇게 날씬**해 보고 싶어요.**

1인칭 화자의 주관적 희망을 나타낼 때는 '-어/아/여 보고 싶다'를

쓰는 반면 3인칭 주어가 객관적으로 희망을 나타낼 때는 '–어/아/여
보고 싶어하다'를 쓴다.

> 예   아이들이 유람선을 **타 보고 싶어해서** 한강으로 나갔다.
> 총학생회 임원들은 총장과의 면담을 **가져 보고 싶어합니다.**

***
–나 보다/–(으)ㄴ가 보다

범주   보조동사

구조   의문형 종결어미 –나/(으)ㄴ가 + 보조동사 보다
하게체 의문형 종결어미 '–나'나 '–(으)ㄴ가'에 동사 '보다'가 붙
은 것이다. <☞ p. 144 –나?, p. 169 –(으)ㄴ가?>

- 주어는 2인칭과 3인칭만 쓴다. 1인칭 주어를 쓰는 경우는 자기를 3
인칭화(객관화)해서 말할 때에 한한다.

의미   어떤 사실을 보고 그것으로 미루어 다른 동작이나 상태를 짐작함
을 나타낸다.

1. '–나 보다'의 경우

- 동작동사와 결합한다.
- 미래 시제를 나타내는 말로는 '–(으)려나 보다'를 쓴다.

<p. 270 –(으)려나 보다>

- 시상어미 '–었/았/였–, –겠–'과 잘 어울린다.

조용한 걸 보니 아이들이 자**나 봐요.**
칭찬을 들으니 신이 나**나 보지요?**
아직까지 안 들어오는 것을 보니 술을 마시**나 봐.**
거짓말 한 것을 할머니가 아시**나 봅니다.**
살이 빠진 걸 보니 다이어트를 하**나 봐요.**

2. '–(으)ㄴ가 보다'의 경우

- 상태동사와 이다동사는 '–(으)ㄴ가 보다'와 결합한다.

> 예   아기가 우는 걸 보니 불편**한가 봐요.**

많은 사람 앞에서 설명하기가 부끄러**운가 봅니다.**
내가 자꾸 물어보니까 귀찮**은가 봐.**
여기는 장애인용 주차 구역**인가 보다.**
저 사람들은 부부가 아**닌가 봐요.**

붙임

1. 상태동사에 시상어미가 붙었을 때는 '-는가 보다', '-나 보다'를 다 쓸 수 있다.

   예 삼촌은 어제 한가했**나 보다.**
   옛날에는 두 사람이 친했**는가 봅니다.**
   시험이 학생들에게 정말 어려웠**는가 봅니다.**

2. '-는 것 같다', '-는 모양이다', '-나 보다'의 비교
   의미의 차이는 '같다, 모양, 보다'와 같은 단어들의 본래의 의미에서 비롯된다.
   '-는 것 같다' : 어떤 사물의 동작이나 상태가 다른 사물의 동작이나 상태와 같아서 그를 미루어 짐작한다.
   '-는 모양이다': 어떤 사물의 모양으로써 동작이나 상태를 미루어 짐작한다.
   '-나 보다'　 : 어떤 사물을 보고 동작이나 상태를 짐작한다.

**

-(는/ㄴ)다나 봐요, -(느/으)냐나 봐요, -자나 봐요, -(으)라나 봐요, -(이)라나 봐요

범주　통어적 구문

구조　인용의 -고 하다 + 보조동사 -나 보다 + 종결어미 -아요
간접인용을 나타내는 '-(는/ㄴ)다고 하-'와 보조동사 '-나 보다'가 결합한 '-는다고 하나 봐요'의 준말이다.

의미　화자가 다른 사람의 말을 들었지만 잘 듣지 못했을 때, 또는 어떤 사실이 확실하지 않아 의심이 가거나 또 화자가 별로 흥미가 없

어서 가벼운 반응을 보일 때 쓰인다.

예　여행 갔다가 사나흘 후에 **온다나 봐요.**
　　이 앞에다가 빌딩을 짓**는다나 봐요.**
　　그 백화점은 할인 대매출 기간이라서 무척 복잡하**다나 봐요.**
　　가 : 그 사람이 뭐라고 그래요?
　　나 : 저도 잘 듣지 못했어요. 아마 누구를 만**난다나 봐요.**
　　가 : 주말에 어디 가자고 해요?
　　나 : 주말에는 바다 낚시를 가**자나 봐요.**

✷✷
–(으)ㄹ까 보다

범주　보조동사

구조　의문형 종결어미 –(으)ㄹ까 + 보조동사 보다
　　의문을 나타내는 어미 '–(으)ㄹ까'와 시도를 나타내는 동사 '보
　　다'가 결합한 형태로서, 주어가 1인칭일 때만 쓰인다. 뒤에 시상어
　　미나 연결어미가 올 수 없다. 주로 구어체에서 많이 쓰인다.

의미　화자가 그 행위를 시험적으로 해 볼 생각이 있음을 나타낸다.

<☞ p. 435 –(으)ㄹ까 하다>

예　머리가 아프니 일찍 누**울까 봐.**
　　거실에다가 이 풍경화를 **걸까 봐요.**
　　그들이 알아 듣도록 좀더 구체적으로 얘기해 **줄까 봅니다.**
　　인사 문제에 대해서는 이 이상 말하지 **말까 봅니다.**
　　그 놈들을 한번 혼내 **줄까 보다.**

붙임	'–(으)ㄹ까 보다'와 '–(으)ㄹ까 하다'의 비교
–(으)ㄹ까 보다	–(으)ㄹ까 하다
서로 대치할 수 있음	
화자의 의도를 나타내거나 화자의 의지를 강하게 나타내어 위협이 되도록 함.	확실하지 않은 화자의 의지를 나타냄.

＊＊
-(으)ㄹ까 봐(서)

범주　통어적 구문

구조　종결어미 -(으)ㄹ까 + 보조동사 보다 + 연결어미 -아(서)
동사에 붙여서 쓰이며 선행절을 후행절에 종속적으로 연결한다.
완료 시상어미 '-었/았/였'을 붙여서 '-었/았/였을까 봐(서)'의
형태로 쓴다.

의미　'그러한 행위가 발생하는 것을, 또는 그러한 상황이 될 것을 염려
한다'는 뜻을 나타내는 말이다.

예　결혼식날 비가 **올까 봐** 걱정했어요.
할머니는 아기가 넘어**질까 봐** 쩔쩔매십니다.
어른 앞에서 실수**할까 봐** 얼마나 긴장했는지 몰라요.
음식이 적**을까 봐** 더 시켰더니 남았구나.
우리를 떼어 놓고 떠났**을까 봐** 마음을 졸였어요.

＊＊
[-어/아/여] 보이다

범주　통어적 구문

구조　연결어미 -어/아/여 + 동사 보이다
의미상 눈으로 보고 판단이 가능한 상태동사와만 결합한다.

의미　시각을 통하여 사물을 보고 그것이 어떠함을 짐작해서 말할 때
쓴다.

예

젊어 보이다	쉬워 보이다	바빠 보이다
슬퍼 보이다	즐거워 보이다	늙어 보이다
어려워 보이다	한가해 보이다	기뻐 보이다
많아 보이다	파래 보이다	피곤해 보이다
복잡해 보이다	예뻐 보이다	행복해 보이다

결혼하더니 행복해 **보여요.**
어디 아프세요? 피곤해 **보이는데.**

미장원에서 머리를 하니 열 살은 젊**어 보입니다.**
환자가 몹시 괴로**워 보이는데** 무슨 방법이 없을까요?
아이들도 좀 복잡**해 보이는** 게임은 안 하려고 한다.

붙임

1. 동작동사나 그밖의 상태동사는 '-는 것 같이(처럼) 보이다'의 형태로 쓴다.

   예 너는 돈이 없어도 있는 것**처럼 보인다.**
   자랑하는 **것 같이 보일까** 봐 말을 안 했어요.
   말을 안 하니까 화가 난 **것 같이 보여요.**

2. '-어/아/여 보이다'는 '-어/아/여서'와 '보이다'가 결합한 형태로 쓰기도 한다.

   예 그는 나에게 웃**어 보였다.**
   아버지는 차 안에서 손을 흔들**어 보이셨습니다.**
   영수는 가방에서 수첩을 꺼**내 보인다.**

***
-부터

범주 보조사
구조 명사, 부사, 조사 그리고 동사의 활용형 어미에 붙여 쓴다.
의미 동작이나 상태가 시작되는 시간이나 공간을 나타낸다. 또 동일한 계열의 사물 중 서열을 나타내는 경우도 있다.

1. 시간을 나타내는 경우

• 앞에 오는 명사는 때를 가리키는 말만 쓴다 '-에서'를 앞에 붙여서 '-에서부터'로 쓰기도 하고 또 이것을 줄여서 '-서부터'로도 쓴다.

예 9시**부터** 수업을 시작합니다.
아프기 시작한 것이 언제**부터**입니까?
아침**부터** 줄을 서서 기다렸다.
새벽에서**부터** 밤까지 노동을 합니다.

몇 년도**부터** 한국에서 일하셨습니까?

2. 장소를 나타내는 경우

- 앞에는 장소를 가리키는 명사가 오고, 다른 조사와 결합한 '-에서 부터, -로부터' 등이 쓰인다.

예 시험 범위가 어디**부터** 입니까?
15쪽**부터** 23쪽까지 읽고 해석해 보세요.
봄이면 중국 대륙으로**부터** 황사가 옵니다.
여기서**부터** 저 끝까지 좀 재어 봅시다.
미안하지만 처음**부터** 다시 한 번 들려 주세요.

3. 순서를 나타내는 경우

- 명사와 그밖에 조사나 어미는 물론이고 일부 부사와도 어울린다.

예 손**부터** 씻고 먹어요.
할 일이 많아서 무엇**부터** 해야 할지 모르겠어요.
이번에는 용서해 줄테니까 다음**부터** 조심해.
졸업하면서**부터** 이 일에 관심을 가지기 시작했어요.
당신을 만나고**부터** 지금까지 한시도 당신을 잊은 적이 없어요.

✲✲

[-과/와] 비교하다

범주 통어적 구문
구조 '-를/을 -과/와 비교하다', '-가/이 -과/와 비교되다'의 형태로 쓰인다.
의미 목적어가 되는 사물을 평가하기 위하여 다른 사물을 그와 같은 위치에 놓고 비교함을 나타낸다.

예 일본의 물가**와 비교하면** 우리 나라의 물건 값이 싼 편이지요.
김치는 다른 나라 음식**과 비교하면** 좀 자극적인 음식이다.
과거**와 비교하면** 요즘은 여성들의 지위가 많이 향상 되었지요.
남의 것**과 비교하지** 말고 자기 것에 만족하면서 살아요.
요즘 아이들은 10년 전**과 비교하면** 체격이 많이 커요.

**
[-를/을] 비롯해서/비롯하여

범주　통어적 구문

구조　조사 -를/을 + 동사 비롯하다 + 어미 -여서

　　　　목적격 조사와 동사 '비롯하다'의 활용형이 결합한 형태로서 선행
　　　　명사와 후행 명사를 연결하는 구실을 한다.

의미　앞에 오는 명사를 시작으로 하여, 혹은 그 경사를 첫번째 자리로
　　　　하여 후행절에 오는 명사까지도 어떠함이나 어찌함을 나타낸다.

　예　명절이 되면 할아버지**를 비롯해서** 온 가족이 모입니다.
　　　　우리 사장님은 작은 일**을 비롯해서** 큰 일에 이르기까지 모두 관계를
　　　　하십니다.
　　　　고아들에게 등록금**을 비롯해서** 생활비를 대주겠다는 독지가가 나왔다.
　　　　서울**을 비롯해서** 작은 도시에서도 이 가요 테이프는 잘 팔린다.
　　　　남편은 신문이라면 정치면**을 비롯해서** 사회면까지 안 읽는 것이 없다.

**
[-에] 비하다

범주　통어적 구문

구조　명사에 붙어서 문장에서 부사 구실을 하겨 '-에 비해서' 혹은
　　　　'-에 비하여'의 형태로 쓴다.

의미　비교의 기준이 됨을 나타내는 말로서 문장의 주어는 이 기준에 의
　　　　하여 평가된다.

　예　이 물건은 값**에 비해서** 질이 별로 좋지 않다.
　　　　시골은 도시**에 비해서** 공기가 좋아요.
　　　　부인은 나이**에 비해서** 젊어 보이십니다.
　　　　우리 회사는 다른 회사**에 비하면** 대우가 좋은 편이다.
　　　　말하는 것**에 비하여** 쓰기가 부족한 편이니까 일기를 쓰세요.

빠지다

범주   동작동사

구조   '-가/이 빠지다, -에 빠지다' 등의 형태나 '-어/아/여 빠지다'의 형태로 쓰인다. <☞ p. 328 -어/아/여 빠지다>

의미   '물건이 깊은 곳으로 떨어지다, 또는 어려운 지경에 처하거나 나쁜 꾐에 넘어가다, 또는 없어지다'의 뜻을 나타낸다.

예   수영하다가 물에 **빠진** 일이 있다.
그는 한 여자와 사랑에 **빠졌다.**
유혹에 **빠져서** 헤어날 줄 모른다.
아무리 도와도 소용이 없으니 밑 **빠진** 독에 물 붓기다.
교수님은 강의를 하다가 옆 길로 **빠져서** 정치 이야기를 하셨다.

*

-어/아/여 빠지다

범주   보조동사

구조   극히 일부 동작동사와 상태동사와 결합하여 쓰이며 문장 안에 강한 표현을 나타내는 요소들이 있다.

의미   '지나치게 어떠하여 나쁜 지경에 이르다'의 뜻으로 대개 부정적인 의미의 강한 표현으로 쓰인다.

예   가난한 그는 흔**해** 빠진 과자 한 봉지 살 돈이 없었다.
썩**어** 빠진 정치인들의 말에 아무도 귀를 기울이지 않는다.
이제는 신발이 닳**아** 빠져서 발바닥이 아플 정도가 되었다.
평생을 학자로 지낸 그에게 남은 것이라고는 낡**아** 빠진 집 한 채뿐이었다.
사람이 너무 물러 **빠져서** 줏대 없이 행동하니 믿을 수가 없어요.

**

[-(으)ㄹ] 뻔하다

범주   통어적 구문

구조 일부 동작동사와 결합해서 쓰인다. 이들은 주로 화자가 원하지 않는 의미의 동사들이며 선행절에는 '-었으면'이나 '-었더라면'과 같은 가정법 구조가 필연적으로 나타난다. 완료시상을 쓴다.

의미 조금만 잘못했으면 주절과 같은 상태가 되었을 것인데 다행히 그렇게 되지 않았음을 나타낸다.

예 이 앞에서 사고가 **날 뻔했어요.**
일찍 떠나지 않았으면 기차를 놓**칠 뻔했어요.**
물어보지 않았더라면 실수할 **뻔했어요.**
조심하지 않았으면 넘어**질 뻔했습니다.**
그 사람을 믿었으면 손해 **볼 뻔했다니까요.**

※※
-뿐

범주 보조사

구조 명사에 붙어서 보조사로 쓰인다. '뿐'은 문장에서 뒤에 오는 서술어의 제약을 받는데 서술어로서는 '이다, 아니다'만 올 수 있다.

<☞ p. 331 뿐(만) 아니라>

의미 오직 앞에 오는 명사나 선행절이 나타내는 것만이 있음을 나타낸다.

예 주머니에 남은 것은 동전 몇 개**뿐**이다.
가방에 있는 것은 책**뿐**입니다.
냉장고에는 우유**뿐**이고 그 외에는 아무 것도 없었다.
그 사람은 늘 말**뿐**이지 하는 일이 없어요.
아무리 외쳐도 모이는 사람은 구경꾼**뿐**이고 물건을 사는 사람은 하나도 없었다.

붙임	'-만', '-뿐', '-밖에'의 비교		
	-만	-뿐	-밖에
의미	앞에 있는 명사를 '다른 것이 아닌 오직'이라는 뜻으로 한정하는 조사		
서술어	긍정과 부정을 나타내는 말이 다 올 수 있다.	이다동사인 '이다, 아니다'와만 쓰인다.	부정을 나타내는 '없다, 모르다, 안' 등과 쓰이고, '아니다'와는 쓰이지 않는다.

*
-다뿐이겠습니까?

범주 결합형

구조 종결어미 -다 + 보조사 -뿐 + 이다동사
동작동사와 상태동사의 어간에 '-다'를 붙여서 기본형으로 쓰는 것이 특징이다. 이다동사에는 쓰지 않는다. 의문형이지만 서술문의 강조를 나타내는 반어법이다. 대화에서 상대편의 말을 되받아서 하는 형태로 많이 쓴다.

의미 그러한 행위나 상태를 강하게 긍정하거나 그것보다 더 한 것을 첨가함을 나타낸다.

예 초대해 주신다면 참석하**다뿐이겠습니까?**
5분만 기다리라고요? 아, 기다리**다뿐이겠어요?** 한 시간이라도 기다리지요.
교과서를 읽**다뿐이겠습니까?** 외우다시피 했는데요.
빈방이 있**다뿐이겠습니까?** 깨끗하고 양지 바른 방이 있어요.
그 말을 들었을 때는 창피하**다뿐이었겠어요?** 쥐구멍에라도 들어가고 싶은 심정이었지요.

**
뿐

범주   의존명사
구조   관형사형 어미 '-(으)ㄹ'의 수식을 받는다.
의미   선행하는 사물이나 행위만 있고 그 이외에는 더 없음을 나타낸다.
'뿐'은 문장에서 뒤에 오는 서술어의 제약을 받는데 서술어로서
는 '이다, 아니다'만 올 수 있다.

> **예**   그는 나의 신원 보증인일 **뿐**입니다.
> 그는 단지 나의 친구일 **뿐**입니다.
> 그 분은 나의 상사일 **뿐**이지 그밖에 아무 것도 아니다.
> 그 내외는 집을 장만했을 **뿐**만 아니라 자동차까지 사게 되었다.
> 그는 나에게 호의를 베풀었을 **뿐** 아니라 나를 성공하도록 이끌어 주었다.

**
뿐(만) 아니라

범주   통어적 구문
구조   관형사형 어미 -(으)ㄹ + 보조사/의존명사 뿐 + 아니다 + 종결어
미 -라
명사 다음에서 보조사로 쓰이는 경우와 동사의 관형사형 어미 다음
에서 의존명사로 쓰이는 경우가 있다.

의미   '그 명사가 가리키는 사물만이 아니고 그에 더하여 후행 명사가
가리키는 사물까지도'의 뜻을 나타낸다.

1. 보조사로 쓰이는 경우

- 명사에 붙어서 'N뿐(만) 아니라'의 형태로 쓰인다.

< ☞ p. 331 뿐>

> **예**   점심**뿐만 아니라** 아침도 굶었어요.
> 오늘은 방 청소**뿐 아니라** 옷장 정리도 했습ㄴ다.
> 그는 쉬운 단어**뿐만 아니라** 어려운 단어도 많이 알고 있어요.

영순 씨는 가정에서**뿐 아니라** 직장에서도 칭찬 받는 사람이에요.
그는 실무**뿐 아니라** 이론에도 밝아요.

2. 의존명사로 쓰이는 경우

- 동작동사, 상태동사, 이다동사에 붙어서 '-(으)ㄹ 뿐(만) 아니라' 의 형태로 쓰인다.　<☞ p. 331 뿐>
- 선행절이 긍정이면 후행절도 긍정이고, 선행절이 부정을 나타내면 후행절도 부정을 나타낸다.

예 언니는 마음이 고울 **뿐 아니라** 얼굴도 예뻐요.
하숙집 아주머니는 음식 솜씨가 좋을 **뿐 아니라** 친절합니다.
거리가 **멀 뿐 아니라** 길도 복잡합니다.
내 연구실은 모든 시설이 갖추어져 있을 **뿐 아니라** 조용합니다.
그 남자는 성실하지 않을 **뿐만 아니라** 실력도 없다.

＊＊

-(으)ㄹ 뿐더러

범주　통어적 구문

구조　관형사형 어미 -(으)ㄹ + 의존명사 뿐 + 조사 더러
선행절을 후행절에 종속적으로 연결한다.

의미　'선행절의 사실만이 아니고 거기에 더 보태서 후행절의 사실도 그렇다'는 뜻을 나타낸다. 이때 선행 동사가 긍정을 나타내면 후행 동사도 긍정을 나타내고, 선행 동사가 부정을 나타내면 후행 동사도 부정을 나타낸다. <☞ p. 331 -뿐(만) 아니라>

예　그 선수는 개인 기술이 좋을 **뿐더러** 정신력도 강합니다.
신인 가수는 노래를 잘 불렀을 **뿐더러** 춤 솜씨도 대단했습니다.
그 그림은 연구실 분위기에 안 어울릴 **뿐더러** 좀 작지 않아요?
노인은 운동 신경이 둔할 **뿐더러** 일에 대한 의욕도 없습니다.
반도체 산업은 전망이 밝을 **뿐더러** 투자 가치도 있다.

✻✻✻
ㅅ 불규칙동사

ㅅ으로 끝난 동사 중에는 다음에 모음으로 시작하는 어미가 오면 ㅅ이 탈락하는 것이 있다. <☞ p. 445 [부록 2] 동사의 불규칙 활용 분류>

낫 │ 다
    │ 으면 → 낫으면 → 나으면

예 이제는 병이 다 **나아서** 퇴원합니다.
그는 아니라고 고개를 **저었습니다.**
이 집은 우리가 **지은** 집이에요.
졸업식이 끝나고 **이어서** 다과회가 시작되었다.
종이에다가 연필로 줄을 **그어요.**

붙임

그러나 다음 ㅅ 동사들은 모음으로 시작하는 어미가 와도 'ㅅ'이 탈락하지 않고 규칙 활용을 한다.

예 웃다,   씻다,   벗다,   빗다,   빼앗다

예 **웃으면** 복이 와요.
아, 찬물로 **씻었더니** 시원하다.
웃저고리를 **벗어서** 가방에 넣었습니다.
내가 머리를 **빗으니** 아이도 따라 빗어요.
힘 없는 사람의 것을 **빼앗아 간다.**

✻✻✻
[-는/(으)ㄴ] 사이에

범주 통어적 구문
구조 관형사형 어미 -는 + 명사 사이 + 조사 -에
관형사형 어미와 '간격, 동안'을 나타내는 명사 '사이'에 조사 '-에'가 결합한 형태로서, 동작동사에 붙어서 쓰인다.

의미 어떤 행위를 하는 동안에 후행절이 이루어짐을 나타낸다.

예 저 없는 **사이에** 무슨 일이라도 있었어요?

네가 없는 **사이에** 여러 곳에서 전화가 왔어.
할머니가 조는 **사이에** 고양이는 생선을 먹어 버렸습니다.
선생님이 안 계신 **사이에** 아이들은 칠판 장난을 했다.
내가 한국에 **온 사이에** 그 친구는 아기를 낳았대요.

붙임

　'-(으)ㄹ 새가 없다'는 아주 바빠서 무엇을 할 틈이 없다는 뜻이고, 관용구 '눈코 뜰 새가 없다'는 '아주 바쁘다'의 강한 표현이다. 그런데 이렇게 바쁘다는 뜻으로 쓸 때는 '사이'라고 하지 않고 줄인 말인 '새'를 쓴다.

예　저는 눈코 **뜰 새가 없이** 바쁩니다.
일이 많아서 영어 공부할 **새가 없어요.**
요새는 영화 구경갈 **새도 없다.**

-(이)서

범주　주격조사

구조　사람의 수를 가리키는 명사에만 붙어서 쓰인다. 자음으로 끝난 명사에는 '-이서'를 쓰고 모음으로 끝난 명사에는 '-서'를 쓴다.

예　극장에는 몇**이서** 갔는데요?
여럿**이서** 산으로 놀러 갔어요.
혼자**서** 무거운 것을 들 수 있겠어요?
둘이**서** 먹다가 하나가 죽어도 모르겠다.
도둑 하나를 열**이서** 못 당한단 말이 있어요.

-서껀

범주　보조사

구조　명사에 붙어서 주격조사 '-가/이'나 목적격 조사 '-를/을' 대신 쓸 수 있고 '-에서'에 붙어서 '-에서서껀'의 형태로도 쓰인다. 구어체에서 주로 쓰며 점잖은 말에는 쓰지 않는다.

의미 '다른 것에 섞여서', 혹은 '포함되어서'의 뜻을 나타낸다.

> **예** 아기 돌잔치에는 고모**서껀** 시골 친척들이 다 오셨었다.
> 나는 후배에게 내가 보던 책**서껀** 한 보따리를 주었습니다.
> 요즘은 지하철에서**서껀** 독서하는 사람이 많아졌어요.
> 음식이 많아서 떡이랑 과일**서껀** 잔뜩 먹었다.
> 큰 살림이라서 부엌 살림**서껀** 없는 것이 없었다.

-세   종결어미 <☞ p. 155 -(으)네>

*
[-는/(으)ㄴ/(으)ㄹ] 셈이다

범주 통어적 구문

구조 관형사형 어미 -는/(으)ㄴ/(으)ㄹ + 명사 셈 + 이다동사
동사의 관형형에 수를 센다는 뜻의 명사 '셈'과 이다동사가 결합한
형태이다.

의미 선행절에 해당하는 말로 미루어 계산해 보면 선행 동작이나 상태
를 짐작할 수 있음을 나타낸다.

1. '-는/(으)ㄴ 셈이다'의 경우

   '따져 보면 결국 이러이러한 것과 같다'의 뜻을 나타낸다.

   > **예** 열세 살 때 이사를 왔으니까 이 집에서 12년을 **산 셈이지요.**
   > 과외 교사로 계속해서 일한 걸 보면 그는 꽤 착실**한 셈입니다.**
   > 오전에 2시간, 오후에 3시간 작업을 했으니까 오늘은 많이 **한 셈이다.**
   > 수출이 수입에 비해서 좀 많으니 이번 달은 흑자가 **난 셈입니다.**
   > 편지를 지난 달에도 썼고 이번 달에도 썼으니 개개 한 달에 한 번은
   > **쓰는 셈이다.**

2. '-(으)ㄹ 셈이다'의 경우

   '앞으로의 작정, 앞으로 어떻게 할 생각, 또는 계산으로'의 뜻을
   나타낸다.

예 회사를 휴직**할 셈으로** 과장실을 찾아갔다.
유학을 **할 셈으로** 영어 학원에를 다니고 있습니다.
나는 그를 동생처럼 생각하고 잘 해 **줄 셈입니다.**
너는 집에 안 가고 이곳에서 아주 **살 셈이구나.**
앞으로 한국에서 사업을 **할 셈으로** 시장 조사를 다녔다.

✽

[-는/(으)ㄴ/(으)ㄹ] 셈치고

범주 통어적 구문
구조 관형사형 어미 -는/(으)ㄴ + 명사 셈 + 동사 치다 + 연결어미 -고
동사의 관형형에 수를 센다는 뜻의 명사 '셈'과 동사 '치다'가 결
합한 형태이다. 일부 동작동사나 상태동사와 결합한다.
의미 선행절의 내용으로 미루어 가정하고 후행 동작을 함을 나타낸다.
앞뒤 문장이 도치 형식으로 되면 문장 끝이 '-는 셈치다'의 형태로
쓰인다. <☞ p. 335 -는 셈이다>

예 그 사람한테 속**는 셈치고** 그냥 빌려주었어요.
미운 놈 떡 하나 더 주**는 셈치고** 여행 허락을 했습니다.
빌려준 책은 잃어버**린 셈치고** 달라고 하지 않았다.
소매치기 당한 걸 자꾸 생각하면 뭘해요? 떡 사 먹**은 셈치세요.**
친구 하나 없**는 셈치면** 되니까 나한테 연락하지 말아!

✽

-(으)ㄴ 셈치고는

범주 통어적 구문
구조 '(으)ㄴ 셈치고'에 보조사 '-는'이 결합된 형태이다.

<☞ p. 336 -는/(으)ㄴ/(으)ㄹ 셈치고>

의미 '선행절의 사실을 고려하면 후행절의 일은 비교적 그 상태가 어떠
하다' 함을 나타낸다.

예 날씨가 나쁘고 비가 많이 **온 셈치고는** 농사가 잘 된 셈이다.
준비를 안 **한 셈치고는** 발표를 잘 했다.

어제 잠을 못 **잔 셈치고는** 정신이 맑은 편이다.
늦게 도착**한 셈치고는** 좋은 자리에 앉을 수 있어 다행이다.
머리가 나**쁜 셈치고는** 시험을 잘 보는 편입니다.

붙임

‘치고는’은 조사로서 명사와 결합하여 쓰인다.

예　부모 없이 자란 아이**치고는** 성격이 명랑한 편이지요.
교과서**치고는** 그림이 많고 재미있게 되었다.
십년 걸려 만든 영화**치고는** 너무 시시하다.

＊
–(으)소서

범주　종결어미

구조　동작동사에 붙어서 쓰이는 하십시오체 명령형 종결어미로서 청자
에게 어떤 행위를 해 줄 것을 부탁하거나 희망하는 경우에 쓴다.
청자의 위치가 대단히 높아서 ‘–ㅂ시오’와 같은 명령형은 쓸 수 없
을 때 명령이 아닌 화자의 소원을 나타내는 것이다.

의미　종교적으로 신에 대하여, 혹은 시에서 님에게 많이 쓰인다.

예　주여! 우리들을 불쌍히 여기**소서**.
하느님, 우리와 함께 하시어 이 어려움을 이길 수 있게 하**소서**.
우리의 소원을 들어 응답해 주**소서**.
나로 하여금 그대 곁에서 잠들게 하**소서**.
이것은 저의 정성으로 드리는 예물이니 받으**소서**.

붙임

1. 공손을 나타내는 어미 ‘–옵–’, 공손과 존대를 나타내는 어미 ‘–시옵–’
이 붙어서 좀더 존대의 의미를 강하게 하는 ‘–(으)옵소서, –(으)시
옵소서’의 형태로도 쓰인다.

예　우리를 용서해 주시**옵소서**.
내내 건강하시고 만복을 누리**옵소서**.
어서 건강을 찾으시**옵소서**.

2. '-소서'로 된 문장의 인용은 직접 인용으로만 쓰고 간접 인용은 쓰지 않는다.

> **예** 연하장에는 새해 인사로 '복 많이 받으시**옵소서**' 하였다.
> '적으로부터 우리를 보호하여 주**소서**' 하고 기도하였습니다.
> 자원 봉사대 회원들은 '불우 이웃에게 자비를 베푸**소서**' 하고 외쳤다.

수

범주 의존명사

구조 관형사형 어미 '-는/(으)ㄴ/(으)ㄹ'과 '있다/없다'에 붙어서 문형을 만든다. < ☞ p. 338 -는 수가 있다, p. 339 -(으)ㄹ 수가 있다/없다, p. 339 -(으)ㄹ 수가 있어야지요>

의미 일을 처리하는 방법, 수단 또는 일의 가능성을 나타낸다.

**
-는 수가 있다

범주 통어적 구문

구조 관형사형 어미 -는 + 의존명사 수 + 조사 -가 + 동사 있다
'수단, 방법'을 나타내는 의존명사 '수'에 관형사형 어미 '-는'과 '있다'가 결합한 관용적 표현으로서, 주로 동작동사에 붙어서 쓰인다.

의미 사실의 가능성이나 동작이 일어나는 경우를 나타낸다. 그러나 가능성의 확률은 높지 않다.

> **예** 늘 일찍 오지만 차가 막히면 늦게 오**는 수도 있어요**.
> 똑똑한 우리 언니도 가끔 실수하**는 수가 있어요**.
> 원숭이도 나무에서 떨어지**는 수가 있다**.
> 아이들이니까 싸우**는 수도 있지요**.
> 물을 많이 주면 뿌리가 썩**는 수가 있으니** 조심해.

> ### 붙임
>
> 상태동사에 '-(으)ㄴ 수가 있다'는 잘 쓰지 않는다. 쓰이는 경우에는 의존명사 '수'가 단지 '방법, 수단' 따위를 나타낸다.
>
> **예**　좋은 수가 있으니 나를 따라 오세요.

***
-(으)ㄹ 수 있다/없다

범주　통어적 구문

구조　관형사형 어미 -(으)ㄹ + 의존명사 수 + 동사 있다/없다

동작동사하고만 쓰이며 '수' 다음에 주격조사 '-가'를 붙여서 쓰기도 한다.

의미　가능성 혹은 능력을 나타내는 말이다.

예　나 좀 도와줄 **수** 있어요?
나도 운전할 **수** 있습니다.
일이 밀려서 일찍 퇴근할 **수가** 없습니다.
이 시계를 고칠 **수** 있을까요?
날씨 때문에 계획을 변경할 **수밖에** **없습니다.**

**
-(으)ㄹ 수가 있어야지요

범주　통어적 구문

구조　관형사형 어미 -(으)ㄹ + 의존명사 수 + 조사 -가 + 동사 있다
+ 종결어미 -어야지요

능력 혹은 가능성을 나타내는 '-ㄹ 수가 있다'에 당위성을 나타내는 '-어야지요'가 어울려서 된 형태로서 동작동사에 붙어서 쓰인다. 시상어미와 어울리지 못하고, 주어는 1인칭이다.

의미　어떤 행위를 할 능력이 없음을 나타내는 말이다. 부정을 강하게 표

현할 때 쓴다.

예 시끄러워서 이야기를 **할 수가 있어야지요.**
일찍 떠났는데도 택시를 잡을 **수가 있어야지요.** 그래서 늦었어요.
너무 많아서 어느 게 어느 건지 **알 수가 있어야지요.**
어두워서 찾을 **수가 있어야지요.** 그래서 불을 켜고 찾아 보았지요.
친구가 없으니 외로워서 **살 수가 있어야지요.**

붙임

‘있어야지요’는 서술어로서 반어적으로 ‘없다’는 뜻을 나타낸다.
이것은 ‘-이/가 있어야지 그렇게 하지요, 없으니까 그렇게 못합니다’의
준말 형태이다. 상대방의 말에 복종하지 않는 표현이므로 높임의 뜻
으로는 쓰지 않는다.

예 가 : 그 영화는 여자 친구하고 가 봐요.
나 : 여자 친구가 **있어야지요.**
       (여자 친구가 있어야 같이 가지요, 없으니까 같이 가지 못합니다.)
가 : 왜 안으로 들어가지 않고 여기 있니?
나 : 열쇠가 **있어야지요.**
가 : 아직도 주차를 못 했어?
나 : 주차할 데가 **있어야지요.**

*

[-기] 십상이다

범주 통어적 구문
구조 일부 동작동사 + 명사형 어미 -기 + 십상 + 이다동사
대개는 ‘-(으)면’, ‘-었(았, 였)다가는’과 같은 조건절과 같이 쓴
다. 서술문에만 쓴다.

공부를 하지 않으면 시험에 떨어진다 + -기 + 십상 + 이다
→ 공부를 하지 않으면 시험에 떨어지기 십상이다.

의미 일부 부정적인 의미를 가진 동작동사하고만 결합해서 쓰이며, ‘열

가운데 여덟이나 아홉은 꼭 그러리라, 예외 없이 꼭 그러하리라'는 뜻을 나타내는 말이다.

예　그렇게 게으름을 피운다면 실패하**기 십상이다.**
말을 잘못했다가는 망신당하**기 십상입니다.**
여기서 기다리다가는 얼어죽**기 십상이다.**
오빠 말을 안 들으면 오빠한테 맞**기 십상이지** 뭐.
발을 잘못 디디면 밑으로 떨어지기 **십상이겠다.**

싶다

범주　보조동사
구조　홀로는 쓰이지 않고 연결어미와 결합하여, '-고 싶다, -지 싶다, -는/ㄴ/은가 싶다, -ㄹ/을까 싶다, -었(았, 였)으면 싶다'의 형태로 쓴다. <각각 참조>
　　　• 의존명사 '듯, 성' 밑에 쓰이어 '-듯싶다, -성싶다'의 형태로 쓰인다.
의미　'희망하다, 원하다'의 뜻을 나타낸다.

-고 싶다/-고 싶어하다

범주　보조동사
구조　본동사와 '싶다, 싶어하다'를 연결어미 '-고'로 연결한 형태이다.

나는 학교에 가다 + -고 + 싶다
→ 나는 학교에 가고 싶다.

　　　• 상태동사나 이다동사는 사용하지 않는다.

의미　주어가 본동사의 동작이나 상태가 되기를 희망한다, 원한다는 뜻을 나타내는 보조동사이다.

＊＊＊
　1. '-고 싶다'의 경우 : 주어가 1인칭일 때는 서술형만 쓰고, 주어가 2

인칭일 때는 의문형만 쓴다. 주어가 3인칭일 때는 쓰지 못한다.

예   나는 예뻐지고 **싶다**.
너는 뭐가 먹고 **싶니?**
빨리 떠나고 **싶은데** 일이 끝나지를 않는군요.
당신은 10년 후에 무엇이 되고 **싶습니까?**
싫다는 말이 하고 **싶었지만** 꾹 참았습니다.

***

2. 주어가 3인칭일 때는 '-고 싶어하다'를 쓴다.

<☞ p. 362 -어 하다>

예   철수는 영어를 배운다 + -고+ 싶다 + -어 + 하다
→ 철수는 영어를 배우고 싶어한다.

아이들은 장난감을 사고 **싶어해요**.
우리 아들은 변호사가 되고 **싶어했습니다**.
그들 부부는 한국에서 살고 **싶어한답니다**.
노인들은 젊은이들과 대화를 나누고 **싶어하지만** 그럴 기회가 별로 없다.
아들은 부모를 모시고 살고 **싶어하는데** 며느리는 그렇지 않은가 봐요.

**

3. 화자가 자신을 객관화하거나 다른 사람의 관점에서 말할 때는 1과
2에서 말하는 인칭 제약없이 쓰인다.

예   나는 그 때 하숙을 옮기고 **싶어했지요**.
사실은 어렸을 때 나는 군인이 되고 **싶어했었다**.
그 당시 너는 대학에 진학하고 **싶지 않았다**.
그 남자는 꼭 혜리와 결혼하고 **싶었지요**.
사고 당시 준수네 가족은 한국으로 역이민하고 **싶었다**.

**

-는/(으)ㄴ가 싶다, -(으)ㄹ까 싶다

범주   통어적 구문

구조   의문형 어미 -는/ㄴ/은가, -ㄹ/을까 + 상태동사 싶다
의문형 어미에 희망을 나타내는 상태동사 '싶다'가 붙어서 된
것이다.

의미 '희망하다, 비슷하다, 거의 같다'의 뜻으로 쓰인다.

예 이제야 마음에 드는 사람을 만나**는가 싶**어요.
된장찌개에 밥을 먹으니 **먹은가 싶**다.
안 하면 몰라도 하려면 하**는가 싶**게 해라.
놀면서 해 가지고 무슨 일이 **될까 싶**다.
오늘은 주인에게 할 말을 **할까 싶**은데요.

**
-(는/ㄴ)다 싶다 하다

범주 통어적 구문
구조 각종 종결어미에 '싶다 하다'가 붙어서 선형문이 되는 경우로서, 간접화법의 형식으로 쓰인다. 동작동사, 상태동사, 이다동사에 두루 쓰인다.
의미 화자의 '-라고 생각되다, 혹은 느끼다'의 뜻을 나타낸다.

예 숙제를 잘**한다 싶다 했**는데 언니가 해 준 것이랍니다.
아이가 조용**하다 싶다 하**고 보니 이렇게 사고를 냈군요.
이제야 편안히 사시게 **된다 싶다 했**더니 암에 걸렸다고요?
나에게도 좋은 기회가 오**는가 싶다 했**지만 결국 나에게는 안 왔다.
금년에는 경기가 좀 풀**린다 싶다 하**고 안심을 했다.

*
[-는/(으)ㄴ/(으)ㄹ] 성싶다

범주 통어적 구문
구조 관형사형 어미 -는/(으)ㄴ/(으)ㄹ + 의존명사 성 + 보조동사 싶다
동사에 붙어서 쓰이며 '싶' 뒤에 시상어미가 붙을 수 있다.
의미 '-는 것 같다'와 같이 추측, 예상을 나타낸다. 문어체보다는 구어체로 많이 쓰이지만 현대어에서는 자주 쓰지 않는다. '듯싶다'와 바꿔 쓸 수 있다.

예 내일은 눈이 **올 성싶군요.**
될 성싶은 나무는 떡잎부터 안다.
어쩐 일인지 그 남자가 큰 일을 저지를 **성싶었다.**
내 꿈이 이루어**질 성싶은** 예감이 듭니다.
일이 제대로 잘 풀릴 **성싶으니까** 걱정 마세요.

**
-지 싶다

범주 통어적 구문

구조 종결어미 -지 + 보조동사 싶다
문장 종결을 나타내는 어미 '-지'와 어떤 사물에 마음이 있음, 관심
이 있음을 나타내는 '싶다'가 결합하여 된 것이므로 어떤 사물에
대한 화자의 주관적 판단이 개입되었음을 나타낸다. 문어보다는 구
어에서 많이 쓰인다.

의미 '-는 것 같다, -다고 생각하다'의 뜻으로 화자의 예측이나 추측을
나타낸다.

예 이 수박이 잘 익었**지 싶어요.**
지금이 뉴욕 시간으로 7시이니까 퇴근했**지 싶다.**
조용한 걸 보니 아기가 잠이 들었**지 싶은데요.**
방음 장치를 해서 소리가 밖으로 나가지는 않**지 싶다.**
유통 문제가 해결되면 농수산물 가격은 안정되**지 싶습니다.**

**
-었/았/였으면 싶다

범주 통어적 구문

구조 시상어미 -었/았/였- + 연결어미 -으면 + 보조동사 싶다
완료형 시상어미 '-었/았/였-'과 연결어미 '-으면'과 보조동사 '싶
다'가 결합한 형태로서, 동작동사, 상태동사와 결합한다.

의미 어떤 사실에 대한 화자의 내면적인 욕구, 강한 바람, 희망을 나타
낸다. <☞ p. 437 -었/았/였으면 하다/좋겠다>

예 이젠 비가 그만 **왔으면 싶다.**
바지 색이 좀더 진**했으면 싶은데요.**
마음을 정리했으니 이제 여기를 떠**났으면 싶습니다.**
빨리 경제가 회복되고 고용 안정이 되**었으면 싶습니다.**
여야 협상이 원만하게 끝**났으면 싶습니다.**

＊＊
-스럽다

범주 어미

구조 일부 명사, 부사 그리고 상태동사나 동작동사 중 상태동사의 어근
이 될 수 있는 말에 붙어서 상태동사를 만드는 어미이다. ㅂ동사로
서 활용한다. <☞ p. 309 ㅂ불규칙동사>

의미 선행하는 말의 뜻 그대로는 아니지만 '보기에 그럴 만 하다'를 나
타낸다.

예 명사 : 변덕**스럽다,** 창피**스럽다,** 수선**스럽다,** 근심**스럽다,** 염려**스럽다,** 탐
스럽다, 어른**스럽다,** 여성**스럽다,** 바보**스럽다,** 촌**스럽다,** 사랑**스럽**
다, 조심**스럽다,** 복**스럽다,** 이상**스럽다,** 자연**스럽다,** 자랑**스럽다,** 게
걸**스럽다**
부사 : 갑작**스럽다,** 새삼**스럽다**
접두사 : 좀**스럽다,** 잡**스럽다**
동사의 어근 관련 어휘 : 시원**스럽다**

예 나는 네가 내 친구라는 것이 자랑**스럽다.**
남자는 여자 친구의 얼굴을 사랑**스럽다**는 듯이 바라 보았습니다.
나이가 어려도 어른**스러워서** 일을 잘 할 겁니다.
그 배우는 결혼을 하더니 연기가 더 자연**스러워졌다.**
아주머니는 탐**스럽게** 익은 사과 몇 개를 가방에 넣어 주셨다.

붙임

부사형으로는 '-스럽게'와 '-스레'가 있다.

> **예** 이상스럽게, 조심스럽게, 새삼스럽게, 변덕스럽게, 염려스럽게,
>   이상스레,   조심스레,   새삼스레,   변덕스레,   염려스레

***

-습/ㅂ니다만

범주 결합형

구조 격식체 종결어미 '-습/ㅂ니다'에 '-만'이 결합한 형태로서 선행
절을 후행절에 대등적으로 연결하는 기능을 한다.
후행절은 선행절에 대조되거나 선행절에 구애받지 않는 뜻의 말이
온다. 존대형 어미와 시상어미가 앞에 올 수 있다.

의미 '-지만'과 같은 뜻으로 쓴다. <☞ p. 412 -지만>
격식을 차려서 정중하게 말하는 경우에 많이 쓴다.

> **예** 죄송**합니다만** 선생님 의견에 찬성할 수 없어요.
> 고맙**습니다만** 오늘은 시간이 없어서 갈 수 없습니다.
> 저번에 배웠**습니다만** 다 잊어버렸습니다.
> 한국 사람**입니다만** 미국에서 자랐어요.
> 졸업한 지 오래 되었**습니다만** 학교 때 생각이 많이 납니다.

**

[-어/아/여] 쌓다

범주 보조동사

구조 연결어미 -어/아/여 + 보조동사 쌓다
연결어미 '-어/아/여'와 '겹쳐 포개다'의 뜻을 가진 보조동사 '쌓
다'가 결합한 형태로서, 일부 동작동사와 결합하여 쓰인다.

의미 앞의 동작이 지속적으로 심하게 반복되어 못마땅함을 나타내는 말
로서 속된 표현이다.

> **예** 떨어질까 봐 걱정을 **해 쌓더니** 합격을 하였구나.
> 전화를 **해 쌓더니** 이제는 연락이 다 되었나 봐요.

굶은 사람처럼 먹**어 쌓고** 배가 아프다고 한다.
유학을 간다고 자랑을 **해 쌓더니** 못 가게 되었다나 봐요.
용돈을 달라고 못 견디게 졸**라 쌓아서** 주었다.

***
-씩

범주　접미사
구조　수량의 단위를 나타내는 의존명사나 혹은 명사에 붙어서 쓰인다.
의미　각각 같은 수로 나눔을 나타낸다.

예　아이들에게 선물로 책을 한 권**씩** 사 주었다.
　　이 필통을 하나**씩** 포장해 주세요.
　　줄을 서서 한 사람**씩** 탑시다.
　　노래가 좋아서 우리는 몇 번**씩** 들었다.
　　학생들에게 음악회 입장권을 한 장**씩** 나누어 주세요.

-아/야/(이)여/(이)시여

범주　호격조사
구조　사람이나 사물을 나타내는 명사에 붙어서 그 명사를 부름을 나타
　　내는 조사다.
의미　대상에 따라서 반말, 높임말, 아주 높임말이 있다.

**
1.　-야/아(반말)

・ 앞의 명사를 낮추어 부를 때 쓰는 조사로서 그 명사가 모음으로 끝
　나면 '-야'를 쓰고 자음으로 끝나면 '-아'를 쓴다.

예　지수**야**, 밥 먹어라.
　　애들**아**, 할아버지께서 오신다.
　　영수**야**, 내일 2시에 만나자.
　　영옥**아**, 숙제는 다 했니?
　　애**야**, 어서 자거라.

✻

2. -(이)여(높임말)

- 부르는 대상이 화자보다 좀 높은 경우에 쓴다.
- 종교적인 대상 이외에 연설 같은 데서 쓸 때는 선동적인 느낌을 주기도 한다.
- 명사가 모음으로 끝나면 '-여'를 쓰고 자음으로 끝나면 '-이여'를 쓴다.

예 주**여**, 불상한 우리들을 돌보아 주시옵소서.
님이**여**, 어디 계시나이까?
그대**여**, 내 품으로 돌아와 주오.
모든 남편들이**여**, 어깨를 펴십시오.
젊은이들이**여**, 여러분에게는 미래가 있습니다. 꿈을 가지십시오.

✻

3. -(이)시여(아주 높임말)

- 아주 높여서 부를 때 쓰는 조사로서, 명사가 모음으로 끝나면 '-시여'를 쓰고 자음으로 끝나면 '-이시여'를 쓴다.
- 고어에서는 많이 썼지만 현대어에서는 시어에서나 종교적인 신을 대상으로 했을 때 쓰고 일상 회화에서는 잘 쓰지 않는다.

예 주님**이시여**, 모든 일이 주님의 뜻 안에서 이루어지게 해 주시옵소서.
그리운 나의 님**이시여**, 늘 그대를 사모합니다.
부처님**이시여**, 자비를 베푸소서.
대왕마마**시여**, 백성은 지금 어려운 가운데 있나이다.
하느님 아버지**시여**, 우리들에게 축복을 내려 주소서.

✻✻✻

아니다

범주 이다동사
구조 이다동사의 부정형이다. 'N이/가 아니다'가 서술절이 되는 복문 형식의 문장으로 쓰인다. 문장 첫머리의 명사는 문장의 주어이고, 뒤의 것은 보어이다.

<u>이것은</u>　<u>꿈이</u>　<u>아닙니다.</u>
　주어　　보어　　서술어

예　그 분은 의사가 **아닙니다.**
이것은 사전이 **아니에요.**
제 말은 거짓말이 **아니에요.**
이것은 제 차가 **아니고** 빌린 것입니다.
이 물건은 국산품이 **아닙니다.**

붙임

　이다동사(이다, 아니다)는 학교 문법, 전통 문법에서 서술격 조사(이다)나 형용사(아니다)로 보고 있다. 그러나 활용이 동작동사나 상태동사와 다르고, '이다'의 경우에는 명사와 결합한다든지, '아니다'의 경우에는 전혀 다른 문장 구조를 택한다든지 하는 것 때문에 이다동사를 별 개의 동사 범주로 구별하여 정한다.

**
–가/이 아니라

범주　통어적 구문
구조　주격조사 –가/이 ＋ 동사 아니다 ＋ 연결어미 –라
　　　주어 명사구와 '아니다'의 어간에 연결어미 '–라'가 붙은 '아니라'가 결합한 형태로서, '–가/이 아니라 ～이다'의 문장 형식을 쓴다.
의미　선행절과 후행절의 내용이 서로 대칭이 된다. '–라'는 선행절이 후행절과 관련이 있음을 암시한다.

예　여기는 도서관**이 아니라** 식당이에요.
이 분은 일본 사람**이 아니라** 중국 사람이에요.
이건 제가 산 물건**이 아니라** 친구가 산 거예요.
이것은 제 자동차**가 아니라** 우리 아버지 차예요.
저 분은 학생**이 아니라** 이 학교 선생님이셔.

***
아무

범주 대명사

구조 사람이나 사물을 가리키는 말로서 꼭 하나를 지정하지 않고 가리킬 때 쓴다. 어떤 조사와 어울리느냐에 따라서 문장에서의 의미가 달라진다.

의미 조사 '-나'가 붙어서 '아무나'가 되면, '여러 사람 중의 하나' 혹은 '몇 사람'이란 뜻이고, 조사 '-도'가 붙어서 '아무도'가 되면, 뒤에 부정이 와서 한 사람도 없다는 뜻이 된다.

1. 조사 '-나'가 붙어서 '아무나'로 쓰이는 경우

예 **아무나** 한 사람만 오십시오.
돈만 내면 **아무나** 들어갈 수 있습니다.
이 개는 **아무나** 보고 꼬리를 젓는다.
먹고 싶은 사람이면 **아무나** 먹어도 돼.
이 아기는 **아무나** 다 좋아한다.

2. 조사 '-도'가 붙어서 '아무도'로 쓰이는 경우

예 시간이 되었는데 **아무도** 안 왔어요?
비밀이니까 **아무한테도** 말하지 마.
담배 피우는 사람이 **아무도** 없어요.
질문을 했는데 **아무도** 대답을 안 해요.
나를 찾는 사람이 **아무도** 없었다.

***
아무

범주 관형사

구조 사람이나 사물을 가리키는 말로서 꼭 하나를 지정하지 않고 가리킬 때 쓴다. '아무'가 '데, 것, 일'과 같은 의존명사를 수식하는데 이때 조사 '-나, -도'가 붙어서 의미를 다르게 한다.

1. 조사 '-나'가 명사에 붙어서 '아무 데나, 아무 것이나, 아무 일이
    나' 등의 형태로 쓰이는 경우

    • '여럿 중의 하나'의 뜻이 된다.

   예   돈을 벌려고 **아무** 일이나 해요.
       시간이 없으니까 **아무** 것이나 삽시다.
       신혼 여행을 **아무** 데나 갈 수 없잖아요.
       아무 것이나 입고 어서 나와요.
       배가 고픈데 **아무** 것이나 먹읍시다.

2. 조사 '-도'가 붙고, 뒤에 부정문이 오는 경우

    • 모든 명사들(데, 것, 일 등)이 다 부정적이라는 뜻이다.

   예   주말에는 **아무** 데도 안 가고 집에 있어요.
       아무 데서도 소식이 안 왔어요.
       그림을 보고 **아무** 느낌도 없었어요?
       아무 문제도 없는데 괜히 걱정을 했다.
       그 분이 **아무** 말도 없이 회사에 안 나왔어요.

✳✳✳

아무리

범주   부사

구조   '어떻게 하여도'의 뜻을 가진 말로서 연결어미 '-어/아/여도'나
         '-(으)ㄹ지라도'와 어울려서 쓰인다.
         문장 앞에서 그 문장 전체를 수식하는 기능을 가지고 있다.

의미   선행절은 '할 수 있는 만큼 양보해도 혹은 가정해도'의 뜻이 있으
         며 후행절은 선행절에 구애받지 않고 어떤 행위를 하거나 상태가
         됨을 나타낸다. < ☞ p. 356 -어/아/여도, p. 255 -(으)ㄹ지라도 >

   예   **아무리** 바빠도 우리는 하루 한 번씩 통화한다.
       아무리 이름을 불러도 대답이 없었어요.
       아무리 설명해도 무슨 말인지 못 알아 들어요.
       아무리 어려운 일이 생길지라도 끝까지 해 보겠어요.
       아무리 가족들이 말릴지라도 나는 꼭 가수가 되겠어.

***
–어/아/여(모음조화)

한국어의 모음은 크게 양성 모음(ㅏ, ㅗ)과 음성 모음(ㅓ, ㅜ, ㅡ, ㅣ 혹은 양성모음을 제외한 모든 모음)으로 나뉘는데, 동사의 어간이 어미와 활용할 때는 시간 경제와 노력 경제를 위하여 비슷한 소리의 어미를 선택한다. 즉, 어간의 끝 음절이 양성 모음으로 끝나면 어미의 첫 음절이 양성 모음으로 시작하는 어미와 결합하고 어간의 끝음절이 음성 모음으로 끝나면 어미의 첫 음절이 음성 모음으로 시작하는 어미와 결합한다. 양성 모음은 양성 모음끼리, 음성 모음은 음성 모음끼리 어울리어 조화를 이루는 것이다. 이것을 표로 보이면 다음과 같다.

	동사 어간의 끝 모음	활용 어미	예	
양성 모음	아 야 오 요	–아요, –아서, –아도, –아야, –았, –았었,…	살	다 아요 → 살아요
음성 모음	어 여 우 유 으 이 에 애 외 우 왜 …	–어요, –어서, –어도, –어야, –었, –었었,…	먹	다 어요 → 먹어요

붙임

한국어에는 양성 모음으로 끝나는 동사는 극히 일부분이고 음성 모음으로 끝나는 동사들이 대부분이어서 '–어'로 시작하는 어미가 많이 쓰이고 '–아'로 시작하는 어미는 그 쓰이는 빈도가 낮다.

- 그런데, 어간과 어미는 활용할 때 노력 경제나 시간 경제를 위하여 다음과 같이 음운 변동을 일으킨다.

1. 받침이 없이 'ㅏ'로 끝나는 어간이 '–아–'로 시작하는 어미를 만나거나, 'ㅓ'로 끝나는 어간이 '–어–'로 시작하는 어미를 만나면 두 음 중 하나는 탈락한다.

    예 가+아서 → 가서　　사+아요 → 사요
    　　자+아도 → 자도　　서+었다 → 섰다

2. 받침이 없이 'ㅗ/ㅜ'로 끝난 어간이 '–아/어–'로 시작하는 어미를

만나면 두 음절이 줄어서 한 음절 '-ㅘ/ㅝ-'가 된다.

예 보+아서 → 봐서　　오+아요 → 와요　　쏘+아야 → 쏴야
주+어요 → 줘요　　꾸+었다 → 꿨다
바꾸+어 → 바꿔　　싸우+어도 → 싸워도
미루+었습니다 → 미뤘습니다

3. 받침이 없이 ㅣ로 끝난 어간이 '-어-'로 시작하는 어미를 만나면
두 음절이 줄어서 한 음절 '-ㅕ'가 된다.

가르치+어 → 가르쳐　　　기다리+어서 → 기다려서　　마시+어 → 마셔
고치+었어요 → 고쳤어요　그리+었던 → 그렸던　　　　모이+어도 → 모여도
빌리+어도 → 빌려도　　　입히+어 → 입혀

4. 존대형 어미 '-시-'가 '-어'로 시작하는 어미를 만나면 '-셔'가 되
고, 종결어미 '-어요'를 만나면 '-세요'가 된다.

보시+어도 → 보셔도　　　　찾으시+어도 → 찾으셔도
받으시+어요 → 받으세요　　계시+어요 → 계세요

5. 어간이 '-하-'로 끝나는 하다동사는 모음 조화와 관계없이 '-여'
로 시작하는 어미, '-여서, -여도, -여야, -였-' 등을 쓴다. 그리고
'하여'를 줄여서 '해'로 쓴다.

✳✳✳
-어/아/여 (해체)

범주　종결어미
구조　동사와 결합하여 문장의 끝을 맺게 하는 비격식체 반말 종결어
　　　　미이다.
의미　이것은 존대말이 아닌 "해라체"와 "하게체"와 같은 등급에 두루
　　　　쓰인다. 서술형, 의문형, 명령형, 청유형에 한가지 형태로 쓰이며
　　　　절 종결의 어조에 따라서 의미가 분화된다.
　　　　서술형　　　　　가. ↘　　　（갑니다.）
　　　　의문형　　　　　가? ↗　　　（갑니까?）

명령형   가. ↕   (가십시오.)
청유형   가. →   (갑시다.)

예 언제 친구를 만**나**?
내일 2시에 만**나**.
네가 꽃을 사 가지고 **와**.
우리랑 같이 식당에 **가**.
우리 동창생들이 한번 모**여**.

붙임

'하다'동사의 경우에 종결어미로는 '하여'를 쓰지 않고 반드시 '해'를 쓴다.

예 노래**해**.
영수는 지금 숙제를 **해**.
언제 학교를 졸업**해**?

** -어/아/여

범주 연결어미

구조 앞에 오는 주동사와 뒤에 오는 보조동사를 연결하는 보조적 연결어미로서 일반적인 서술의 뜻을 나타낸다.

- 앞 동사의 끝음절이 'ㅏ'나 'ㅗ'로 끝나면 '아'가 오고 그밖에 'ㅓ, ㅜ, ㅡ, ㅣ' 등으로 끝나면 '-어'가 온다. 또 하다동사의 '하'로 끝나면 '-여'가 온다.

- 이 연결어미와 결합해서 된 보조동사로는 다음과 같은 것들이 있다.

  -어 가다/오다, -어 보다, -어 있다, -어 주다, -어 지다, -어 내다, -어 쌓다, -어 들다, -어 놓다, -어 버리다, -어 하다 등등

예 요즘은 약속을 자꾸 잊**어**버려요.
겨울이 되니까 날씨가 빨리 어두**워**진다.

아기는 엄마가 책을 읽**어** 주기를 기다린다.
하루에도 몇 번씩 전화를 걸**어** 댑니다.
식탁 위에는 꽃병이 놓**여** 있다.

**
–어/아/여

범주　연결어미
구조　동작동사, 상태동사, 이다동사에 붙어서 쓰이는 종속적 연결어미
로서 '–어/아/여서'와 대치할 수 있다. <☞p. 357 –어/아/여서>
의미　앞의 선행절이 후행절의 순서가 되거나 이유가 된다.

예　밤새 눈이 내**려** 길은 미끄러웠다.
영화가 늦게 끝**나** 나는 그녀를 집까지 데려다 주었다.
수업이 끝나도 질문이 많**아** 나는 교실을 떠날 수가 없었습니다.
목적지에 도착하자 공중 전화를 찾**아가** 전화브터 걸었어요.
부인은 점심 준비를 **해** 남편 직장으로 가지그 갑니다.

***
–어/아/여다가

범주　결합형
구조　상태의 지속을 나타내는 어미 '–어/아/여'와 부가의 뜻을 가진 어
미 '–다가'가 결합한 형태로서, 선행절을 후행절에 종속적으로 연
결한다. 선행절과 후행절의 주어는 동일하여야 하고, 선행절에는
시상어미를 쓰지 못한다.
의미　일정한 장소에서 선행절의 행위가 이루어지고, 그것으로 얻어진 결
과를 가지고 제 이의 장소에서 후행절의 행위를 하는 것을 말한다.

예　만두를 사**다가** 먹었어요.
숙제를 해**다가** 선생님께 드렸습니다.
우리는 심심해서 비디오 테이프를 빌려**다가** 보았습니다.

그 부부는 고아를 데려**다가** 길러요.
필요한 것이 있거든 마음대로 갖**다가** 써요.

붙임

  순서를 나타내는 '-어서'와 비슷한 것 같지만 '-어/아/여다가'의 경우는 선행절과 후행절이 일어나는 장소가 다르고, '-어/아/여서'는 동작이 일어나는 장소의 제약을 받지 않는다.

＊＊＊
-어/아/여도

범주 연결어미
구조 선행절을 후행절에 종속적으로 연결하고, 동작동사, 상태동사, 이다동사와 결합한다.
의미 앞의 문장을 가정하거나 인정하여도 뒤의 문장과 같은 상황이 존재함을 나타낸다.

  1. 연결어미로 쓰는 경우
  • 선행절에 부사 '아무리'를 써서 동사의 뜻을 분명하게 하기도 한다. <☞ p. 351 아무리>
  • 완료시제 '-었/았/였-'과 결합한다.

    한국말이 어려**워도** 배우겠습니다.
    편지를 보**냈어도** 답장이 안 옵니다.
    열심히 일을 **해도** 돈을 모으지 못해요.
    아무리 바**빠도** 여자 친구는 만나야 해요.
    아무리 문을 두드**려도** 사람이 나오질 않아요.

  2. 뒤에 보조동사를 붙여서 '-어/아/여도 좋다/괜찮다/되다'의 형태로 쓰는 경우

  • 이때는 양보나 허락을 나타낸다.

  예 이제부터 질문을 하셔**도** 좋습니다.
     신을 신고 들어가**도** 됩니다.

전화 좀 써**도** 돼요?
내일은 늦게 와**도** 괜찮아요.
여기서 담배를 피워**도** 괜찮아요.

붙임

　이 유형의 문장이 의문문일 때 대답이 부정이면 조건과 금지의 뜻을
가진 '–(으)면 안 되다'를 쓴다.

예　들어가도 괜찮습니까? 아니요, 들어오**면 안 됩니다.**
　　담배 좀 피워도 돼요? 아니요, 여기서는 담배를 피우**면 안 됩니다.**
　　칠판 글씨를 지워도 돼요? 아니요, 지우**면 안 돼요.**
　　이 병을 버려도 돼요? 아니요, 버리**면 안 돼.**

–어/아/여라(명령형)　< ☞ p. 186 –(는/ㄴ)다>

＊＊
–어/아/여라(감탄형)

범주　종결어미
구조　상태동사에 붙어서 쓰인다.
의미　감탄을 나타내며, 시나 노래에 자주 쓰인다.

예　아이구 좋**아라.** 오늘은 맛있는 것을 먹겠네.
　　재미있**어라.** 이렇게 재미있는 소설은 처음 읽어요.
　　아, 신나**라.** 우리 나라가 축구에서 이겼어요.
　　멋**져라.** 이렇게 멋있는 신랑 신부는 처음 보네.
　　아, 피곤**해라.** 정말 피곤해서 죽겠네요.

＊＊＊
–어/아/여서

범주　연결어미

구조 동작동사, 상태동사, 이다동사에 붙어서 선행절을 후행절에 종속
적으로 연결한다.'-어/아/여서' 앞에는 시상어미'-었/았/였-, -
겠-, -더-' 등을 쓰지 못하고, 후행절에 시상어미를 씀으로써 시
제를 나타낸다.

의미 선행 동작이나 상태가 후행절에 원인이나 조건이 됨을 나타낸다.
문장에서는 내용에 따라 다음과 같은 의미로 쓰인다.

<☞ p. 182 -(으)니까>

1. 선행절이 후행절의 원인이 되는 경우
- 선행절에서 말하는 사물과 연결되어 어떤 결과가 나옴을 나타낸다.
- 선행절이 후행절에 대하여 이치를 따지는 경우에는 쓰지 않는다.
- 후행절에 '-ㅂ시다, -ㅂ시오, -ㄹ까요?'는 쓰지 못한다.

예 배가 **불러서** 더 먹을 수 없는데요.
짐이 **많아서** 빨리 뛰지 못하겠어요.
눈이 **와서** 길이 미끄럽다.
재미있**어서** 한번 더 읽었습니다.
약속이 있**어서** 그만 나가 봐야겠어요.

붙임 '-(으)니까'와 '-어/아/여서'의 비교

-(으)니까	-어/아/여서
1. 화자 개인의 생각이나 경험에서 나온 것으로 선행절은 후행절에 대한 이유가 된다.	1. 일반적인 사물의 현상이나 변화로 생기는 것으로 선행절은 후행절의 원인이 된다.
2. 선행절에는 완료형 어미 '-었-'을 쓸 수 있다.	2. 일반적으로 선행절에는 시상어미를 쓰지 않는다.
3. 질문에 대한 답으로 이유를 분명히 밝히고 싶을 때 쓴다.	3. 대체로 이치를 따지는 특정 질문에 대한 대답이 아니고 일반적인 원인을 말할 때 쓴다.
4. 후행절의 종결어미로 '-ㅂ시다, -ㅂ시오'를 자주 쓴다.	4. 후행절의 종결어미로 '-ㅂ시다, -ㅂ시오, -ㄹ까요?'는 쓰지 않는다.
5. '-(으)니까' 다음에 '미안합니다, 감사합니다, 죄송합니다'는 쓰지 않는다.	

2. 선행절이 후행절의 조건이 되면서 시간적인 순서를 나타내는 경우

- 선행절과 후행절이 서로 밀접한 관계가 있어서 선행절이 일어나지 않으면 후행절이 일어날 수 없는 경우에 쓴다.
- 여기에서는 '–ㅂ시다, –ㅂ시오, –ㄹ까요?'를 쓸 수 있다.
- 선행절과 후행절의 주어는 동일하다.

예 병원에 **가서** 진찰을 받아 봐요.
선물을 **사서** 곱게 쌌어요.
커피를 끓**여서** 한 잔씩 마시자.
아이들이 의자에 앉**아서** 만화를 보고 있습니다.
그 사람을 만**나서** 사정을 이야기합시다.

※
–어/아/여서라기보다(는)

범주 결합형

구조 연결어미 –어/아/여서 + 종결어미 –라 + 명사형어미 –기 + 조사 –보다(는)

동사에 붙어서 쓰이며 '–어서라고 하기보다(는)'의 준말이다.

의미 선행절에 나타난 두 가지 이유를 비교하여 뒤에 있는 이유 때문에 후행절과 같은 결과가 나왔음을 나타낸다.

예 방이 작**아서라기보다는** 어두우니까 이사를 가려는 것입니다.
이 소설은 재미있**어서라기보다** 시사성이 있어서 잘 팔리나 봐요.
나는 그 아이가 예뻐**서라기보다** 정직하기 때문에 마음에 들어요.
바빠**서라기보다** 그와 마주 앉아 있기가 싫어서 일어나 버렸어요.
두 사람은 사랑해**서라기보다** 동정심에서 결혼을 했습니다.

※
–어/아/여요(해요체)

범주 종결어미

구조 동사와 결합하여 문장의 끝을 맺게 하는 비격식체 존대형 종결어
미이다. 하십시오체나 하게체와 교체할 수 있을 정도로 넓은 범위
의 존대말로 쓰인다. '−어/아/여요'는 해체와 마찬가지로 서술형,
의문형, 청유형, 명령형이 따로 없고, 대화의 상황과 억양에 따라
구분한다. <☞ p. 35 존대말과 반말>

서술형	가요. ↘	(갑니다)
의문형	가요? ↗	(갑니까?)
청유형	가요. →	(가십시다)
명령형	가요. ↕	(가십시오)

의미 격식체인 '−ㅂ니다'에 비하여 부드럽고 비단정적이며 주관적이다.
느낌을 다양하게 표현할 수 있으며 회화에서 많이 쓴다.

붙임

'해요체'는 일부 인사말에 붙여서 쓰면 정중하지 못한 느낌을 준다.

동급, 혹은 아랫사람에게 하는 가벼운 인사말	윗사람에게 하는 정중한 인사말
감사**해요**	감사**합니다**
미안**해요**	미안**합니다**
고마**워요**	고맙**습니다**
안녕하**세요?**	안녕하**십니까?**

−어/아/여야

범주 연결어미

구조 선행절을 후행절에 종속적으로 연결한다.

의미 청유형과 명령형에는 쓰지 않는다. 원칙이나 진리에 대한 표현이
많다.

**

 1. 선행절의 당위성, 또는 최소한의 필연적 조건임을 나타낸다.

 예 택시를 **타야** 편합니다.

한국말을 알**아야** 한국에서 살기가 편하지요.
커피를 한잔 마**셔야** 정신이 날 것 같아요.
건강이 좋**아야** 무슨 일이든지 잘 할 수 있습니다.
신문을 보**아야** 새 정보를 얻는다.

붙임

1. 후행절에 따라 반대 사실을 조건으로 하는 경우에도 쓰인다. 이때에는
   시상어미 '-었/았/였'과 같이 쓸 수 있다.

   예   김 선생이 있**어야** 재미있는데 김 선생이 안 와 재미없었다.
   비가 안 왔**어야** 소풍을 갔을 텐데요.
   컴퓨터를 잘 **해야** 취직을 할텐데.

2. '-어/아/여야'는 종결형 어미 '-지'나 '오직'의 뜻을 가진 조사
   '-만'과 결합하여 좀더 강한 표현을 한다.

   예   연습을 **해야지** 발음을 고칠 수 있어요.
   자주 만**나야만** 정이 들어요.
   이 연구 결과가 좋**아야지** 연구 보조비를 받는다.

*

2. 필연적 당위성을 가지고 주장한다고 가정해도, 결과는 아무 소
   용이 없이 됨을 나타낸다. '-어/아/여도, -어/아/여 봤자'의 뜻
   으로 쓰인다.

   예   아무리 졸**라야** 아버지는 끄떡도 안 하신다.
   맛있는 음식을 준비**해야** 남편은 밖에서 먹고 들어올 걸요.
   힘들이고 **해야** 내게 돌아오는 것은 아무 것도 없다.
   서둘**러야** 기일 안에 마치지 못할 것은 뻔한 일이다.
   정직하게 살**아야** 알아 주는 사람은 아무도 없을 것이다.

붙임

   시제를 붙여서 '-었/았/였어야'의 형태로 쓰면 일반적 진리가 아닌
특정 경우에 대한 후회를 나타낸다.

   예   미리 협상을 **했어야** 좀더 좋은 조건으로 계약했을 것이다.
   정기 검진을 받**았어야** 초기에 병을 발견했을 텐데요.

**
-어/아/여하다

범주　접미사
구조　일부 상태동사와 결합하여 이를 동작동사화한다.
의미　여기에 쓰이는 동사들은 화자의 심리 상태나 느낌을 나타낸다.

좋다	— 좋아하다	어렵다	—	어려워하다
싫다	— 싫어하다	쉽다	—	쉬워하다
나쁘다	— 나빠하다	덥다	—	더워하다
예쁘다	— 예뻐하다	춥다	—	추워하다
고프다	— 고파하다	귀엽다	—	귀여워하다
아프다	— 아파하다	부끄럽다	—	부끄러워하다
시원하다	— 시원해하다	부럽다	—	부러워하다
피곤하다	— 피곤해하다	무섭다	—	무서워하다
		즐겁다	—	즐거워하다
-고 싶다	— -고 싶어하다	외롭다	—	외로워하다

예　나는 고양이를 무서**워해요**.
　　김 선생님이 영수를 만나고 싶**어하신다**.
　　어머니**가** 너를 보고 싶**어하신다**.
　　너는 집에 혼자 있는 것을 좋**아하니?**
　　한국말 못한다고 부끄러**워하지** 마세요.

붙임

　심리를 나타내는 상태동사와 '-어/아/여하다'
　'기쁘다, 슬프다, 외롭다, …' 등의 심리를 나타내는 상태동사와 '좋다, 어렵다, 밉다, 예쁘다, …' 등의 주관적 판단을 나타내는 상태동사들은 본래 문장에서 두 개의 주어를 갖는 복문에 쓰인다.

　　① 나는 이 일이 어렵다.
　　② 나는 혜리가 좋다.

　그런데 이들 상태동사에 '-어/아/여 하다'가 첨가되면 행동을 나타내는 행동동사가 되는데 이때 두번째 주어가 목적어로 기능하므로 '를/을'이 붙는다. 그리고 화자가 주어의 상태를 관찰하여 객관적으로 표현하는 것이 된다.

　　　③ 나는 이 일을 어려워한다.
　　　④ 나는 혜리를 좋아한다.

　이 경우 주어가 3인칭이면 문장 ⑤처럼 쓰이고, ⑥은 비문이 된다.
그러나 ⑥도 완료 시상어미를 넣어서, '철수는 혜리가 좋았다.'가 되면
자연스러운 문장이 된다.

　　　⑤ 철수는 혜리가 좋다.
　(?)　⑥ 철수는 혜리를 좋아한다.

✽✽✽

–었/았/였으면

범주　결합형

구조　시상어미 –었/았/였 + 연결어미 –으면
　　　동사에 붙어서 선행절을 후행절에 종속적으로 연결한다. 후행절에
　　　는 '–었/았/였을 것입니다' 혹은 '–었/았/였을 텐데요'가 많이 쓰
　　　인다.

의미　과거의 행위나 상태를 사실과 달리 상반되게 가정한다면 후행절과
　　　같은 결과가 나왔을 것인데 선행절이 사실이 아니기 때문에 후행
　　　절도 그렇지 않음을 나타낸다.

예　내게 돈이 있**었으면** 커피값은 내가 냈을 텐데요.
　　　우리 어머니가 계**셨으면** 굉장히 반가워하셨을 것입니다.
　　　한국말로 말씀하**셨으면** 오해받지 않았을 거여요.
　　　이렇게 먼 줄 알**았으면** 오지 않았을 거예요.
　　　깊이 생각**했으면** 속지 않았을 거예요.

붙임

문장에서 '–었더라면'과 대치할 수 있으나, '–었더라면'은 과거 사실
에 대한 경험을 회상하며 말하는 뜻이 있다.

**

-었/았/였더라면

범주　연결어미

구조　완료형 시상어미 -었/았/였 + 회상의 시상어미 -더 + 종결어미
-라 + 연결어미 -면

동작동사, 상태동사, 이다동사와 결합하여 가정적 조건을 나타
낸다.

의미　문장의 내용상, 과거시에 완료된 사실을 회상하며 후회하는 경우
와 다행스럽게 생각하는 경우 두 가지가 있다.

1. 후회스럽게 생각하는 경우

- 그렇게 행동하지 않았으면 좋은 결과가 나왔을 텐데 그렇게 하지
않음을 후회하는 말
- 후행절에 주로 '-ㄹ 것이다, -ㄹ 걸, -ㄹ 텐데요' 같은 형태를 쓴다.

예　돈이 있을 때 저축**했더라면** 지금 쓸 수 있을 걸.
일찍 떠**났더라면** 어둡기 전에 도착할 텐데.
우산을 가지고 나**왔더라면** 비를 안 맞을 텐데 그랬어요.
좀 참**았더라면** 좋았을 걸 그랬어요.
서두르지 않**았더라면** 실수하지 않았을 거예요.

붙임

'-ㄹ 걸 그랬다'는 '~았더라면 ~았을 걸 그렇게 하지 않아서 이렇
게 되었다'의 뜻으로 앞의 말의 반복을 나타낸다.

2. 과거에 그렇게 하였음을 다행스럽게 생각하는 경우

- 과거의 행동이 잘한 일이며 그렇게 하지 않았을 경우를 생각하여
하는 말
- 후행절에는 '-ㄹ 것이다, -ㄹ 뻔했다' 등이 많이 쓰인다.

예　회의에 있**었더라면** 기분 나빴을 것입니다.
수영을 안 **했더라면** 굉장히 뚱뚱해졌을 거예요.
내가 스페인어를 몰**랐더라면** 유럽 여행이 재미없었을 것입니다.

친구가 도와주지 않**았더라면** 고생할 뻔했다.
그 사람을 만나지 않**았더라면** 길을 잃을 뻔했다.

**
–었/았/였자

범주 연결어미

구조 동사에 붙어서 선행절을 후행절에 종속적으로 연결한다. 반드시 완료형 어미를 붙여서 '–었/았/였자'의 형태로만 사용한다. 후행절의 시제는 현재, 미래 추정이 쓰이며, 시도를 나타내는 보조동사 '–어 보다'와 같이 쓰일 때가 많다.

의미 '양보'의 뜻이 있으며, 선행 동작이 이루어졌다고 가정해도 아무러한 성과가 없어서 후행절과 같이 될 것이라고 추측함을 나타낸다.

예 읽어 **봤자** 무슨 이야기인지 모릅니다.
백화점 세일이 싸 보**았자** 얼마나 싸겠어요?
도와주**었자** 고맙다고도 안 할 거예요.
고생하며 가 **봤자** 헛탕일 걸요.
단어 몇 개 고쳐 **봤자** 좋은 글 되기는 틀렸어요.

***
–(이)야

범주 종결어미

구조 이다동사에 붙어서 쓰이는 해체 종결어미이다.
서술형, 의문형, 감탄형으로 쓰이며, '이다' 앞에 오는 명사가 자음으로 끝나면 '–이야'를, 모음으로 끝나면 '–야'를 쓴다. 시상어미가 붙으면 '–이었어, –이겠어'의 형태로 쓴다.

의미 부드러운 느낌이 있지만, 반말이므로 억양어 따라 딱딱한 느낌도 준다.

	이다동사 앞에 오는 명사	예 문
서술문	자음으로 끝나는 명사	여기가 우리집이야.
	모음으로 끝나는 명사	이 사람은 내 친구야.
의문문	자음으로 끝나는 명사	이것이 누구 우산이야?
	모음으로 끝나는 명사	화장실이 어디야?
감탄문	자음으로 끝나는 명사	금강산은 참 아름다운 곳이야!
	모음으로 끝나는 명사	금강산은 참 아름다운 데야!

＊＊

−(이)야

범주   보조사

구조   일부 명사, 조사, 동사의 어미, 그리고 부사에 붙어서 쓰인다.

의미   앞의 명사나 동사, 혹은 부사 등을 강조하거나 한계를 나타낸다.

1. 명사에 직접 붙거나 다른 조사에 붙어서 쓰이는 경우

예   한글**이야** 읽을 줄 압니다.
부자**야** 아니지만 저도 이웃 돕기를 하겠습니다.
나**야** 갈 수 있지만 집사람이 갈 수 있는지 모르겠다.
그런 중요한 이야기를 길에서**야** 어떻게 해요?
다음 기한까지**야** 마칠 수 있겠지요?

2. 동사의 어미에 붙어서 쓰이는 경우

예   내가 부탁하면**야** 들어주겠지요.
멋있는 남자가 나타나면**야** 결혼을 하지요.
공부를 그렇게 안 하고서**야** 어떻게 합격하기를 바라니?
아이들은 선물을 보고**야** 자기 방으로 갔어요.
조심해서 간다면 위험하지**야** 않겠지요.

3. 부사에 붙어서 쓰이는 경우

예   나도 빨리**야** 못 뛰지만 뛸 수는 있단다.
많이**야** 못 주지만 조금은 줄 수 있어요.
아줌마가 일을 잘은 못하지만 성의껏**이야** 할 겁니다.
이것도 많은데 더**야** 가져가겠어요? 안 가져갈 거예요.

일찍 오지는 못해도 늦게**야** 안 오겠지.

＊＊＊
여간 (~부정문)

범주　부사
구조　보통이란 뜻을 가진 부사로서 항상 부정문에 쓰인다. 문장의 형태
는 '여간 ~지 다, 여간 ~이/가 아니다'이다.
동작동사 앞에는 그 동사를 수식하는 부사가 필요하고, 명사 앞에
는 관형어가 필요하다. 그러나 한자어로 된 명사 중 어떤 특성이
나 가치를 나타내는 단어(예 : 부자(富者), 강국(强國), 대기업,
수재 등)는 예외로 관형어가 필요하지 않다. 명령형, 청유형에는
쓰지 않고, 의문형에도 잘 쓰지 않는다.
의미　'여간'이 쓰인 문장의 형식은 부정문이지만 실제로는 강한 긍정
을 의미한다.

> **예**　한국말을 배우기가 **여간** 힘들**지 않습니다.**
> 버스가 **여간** 빨리 달리**지 않았어요.**
> 성격을 바꾸기란 **여간** 어려운 일이 **아닙니다**
> 가게집 아주머니는 **여간** 부지런한 사람이 **아닙니다.**
> 우리 사장님은 **여간** 부자가 **아니에요.**

-에

범주　조사
구조　장소나 시간, 또는 단위 명사와 결합하여 쓴다.
의미　앞에 오는 명사에 따라 다음과 같이 의미가 달라진다.
＊＊＊

1. 서술어가 이동의 뜻을 가졌고 장소를 나타내는 명사와 결합하는
경우
- 이때 서술어는 동작동사이다.

- '-에'와 결합하는 명사는 동작의 낙착점 혹은 동작의 방향을 나타낸다.
- 대상 명사가 사람이면 '-에'를 쓰지 않고 '-에게'를 쓴다.

<☞ p. 369 -에게>

예 시내에 갑니다.
　　언제 한국에 오셨습니까?
　　연필이 의자 밑에 떨어졌어요.
　　이 꽃을 사장님 댁에 보내세요.
　　이라크는 이스라엘에 미사일을 쏘았어요.

✳✳✳

2. 서술어가 이동의 뜻이 아니고, '-에'가 장소를 나타내는 명사와 결합하는 경우

- 이때 서술어는 동작동사나 상태동사이다.
- '-에'와 결합한 명사는 동작이 일어나는 장소를 나타낸다.
- 장소를 나타내는 말 중에 '여기, 저기, 거기, 어디' 다음에는 '-에'를 생략할 수 있다.

예 아이들이 밖에 있어요.
　　이 의자에 앉아요.
　　중요한 것은 이 서랍에 두세요.
　　교수님 연구실에는 외국 서적이 많다.
　　짐을 바닥에 놓고 버스를 기다렸다.

✳✳✳

3. 시간을 나타내는 명사와 결합하는 경우

- 동작이 일어나는 때를 나타낸다.
- 시간을 나타내는 말 중, '언제, 오늘, 내일, 모레, 어제, 그저께' 등에는 '-에'를 쓰지 않는다.

예 1시에 학교 앞에서 만납시다.
　　오늘 저녁에 우리 집에 오세요.
　　아들은 작년에 대학을 졸업했다.
　　다음달에 강남으로 이사를 갈 예정입니다.
　　주중에 바쁘니까 주말에 외출을 합니다.

✳✳✳

4. 사물을 세는 단위 명사나 셈이 가능한 명사와 결합하는 경우

- 단위나 셈의 기준을 나타낸다.

예   사과 한 개에 얼마예요?
이것은 1000원에 두 개짜리입니다.
과자는 한 사람에 한 개씩이다.
담배를 하루에 몇 갑 피우세요?
이 공장에서는 컴퓨터를 하루에 몇 대씩 생산합니까?

✳✳

5. 일부 일반 명사와 결합하는 경우

- 원인을 나타낸다.

예   나무가 바람에 흔들립니다.
지난번 홍수에 집이 다 떠내려 갔어요.
옷이 비에 젖었다.
나는 그 남자의 말에 속았어요.
선생님의 갑작스러운 질문에 우리는 모두 당황했습니다.

✳✳✳

6. ‘-에다가’의 준말로 쓴다. <☞ p. 371 -에다가>

- 이때는 두 개 이상의 명사를 나열하여 쓸 수도 있다.

예   커피에 설탕을 반 숟가락만 넣어라.
와이셔츠에 바지에 내의에 빨 것이 굉장히 많다.
하나에 둘을 더하면 셋이 된다.
시장에는 사과에 배에 과일이 많이 나왔다.
까만 치마에는 아무 셔츠나 다 어울린다.

✳✳✳

–에게

범주   조사

구조   사람이나 동물을 나타내는 명사에 붙어서 쓰이는 조사이다. ‘-에게’의 존대말로 ‘-께’가 있다. 구어에서는 ‘-한테’를 주로 쓴다.

<☞ p. 140 –께, p. 440 –한테, p. 317 –보고>

의미   앞의 명사는 동작이 닿거나 동작의 영향이 미침을 나타내는 대상
이 된다. 문장의 서술어는 동작동사만 쓴다.
문장에서는 부사어로 쓰이기 때문에 위치를 바꿀 수 있다.

예   아이들**에게** 간식을 줍니다.
친구**에게** 전화를 할까 해요.
아들은 아버지**에게** 모든 일을 말씀드렸다.
누구**에게나** 나쁜 버릇이 있다.
그 도둑은 한 용감한 시민**에게** 잡혔어요.

붙임

1. 동일한 서술어가 쓰인 문장에서, 앞에 오는 명사가 장소를 나타내는
   명사이면 '–에게' 대신 '–에'를 쓴다.

   예   어머니**에게** 연락했어요.
   고향**에** 연락해 보아요.

   이것을 이 교수님**에게** 전해 주세요.
   이것을 이 교수님 댁**에** 전해 주세요.

2. '–다(가), –로, –서'와 결합하여 '–에게다, –에게로, –에게서'와 같
   은 형태로 쓰인다.

✱✱✱

–에게서

범주   조사

구조   사람을 나타내는 명사에 붙어서 쓰이는 조사이다. 구어에서는
'–한테서'를 주로 쓴다. <☞ p. 440 –한테서>

의미   앞의 명사가 나타내는 사람이 움직이는 곳이거나 또는 그 사람이
움직임을 시작하는 곳임을 나타낸다.

예   나는 친한 친구**에게서** 생일 선물을 받았습니다.
누구**에게서** 저녁 초대를 받았어요?

직장 선배**에게서** 충고를 들었어요.
아들, 딸은 어머니**에게서** 많은 것을 배웁니다.
요즘 삼촌**에게서** 통 소식이 안 온다.

붙임

1. '−에게서, −한테서'는 존대형이 없고, 이와 형태가 비슷한 '−께서'
는 주격조사 '−이/가'의 존대형이다. 사람을 가리키는 명사가 존대
를 받아야 할 말일 경우에는 이것을 주어로 바꾸어서 문장 구성을 한
다. ( ) 안은 존대말이 아니다.

예 선생님께서 편지를 하셨다. (← 선생님에게서 편지가 왔다.)
    할아버지께서 차비를 주셨어요. (← 할아버지한테서 차비를 받았다.)

2. 앞에 오는 명사가 사람이나 동물이 아닌, 장소를 나타내는 명사면
'−에게서' 대신 '−에서'를 쓴다.

<☞ p. 372 −에서, p. 370 '−에게'의 붙임 1>

예 친척집**에서** 전화가 왔어요.
    회사**에서** 출장비가 나왔어요.

✱✱✱
−에다가

범주 결합형

구조 조사 −에 + 조사 −다가

장소를 나타내는 조사 '−에'와 부가의 뜻을 나타내는 조사 '−다
가'가 결합한 것으로 명사와 결합한다.

의미 선행하는 명사에 다른 명사가 부가됨을 나타낸다.

<☞ p. 188 −다가>

예 커피**에다가** 설탕을 넣었어요.
    물**에다가** 밥을 말아서 먹어요.
    창문 옆**에다가** 이 화분을 놓으세요.
    아주머니가 머리**에다가** 뭘 이고 가요.
    오늘은 전기 제품**에다가** 가구를 사느라고 돈을 많이 썼다.

붙임

1. '–에, –에다' 등으로 줄여서 쓸 수 있다.

예　먼저 여기**에(다가)** 이름을 쓰세요.
　　가방**에다(가)** 옷을 넣어요.

2. 장소를 나타내는 지시대명사 뒤에서는 '–다가'로 줄여서 쓸 수 있다.

예　먼저 여기**다가** 이름을 쓰세요.
　　거기**다가** 화분을 놓았구나.
　　어디**다가** 지갑을 두었는지 생각이 안 나요.

–에서

범주　조사
구조　장소, 시간, 혹은 단체 명사에 붙어서 쓰인다.
의미　문장에서는 다음과 같은 뜻으로 쓰인다.
***

1. 장소를 나타내는 명사와 어울려서, 서술어의 동작이 일어나는 장소를 나타내는 경우

• 서술어는 동작동사만 쓰인다.

예　너는 방**에서** 뭘 하니?
　　길**에서** 친구를 만났어요.
　　그는 일본**에서** 자란 교포예요.
　　어떤 책**에서** 읽었는지 생각이 안 나요.
　　모르는 단어가 있거든 사전**에서** 찾아 봐요.

***

2. 시간이나 장소 등의 명사와 어울려서 어떤 동작의 출발점을 나타내는 경우

• 사람을 나타내는 명사의 경우에는 '–에게서, –한테서'를 쓴다.

예　아침에 집**에서** 몇 시에 떠나요?
　　아침 식사 시간은 7시 반**에서** 8시 반 사이예요.

서울**에서** 부산까지 기차로 얼마나 걸려요?
그 비밀 이야기는 어디**서** 나온 거예요?
우리는 아까**서**부터 기다렸어요.

1. '−에'와 '−에서'의 비교

−에	−에서
1. 장소를 나타내는 조사	1. 장소를 나타내는 조사
2. 동작이 이동하는 낙착점	2. 동작이 시작되는 출발점
3. 동작이 이동하거나 어떤 상황이 존재하는 장소를 나타냄.	3. 동작이 일어나는 공간의 범주를 나타냄.

2. '−에'와 '−에서'가 장소를 나타내는 명사와 결합할 때 서술어로 '있다'를 쓰는 경우에 '있다'가 존재를 나타내느냐 또는 동작의 상태를 나타내느냐에 따라 다음과 같이 쓰인다.

　① 아이가 밖에 있다.
(?)② 아이가 밖에서 있다.

①은 맞지만 ②가 틀리는 이유는 '있다'가 존재를 나타내는 말이기 때문이다.

　③ 아이가 밖에 서 있다.
　④ 아이가 밖에서 서 있다.

③ ④는 다 맞는 문장인데 여기서 '서 있다'는 존재의 의미가 아닌 동작의 상태를 나타낸다.
③은 밖이라는 '면'위에 있는 느낌인 반면에 ④는 밖이라는 '입체적 공간, 범주'를 나타내는 느낌이 있다.

　⑤ 대구에서 전시회가 있다.
(?)⑥ 대구에 전시회가 있다.

⑤에서 '있다'는 존재의 뜻이 아닌, '전시회를 한다.'는 뜻을 대신하고 있는 문장으로 '대구에서'와 '전시회를 한다.'는 동작이 잘 맞는다. 그런데 ⑥의 문장 구조 '대구에 있다'는 전시회의 존재를 나타내는 것처럼 보이므로 그 의미와 같지 않아 틀리는 문장이 된다.

✳✳

3. 장소나 단체를 나타내는 명사에 붙어서 주격조사로 쓰이는 경우
- 동작동사와 함께 쓰인다.

예 이번 달에는 회사**에서** 보너스를 준다.
다음은 우리 집**에서** 초대를 하기로 해요.
야구는 호랑이 팀**에서** 이겼다.
이번에 정부**에서**는 중소기업을 지원한다.
대학 동창회**에서** 꽃다발을 보냈습니다.

> 붙임
>
> '-에서'의 준말은 '-서'이며 구어체에서 많이 쓴다.
> 예 여기**서**, 어디**서**, 서울**서**, 9시**서**, 봄서부터

✳✳✳
-와/과

범주 조사
구조 두 개, 혹은 그 이상의 명사나 명사절을 연결시켜서 하나의 주어나 목적어, 혹은 부사어로 기능을 하게 한다.
보통 모음으로 끝나는 명사는 자음으로 시작하는 조사와 결합하지만 '-와/과'의 경우는 그와 반대로, '-와'는 모음으로 끝나는 명사와 결합하고, '-과'는 자음으로 끝나는 명사와 결합한다.
의미 함께 함을 나타낸다.

예 우리 아이들은 김**과** 계란을 좋아해요.
아버지는 아들**과** 딸한테서 선물을 받았다.
영수**와** 수미는 약혼한 사이에요.
책상 위에는 책**과** 공책 그리고 연필이 있습니다.
하숙집 아주머니는 나에게 라디오**와** 책장까지 빌려 주었어요.

> 붙임
>
> 1. 두 개의 명사를 함께 요구하는 상태동사(같다, 다르다, 비슷하다, 가

깝다, 닮다, 친하다)와 함께 쓰일 때는 '명사 + -은/는 + 명사 + 와/과 +상태동사'의 형태로도 쓴다.

> **예**   여기 날씨는 우리 고향 날씨**와** 같아요.
> 큰 딸은 어머니**와** 닮았어요.
> 그 친구는 나**와** 다른 생각을 가지고 있습니다.

2. 위의 경우에 '-와/과'는 다른 조사와 결합할 수 있다 ; '-와도, -와는, -와만'

> **예**   그는 직장 동료**와도** 잘 다툰다고 한다.
> 우리 삼촌은 독서**와는** 거리가 먼 사람입니다.

3. '-와/과'는 구어체에서 '-하고'로 교체할 수 있다.

요

범주   종결어미

구조   문장 끝이나 부사, 부사절에 혹은 연결어미나 명사에 붙여서 쓴다.
질문에 대한 대답이나 또는 상황에 따라 같은 말을 반복할 필요가 없을 때 쓴다.

의미   해요체에 해당하는 비격식체 어미이며 친근함과 존대를 나타낸다.
<☞ p. 359 -어/아/여요(해요체)>

＊＊＊

1. 부사, 부사절 + 요

> **예**   여기 앉아서 기다리세요. 조용히**요**.
> 밖이 추워요. 아주 굉장히**요**.
>
> 가 : 이 물건들을 팔려고요?
> 나 : 예, 아주 싸게**요**.
>
> 가 : 119에 신고할까요?
> 나 : 예, 어서**요**.

✽✽✽

2. 연결어미 + 요

- 연결어미와 결합해서 후행절을 대신한다.

예 가 : 왜 오늘은 출근을 안 하십니까?
  나 : 몸이 아파서**요**. (몸이 아파서 출근을 안 합니다.)

  가 : 언제 점심을 살 거예요?
  나 : 돈이 생기면**요**. (돈이 생기면 점심을 살 거예요.)

  가 : 저는 그만 보겠어요.
  나 : 왜**요**? (왜 그만 보아요?)
  가 : 재미없으니까**요**. (재미없으니까 그만 보아요.)

✽✽

3. 명사 + 요

- 이 경우에 서술어는 생략된 것이다. 단어 중심의 말을 함으로써 그 단어를 강하게 표현한다. 조사에 '-요'를 붙여서 쓰기도 한다.

예 가 : 뭘 먹겠니?
  나 : 아이스크림**요**.

  가 : 안 온 사람이 누구입니까?
  나 : 김영철**요**.

  가 : 어디에서 샀어요?
  나 : 백화점에서**요**.

✽✽

4. 하나의 문장에서 명사, 부사, 부사어, 연결어미 등 여러 곳에 '-요'를 쓰는 경우

- 회화에서 주로 아이들이 쓰거나 아주 친근한 사이에 쓴다.

예 신문을 읽는데**요**, 이상한 소리가 들려서**요**, 나와 보았어요.
  (신문을 읽는데 이상한 소리가 들려서 나와 보았어요.)
  어제**요**, 갑자기**요**, 손님이 와서**요**, 엄마가**요**, 음식을 만드느라고**요**,
  쩔쩔매셨어요.
  (어제 갑자기 손님이 와서 엄마가 음식을 만드느라고 쩔쩔매셨어요.)

< ☞ p. 298 말이다 4 >

붙임

'-이요'를 쓰는 경우

1. 자음으로 끝나는 명사에 주격조사 '-이'가 붙는 경우 '-이요'를 쓰고 서술절을 생략한다.

> 가 : 뭐가 필요해요?
> 나 : 돈**이요**.
>
> 가 : 누가 와요?
> 나 : 김영철**이(가)요**.

2. 자음으로 끝나는 명사가 이다동사와 결합해서 '-입니다'를 대신한다.

> 가 : 이게 뭐예요?
> 나 : 추석 선물**이요**.
>
> 신문**이요**. 석간신문 나왔습니다.

**
[-기] 위해(서)

범주   통어적 구문
구조   명사형 어미 -기 + 동작동사 위하다 + 연결어미 -여(서)
명사형 어미 '-기'에 동사 '위해서'가 붙은 것으로 일부 동작동사하고만 결합한다.

한국어를 배우다 + -기 + 위하다 + -여(서)
→ 한국어를 배우기 위해(서)

의미   후행절에서 이루어지는 동작의 목적을 나타낸다.
선행절에 쓰이는 행위는 상당히 의도적이고 공식적이다.

> **예**   너를 만나**기 위해서** 여기까지 달려 왔다.
> 등록금을 마련하**기 위해서** 가정교사를 하고 있어요.

불우 이웃을 돕**기 위해** 자선 음악회를 열었다.
경제를 살리**기 위해서** 국민 모두가 힘쓰고 있다.
최 기자는 취재를 하**기 위해서** 현장으로 갔다.

붙임

'위해서'가 명사와 결합하는 경우에는 'N을/를 위해서'의 형태로
쓴다. '위해서'와 어울리는 명사는 공경을 받을 수 있거나 보호를 받을
수 있는 명사만이 쓰인다.

예 가족의 건강을 **위해서** 날마다 기도합니다.
나 자신을 **위해서** 돈을 저축해야겠어요.
회사를 **위해서** 무엇을 하겠습니까?
나라를 **위해서** 싸우다가 죽은 분입니다.
어머니는 딸의 앞날을 **위해서** 모든 것을 희생했다.

＊＊＊
-으-

범주 매개 모음
구조 어간과 어미, 명사와 조사 사이에서 소리를 고루는 역할을 한다.
모든 자음으로 끝난 동사의 어간과 '-ㄴ, -ㄹ, -오, -시, -며'로
된 어미가 결합하면 그 사이에 '-으-'가 삽입된다. 예를 들면 다
음과 같다.
-은, -을, -으로, -으러, -으려고, -으나, -으니까, -으면, -은데,
-읍시다, -으십시오, -으십니까?, …

예 고향 소식을 들으러 친구 집에 갔다.
편찮으시면 그만 쉬시지요.
은행에서 돈을 찾으십시오.
책을 많이 읽으니까 아는 것이 많다.
경치가 좋은데 사진 좀 찍자.

붙임

그러나 명사나 동사의 어간이 'ㄹ'로 끝나면 '-으-'가 삽입되지

않는다.

> **예**   서울로 가는 기차는 몇 시에 있습니까?
> 무거운 짐을 **들면** 팔이 아픕니다.
> 7시에 전화를 **걸면** 돼요.

***

으 동사

어간이 '으'로 끝나는 동사는 모음으로 시작하는 어미를 만나면 '으'는 탈락한다. '으' 동사는 모두 이 규칙대로 활용한다.

<☞ p. 445 [부록 2] 동사의 불규칙 활용 분류>

바쁘 | 다

어서 → 바쁘어서   →   바뻐서 →   바빠서
모음으로 시작하는   모음조화
어미를 만나서
'으'탈락

> **예**   배가 **아파요**.
> 너 키가 많이 **컸구나!**
> 연말이라서 하루 종일 **바빴습니다.**
> 여보, 문을 잘 **잠갔어요?**
> **슬퍼서** 눈물이 나요? **기뻐서** 눈물이 나요?

붙임

'으'로 끝나는 동사라고 하더라도 '모르다, 부르다'와 같이 '르'로 끝나는 동사는 '르' 불규칙 동사의 활용을 따른다.

-은   보조사 <☞ p. 164 -는/은>

-의

범주　조사

구조　명사에 붙어서 그 말이 뒤에 오는 명사를 수식하게 하는 관형적 성격을 가진 조사이다.

의미　'소유, 주체, 소속, 수량'을 나타내는 경우와 절을 구로 표현하는 경우가 있다.

✻✻✻

1. '소유'를 나타내는 경우

예　선생님은 학생**의** 성격을 알아야 합니다.
이 짐은 어느 분**의** 것인가요?
친구**의** 차를 빌렸는데 사고가 났어요.
너는 내가 하는 이야기**의** 뜻을 모르고 있다.
병**의** 원인을 찾아야 합니다.

붙임

1. 사람을 나타내는 명사 '나, 너, 저'와 같은 경우에는 '나의, 너의, 저의'를 줄여서 '내, 네, 제'라고 한다.

　예　**나의** 가방 — **내** 가방　　**너의** 친구 — **네** 친구
　　　저의 마음 — **제** 마음　　**저의** 물건 — **제** 물건

2. 앞뒤의 명사가 서로 수식 관계가 분명할 때는 조사 '-의'를 생략하는 경우가 많다.

　예　우리**(의)** 나라　　　하숙집**(의)** 음식
　　　꽃**(의)** 향기　　　누구**(의)** 가방
　　　양복**(의)** 단추　　　새**(의)** 소리
　　　집안**(의)** 일

3. 소유나 주체가 불분명한 명사가 앞뒤에 있는 경우에는 '-의'를 생략하지 않는다.

　예　일**의** 결과　　생활**의** 단조로움　　달력**의** 그림

✻✻

2. 절을 구로 표현하는 경우

예 여덟 살 난 어린 소녀의 죽음으로 사회가 떠들썩하다.
그녀의 밤늦은 귀가는 남편을 화나게 했다.
개발도상국에서는 외국으로부터의 수입을 줄이기 위해 노력한다.
이번 신장 기증의 의미는 피가 그 무엇보다드 진하다는 것을 보여
준 예이다.
환율의 변동은 물가를 불안하게 하고 있다.

**
[-에] 의하면

범주   통어적 구문
구조   조사 '-에'와 동사 '의하다'의 활용형이 결합한 형태이다. 후행
절은 인용하는 말이 오고 말끝은 간접화법 형태를 쓴다.
의미   '어떤 사실을 근거로 하면'의 뜻을 나타낸다. 근거로 삼을 수 있는
명사하고만 결합한다.

예 일기 예보에 **의하면** 내일은 갠대요.
그 학생 말에 **의하면** 도서관에는 항상 자리가 없다고 해요.
믿을 만한 소식통에 **의하면** 이 회사 사장이 바뀐다던데요.
정부 발표에 **의하면** 내년부터는 물가가 안정될 거라고 하더군요.
신문에 **의하면** 고등학교 졸업자들의 취업률이 상당히 높아졌대요.

**
-에 의하여/의해서

범주   통어적 구문
구조   조사 '-에'와 동사 '의하다'의 활용형이 결합한 형태이다.
의미   어떤 사실로 인하여, 혹은 어떤 사실을 근거로 하여 후행절의 동
작이 진행됨을 나타낸다. 따라서 후행절의 서술어는 피동 형태가
많다. '-에 의해서'도 같은 의미로 쓴다.

예 투표에 **의하여** 회장은 선출되었다.
모든 것은 회칙에 **의해서** 결정합시다.

군대에서는 지휘관의 명령**에 의해** 일이 행해진다.
옛날에는 가장**에 의하여** 집안일이 결정되었다.
물이 떨어지는 힘**에 의해서** 전기가 생기는 것입니다.

–이 주격조사 <☞ p. 68 –가/이>

***
이다

범주 이다동사
구조 명사나 명사 기능을 가진 말과 결합하여 쓰이는 의존성 동사이다.
이다동사의 활용은 상태동사의 활용과 대체로 비슷하다. 따라서
'–읍시다, –읍시오'의 청유형과 명령형은 쓰이지 않는다.
의미 문장에서 주어와 술어가 동일함을 나타내거나 사물을 지정하는 뜻
을 나타낸다.

  1. 명사와 결합하는 경우

예 이것이 책**입니다.**
여기가 서울**이에요.**
이 분은 제 어머니**입니다.**
그는 유명한 교수이고 변호사**였습니다.**
오락은 필요한 것**이다.**

  2. 조사, 어미와 결합하는 경우

예 그가 명랑해진 것은 나를 만나고부터**이다.**
우리가 처음 만난 것은 길에서**이다.**
내가 한국에 대해 관심을 가지게 된 것은 인터넷으로 친구를 사귀면
서**이다.**
그가 병이 난 것은 과로를 해서**이다.**
그가 선물을 보낸 것은 내 생일을 축하하기 위해서**이다.**

붙임

1. 명사와 결합하여 쓰이는 특성 때문에 이다동사를 서술격 조사로 보는 사람도 있다.

2. 관형사형 어미 '-ㄴ'이 붙어서 뒤에 오는 명사를 수식하는 경우에는 상태동사의 활용과 마찬가지로 현재의 의미를 가진다.

　예　이 분은 내 친구**인** 김철수씨**입니다**.
　　　회사원**인** 그는 저녁마다 술을 마셨다.
　　　그는 부자**인** 것 같다.

3. '이다'와 '있다'의 비교

	이다	있다
형태	주어 + <u>서술어</u> 　　　명사+이다	주어 + <u>서술어</u> 　　　있다
의미	주어와 술어는 같다. 즉 동일하다. 　예　이것은 책이다. 　→ 이것 = 책 　　　혜리는 좋은 학생이다. 　→ 혜리 = 좋은 학생	주어가 존재한다. 　예　책이 있다. 　→ 책이 존재한다. 　　　좋은 학생이 있었다. 　→ 좋은 학생이 존재했다.

*
-(이)다 -(이)다

범주　조사

구조　연속되는 두 명사에 붙어서 선행 명사와 후행 명사를 연결하는 조사이다.

의미　'이것 저것 가리지 않고 다'의 뜻을 나타낸다.

　예　신문**이다** 잡지**다** 안 본 것이 없이 다 보았다.
　　　내일**이다** 내일**이다** 하고 자꾸 미루시는데 오늘은 꼭 주셔야 합니다.
　　　어디**다** 어디**다** 할 것 없이 유명한 점쟁이가 있는 데는 다 찾아다녔다.
　　　서울**이다** 지방**이다**를 가리지 않고 그가 있을 만한 곳은 가 보았다.
　　　가구**다** 이부자리**다** 하는 가재 도구가 다 타 버렸다.

*
[-기가] 이를 데 없다

범주　통어적 구문

구조　상태동사 + 명사형 어미 -기 + 주격조사 -가 + 동작동사 이르다 + 관형사형 어미 -ㄹ + 의존명사 데 + 없다

상태동사의 명사형이 주어가 되고 '이를 데 없다'가 서술절인 구문이다. 서술절은 '말하다, 이야기하다'의 뜻을 가진 '이르다'의 관형형이 장소를 나타내는 '데'를 수식하고, '없다'가 서술어가 된다. '-기' 앞에는 시상어미나 존대형 어미는 쓰지 않는다. '데' 다음에는 주격조사 '-가'가 올 수 있지만 생략하는 경우가 많다.

예　기쁘다 + -기 + 가 + 이르다 + -ㄹ + 데 + 없다
　　→ 기쁘기가 이를 데 없다.

의미　'동사의 상태가 더 이상 말할 수 없을 정도로 대단함'을 나타낸다.

예　이 백화점은 고급이라 물건값이 비싸**기가 이를 데 없어요.**
　　그는 꼼꼼하**기가 이를 데 없는** 사람이었어요.
　　연말이라서 교통이 복잡하**기가 이를 데 없다.**
　　따님은 예의 바르고 착하**기가 이를 데 없더군요.**
　　최신 설계로 된 아파트는 생활하는데 편하기가 **이를 데 없다.**

*
[-(으)로] 인해서

범주   통어적 구문

구조   조사 -(으)로 + 동사 인하다 + 연결어미 -여서

조사 '-(으)로'와 동사 '인하다'가 결합한 형태로서, 명사에 붙어서 '-(으)로 인해(서), -(으)로 인한'의 형태로 쓰인다. 동사 '인하다'는 문장의 주된 서술어로는 쓰이지 않는다.

의미   선행 명사를 원인으로 해서 후행절에 어떤 결과가 나왔음을 뜻한다. 공식적인 문서 등 문어체에서 많이 쓴다.

> **예**   LA의 교민들은 지진**으로 인해서** 많은 재산상의 피해를 보았다.
> 쓸데없는 말한마디**로 인해서** 싸움이 시작된 것이다.
> 기업체의 임원들은 과중한 업무**로 인해서** 건강을 해친다고 한다.
> 대기업들의 무분별한 수입으**로 인해서** 금년은 무역적자를 면치 못할 것이다.
> 국회의원의 부동산 투기 사건으**로 인해서** 세상은 발칵 뒤집혔다.

***
[-(으)ㄴ] 일이 있다/없다

범주   통어적 구문

구조   관형사형 어미 -(으)ㄴ + 명사 일 + 조사 -이 + 동사 있다/없다

관형사형 어미와 명사 '일'과 서술어가 결합한 형태로서, 동작동사에 붙어서 쓰인다.

의미   과거에 경험한 사실이 있음, 혹은 없음을 나타내는 말이다.

> **예**   전에 한국에 **온 일이 있습니까?**
> 삼계탕을 잡수신 **일이 있습니까?**
> 과거에 수술을 받은 **일이 있습니다.**
> 나는 오락실에 **간 일이 한 번도 없다.**
> 외국 여행을 **한 일이 없어요?**

> 붙임
>
> 1. '-(으)ㄴ 적이 있다/없다'도 과거의 경험을 나타내지만 '적'은 시간을 의미하므로 주로 과거에 그러한 때가 있었는지를 뜻한다.
> 2. '-(으)ㄴ 일이 있다'는 시도를 나타내는 '-어/아/여 보다'와 결합하여 '-어/아/여 본 일이 있다/없다'의 형태로 많이 쓰인다.
>
> <☞ p. 386 –어/아/여 본 일이 있다/없다>

***
–어/아/여 본 일이 있다/없다

범주 통어적 구문

구조 보조동사 –어/아/여 보다 + 통어적 구문 –ㄴ 일이 있다/없다
시도를 나타내는 '-어/아/여 보다'와 경험을 나타내는 '-(으)ㄴ 일이 있다/없다'가 결합하여 된 말이다.

의미 그 동작이나 상태를 시도한 경험이 있음을, 또는 없음을 의미한다. 문장에서는 과거의 경험이 있고 없음만을 나타내는 '-(으)ㄴ 일이 있다/없다'와 같은 뜻으로 쓰인다.

<☞ p. 319 –어/아/여 보다, p. 385 –(으)ㄴ 일이 있다/없다>

예 이태원에 **가 본 일이** 있습니다.
누구를 사랑**해 본 일이** 있어요?
서울에서 운전**해 본 일이 없습**니다.
저는 카페에 **가 본 일이** 전혀 **없어요.**
가르**쳐 본 일이 있는** 사람이 잘 가르칩니다.

**
-(으)ㄹ 일이 있다/없다

범주 통어적 구문

구조 관형사형 어미 –(으)ㄹ + 명사 일 + 조사 –이 + 동사 있다/없다.

관형사형 어미 '-(으)ㄹ'과 명사 '일', 그리고 서술어 '있다/없다'가 결합한 형태로서, 동작동사에 붙어서 쓰인다.

의미   '그러한 행위를 할 필요성이 있거나 없음'을 나타내는 말이다. 경험을 나타내는 '-(으)ㄴ 일이 있다'와는 전혀 다른 의미이다.

< ☞ p. 385 -(으)ㄴ 일이 있다/없다 >

예   볼 **일이 있어서** 시내에 가는 길입니다.
갑자기 시골에 **갈 일이 생겼어요.**
내가 전화**할 일이 있었는데** 마침 전화를 했구나.
운전을 배우셨으니 이제는 제가 해 드릴 **일기 없네요.**
과장 자리에서 물러나니 골치 아플 **일이 없어졌다.**

✳
[-기(가)] 일쑤이다

범주   통어적 구문

구조   동작동사 + 명사형 어미 -기 (+주격조사 -가) + 일쑤 + 이다
'-기'와 결합한 동사의 명사형이, '자주 하는 짓이다'를 뜻하는 '일쑤이다'와 결합한 것으로, 주격조사 '-가'가 생략되기도 한다. '-기' 앞에는 현재시상이 쓰이지만, '일쑤이다'에는 '-었-'과 '-더-'가 쓰인다. 일부 부정적인 의미를 가진 동작동사하고만 결합한다.

약속 시간에 늦다 + -기 (+ -가) + 일쑤 + 이다
→ 약속 시간에 늦기(가) 일쑤이다.

의미   '자주 습관적으로 어떤 일을 잘못하거나, 바람직하지 않게 된다'는 뜻을 나타낸다.

예   요즘은 금방 생각했던 것도 잊어버리**기가 일쑤입니다.**
전에는 자기가 잘못한 것도 잘한 것이라고 고집하**기가 일쑤였다.**
마음이 맞는다고 해도 사무 처리를 하다가 보면 의견 차이가 나**기가
일쑤더라.**
그는 늦잠을 잘 자니까 버스를 놓치**기가 일쑤예요.**

안경을 안 쓰면 숫자를 잘못 **보기가 일쑤다**.

✳✳✳
있다

범주 동사

구조 동작동사로 쓰일 때가 있고 상태동사로 쓰일 때가 있으므로 활용
은 두 가지 형태로 나타난다. 대립되는 말은 '없다'이다. 주어가
존대를 받을만한 사람일 때는 '계시다'를 쓴다. 모든 시상어미와
어울린다.

동작동사 활용 예	상태동사 활용 예
여기 **있는** 사람	여기 **계신** 분
재미**있는** 이야기	**있다**고 한다
그는 여기 **있는다**고 한다	**계시다고** 한다

의미 '존재하다, 소유하다, 머무르다'를 의미한다.

1. 존재를 나타내는 경우

예 가족은 미국에 **있습니다**.
부모님이 **계시지요?**
사무실에는 아무도 **없었어요.**
공중전화가 **없어서** 전화를 못했습니다.
도시에는 높은 건물이 많이 **있어서** 아름답다.

<☞ p. 367 -에(있다)와 -에서(있다), p. 383 [붙임 3] '이다'와 '있다'의 비교>

2. 사물의 소유를 나타내는 경우

예 아이가 **있어요?**
너 돈 얼마 **있니?**
휴지 **있어요? 있으면** 한 장만 주세요.
저는 아기가 **있어서** 긴 여행은 못합니다.
개미 중에는 날개가 **있는** 개미도 있고, 날개가 **없는** 개미도 있다.

3. '머무르다'의 뜻을 나타내는 경우

| 예 | 미국에 가면 친구 집에 **있을** 때가 많다. |

미국에 가면 친구 집에 **있을** 때가 많다.
저는 서울에 두 달쯤 **있을** 것입니다.
늙어서 **있을** 데가 없으면 안 됩니다.
계실 곳을 정해 놓으셨습니까?
방학에는 주로 집에 **있다**.

붙임

1. '있다'가 명사에 붙어서 하나의 동사로 굳어진 것들이 있는데 이것
   은 주격조사 '-가/이'가 생략된 것이다.

   예   재미**있다**/재미**없다**, 맛**있다**, 흥미**있다**, …

2. 문장에서 '-에 있어서'나 '-에게 있어서'는 '-에, -에게' 앞에 있는
   명사를 강조하는 뜻이 있다.

   예   그는 나에게 **있어서** 없어서는 안 될 존재가 되었다.
        콩나물은 우리에게 **있어서** 중요한 건강식이다.
        박 선생은 우리 회사에 **있어서** 중요한 존재다.

3. '있다'는 연결어미 '-어, -고' 그리고 의존명사 '수'와 어울려서 보
   조동사로 쓰인다.

   <☞ p. 339 -(으)ㄹ 수 있다, p. 389 -고 있다, p. 391 -어/아/여 있다>

-고 있다

범주   보조동사

구조   연결어미 '-고'와 동사 '있다'가 결합한 형태이다. 동작동사와
         어울리며, 시상어미는 '-고' 앞에 쓰지 않고 '있-' 다음에 쓴다.
         한국어에서 현재시제(상)는 동작의 진행상을 나타내므로 화자
         가 특별히 동작의 진행을 나타내고 싶을 때가 아니고서는 '-고 있
         다'를 쓰지 않는다. 따라서 이 말을 일본어에서처럼 자주 쓰지 않
         는다.

의미   '동작의 진행'이나, '지속적인 행위', '결과 상태의 지속' 등을

나타낸다.

＊＊＊

1. 단순한 동작의 진행을 나타내는 경우

예 너 뭘 하고 **있니?**
아줌마는 빨래를 하고 **있습니다.**
친구한테 보낼 편지를 쓰고 **있어요.**
아이들이 밖에서 미끄럼을 타고 **있다.**
방문을 여니까 그는 전화를 받고 **있었다.**

＊＊＊

2. 주어가 존대를 받을 대상이면 '-고 계시다'를 쓴다.

예 부장님은 서류를 검토하고 **계십니다.**
할머니는 뭘 하고 **계세요?**
교수님이 실험실에서 기다리고 **계세요.** 빨리 가 보세요.
아버지가 서재에서 전화를 받고 **계실** 때 동생이 들어왔다.
교수님께서도 요즘 별일 없이 지내고 **계시지요?**

＊＊

3. 지속적인 행위를 나타내는 경우
  • 동사의 성격에 따라서, 또는 문맥에 따라서 나타난다.

예 그는 대학을 졸업하고 은행에 다니고 **있다.**
김 선생은 요사이 책을 쓰고 **있다.**
그는 요즘 즐거운 마음으로 출근하고 **있습니다.**
지난 달부터 외국어를 공부하고 **있어요.**
부모님은 부산에서 살고 **계세요.**

＊＊

4. 동작의 결과 상태가 지속되는 경우

예 영이는 예쁜 옷을 입고 **있다.**
철수는 지금 한국행 비행기를 타고 **있다.**
그는 얼굴이 길고 안경을 쓰고 **있었어요.**
추우니까 모자를 쓰고 **있어!**
어두운데 왜 불을 끄고 **있어요?**

붙임 '-고 있다'와 '-어/아/여 있다'의 비교

　4의 경우는 '-어/아/여 있다'의 의미와 같은 듯하나, '-고 있다'는 동작을 한 후의 상태가 그대로 지속됨을 말하고, '-어/아/여 있다'는 동작의 상태가 그대로 이어짐을 나타낸다.

예　반지(장갑)를 끼고 **있다**.
　　시계를 차고 **있다**.
　　목걸이(귀걸이, 벨트)를 하고 **있다**.
　　구두(양말, 신)를 신고 **있다**.
　　모자 (안경)을 쓰고 **있다**.

　또 이 경우의 '-고 있다'는 목적어를 가질 수 있는 동사에 쓰이고, '-어/아/여 있다'는 목적어를 가질 수 없는 동사에 쓰인다. 목적어를 가질 수 없는 동사에 '-고 있다'가 쓰이면 1과 같이 단순한 동작의 진행을 나타낸다.

–어/아/여 있다

범주　보조동사

구조　연결어미 '-어/아/여'와 동사 '있다'가 결합한 형태로서 시상어미는 '있-' 다음에 쓴다. 동작동사에 어울리며, 피동형태의 동사와도 자주 쓰인다.

의미　동작이 완료된 상태가 지속됨을 나타낸다.

＊＊＊
　1. 동작동사와 어울리는 경우

예　산에는 진달래가 곱게 피**어 있었어요.**
　　벽에는 남자 배우 사진이 덕지덕지 붙**어 있더라.**
　　포로가 된 미군들이 아직도 살아 있다**고 한다.**
　　내 머리에는 어릴 때의 기억이 남**아 있습니다.**
　　앉**아 있는** 사람보다 **서 있는** 사람이 더 많은 것 같습니다.

＊＊
　2. 동작동사의 피동형태와 어울리는 경우

예

놓여 있다	닫혀 있다	열려 있다
꺼져 있다	켜져 있다	그려져 있다
적혀 있다	섞여 있다	버려져 있다
젖어 있다	쓰러져 있다	넘어져 있다
모여 있다	잘려 있다	떨어져 있다

병원 문이 닫혀 **있어서** 진찰을 못 받았다.
서양 학생들 중에 동양 학생 몇 명이 섞여 **있는** 정도다.
불이 켜져 **있기에** 네가 있는 줄 알고 왔지.
책에는 그의 이름과 책을 산 날짜가 적혀 **있었다.**
아내와 떨어져 **있으니까** 외롭고 쓸쓸합니다.

-자
종결어미< ☞ p. 186 -(는/ㄴ)다>

-자고
< ☞ p. 193 -(는/ㄴ)다고>

-자나 봐요
< ☞ p. 321 -나 보다>

-자나요
< ☞ p. 195 -(는/ㄴ)다나요>

*
-자니

범주 연결어미
구조 청유형 종결어미 '-자'와 연결어미 '-니'가 결합한 형태이다.
의미 주어가 선행절의 내용과 같은 의도를 가지고 있지만 실제 생활
상태는 후행문의 내용과 같아 그 의도를 실행하기 어려움을 나타
낸다.

‘주어가 어떤 행위를 할 의도를 전제 조건으로 하니까 후행절과
같은 일이 벌어진다’는 뜻을 나타낸다. ‘-(으)려고 하니’와 대치
할 수 있다.

> **예**　전화를 하**자니** 시간이 너무 늦었어요.
> 친구들을 우리 집으로 부르**자니** 집이 너무 좁아요.
> 이제 와서 포기하**자니** 억울한 생각이 듭니다.
> 그는 집에 있**자니** 답답하고 나가**자니** 괜히 돈을 낭비할 것 같았다.
> 나 먹**자니** 싫고 남 주**자니** 아깝다.

-자더니　　　< ☞ p. 198 -(는/ㄴ)다더니 >

-자든지　　　< ☞ p. 198 -(는/ㄴ)다든지 >

**
-자면

범주　연결어미
구조　동작동사에 붙어서 쓰이는 간접 인용의 ‘-자고 하면’의 준말로서,
　　　　선행절을 후행절에 종속적으로 연결한다.
의미　선행절과 같은 의도를 가지고 있으면 일반적인 규칙상, 또는 관례
　　　　상 후행절과 같음을 나타낸다.

> **예**　한국에서 살**자면** 한국말부터 배워야 합니다.
> 여행 갔던 이야기를 하**자면** 한이 없어요.
> 직장에서 대우를 받**자면** 실력이 있어야 합니다.
> 일을 같이 하**자면** 동료 간에 의견 차이도 생기는 법입니다.
> 젊음을 유지하**자면** 미용에 관심을 가지십시오.

-자면　　결합형　< ☞ p. 199 -(는/ㄴ)다면 >

＊
(-자) -자 하니

범주　통어적 구문

구조　'보다, 듣다, 참다 등' 일부 동작동사에 붙어서 쓰인다. 그 당시의 상태만을 나타내기 때문에 과거나 미래 시상어미는 안 쓰인다. 주어는 1인칭이고 감탄을 나타내는 종결어미가 대부분이다.

의미　화자가 스스로를 달래서 어떤 상태를 보거나 듣거나 하자고 해도 그 상태가 심해서 도저히 더 이상 참을 수가 없음을 나타낸다. ＜☞ p. 392 -자니＞ 또는 단순히 '들으니, 보니'의 뜻으로도 쓰인다.

예　보**자** 하니 너 나를 우습게 아는구나.
　　 듣**자** 하니 참으로 이상한 소문이 돌고 있더군요.
　　 보**자** 보**자** 하니 이제는 더 이상 눈뜨고 볼 수가 없구나.
　　 듣**자** 듣**자** 하니 너희들 못하는 말이 없구나.
　　 참**자** 참**자** 하니 내가 도저히 참을 수가 없다.

-재요　　＜☞ p. 207 -(는/ㄴ)대요＞

＊＊
-자

범주　연결어미

구조　동작동사에 붙어서 선행절을 후행절에 종속적으로 연결한다. 명령형과 청유형에는 쓰지 못한다.

의미　선행 동작이 끝나고 바로 이어서 후행 동작이 일어남을 말한다. 문장에 따라서 선행 동작은 후행 동작이 이루어지기 위한 전제 조건이 되기도 한다.

예　시합에서 이기**자** 모두들 소리를 질렀습니다.
　　 해가 돋**자** 바다는 붉게 물들었다.
　　 그 소식을 듣**자** 그는 기뻐서 어쩔 줄을 몰라 했다.

내가 그 말을 하**자** 김선생은 놀라는 눈치였어요.
방학이 시작되**자** 피서 가는 사람들이 늘어났다.

> 붙임
>
> 1. 선행 동작과 후행 동작이 연이어 일어남을 말하는 경우에는 '–자마자'와 대치할 수 있다. <☞ p. 395 –자마자>
>
> 2. 이다동사와 결합한 '–이자'는 선행절의 자격과 후행절의 자격이 같이 있음을 나타낸다.
>
>   **예** 이것은 소설**이자** 실화입니다.
>   그는 시인**이자** 교수입니다.
>   그는 나의 아내**이자** 내가 가장 사랑하는 친구이다.

＊＊＊

–자마자

범주 연결어미

구조 동작동사에 붙어서 선행절을 후행절에 종속적으로 연결한다. 시제 형태소가 오지 않는다.

의미 선행 동작이 끝나고 곧 이어 후행 동작이 일어남을 나타낸다. 어떤 경우에는 선행 동작과 후행 동작이 끝나고 일어나는 시간이 순간적일 정도로 가까움을 나타낸다.

예 우리는 만나**자마자** 헤어졌다.
비행기가 이륙하**자마자** 펑하는 소리가 났습니다.
집에 들어오**자마자** 나는 목욕을 했어요.
아이는 밖으로 나가**자마자** 넘어졌어요.
퇴근 시간이 되**자마자** 모두들 나가 버렸습니다.

–자꾸나

범주 종결어미

구조   동작동사에 붙어서 쓰인다.

의미   해라체 청유형과 같은 뜻에 친근감을 더해 준다. 구어체에서 많이
쓰인다.

예   내일은 가까운 산에라도 가**자꾸나**.
틀림없이 올테니 조금만 더 기다리**자꾸나**.
비가 오니 이 계획을 취소하**자꾸나**.
정말 재미있는 쇼를 한다니 우리도 구경 가 보**자꾸나**.
오늘은 준수의 기분을 맞춰 주**자꾸나**.

*

–자꾸나 하다

범주   통어적 구문

구조   종결어미 –자꾸나 + 동사 하다
동작동사에 붙어서 쓰인다. 연결어미 '–고, –면, –니까' 등과 결합
하여 '–자꾸나 하고, –자꾸나 하면, –자꾸나 하니까'의 형태로 쓰
인다. <☞ p. 395 –자꾸나>

의미   '의욕을 가지고, 혹은 결심을 하고서 어떤 행위를 할 생각을 하다'
의 뜻으로 쓰인다.

예   하**자꾸나 하고** 마음만 먹으면 못할 일이 없어요.
돈을 쓰**자꾸나 하니까** 하루에 몇 십만 원도 쓰겠더군요.
좋은 소설을 하나 쓰**자꾸나 하고** 시작한 것입니다.
소주를 마시**자꾸나 하고** 마시면 한 병 정도는 마실 수 있어요.
그 사람은 얘기를 안 하니까 그렇지, 하**자꾸나 하면** 한이 없어요.

***

[–(으)ㄹ] 적에

범주   통어적 구문

구조   관형사형 어미 –(으)ㄹ + 의존명사 적 + 조사 –에

관형사형 어미 '-(으)ㄹ'과 때를 나타내는 '적', 조사 '-에'가
결합한 형태로서, 동사에 붙어서 쓰인다. 완료 시상어미와 같이
쓴다.

의미 동작이나 상태가 진행되는 시기나 동안을 나타낸다. '-(으)ㄹ 때'
와 의미가 비슷하며 서로 대치할 수 있다.

<☞ p. 244 [-(으)ㄹ] 때>

예 이 운동장은 내가 어렸을 **적에** 뛰어 놀던 곳이다.
운전**할 적에는** 말을 시키지 말아요.
내 방 친구는 아내 생각이 **날 적마다** 사진을 본다.
우리가 어려운 일을 당했을 **적에** 그들은 우리를 많이 도와 주었다.
내가 목마를 **적에** 너는 나에게 마실 물을 주었다.

붙임

1. '때' 다음에는 시간을 나타내는 조사 '-에'가 상략되어 나타나지 않
   지만 '적' 다음에는 '-에'가 있어서 '-적에'의 형태로 쓴다. '적'
   다음에 '-까지'는 올 수 없다. '-ㄹ 적마다, -ㄹ 적부터, -ㄹ 적에는'

2. 관형어에 붙어서 쓰일 때는 '적에'를 쓴다. 이때는 '시절'의 뜻으
   로 '-에'를 생략할 수 있다.

   예 옛날 옛 **적에** 흥부와 놀부가 살았단다.
   우리 할머니는 열 여섯살 **적에** 결혼을 하셨대요.
   고등학교 **적** 친구들을 만나서 수다를 떨었어요.

**
-(으)ㄴ 적이 있다/없다

범주 통어적 구문
구조 관형사형 어미 -(으)ㄴ + 의존명사 적 + 조사 -이 + 동사 있다/
없다
관형사형 어미 '-(으)ㄴ'과 때나 시기를 나타내는 의존명사 '적'이
결합한 '-(으)ㄴ 적'에 동사 '있다/없다'가 결합한 것이다. '-(으)

ㄴ 일이 있다/없다'와 대치할 수 있으며, 주로 구어체에서 쓰인다.

의미   동사에 붙어서 과거의 경험한 일이 있고 없음을 나타내는 말이다.

<☞ p. 385 -(으)ㄴ 일이 있다/없다>

예   작년에 병원에 입원**한 적이 있었어요.**
나는 해외 여행을 해 **본 적이 없어요.**
정말이지 나는 남에게 거짓말**한 적이 없어요.**
이제 생각하니 그는 전에 한 번 만**난 적이 있는** 사람이다.
한국말을 몰라서 실수**한 적이 있어요.**

붙임

시도를 나타내는 '-어/아/여 보다'와 결합하여 '-어/아/여 본 적이 있다/없다'의 형태로도 쓰인다. 그러나 이것은 '시도를 해 본 경험이 있다/없다'를 나타내기도 하지만 대개는 단순히 어떤 경험의 유무를 말한다.

예   선생님은 누구를 사랑해 **보신 적이 있어요?**
실패를 맛 **본 적이 있는** 사람만이 인생을 안다.
저는 소매치기를 당**한 적이 있습니다.**

***
[-기] 전에

범주   통어적 구문
구조   명사형 어미 -기 + 명사 전 + 조사 -에
명사형 어미 '-기'에 '이전에'의 뜻을 가진 '전'과 조사 '-에'가 붙은 것이다. 동작동사와 결합한다.

집에 가다 + -기 + 전 + -에
→ 집에 가기 전에

의미   '동작 이전에'의 뜻을 가진 말이다.

예   밥 먹**기 전에** 꼭 손을 씻어라.
한국에 오**기 전에** 무엇을 하셨습니까?
자동차를 사**기 전에** 운전을 배우십시오.

떠나**기 전에** 잊은 물건이 없는지 한번 더 보세요.
손님이 도착하시**기 전에** 준비를 다 해 놓읍시다.

1. '전에'는 동사의 명사형 다음에 쓰이고, '후에'는 동사의 관형형 다음에 쓰인다.

   Vst기　전에
   Vst(으)ㄴ　후에　<☞ p. 442 [-(으)ㄴ] 후에>

2. 명사와 결합할 때는 'N 전에'의 형태로 쓴다. '전에'는 시간을 나타내는 명사와 어울린다.

   예　할머니는 **3년 전에** 돌아가셨어요.
   　　나는 벌써 **오래 전에** 그 사실을 알고 있었다.
   　　며칠 전에 어떤 사람한테서 전화가 왔다.

*

-조차

범주　보조사

구조　명사에 붙어서 쓰인다. 일부 조사에 붙어서 쓸 수 있다. 긍정문과 부정문에 두루 쓰인다.

의미　앞에서 거론하지 않은 사실은 물론이고 이것까지 더해 줌을 나타낸다. '~까지도'의 뜻이다.

　예　너무 바빠서 점심 먹을 시간**조차** 없었어요.
　　그 분의 이름**조차** 들은 일이 없는데요.
　　날씨는 더운데 물**조차** 안 나오는군요.
　　내가 장학금을 받게 될 줄은 생각**조차** 못했습니다.
　　알뜰한 주부는 폐품**조차도** 버리지 않고 이용한다.

1. 다른 조사나 연결어미, 혹은 명사형 전성어미 '-기'와 결합하여 쓰인다. '-에조차, -에서조차, -에게조차, -에게서조차, -면서조차, -는데조차, -기조차'

> **예** 부모님**에게조차** 성적표를 안 보였습니다.
> 이제는 사람들이 밖**에서조차** 담배를 못 피우게 한다.
> 수업 시간**에조차** 껌을 씹는 학생이 있어요.

2. '-조차' 앞에는 '-커녕'이 쓰여서 '-는/은커녕 -조차'의 형태로 많이 쓰인다. <☞ p. 179 -는/은커녕>

> **예** 친구는커녕 아내**조차** 그가 어디에 있는지 모른다.
> 복습은커녕 숙제**조차** 안 하려고 합니다.
> 독서는커녕 신문**조차** 못 읽는 때가 있다.

✳✳✳
[-어/아/여] 주다/드리다

범주 보조동사

구조 연결어미 '-어/아/여'와 보조동사 '주다/드리다'가 결합한 형태로서, 동작동사와 결합한다.

의미 주어가 객체를 위하여 봉사하는 마음으로 그 행위를 함을 나타낸다. 존대형으로는 '-어/아/여 드리다'를 쓴다.

> **예** 나는 아내를 위하여 설거지를 **해 준다.**
> 엄마는 딸에게 책을 읽**어 준다.**
> 도착하면 전화를 **해 드리겠습니다.**
> 나는 길에서 노인의 짐을 들**어 드렸다.**
> 오빠는 내 말을 들**어 주지** 않았어요.

붙임

'-어/아/여 주다/드리다'의 사용법은 말하는 사람과 듣는 사람의 관계에 따라 다음과 같이 쓰인다.

화자(질문)	청자(대답)	
상대(청자)를 높임	화자를 높임	화자를 낮춤
이 짐 좀 들**어 주십시오.**	예, 들**어 드리겠습니다.**	응, 들**어 줄게.**
잡지 좀 빌**려 주시겠어요?**	예, 빌**려 드리겠습니다.**	응, 빌**려 줄게.**
제 전화 번호를 **써 드릴까요?**	예, **써 주십시오.**	응, **써 줘.**

＊
[−어/아/여] 주십사 하다

범주　통어적 구문

구조　남을 위하여 어떤 동작을 수행함을 나타내는 보조동사 '−어/아/여 주다'에 '하십시오체'의 존대형인 '−십사'가 붙었고 이것이 인용형태로 쓰인 것이다.

의미　'이러이러하게 해 달라고 하다'의 최상급 존대형이다.

<☞ p. 23 5.2.8 '−달라고 하다'>

예　바쁘시겠지만 추천서 한 통 **써 주십사 하고** 부탁드리러 왔습니다.
제 결혼식에 교수님께서 주례를 **서 주십사 하고** 말씀 드렸다.
위원님께서 이번 강연회에서 한 말씀을 **해 주십사 하고**들 있어요.
지방에 오시거든 저희 가게에도 들**러 주십사 하는** 글을 올렸어요.
나는 달님에게 금년에는 꼭 시집가게 **해 주십사 하고** 빌었다.

> **붙임**
>
> 　'−어 주소서, −어 줍소서, −어 주십사, −어 줍시사'는 모두 같은 의미를 가진 말들이다.

＊＊＊
[−어/아/여서] 죽겠다

범주　통어적 구문

구조　연결어미 −어/아/여서 + 동사 죽다 + 시상어미 −겠− + 종결어미 −다
이유를 나타내는 연결어미 '−어서'와 동사 '죽다'의 활용형이 결합한 형태로서, 일부 동사에 붙어서 쓰인다. 죽겠다'의 '−겠−'은 사실이 아닌 추정의 뜻이며 다른 시상어미는 쓰지 못한다.

의미　그 동작이나 상태가 지나쳐서 죽을 정도에 이른다는 뜻으로 감정이 고조됨을 나타내는 말이다. 속어로서 품위있는 말이 아니다.

예　배가 고**파서 죽겠어요.**

나는 이 강아지가 귀여**워서 죽겠어.**
공부가 하기 싫**어서 죽겠지?**
엄마가 보고 싶**어서 죽겠어요.**
밤에 늦게까지 일을 했더니 졸**려서 죽겠다.**

줄

범주　의존명사
구조　관형사형 어미 '-는/(으)ㄴ/(으)ㄹ'에 붙어서 문형을 만든다.
<☞ p. 402 -는/(으)ㄴ/(으)ㄹ 줄 알다/모르다>
의미　어떤 일을 처리하는 방법을 나타내거나, 특별한 의미 없이 명사절
　　　을 구성하는 기능을 하여 "것"과 같은 뜻으로 쓰인다.

＊＊

-는/(으)ㄴ/(으)ㄹ 줄 알다/모르다

범주　통어적 구문
구조　관형사형 어미 -는/(으)ㄴ/(으)ㄹ + 명사 줄 + 동사 알다/모르다
　　　'줄'은 의존명사로서 앞에 오는 말을 명사절로 만들며, 그 다음에
　　　'알다/모르다'가 결합한 형태이다.
의미　'명사절로 된 사실을 안다 혹은 모른다'의 뜻이 된다. 동사의 의미
　　　와 문장 구조에 따라서 다음과 같이 나눌 수 있다.

1. 주어가 어떤 사실을 안다든지, 모른다든지 하는 경우

예　사람들은 내가 내일 떠나**는 줄 몰라요.**
　　너는 지금 내가 농담하**는 줄 아는구나.**
　　비가 오**는 줄 모르고** 우산을 안 가지고 나왔어요.
　　길이 이렇게 막힐 **줄 모르고** 늦게 출발했어요.
　　어른 모시기가 이렇게 어려운 **줄 몰랐어요.**

2. 주어의 기대나 예측을 나타내는 경우
　　• 기대나 예측을 나타내는 문장에서는 '알다/모르다'에 완료 시상

어미 '-았/었-'을 붙여서 '-(으)ㄴ/(으)ㄹ 줄 알았다/몰랐다'
로 쓴다.

- 기대나 예측을 나타내는 문장에서는 '이렇게, 저렇게, 그렇게'를
  쓰는 경우가 많다.

예 오늘이 네 생일인 줄 전혀 **몰랐어**.
주식 값이 이렇게 떨어질 **줄 몰랐다**.
아버지가 내 장래 문제를 생각하고 계**실 줄 몰랐지**.
진찰하는데 그렇게 시간이 오래 걸릴 **줄 몰랐어요**.

붙임

  문장의 의미를 두 가지로 해석할 수 있는 경우가 있는데, 이것은 그
때의 상황과 발음에서의 강세로 구분한다. 예를 들면, '사람들은 우리
가 부부인 줄 아나봐요'에서 부부가 아닌 사람이 이 말을 하면, 강세를
'부부'에 두고 말해야 하고, 부부인 사람들이 이 말을 해서 '부부라는
사실을 알고 있다'는 뜻으로 말하는 것이면 '아나봐요'에다가 강세를
두어야 한다.

3. 어떤 행위의 방법을 아는지 모르는지, 또는 능력이 있는지 없는지
   를 나타내는 경우 ; 이때는 동작동사하고만 어울리며, 관형사형 어
   미는 '-(으)ㄹ'만 쓸 수 있다.

예 컴퓨터 **할 줄 알아요?**
운전**할 줄 모르니까** 불편해요.
남을 도울 **줄도 알아야지요**.
아무 것도 **할 줄 모르니까** 많이 가르쳐 주십시오.
그는 내 질문에 당황해서 어**쩔 줄 몰라했다**.

✳✳✳
중

범주   의존명사

구조   명사에 붙어서 쓰이는데, 이 명사들은 명사단으로 동작을 알 수 있

으며, '하다'동사와 어울릴 수 있는 것이다. '중'과 자주 쓰이는 명사는 '이야기, 말씀, 의논, 회의, 연습, 복습, 예습, 수업, 방학, 연구, 계획, 외출, 운전, 식사, 생각, 목욕, 수술, 전화, 통화, 시험' 등이 있다.

의미 어떤 동작을 하는 도중에 있음을 나타낸다.

> **예** 회장님은 지금 회의 **중**이십니다.
> 어른이 말씀 **중**일 때는 조용히 듣고만 있어요.
> 운전 **중**에는 졸지 않도록 해요.
> 이 번호는 통화 **중**이니까 다른 번호로 걸어 보지요.
> 신도시 건설은 계획 **중**에 있습니다.

＊＊
-는 중

범주 통어적 구문

구조 관형사형 어미 -는 + 의존명사 중
동작동사에 붙어서 쓰이며, 문장에서 '-는 중이다, -는 중에, -는 중이니까'의 형태로 쓰인다.

의미 '지금 선행동사가 나타내는 동작을 하는 도중에 있음'을 나타낸다.

> **예** 우리는 중요한 문제를 의논하**는 중**입니다.
> 비행기 도착이 왜 늦는지 알아 보고 있**는 중**입니다.
> 지금 설명하**는 중**이니까 조금 있다가 질문하세요.
> 예배하**는 중**에는 기도실에 들어가지 마세요.
> 녹음하**는 중**이니까 조용히 하십시오.

＊＊
중에서

범주 결합형

구조 의존명사 중 + 조사 −에서

의존명사 '중'과 조사 '−에서'가 결합한 형태로서, 명사와 어울려서 쓰인다.

의미 그 명사가 가리키는 '두 개 이상의 사물 가운데서'의 뜻을 나타낸다.

예 한국 음식 **중에서** 불고기가 제일 맛있습니다.
나는 과일 **중에서** 수박이 제일 좋더라.
책 **중에서** 성경책이 제일 많이 팔린 책입니다.
신발 **중에서** 이 운동화가 제일 편해요.
파란색하고 노란색하고 빨간색 **중에서** 어떤 색이 제일 좋아요?

**
−지

범주 연결어미

구조 동사에 붙어서 선행절을 후행절에 대등적으로 연결한다. 시상어미와 결합한다.

의미 선행절과 후행절의 두 가지 사실을 비교하여, 선행절에서는 어떤 사실을 인정하고 후행절에서는 이와 대립되는 뜻을 나타내는 문장이 온다.

예 그는 자기 생각만 하**지** 남의 생각은 조금도 안 하는 사람이다.
형은 말만 하**지** 영화 구경은 한번도 안 시켜 주었어요.
아이들이 걱정이**지** 남편은 걱정이 안 됩니다.
그 집은 위치만 괜찮**지** 다른 조건은 다 그저 그래요.
경제 성장만 생각했**지** 환경 오염 문제까지는 생각을 못했어요.

***
−지(요)

범주 종결어미

구조　'-아(어, 여)요'와 마찬가지로 서술형, 의문형, 청유형, 명령형이 모두 같은 형태이고, 말끝의 억양에 따라서 이를 구분한다. '-지'는 해체 혹은 하게체의 종결어미로 쓰인다.

의미　이미 알고 있는 사실을 청자의 동의를 얻어 확인하려는 의미가 있다.

> **예**　같이 가**지요**. ↘　　（서술문）
> 같이 가**지요**? ↗　　（의문문）
> 같이 가시**지요**. ↘　（청유문）
> 가**지요**.　（명령문）
> 시간이 있으면 조용히 음악을 듣**지요**.
> 금요일 오후니 한잔 하시**지요**.
> 좋**지**. 그렇게 하**지**.
> 언제 이사를 하시**지요**?
> 제가 담배를 끊은 것은 아기 때문이**지요**.

***

[-(으)ㄴ] 지

범주　통어적 구문

구조　관형사형 어미 -(으)ㄴ + 의존명사 지

- 때를 나타내는 '지'에 관형사형 어미가 결합한 것이다. '-ㄴ 지' 뒤에는 반드시 시간을 나타내는 말이 온다.
- 동작의 완료를 나타내는 '-(으)ㄴ 지' 다음에는 주로 시간이 흘렀음을 나타내는 '되었다'를 사용한다.
- '-(으)ㄴ 지' 뒤에 주격조사를 붙여 쓸 수도 있다.

의미　동작동사와 결합하여, 동작이 완료된 상태가 시간적으로 얼마 지났다는 것을 나타낸다.

> **예**　한국에 **온 지** 두 달 되었습니다.
> 결혼**한 지** 얼마나 되셨어요?
> 영수 씨가 집에서 **나간 지** 한참 되었어요.
> 한국말 공부를 시작**한 지가** 벌써 두 주일 되었나 봐요.

반도체 연구를 시작**한 지** 10년이 지나니 좋은 결과가 자꾸 나온다.

***
–는/(으)ㄴ/(으)ㄹ지 (알다/모르다)

범주 통어적 구문

구조 관형사형 어미 –는/(으)ㄴ/(으)ㄹ + 의존명사 '–지'+동사 (알다/모르다)

'–는/(으)ㄴ/(으)ㄹ지'로 끝나는 앞 문장과 '알다/모르다' 또는 일부 극히 제한된 구문이 결합한 형태다.

현재의 경우, 동작동사에는 '–는지', 상태동사와 이다동사에는 '–(으/이)ㄴ지'가 붙어 쓰이고, 과거 완료 시상어미로는 '–었/았/였는지', 미래 추측어미로는 '–(으)ㄹ지'가 쓰인다. '–지' 다음에 목적격 조사 '–를'을 붙여서 쓰기도 한다.

의미 종결어미 '–지'로 끝나는 앞 문장의 사실을 아는지 모르는지, 또는 다음에 오는 동사가 의미하는 뜻을 나타낸다. '–는지'로 끝나는 문장은 '–는 것'과 대체할 수 있다.

1. 현재 시상어미 '–는/(으/이)ㄴ지 알다/모르다'의 경우

   예 지금 몇 **시인지 아세요?**
   지금 떠나는 기차표가 있**는지 알아보자.**
   나는 네가 왜 내 말을 안 듣**는지 모르겠다.**
   오늘 왜 이렇게 머리가 아**픈지 모르겠어요.**
   저 소리가 어디서 나는 소리**인지 알아요?**

2. 과거 시상어미 '–었/았/였는지 알다/모르다'의 경우

   예 누나가 왜 화를 **냈는지** 아무도 **모를 거야.**
   회의에서 누가 월급 인상 얘기를 **했는지 알아요?**
   누가 불쌍한 사람을 **도와주었는지 알** 수가 없다.
   이 일 때문에 누가 고생**했는지 알아요?**
   왜 방이 그렇게 **더웠는지 몰랐어요.**

3. 미래 시상어미 '(으)ㄹ지 알다/모르다'의 경우

예 시험을 언제 **볼지 모르겠어요.**
집에서 나왔지만 어디로 **갈지 모르겠어요.**
이번 여행에 돈이 얼마나 **들지 알아요?**
오늘 잔치에 어떤 분이 **오실지 알** 수 없다.
첫눈이 언제 **올지 모르니까** 미리 계획을 짜 두자.

4. '얼마나 -는/(으)ㄴ지 모르다'의 경우
문장 앞에 부사 '얼마나'가 붙어서 '얼마나 -는/(으)ㄴ지 몰라요.'
가 되면 '아주 어떠하다.'의 반어적 표현으로서 의미가 강해진다.

예 오늘은 어제보다 **얼마나 무더운지 몰라요.**
한국인들은 **얼마나** 매운 음식을 잘 **먹는지 몰라요.**
같은 방 친구가 나를 **얼마나** 많이 **도와주는지 몰라요.**
이 길로 가면 **얼마나 빠른지 모르시지요?**
봄이 되니까 **얼마나** 몸이 **노곤한지** 늘 졸게 돼요.

붙임 1   '-는/(으)ㄴ/(으)ㄹ지'와 '-(으)ㄴ 지'의 비교

	-는/(으)ㄴ/(으)ㄹ지	-(으)ㄴ 지
문장에서의 기능	• 동작동사, 상태동사, 이다 동사와 결합하여 명사절의 구실을 한다. • 어미 뒤에 '가/이', '-를/을''-도'와 같은 조사가 온다.	• 동작동사와 결합하여 명사절의 구실을 한다. • '-(으)ㄴ 지'뒤에 '-가/이'가 온다.
띄어쓰기	동사와 결합한 어미이므로 붙여 쓴다.	관형사 '-(으)ㄴ'과 명사 '지' 사이를 띄어 쓴다.
예문	• 나는 오늘 누가 오는지가 궁금하다. 　명사절 • 뭐가 먹고 싶은지를 말해 봐. 　명사절	• 한국에 온 지가 6개월 되었다. 　명사절 • 결혼한 지 삼년 만에 아들을 　명사절 낳았다.

붙임 2   ' -는/(으)ㄴ/(으)ㄹ지 (알다/모르다)'와 '-는/(으)ㄴ/(으)ㄹ 줄 알다/모르다'

'-는/(으)ㄴ/(으)ㄹ지 (알다/모르다)'는 '어떤 것(사실)을 아는지 모

르는지'이고 '-는/(으)ㄴ/(으)ㄹ 줄 알다/모르다'는 '줄'이 말하듯이 '수단, 방법, 능력'을 말한다.<☞ p. 402 '-는/(으)ㄴ/(으)ㄹ 줄 알다/모르다'> 또 '-(으)ㄹ 줄 몰랐어요'가 되면 '기대하지 않았다'의 뜻이 된다.

그러나 문장에 따라서는 일반적인 사실을 알다/모르다의 뜻으로 같이 쓰기도 한다.

> **예** 나는 네가 오**는지** 몰랐어.(온다는 사실을 몰랐다.)
> 나는 오늘이 네 생일**인 줄** 몰랐어.(생일인 사실을 몰랐다.)
> 나는 네가 오**는 줄** 몰랐어.(기대하지 않았다.)
> 나는 단추를 **낄 줄 알아요.**(방법)

＊＊
-는/(으)ㄴ/(으)ㄹ지 -는/(으)ㄴ/(으)ㄹ지

범주 통어적 구문

구조 동작동사, 상태동사, 이다동사와 결합하는 '-는/(으)ㄴ/(으)ㄹ지'가 반복해서 쓰이는 구문으로 앞과 뒤에는 반어적이거나 서로 연관이 있는 의미의 구문이 온다.

의미 앞의 구문과 뒤의 구문이 대응되면서 서술어의 목적어 구실을 한다.

> **예** 옷이 **작은지, 큰지** 입어 봐요.
> 오늘 만난 여자가 마음에 **드는지 안 드는지** 말해 보세요.
> **갈지** 그냥 집에 **남아 있을지** 얘기하렴.
> 파란 색이 **어울릴지** 노란색이 **어울릴지** 모르겠다.
> 아버지는 사람이 **들어왔는지 나갔는지** 통 모르셨다.

＊
[-(으)ㄹ] 지경(이다)

범주 통어적 구문

구조 관형사형 어미 -(으)ㄹ + 명사 지경
일부 동작동사에 붙어서 쓰인다. 땅의 경계를 나타내는 명사 '지경' 뒤에는 이다동사나 조사 '-이, -에'만 올 수 있고, 앞에는 '-ㄹ' 이외에 다른 관형사형 어미나 시상어미는 쓰지 않는다. 이유를 나타내는 '-어서'가 선행절을 이루어서 '~어서 ~(으)ㄹ 지경(이다)'의 형태로 쓰는 경우가 많다.

의미 선행절이 가리키는 이유 때문에 거의 극한 상황에 이를 형편임을 나타낸다.

> **예** 애가 타서 죽을 **지경이다.**
> 답답해서 숨이 막힐 **지경에 이르렀습니다.**
> 어이가 없어서 웃음이 나올 **지경입니다.**
> 너무 먹어서 배가 터질 **지경이 되었어요.**
> 기가 막혀서 말이 안 나올 **지경이다.**

지다

범주 동작동사

구조 연결어미 '-어(아, 여)'와 결합하여 '-어(아)지다'의 형태로 쓰인다.

의미 사물의 동작이나 상태가 이루어져 감, 변하여 그렇게 되어 감을 나타낸다.

> **예** 옷에 얼룩이 **졌는데** 통 **지질** 않는군요.
> 홍수가 **져서** 벼가 모두 떠 내려갔습니다.
> 나무가 자라니 자연히 그늘이 **졌다.**
> 그는 나와 원수가 **졌는지** 우리집에는 안 온다.
> 손으로 빨았더니 때가 다 **졌어요.**

**

-어/아/여지다

범주 보조동사

구조 동사 '지다'가 연결어미 '-어/아/여'와 결합한 것이다. 동작동사, 상태동사에 붙어 쓰인다.

의미 동작동사와 결합하는 경우와 상태동사와 결합하는 경우를 나누어 생각할 수 있다.

**

1. 동작동사와 결합하는 경우

- 피동의 뜻으로 쓴다.
- 문장 구조는 능동문의 구조와 달라지는데 이것은 조사로써 나타낸다.

예 연필이 좋으니까 글씨가 잘 **써진다.**
이 뚜껑이 안 **열어지는데** 좀 열어 봐요.
제시간에 잠이 안 **깨져서** 항상 지각을 해요.
주**어진** 시간 안에 설명을 끝내야 합니다.
취직이 되었는지 결과가 몹시 기다**려지네요.**

***

2. 상태동사와 결합하는 경우

- 상태가 저절로, 조금씩 변하는 과정을 나타낸다.

예 연습을 많이 하니까 발음이 점점 좋**아집니다.**
나는 자꾸 뚱뚱**해지는** 것 같아요.
어제보다 날씨가 따뜻**해졌지요?**
고향 생각을 하면 외로**워집니다.**
한국 생활에 점점 익숙**해지지요?**

붙임 피동 형태를 만드는 보조동사 비교	
-어/아/여지다	-게 되다
• 변화하는 과정을 나타낸다. • '점점, 차츰' 같은 부사와 함께 쓰인다.	• 변화한 결과를 나타낸다. • '결국, 마침내, 드디어' 같은 부사와 함께 쓰인다.

-지만

범주 연결어미

구조 동사와 결합하여 선행절을 후행절에 대등적으로 연결하는데, 후행절은 선행절에 대조되거나, 그밖에 선행절에 구애받지 않는 뜻의 말이 온다. 의문문의 형태로는 잘 쓰지 않는다. 존대형 어미 '-시-', 시제 '-었/았/였-, -겠-'이 앞에 올 수 있다.

의미 의미에 따라 다음과 같이 나뉜다.

***

1. 선행절은 인정하나 후행절에는 그에 관계없는 말, 혹은 대립되는 말을 쓰는 경우

- 선행절과 후행절을 바꿀 수 있다.

예 바람이 불**지만** 비는 안 옵니다.
일이 힘들**지만** 재미있어요.
값이 비싸**지만** 질이 좋습니다.
사람은 많**지만** 마음에 드는 사람은 없다.
그는 성격은 좋**지만** 능력은 모자라는 것 같다.

**

2. 선행절이 후행절을 말하기 위한 도입의 의미가 되는 경우

- '-는데'와 비슷한 뜻으로 쓰인다.

예 실례**지만** 이름이 무엇입니까?
모든 부모가 다 그렇**지만** 우리 어머니는 내 일에 간섭을 많이 하신다.
다시 말씀드리겠**지만** 하여튼 내일은 일찍 오셔야 합니다.
이해는 하겠**지만**, 일을 이렇게 하면 안 되지요.
나도 휴대전화를 쓰**지만** 어떤 때는 참 편해요.

**

3. 선행절의 의미에 후행절의 뜻을 더하는 경우

예 오늘은 일도 많았**지만** 일들이 복잡하였다.
집이 넓기도 하**지만** 앞에 호수가 있어서 좋아요.
그 연속극은 재미도 있었**지만** 방송 시간도 좋았다.
사모님은 음식솜씨도 대단하시**지만** 손님 접대 솜씨도 대단하시다.
향수가 냄새도 독특하**지만** 그 병이 마음에 든다.

＊
[-기가] 짝이 없다

범주   통어적 구문

구조   상태동사 + 명사형 어미 -기 + 주격조사 -가 + 명사 짝 + 주격조사 -이 + 없다

'-기' 명사형이 주어이고 '짝이 없다'가 서술어인 구문이다. 주로 감정을 나타내는 상태동사의 명사형에 쓰인다. 서술어의 '짝'은 쌍의 한 쪽을 말하는 것이다.

부끄럽다 + -기 + -가 + 짝 + -이 + 없다
→ 부끄럽기가 짝이 없다.

의미   '짝이 없을 정도로 감정이 극한 상태임'을 말할 때 쓴다. 따라서 점잖은 표현으로는 쓰지 않는다.

예   나에게 욕을 하다니 분하**기 짝이 없구나.**
그 동안 도와준 은혜를 배반하다니, 괘씸하**기 짝이 없는** 놈이다.
도둑의 누명을 쓴 것은 억울하**기 짝이 없는** 일이에요.
그 때의 실수를 생각하면 창피하**기 짝이 없어요.**
남편이 죽자 그 여자는 초라하**기 짝이 없는** 신세가 되었다.

참

범주   의존명사

구조   관형사형 어미 '-(으)ㄹ'에 붙어서 쓰이거나 의도를 나타내는 '-(으)려던'에 붙어서 문형으로 쓰인다.

<☞ p. 414 -(으)ㄹ 참이다, p. 414 -(으)려던 참이다>

의미   어떤 행위를 할 때나 경우를 나타낸다.

**
-(으)ㄹ 참이다

범주 통어적 구문
구조 관형사형 어미 -(으)ㄹ + 의존명사 참 + 이다동사
관형사형 어미 '-ㄹ'과 '때, 계획, 어떤 일을 할 좋은 기회'를 나타
내는 의존명사 '참'과 이다동사가 결합한 형태이다.
의미 동작동사에 붙어서 '앞으로 어떤 행위를 하려고 계획하는 중이
다', 또는 '하려고 하고 있다'의 뜻을 나타낸다.

> **예** 이제 떠**날 참이에요.**
> 만나면 계획을 이야기**할 참이었어요.**
> 너 나를 부끄럽게 **할 참이니?**
> 서류를 막 작성**할 참에** 과장의 전화를 받았다.
> 비도 오고 해서 너희 집까지 데려다 **줄 참이었어.**

**
-(으)려던 참이다

범주 통어적 구문
구조 -(으)려고 하다 + 관형사형 어미 -던 + 의존명사 참 + 이다동사
의도를 나타내는 '-려고 하다'에 회상을 나타내는 어미 '-던'이 붙
은 '-(으)려고 하던'의 준말 '-(으)려던'에, '때, 계획, 어떤 일을
할 좋은 기회'를 나타내는 의존명사 '참'과 이다동사가 결합한 형
태이다. 미래 시상어미 '-겠-'은 쓰지 않는다.
의미 동작동사에 붙어서 '앞으로 어떤 행위를 하려는 중이다'의 뜻을
나타내는데, 의도할 때의 일을 회상해서 말함을 나타낸다.

< ☞ p. 414 -(으)ㄹ 참이다>

> **예** 지금 우리는 외출하**려던 참이에요.**
> 여자 친구 사진을 너희들에게 보여 주**려던 참이었어.**
> 병원에 가서 검사를 받아 보**려던 참입니다.**
> 전화를 걸**려던 참이었는데** 마침 그 분에게서 전화가 왔어요.
> 마침 사업차 미국을 방문하**려던 참이었다.**

***
−처럼

범주 조사

구조 명사에 붙어서 쓰인다.

의미 모양이나 동작이 같거나 비슷하여 닮음을 나타낸다. 조사 '−같이'
로 대치할 수 있다.

예 선생님**처럼** 발음을 잘했으면 좋겠어요.
너는 가수**처럼** 노래를 잘 하는구나.
우리는 한 형제**처럼** 가깝게 지내는 사이입니다.
돼지**처럼** 많이 먹는다고 흉보지 마세요.
학교 때의 일이 먼 옛날 이야기인 것**처럼** 느껴져요.

붙임

부정으로 된 문장은 상황에 따라 두 가지 의미로 해석될 수 있다.

예 이 영화는 지난 번에 본 영화**처럼** 재미가 없다.
(① 지난 번 영화는 재미없었는데 이 영화와 같이 재미 없다.)
(② 지난 번 영화는 재미있었는데 이 영화는 그 정도에 미치지 못한다.)

나는 엄마**처럼** 일을 못해요.
(① 엄마는 일을 못하는데 나도 엄마를 닮아서 일을 못한다.)
(② 엄마는 일을 잘하는데 나는 일을 못한다.)

*
[−(으)ㄴ] 채(로)

범주 통어적 구문

구조 관형사형 어미 −(으)ㄴ + 의존명사 채 + 조사 −로
동작동사에 붙어서 쓰인다. 현재형이나 미래 추측의 관형사형 어미
는 쓰지 않는다.

의미 '이미 있는 상태 그대로 변하지 않고'의 뜻을 나타내는 말이다. 선
행 동작을 하는 상태에서 후행 동작이 이루어짐을 나타낸다.

예 아기는 과자를 손에 **쥔 채** 잠이 들었다.
그는 목이 마른지 **선 채** 물 한 그릇을 다 마셨다.
문을 열어 놓은 **채**로 잤더니 감기가 들었어요.
빨래를 밖에 널어 놓은 **채**로 나가서 비에 다 젖었어요.
아이들이 딸기를 씻지 않은 **채**로 그냥 먹는다.

붙임   '-ㄴ 채로'와 '-는 대로'의 비교

-(으)ㄴ 채로	-는 대로
어떤 동작의 정지나 지속의 상태가 변하지 않고 있음을 나타낸다.	'동작이 진행하는 모양과 같이'의 뜻을 나타낸다.
고개를 숙인 **채**로 말대답을 한다.	내가 고개를 숙**이는 대로** 너희도 숙여 봐라.

*
[-는/(으)ㄴ] 체하다

범주 통어적 구문
구조 관형사형 어미 -는/(으)ㄴ + 의존명사 체 + 동사 하다
관형사형 어미와 의존명사 '체', 그리고 동사 '하다'가 결합한 형태로서, 동작동사, 상태동사, 이다동사에 붙어서 쓰인다.
의미 동작이나 상태를 그럴 듯하게 꾸미는 거짓 태도를 나타낸다. '-는 체하다'의 앞에 행위는 실제 사실과 상반되는 내용이 제시된다.

예 그는 나를 보고도 못 **본 체합니다.**
알고도 모르**는 체하는** 것 같아요.
자기가 훔쳐 먹고는 안 먹**은 체한다.**
그 남자가 잘**난 체하는** 통에 분위기가 나빠졌어요.
잘 알지도 못하면서 뭘 그렇게 아**는 체하니?**

*
[-는/(으)ㄴ] 척하다

범주	통어적 구문
구조	관형사형 어미 –는/(으)ㄴ + 의존명사 척 + 동사 하다
의미	‘척’은 의존명사로서 ‘체’와 같은 뜻이며 그 사용법도 같다.

<☞ p. 416 [–는/(으)ㄴ] 체하다>

※
탓

범주	의존명사
구조	선행 명사에 의지하여 잘못된 원인을 말할 때 쓴다. 이다동사나 하다동사와 결합하여 ‘탓이다, 탓하다’의 형태로 쓴다.
의미	선행 명사 때문에 어떤 일이 잘못 되었음을 나타낸다.

> **예** 모든 것이 다 내 **탓**이오.
> 내 **탓**이니 네 **탓**이니 하고 싸우지 말고 자기 잘못을 인정해.
> 당국은 이번 비행기 사고를 날씨 **탓**으로 돌리려고 한다.
> IMF 사태는 그 누구의 **탓**도 아니고 우리 국민 모두의 **탓**이다.
> 잘 되면 내 복이라고 하고, 못 되면 조상 **탓**을 한다.

※
–(으)ㄴ/(으)ㄹ 탓

범주	통어적 구문
구조	관형사형 어미 –(으)ㄴ/(으)ㄹ + 의존명사 탓 관형사형 어미와 일이 잘못된 원인을 나타내는 의존명사 ‘탓’이 결합한 형태이다. 이다동사와 함께 쓰거나 조사 ‘–에’와 결합해 쓰인다.
의미	주어가 행위의 원인이 됨을 나타낸다. 부정적인 의미를 나타내는 문장에 주로 쓰인다.

> **예** 사랑을 받고 못 받고는 제 **할 탓**이다.
> 그는 게으**른 탓**에 승진도 못하고 말았어요.

시험 점수가 나쁜 것은 공부를 안 **한 탓**도 있지만 문제가 엄청나게 어려**운 탓**입니다.
엄마가 직장 생활을 하**는 탓**에 아이들 교육에 소홀했다.
집이 넉넉하지 못**한 탓**에 대학 갈 기회를 놓치고 말았습니다.

[-(으)ㄹ] 터

범주 통어적 구문
구조 관형사형 어미 -(으)ㄹ + 의존명사 터
관형사형 어미 '-ㄹ'과 예정을 나타내는 의존명사 '터'가 결합한 형태로서, 문장에서 이다동사와 결합하여 문장 종결어로 쓰거나 다른 연결어미와 결합해서 쓴다. 다른 연결어미와 결합하는 경우에는 연결어미의 속성이 문장을 지배한다. <☞ p. 418 -(으)ㄹ 터이다>
의미 의도, 예정 그리고 추측을 나타낸다.

**

-(으)ㄹ 터이다/테다

범주 통어적 구문
구조 관형사형 어미 -(으)ㄹ + 의존명사 터 + 이다동사
관형사형 어미 '-ㄹ'과 예정을 나타내는 의존명사 '터'에 이다동사가 결합한 형태로서, 주로 '-ㄹ 테다'로 쓴다. 주어는 1인칭만 쓸 수 있고 2인칭은 의문문에서만 쓸 수 있다. 종결어미는 반말인 해체나 해라체만 쓸 수 있다. 주어가 3인칭일 때는 쓸 수 없고 그대신 '-겠다'나 '-(으)ㄹ 것이다'를 쓴다.
의미 문장의 종결을 나타내는 경우에는 의도나 예정을 나타낸다. 구어체로 많이 쓴다.

예 오늘은 그냥 집에서 **쉴 테야.**
너는 여기 더 있다가 이따가 **올 테야?**
이번에는 하고 싶은 이야기를 하고 **말 테다.**

내 말을 안 들으면 혼내 **줄 테야.**
이 연속극을 더 **볼 테야?**

＊＊
-(으)ㄹ 테니까

범주 통어적 구문
구조 관형사형 어미 '-ㄹ'과 의존명사 '터'와 이다동사의 활용형이 결
합한 '-ㄹ 터이니까'의 준말로서 선행절을 후행절에 종속적으로
연결한다. 후행절의 종결형은 청유형이나 명령형을 많이 쓴다.
의미 화자의 의지나 예정 또는 추측을 나타내어, 선행절을 이유로 해서
후행절과 같은 결과가 나옴을 나타낸다.

1. 주어가 1인칭이고 화자의 의지를 나타내는 경우

예 제가 도와 **드릴 테니까** 걱정 말고 하세요.
천천히 읽을 **테니까** 잘 들어봐요.
이건 내가 이따가 먹을 **테니까** 아무도 손 대지마.
10시쯤 전화**할 테니까** 집에서 기다려요.
배달해 **드릴 테니까** 언제든지 전화만 주십시오.

2. 주어가 3인칭이고 화자의 추측을 나타내는 경우

예 손님이 오**실 테니까** 방 정리 좀 합시다.
다음 주에는 시험이 있을 **테니까** 미리 준비들 해요.
면접은 우리 회사에서 **할 테니까** 와 주십시오.
비행기는 예정 대로 떠날 **테니까** 손님들께서는 아무 염려 안 해도 됩
니다.
아침마다 우유가 **올 테니까** 아이들에게 먹이세요.

붙임

1. '-(으)니까'에 시상어미 '-겠-'을 쓰지 않고 그 대신 '-ㄹ 테니까'
를 쓴다.

2. 선행문과 후행문을 바꾸어서 '-(으)ㄹ 테니까(요)'를 종결어미
로 쓴다.

| 예 | 여기서 기다려요. 내가 얼른 다녀올 **테니까요**.
오늘 전화요금을 내요. 납부 기한을 넘기면 이자를 내야 **할 테니까요**. |

**
-(으)ㄹ 테면

범주　통어적 구문

구조　관형사형 어미 '-ㄹ'과 의존명사 '터'와 이다동사의 활용형이 결합한 '-(으)ㄹ 터이면'의 준말로서 선행절을 후행절에 종속적으로 연결한다. 동작동사하고만 결합한다.
- 선행절과 후행절의 동사가 반복된다.
- 서술형태는 명령형과 청유형만 쓴다.

의미　청자(2인칭)가 '선행하는 동작을 하고 싶으면' 혹은 '선행 동작을 하는 것이 의도하는 바라고 하면'의 뜻을 나타낸다. 후행절에는 명령형이 온다.

| 예 | 내 의견에 반대할 **테면** 해 봐요.
떠들 **테면** 마음대로 떠들려무나.
우리 일을 훼방할 **테면** 훼방해 보라고 하세요.
여기를 떠날 **테면** 미련없이 떠나라.
때릴 **테면** 때려 봐라. |

***
-(으)ㄹ 텐데

범주　통어적 구문

구조　관형사형 어미 '-ㄹ'과 의존명사 '터'와 이다동사에 연결어미 '-ㄴ데'가 결합한 '-ㄹ 터인데'가 준 형태로서 선행절을 후행절에 종속적으로 연결한다. 동작동사, 상태동사, 이다동사와 결합한다. 완료 시상어미 '-었/았/였-'과 결합하지만 '-겠-'과는 쓰지 않는다.

의미   화자가 자기의 의지나 또는 어떤 사실을 추측해서 말하는 선행절
이 후행절의 배경이 됨을 나타낸다.

1. 화자의 의지를 나타낸 선행문이 후행문의 버경이 되는 경우

예   내일은 내가 바쁠 **텐데** 모레 오세요.
공항에서 나는 그를 보아도 모를 **텐데** 어떻게 하지요?
유학을 가야 **할 텐데** 장학금을 못 받아서 큰 일이에요.
약속 때문에 나가야 **할 텐데** 집 볼 사람이 없습니다.
우리는 주말에 여행을 떠날 **텐데** 혜리씨는 쿨 할 거예요?

2. 주어가 3인칭인 경우

• 화자의 추측을 나타낸 선행문이 후행문의 배경이 된다.

예   어머니가 음식을 준비하셨을 **텐데** 저녁은 집에서 먹자.
회원들이 궁금한 것이 많을 **텐데** 질문 시간을 줍시다.
옆집에서 시끄럽다고 **할 텐데** 좀 조용히 해
우리가 도착하는 날은 공휴일일 **텐데** 사무실게는 아무도 없겠지요?
비가 **올 텐데** 우산은 안 가지고 가니?

붙임

문장 도치법에 의하여 '-(으)ㄹ텐데(요)'를 종결어미로 쓴다.

예   우산은 안 가지고 가니? 비가 **올 텐데**.
어서 갑시다. 가족이 우리를 기다릴 **텐데요**.

※
[-(으)ㄹ] 턱이 있다/없다

범주   통어적 구문
구조   관형사형 어미 -(으)ㄹ + 의존명사 턱 + 조사 -이 + 동사 있다/
없다
관형사형 어미 '-(으)ㄹ'과 '까닭, 이유'를 나타내는 의존명사
'턱'과 주격조사 '-이', 서술어 '있다/없다'가 결합한 형태로서,
동사에 붙어서 쓰인다. 서술문에는 '없다'를 쓰고 의문문에는 '있

다'를 써서 없음을 강하게 표현한다. 점잖은 표현에는 쓰지 않는다.

< ☞ p. 281 [-(으)ㄹ] 리가 있다/없다 >

의미 그럴 까닭, 또는 이유가 없음을 나타낸다.

예 날마다 늦게 들어오는 사람이 이렇게 일찍 들어**올 턱이 없어요.**
내 말이라면 반대하는 영수가 이 일에 찬성**할 턱이 있나?**
단점을 자꾸 지적해 주는 나를 좋아 **할 턱이 있어요?**
뚱뚱한 엄마를 닮았으니 내가 날씬**할 턱이 없지요.**
서로들 반대만 하니 일이 잘 **될 턱이 없지요.**

*

[-는] 통에

범주 통어적 구문
구조 관형사형 어미 -는 + 의존명사 통 + 조사 -에
현재형 관형사형 어미 '-는'과 의존명사 '통', 조사 '-에'가 결합
한 형태로서, 일부 동작동사에 붙어서 원인이나 근거를 나타낸다.
의미 선행절에서 표현되는 어떤 복잡한 일로 정신을 차릴 수 없는 사이
에, 그것을 원인이나 근거로 하여 후행절과 같은 결과가 나왔다는
뜻을 나타낸다. 선행절이 복잡한 일로 말미암은 것이기 때문에 후
행절은 잘 안 된 것, 실패한 것 등 부정적인 것이 많다.

예 간밤에는 옆집에서 떠드**는 통에** 잠을 잘 수가 없었습니다.
여기저기서 전화가 오**는 통에** 일을 집중해서 할 수가 없어요.
남편이 서두르**는 통에** 열쇠를 집에다가 두고 왔어요.
갑자기 손님이 오**는 통에** 얼마나 당황했는지 몰라요.
아프다고 야단하**는 통에** 응급실에 전화할 생각도 못했어요.

붙임

'-는 통에'와 '-는 바람에'는 비슷하여 대치할 수 있는 경우가 있으
나 똑같지는 않다. '-는 통에'는 복잡한 일로 정신없는 가운데 어떤 일
이 벌어짐을 말하고, '-는 바람에'는 '선행 동작의 영향으로'의 뜻을
나타낸다. 의미상 '-는 통에'는 점잖은 말로는 쓰지 않는다.

*
[-는/(으)ㄴ/(으)ㄹ] 판(에)

범주　통어적 구문
구조　관형사형 어미와 의존명사 '판'이 결합한 형태로서, 뒤에는 조사 '-에', 혹은 이다동사가 붙거나 연결어미가 붙는다. '판'은 '놀이, 씨름, 윷' 같은 명사 밑에 붙어서, '그런 일이 일어나는 자리'를 뜻한다. 동작동사와 어울리어 쓰인다.
의미　여러 사람이 모여서 일이 시끄럽게 북적거리거나 어수선한 일이 벌어짐을 나타낸다.

> **예**　친구가 죽어가**는 판에** 돈 생각할 수 있습니까?
> 잔치가 벌어**진 판이길래** 한잔 하고 왔습니다.
> 밑지고 파**는 판인데** 더 깎아 달라고요?
> 사람이 다쳐서 위험**한 판에** 잘잘못을 따질 시간이 어디 있어요?
> 집이 망**할 판에** 체면을 차릴 수 있습니까?

**
[-는/(으)ㄴ] 편이다

범주　통어적 구문
구조　관형사형 어미 -는/(으)ㄴ + 의존명사 편 + 이다동사
　　　관형사형 어미와 의존명사 '편', 이다동사가 결합한 형태로서, 동작동사, 상태동사와 어울려서 쓰인다. 의미상 현재와 과거 시제만 쓰이고 미래 시제는 쓰이지 않는다.
의미　대체로 보아서 어느 쪽에 속한다는 뜻을 나타낸다. 화자의 주관적인 판단을 나타내는 표현이다.

> **예**　우리집 사람은 좀 마른 **편이에요.**
> 한국말은 일본말에 비해서 발음이 어려운 **편이지요?**
> 오천원이면 비**싼 편은 아닙니다.**
> 그 사람은 남의 부탁을 잘 들어주**는 편입니다.**
> 준수는 소설을 많이 읽**는 편이라서** 생각이 어른스러워요.

　동작동사와 어울리는 경우에는 동작동사를 수식하는 부사가 있어야
한다.
　　예　아내는 외출을 자주 하**는 편이다.**
　　　　이 학생은 글을 정확하게 쓰**는 편이다.**

✳✳✳
ㅎ 불규칙동사

　'ㅎ'받침으로 끝난 일부 상태동사는 다음에 조성모음 '으'가 오거나 다
른 모음이 오면 'ㅎ'이 탈락한다. 또 '-어/아'와 결합하면 'ㅎ'이 탈락하
고 '이'가 첨가된다.

　　　　　빨갛 │ 다
　　　　　　　　으면 → 빨갛으면 → <u>빨가면</u>
　　　　　　　　　　　　　　　'ㅎ'탈락
　　　　　　　　아서 → 빨갛아서 → <u>빨개서</u>
　　　　　　　　　　　　　'ㅎ' 탈락하고 '이'가 첨가된다.

　예　너무 추워서 입술이 **파래졌어요.**
　　　어제 소개받은 그 남자 **어땠어?**
　　　머리가 **하야니**까 더 늙어 보인다.
　　　가을 농촌이 온통 **빨간** 고추로 물들어 있다.
　　　그녀는 얼굴이 너무 **하얘서** 운동 선수 같지 않았다.

1. 다음과 같은 동사는 위의 규칙을 따르지 않는다.
　　예　동작동사 : 놓다, 넣다, 낳다, 찧다, 쌓다
　　　　상태동사 : 좋다, 싫다, 많다, 괜찮다.

2. '놓다'는 구어체에서 다음과 같이 줄여서 말하기도 한다.
　　예　놓아서 : 놔서　　　놓아야 : 놔야
　　　　놓아도 : 놔도　　　놓았습니다 : 놨습니다

하다 동사

일부 명사나 동작동사, 상태동사의 어간, 혹은 부사 등에 붙어서 새로운 동사 어휘를 만드는 어휘 조성어로 쓰이기도 하고, 문장에서 몇 가지 서술 기능을 맡아 하기도 한다.

의미 '어떤 상태나 결과가 나타나도록 몸을 움직이다'의 뜻을 가지고 있다.

✳✳

1. 일부 명사나 의존명사, 부사, 혹은 어간에 붙어서 서술하는 기능을 나타낸다. 즉 선행하는 명사나 부사의 의미 본질을 동작이나 상태로 나타내고자 할 때 선행하는 어휘에다가 '-하다'를 붙여서 쓴다.

형태	예
명사 + 하다	노래하다, 연구하다, 자랑하다, 사랑하다, …
의존명사 + 하다	듯하다, 척하다, 체하다, 양하다, 법하다, …
부사 + 하다	흔들흔들하다, 반짝반짝하다, 쾅하다, 딱딱하다, …
(동작동사, 상태 동사의 어간)+하다	서늘하다, 따뜻하다, 급하다, 조용하다, 비롯하다, …

예 분위기 좋고 아담한 찻집을 소개**해** 드리겠더요.
바람에 방문이 **흔들흔들하니까** 잠을 이룰 수가 없었다.
제출 날짜가 **급해서** 마무리를 제대로 못했습니다.
온돌 바닥이 따끈**하니까** 눕고 싶어져요.
내가 인사를 안 하면 그는 언제나 못 본 **체한다.**

붙임

명사에 '-하다'가 붙는 경우에는 명사와 '-하다' 사이에 목적격 조사 '-을/를'을 붙일 수 있다. 이때는 '명사+-을/를'과 '하다'를 띄어 써야 한다.

✳✳

2. 명사의 의미상 당연히 붙어야 할 동사가 붙지 않고 '하다'가 본동사로 대신 쓰이는 경우가 있는데 이는 '하다'가 그러한 동사의 의

미를 통틀어 묶어서 대행하는 역할을 하기 때문이다. '하다'가 이
렇게 쓰이는 경우는 대개 관용적인 표현에 많다.

예 사과 한 개에 얼마 **하니?** (한 개에 얼마에 파니?)
혜리도 술 **하는구나!** (술을 마시는구나!)
미장원에 가서 머리**하고** 올게요. (머리를 손질하고 올게요.)
형은 조그만 가게를 **하고** 있어요. (가게를 경영하고 있어요.)
이 남은 돈을 어떻게 **할까요?** (어떻게 처리할까요?)

붙임

'-고 하다, -라고 하다, -냐고 하다'등 인용문에서 쓰이는 것도
'말하다'를 대신하는 것이다.

✱✱✱
3. '-하다'는 의미와 어울려서, 다양한 형태의 보조동사로 나타나며
문장에서의 의미도 각각 다르게 표현된다. '-려고 하다, -고자 하
다, -면 하다, -도록 하다, -게 하다, -어야 하다, -어 하다' 등등

✱✱
-게 하다

범주 보조동사
구조 부사형 어미 -게 + 동사 하다
동작동사나 상태동사와 결합하여 그 동사가 사동형이 되도록 한다.
의미 다른 사람이 그 동작이나 그러한 상태가 되도록 시키는 것을 나
타낸다.

예 그는 나를 밖에서 기다리**게** **했습니다.**
선생님은 우리한테 영어를 쓰지 못하**게** **하십니다.**
추운 겨울 저녁 나뭇가지에 앉은 새는 나를 슬프**게** **한다.**
예술은 우리의 생활을 풍요롭**게** **한다.**
그의 따뜻한 말 한마디가 나를 행복하**게** **했다.**

1. 사동문에서 절로 삽입되는 문장의 주어는 주격조사 '-가/이'가 그대로 사용되기도 하지만, '-를, -에게, -한테'로 바꾸어 쓰기도 한다.

> **예** 나는 손님이 자리에 앉으시게 **했습니다.**
> 나는 손님을 자리에 앉으시게 **했습니다.**
>
> 선생님은 창수가 그림을 붙이게 **하신다.**
> 선생님은 창수에게 그림을 붙이게 **하신다.**

2. 사동사와 사동형태의 보조동사 '-게 하다'는 의미와 기능상 차이가 있다. <☞ p. 41 사동사>

① 사동사는 주어가 동작을 시킴이 좀더 직접적이고, '-게 하다'는 주어의 배려로 또는 허락으로 동작이 이루어져 시킴의 뜻이 간접적이다.

> **예** 나는 동생에게 그 소식을 알렸다. (내가 직접 말을 하여)
> 나는 동생이 그 소식을 알게 **했다.** (다른 사람을 통하여, 혹은 간접적인 방법으로 알도록 배려하거나 허락함.)
>
> 그는 여자 친구의 사진을 우리에게 보였어요.
> 그는 여자 친구의 사진을 우리에게 보게 **했어요.**
>
> 아버지는 우리들을 자동차에 태웠습니다
> 아버지는 우리들을 자동차에 타게 **했어요.**

② 사동사는 존대형을 쓸 자리가 하나지만, '-게 하다'는 '하다'에 붙여서 주어를 존대할 수도 있고, '-게' 앞에 있는 동사에 붙여서 시킴을 받는 사람을 존대할 수도 있다.

> **예** 김 선생님은 아이를 웃기셨습니다.
> 김 선생님은 아이를 웃게 **하셨습니다.**
> 아이는 할머니를 웃으시게 **했습니다.**
> 김 선생님은 할머니를 웃으시게 **하셨습ㄴ 다.**

③ '-게 하다'는 사동사와 어울려서 이중 사동 형태로도 쓴다.

> **예** 엄마는 언니가 아기에게 우유를 먹이게 **했어요.**
> 사장은 사무원이 복사 일을 사환에게 맡기게 **하셨습니다.**

3. '–게 하다'는 동작동사와 상태동사에 두루 쓰이지만 '–도록 하다'
는 동작동사에만 쓰인다. <☞ p. 226 –도록 2.>

**
–고 하다

범주   통어적 구문
구조   인용조사 –고 + 동작동사 하다
인용문에 붙어서 직접 인용문과 간접 인용문을 만든다.

<☞ p. 20 인용문>

1. 직접 인용문에 쓰이는 경우
   - 말을 전하는 사람인 화자가 원래 화자의 말을 직접 인용하는 경
     우인데 이때는 원래 화자의 말을 따옴표(“   ”) 안에 넣고 '–고
     하다'를 쓴다.
   - 인용문을 명사절로 보고 이다동사의 활용형을 써서 '–(이)라고 하
     다'를 쓰기도 한다.
   - '–고'와 '–하다' 사이에 다른 말을 삽입할 수 없다.

   예   할아버지께서는 “요즘은 식욕이 없다”**고 하셨습니다.**
   신문에서 날마다 “경제를 살리자”**고 합니다.**
   언니는 동생에게 늘 “내 옷은 절대로 입으면 안 된다”**고 한다.**
   의사 선생님은 “오늘은 집에 있는 것이 좋겠어”**라고 하셨습니다.**
   아주머니는 “전구를 갈아야겠구나”**라고 하고** 가게로 가셨다.

2. 간접 인용문에 쓰이는 경우
   - 간접 인용문이란 원래 화자의 말을, 사람을 가리키는 명사, 시간,
     장소, 존칭 관계, 종결어미 등을 전하는 사람의 입장에 맞게 바꾸
     어서 인용하는 문장이다. 간접 인용문의 종결어는 아주 낮춤을 나
     타내는 종결어미, '–(는/ㄴ)다, –(느/으)냐?, –자, –(으)라'의 네
     가지 형식에 '–고 하다'를 붙여서 쓴다. 다만 명사와 결합하는 이
     다동사는 '–이다' 대신 '–(이)라'를 쓴다.

예 영희는 냉장고에 주스가 없다**고 하였다.**
철수는 놀란 얼굴로 컴퓨터의 자료가 다 날라갔다**고 했다.**
엄마는 열쇠를 어디다 두었느냐**고 하셨어요.**
선생님은 우리에게 걸어서 다니라**고 하신다.**
아내에게 주말에는 등산을 가자**고 해야겠다.**

**
-(는/ㄴ)다고 하고서

범주 통어적 구문
구조 인용의 보조동사 -고 하다 + 연결어미 -고서
간접인용의 형태에 동사 '하다'의 활용형이 결합한 형식으로, 인용
된 절의 종결형에 따라 '-(는/ㄴ)다고 하고서, -(느/으)냐고 하고
서, -자고 하고서, -(으)라고 하고서, -(아)라고 하고서'를 쓴다.
후행절에는 동작동사만 올 수 있고 시상은 현재와 완료형을 쓴다.
'-하고서'의 '-서'를 생략할 수 있다. <☞ p. 101 -고서>
의미 선행절에서 자기가 한 말이나 남이 한 말을 인용하여 말하고 후행
절에서 그 말과 관계된 행동을 어떻게 했는지를 나타낸다.

예 그는 2시에 오겠다**고 하고서** 약속을 안 지켰어요.
선생님은 질문이 있냐**고 하시고서** 질문을 받지 않고 그냥 나가셨다.
아내에게 회사 앞에서 기다리라**고 하고서** 잊어버렸어요.
준수는 선물이라**고 하고서** 빨래들을 내놓았다.
그는 심심하니 노래방에 가자**고 하고** 잠바를 입었다.

**
-(는/ㄴ)다고 하면서

범주 통어적 구문
구조 인용의 보조동사 -고 하다 + 연결어미 -면서
간접인용을 나타내는 '-(는/ㄴ)다고 하-'와 연결어미 '-면서'가

결합한 형식이다. 인용된 절의 종결형에 따라 '-(는/ㄴ다)고 하면서, -(느/으)냐고 하면서, -자고 하면서, -(으)라고 하면서, -(이)라고 하면서'를 쓴다.

의미 인용문 화자가 선행절을 말함과 동시에 후행절과 같은 말을 하거나 또는 행위를 함을 나타낸다.

예 약속이 있다고 **하면서** 다음 날 만나자고 했습니다.
전기를 아끼라고 **하면서** 불을 끄라고 했어요.
전화를 받던 남편은 신난다고 **하면서** 콧노래를 불렀어요.
최 사장은 돈이 없다고 **하면서** 돈을 물 쓰듯 씁니다.
맛이 있냐고 **하면서** 자기도 한 개 집어 먹어요.

-(는/ㄴ다)고 해서

범주 통어적 구문

구조 인용의 보조동사 -고 하다 + 연결어미 -여서
간접인용을 나타내는 '-(는/ㄴ)다고 하-'와 이유나 원인을 나타내는 '-여서'가 결합한 형식이다.

의미 선행절의 내용 때문에 후행절과 같은 말이나 행동을 하게 되었음을 나타낸다. 선행절은 다른 사람의 말을 간접 인용한 것일 수도 있고 일반적인 사실일 수도 있다.

✳✳

1. 선행절이 다른 사람의 말을 인용한 경우

- 인용된 절의 종결형에 따라 '-(는/ㄴ)다고 해서, -(느/으)냐고 해서, -자고 해서, -(으)라고 해서, -(이)라고 해서'를 쓴다.

예 의사가 매운 음식을 먹지 말라고 **해서** 김치는 안 먹어요.
김 교수의 제자라고 **해서** 그냥 채용하기로 했어요.
모두들 놀러 가자고 **해서** 춘천에 다녀 왔다.
어머니가 언제 귀국하겠느냐고 **해서** 아직 계획이 없다고 했습니다.
시험에 떨어질까봐 걱정된다고 **해서** 염려 말라고 했다.

✳✳

2. 선행절이 일반적 사실인데 이를 인용한 경우

- '–(는/ㄴ)다고 해서, –(이)라고 해서'만 쓴다.

예　이 소설이 인기가 대단하**다고 해서** 나도 한 권 샀다.
　　일류 대학 출신이라**고 해서** 모두 출세하는 것은 아닙니다.
　　약속을 못 지켰**다고 해서** 벌금을 내는 것은 너무해요.
　　흡연은 임산부에게 치명적이라**고 해서** 안 피워요.
　　친구가 유학을 간**다고 해서** 공항에 나간다.

–고 해서

범주　통어적 구문
구조　연결어미 –고 + 동사 하다 + 연결어미 –여서
　　두 개 이상의 동작이나 상태의 나열을 나타내는 '–고 하다'와 이유
　　를 나타내는 '–여서'가 결합한 형태이다.
　　두 개 이상의 동작이나 상태를 나열한 '–고 –고 해서'의 형태로도
　　쓸 수 있다.
의미　선행절의 동작이나 상태를 이유로 해서 후행절과 같은 결과가 나
　　왔음을 나타낸다.
　　제시된 것 이외에 다른 이유들이 더 있음을 함축한다.

＜☞ p. 97 –고＞

예　오늘은 피곤하**고 해서** 일찍 퇴근한다.
　　늦고 또 비도 오**고 해서** 택시를 타고 갔습니다.
　　아내도 일을 하**고 해서** 요즘은 생활이 많이 좋아졌어요.
　　냉장고가 오래 되었**고 해서** 새 것을 하나 살까 한다.
　　밖에서 떠드는 소리가 났지만 귀찮**고 해서** 내다 보지 않았다.

–고는 하다

범주　통어적 구문
구조　연결어미 –고 + 보조사 –는 + 동사 하다

연결어미 ‘-고’와 강조를 나타내는 보조사 ‘-는’이 결합한 것에 보조동사 ‘하다’가 연결된 형태이다. 동작동사에 붙어서 쓰인다. 준말로 ‘-곤 하다’의 형태로도 쓰인다.

의미 선행 동작이 습관적으로 반복됨을 나타내는 말이다.

예 민호는 가끔 지각을 하**곤** **합니다.**
퇴근 길에 우리는 골목 안 찻집에서 만나**고는** **했습니다.**
보너스를 탈 때마다 저축을 하**곤** **했더니** 꽤 많은 돈이 모였어요.
웬일인지 요즘 이 전화가 통화 중에 혼선이 되**곤** **해요.**
저 아이는 영어 밖에 모르니까 교실에서도 영어를 쓰**곤** **할 거예요.**

*

-는/(으)ㄴ다(고) -는/(으)ㄴ다(고) 하는 것이

범주 통어적 구문
구조 동사1 + 간접인용의 종결어미 -는/(으)ㄴ다(고) + 동사1 + 간접인용의 종결어미 -는/(으)ㄴ다(고) + 인용의 동사 하다 + 관형사형어미 -는 + 의존명사 것 + 조사 -이
간접인용을 나타내는 ‘-다고’의 반복에 동사 ‘하다’와 명사형 ‘-는 것’, 주격조사 ‘-이’가 결합한 형식이다. 주어는 1인칭만 쓴다. 서술어의 시상은 완료를 많이 쓰고 미래 형태는 쓰지 않는다. 명령형, 청유형에는 쓰지 않고 의문형에도 잘 쓰지 않는다.

< ☞ p. 89 -(는/ㄴ)다는 것이>

의미 동작동사에 붙어서 주어가 어떤 행위를 한다고 혹은 하겠다고 마음먹은 것이 뜻대로 안 됨을 나타낸다. 인용의 형식이 두 번 반복되는 것은 그러한 행위를 하고자 여러 번 별렀지만 하지 못했음을 나타낸다.

예 선생님 댁을 한번 방문**한다 한다 하는 것이** 한번도 못했어요.
방을 옮**긴다 옮긴다 하는 것이** 3년을 그냥 살았어요.
답장을 **쓴다 쓴다 하는 것이** 한 달이 지났습니다.
동남아 여행이나 한번 **간다 간다 하는 것이** 아직껏 못 갔습니다.
단추를 **단다 단다 하는 것이** 자꾸 잊어버려서 못 달았어요.

*
-(는)다 -(는)다 하다

범주 통어적 구문

구조 동일한 동작동사를 반복해서 인용하는 형식이다. 시상어미 중 완료를 나타내는 '-었-'과는 결합하지 않는다.

의미 어떤 말을 여러 번 되풀이 해서 하며 그것을 벼르기만 함을 나타낸다. 따라서 이 말이 다른 연결어미와 결합하여 '-는다 -는다 하고, -는다 -는다 하면서, -는다 -는다 하더니, -는다 -는다 하는 것이' 등이 되면, 후행절에는 벼르고도 그 일을 못했다거나 혹은 별러서 겨우 그 일을 했다거나 하는 말이 온다.

예 선생님을 한번 찾아 뵙**는다 뵙는다 하고** 뜻 찾아 뵈웠습니다.
외국 여행을 **간다 간다 하면서** 아직까지 시간이 안 나서 미루고 있어요.
그는 나를 볼 적마다 말로만 도와주겠다 도와주겠**다 하더군요**.
큰 가방을 **산다 산다 하시더니** 정말 사셨네요.
화는 절대로 내지 말아야겠**다** 내지 말아야겠**다 하지만** 그게 안 돼요.

붙임

1. 상태동사와 결합하는 '-다 -다 하다'의 형태는 주어가 그 말을 여러 번 되풀이해서 말함을 나타낼 뿐, 동작을 벼르고 있음을 나타내는 동작동사의 결합과는 다르다.

   아저씨는 나를 보면 **귀엽다 귀엽다 한다**.
   엄마는 왜 이렇게 비가 **오냐**, 왜 이렇게 날가다 비가 **오냐 하신다**.

2. 문장의 형식 중 의문문, 청유문, 명령문의 형태인 '-냐고 -냐고 하다, -자고 -자고 하다, -라고 -라고 하다'는 주어가 강조해서 되풀이 함을 말할 뿐이다.

*
-는/(으)ㄴ가 하면

범주 통어적 구문

구조 의문형 종결어미 –는/(으) + 가 + 동사 하다 + 연결어미 –면

- 동작동사, 상태동사, 이다동사에 붙지만 주로 동작동사와 많이 쓰인다. 상태동사는 잘 쓰지 않으며 변화가 가능한 상태동사와만 어울린다.
- 사실에 근거해서 하는 말이기 때문에 현재와 과거 시제만 쓴다.

의미 선행절과 같은 사실이 일어났다는 것을 확실히 인정하지 못하고 다만 인정하려고 생각할 때, 다른 한 편에서는 그와 반대의 사실이 일어나기도 한다는 뜻이다.

예 그이의 전화인**가 하면** 아니어서 실망하곤 했어요.
졸업하고는 공부를 계속하는 사람이 있**는가 하면** 바로 취직을 하는 사람이 있다.
일을 다 했**는가 하면** 또 있고, 다 했**는가 하면** 또 있다.
다람쥐 소리**인가 하면** 바람 소리예요.
이야기가 끝났**는가 하면** 또 계속되고 끝났**는가 하면** 또 계속되곤 합니다.

붙임

1. '그렇다'와 '–ㄴ가 하면'이 결합한 '그런가 하면'은 두 번째 문장 앞에서 부사로 쓴다.

   예 발음이 유난히 안 되는 날이 있지요? **그런가 하면** 그냥 술술 잘 나오는 날도 있습니다.
   휴지를 아무 데나 버리는 사람이 있다. **그런가 하면** 쓰레기를 열심히 줍는 사람도 있다.
   요즘 학생들은 용돈을 많이 쓰는 편이지요. **그런가 하면** 돈을 벌어서 저축하는 학생도 있고요.

2. '–나 하면'은 동작동사에 붙어서 '–는가 하면'과 같은 뜻으로 쓴다.

   예 아빠가 일찍 들어오시**나 하면** 그 날은 꼭 늦게 들어오세요.
   설거지가 끝났**나 하면** 또 씻을 그릇을 가져 온다.
   이제는 아기가 잠이 들었**나 하고 보면** 아직도 안 자요.

–(으)ㄹ까 하다

범주 통어적 구문

구조 의문형 종결어미 –(으) ㄹ까 + 동사 하다

앞으로의 일을 예측하거나 어떤 가능성을 나타내는 '–(으)ㄹ까'와 '하다'가 결합한 형태이다. 동작동사에 붙어서 쓰이며, 서술어의 시상은 현재나 과거 형태이고 미래 시상어미 '–겠–'은 쓰지 않는다. <☞ p. 249 –(으)ㄹ까(요)?>

의미 주어가 그러한 행위를 할 생각이 있음을 나타낸다. 주어에 따라서 다음과 같이 나눌 수 있다.

***

  1. 화자의 의도를 나타내는 경우

   • 선행절에 주어가 나타나지 않는다.

   예 이번 학기에는 탈춤을 배울까 **합니다.**
   생일에는 친구들을 집으로 초대**할까 해요.**
   우리는 바람이나 쏘**일까 하고** 공원으로 갔다.
   무엇을 먹을까, 무엇을 입**을까 하고** 걱정하지 마라.
   늙어서 여행이라도 다**닐까 하고** 적금을 들었다.

**

  2. 화자의 추측을 나타내는 경우

   • '–(으)ㄹ까 하고, –(으)ㄹ까 해서' 등의 연결어미와 결합한 형태로 쓰이며 선행문의 주어는 3인칭이다.

   예 철수가 **올까 하고** 밖에서 기다렸다.
   오늘은 날씨가 좋**을까 하고** 빨래를 해요.
   좋은 소식이 있**을까 하고** 귀 기울이는 사람이 많았다.
   혹시 전화라도 **올까 해서** 외출을 못하고 있다.
   편지 온 것이라도 있**을까 해서** 날마다 우편함을 봅니다.

***

–(으)ㄹ까 말까 하다

범주 통어적 구문

구조 의문형 종결어미 '-(으)ㄹ까'와 부정의 보조동사 '말까' 그리고 '하다'가 결합한 형태이다. 동작동사에 붙어서 쓰인다.

의미 선행 동작을 하는 긍정적인 생각과 부정적인 생각을 놓고 결정하지 못하고 망설임을 나타낸다. 따라서 '하다' 대신 '생각 중이다'라는 말과 대치할 수 있다. 이 표현은 질문에 대한 대답으로 많이 쓴다. <☞ p. 435 -(으)ㄹ까 하다>

예 가 : 오늘 청소를 하시겠어요?
나 : 글쎄요, **할까 말까 합니다.**

가 : 아버지께 돈 이야기를 하실 거예요?
나 : 글쎄, 이야기**할까 말까 해.**

가 : 박 씨에게 돈을 꾸어 주려고요?
나 : 아니, 아직 결정 안 했어. 꾸어 **줄까 말까 해.**

✳✳
-어/아/여야 하다

범주 보조동사

구조 연결어미 '-어/아/여야'와 보조동사 '하다'가 결합한 형태로서, 동작동사, 상태동사, 이다동사와 결합한다. 청유형과 명령형은 쓰지 않는다. '-어/아/여야' 앞에 완료 시상어미를 붙여 쓴다.

의미 그래야 하는 상황이나 당위성을 나타낸다.

<☞ p. 360 -어/아/여야>

1. '하다'가 현재 시제일 경우
 • 마땅히 해야 하는 동작이나 의무 부가의 뜻을 나타낸다.

예 이 약을 잡수**셔야 합니다.**
시험을 꼭 보**아야 합니까?**
한국에서 살려면 한국말을 배**워야 합니다.**
전화가 오면 알려 주**셔야 해요.**
쓰레기는 분리해서 버**려야 한다.**

2. '하다'가 '하겠다'의 형태인 경우

- 화자가 1인칭일 때는 의도하는 어떤 목적을 달성하기 위해서 그 동작이나 상태가 필연적인 조건이 되고 그것을 성취하려는 의지를 나타낸다. 3인칭일 때는 당위성을 강하게 나타낸다.

> **예** 이사 문제는 아내와 의논해 봐**야 하겠어요**.
> 9시인데 이제 집에 가**야겠습니다**.
> 나도 한국 사람처럼 명함을 만들어서 써**야겠다**.
> 공부방이니까 좀더 밝아**야 하겠어요**.
> 새 차인데 좀 곱게 운전하셔**야겠어요**.

3. '–어/아/여'와 '하다'에 과거 시제, '–었/았/였–'이 붙었을 경우

- '꼭 그렇게 할 수밖에 없었음', 또는 '필연적으로 해야 할 행위였으나 못 했음'을 나타낸다.

> **예** 어제는 친구가 온다고 했으니까 일찍 **왔어야** 했다.
> 모처럼 한국에 온 혜리 씨를 만**났어야 했는데** 못 만났어요.
> 내가 작년에 장사를 그만두**었어야** 했지요.
> 무통장 입금을 하고 진작 확인**했어야** 했습니다.
> 월말까지 세금을 **냈어야 했습니다**만 못내서 벌금을 내요.

붙임

　의미상 의도를 나타내는 '–(으)려면'과 같이 '–(으)려면 –어/아/여야 하다'의 형태로 자주 쓰인다.

> **예** 내일 일찍 일어나려면 일찍 자**야겠어요**.
> 장학금을 타려면 다른 사람보다 두 배 노력을 해**야 한다**.
> 퇴출 당하지 않으려면 맡은 일을 성실히 해**야겠지요**.

***

–었/았/였으면 하다/좋겠다

범주　통어적 구문

구조　시상어미 –었/았/였– + 연결어미 –으면 + 동사 하다/좋겠다
　　　동작동사, 상태동사, 이다동사와 결합하여 쓰인다. 이때의 시상어

미 '−었/았/였−'은 강조의 뜻이 있고, '좋겠다'의 '−겠−'은 추정을 의미한다. '−었/았/였'은 생략하고 사용할 수도 있다. 즉 다음과 같은 형태로 사용한다.

−(으)면 하다/ −었/았/였으면 하다
−(으)면 좋겠다/ −었/았/였으면 좋겠다

의미 미래 사건에 대한 간절한 바람을 나타낸다.

예 노래를 잘 **했으면 좋겠**어요.
아, 여행이나 **갔으면 좋겠**다.
그 사람이 조금만 양보**했으면** 해요.
어머니는 제가 대기업에 취직**했으면 하**세요.
이번에는 장학금을 받았으**면 했**지요?

> 붙임
>
> 　위의 형태 중 '−었/았/였으면 좋겠다'의 '−었−'과 '−겠−'은 동작의 완료나 추정의 의미라기보다는 바람을 강하게 표현하는 것이라고 볼 수 있다. 특히 음절 하나가 삽입됨으로써 좀더 강한 표현이 되는 것이다. 그러니까 '−(으)면 하다'보다는 '−(으)면 좋겠다'가 바람과 희망을 더욱 강하게 표현한다.

***
−하고

범주 조사

구조 두 개 혹은 그 이상의 명사를 연결시켜 주는 조사이다.

의미 조사 '−와/과'와 같은 의미로서 구어체에서 많이 쓴다.

<☞ p. 374 −와/과>

예 아침에는 빵**하고** 우유를 먹었어요.
방에는 거울**하고** 사진만 걸자.
너는 치약**하고** 칫솔만 가져와.
과일**하고** 케익**하고** 음료수를 사 가지고 갑시다.
대지**하고** 건물**하고** 문제가 없나 살펴 봐요.

붙임

1. '-하고' 다음에 동사로 이어지는 경우도 있다.

   예   그 간호원은 늘 환자**하고** 이야기합니다.
   어제는 누구**하고** 술을 마셨어요?
   애야, 나**하고** 놀자.

2. '-하고'는 문장에서 반복해서 쓸 때가 있는데 이 경우는 주격조사와
   목적격 조사 대신 쓰는 것이 대부분이며 명사의 대등 관계가 강하게
   나타난다.

   예   우리는 생선**하고** 과일**하고** 사 왔다.
   너**하고** 나**하고** 같이 노력하면 무슨 일이든지 할 수 있다.
   흰 블라우스**하고** 청바지**하고** 같이 세탁기에 넣지 말아요.

3. '-하고'는 '-랑/이랑'과 같은 뜻으로 쓰인다.

*

[-는/(으)ㄴ] 한

범주   통어적 구문

구조   관형사형 어미 -는/(으)ㄴ + 의존명사 한
동작동사에 붙어서 쓰인다. 선행절은 조건문이 되고 후행절은 가정
문이 된다. 후행절이 가정문이므로 시제는 현재와 추정만을 쓸 수
있다.

의미   '그러한 동작이 일어나는 범위 또는 한도'의 뜻을 나타낸다. 선행
동작의 내용이 긍정적이든 부정적이든 관계없이 문장을 이룰 수
있다.

   예   우리에게 힘이 있**는 한** 우리를 무시하지는 못할 것입니다.
   그 나라가 핵을 보유하고 있**는 한** 우리는 한시도 마음을 놓을 수가 없다.
   유학의 꿈을 버리지 못하**는 한** 그는 취직을 안 할 겁니다.
   마약을 복용하**는 한** 그는 사회 생활을 제대로 할 수 없을 거예요.
   영어를 잘 하**는 한** 취직은 어렵지 않을 것이다.

✳✳✳
-한테

범주　조사

구조　사람이나 동물을 나타내는 명사에 붙어서 쓰이며, 그 명사가 동작의 상대가 됨을 나타낸다.

의미　'-에게'와 같은 뜻으로 쓰이는데 주로 구어에 쓴다. '-에게'보다 상대적으로 낮춤의 느낌이 있다. <☞ p. 369 -에게>

예　무슨 일이 있으면 나**한테** 이야기해요.
나는 모르니까 다른 사람**한테** 물어 봐요.
군대에 가 있는 동생**한테** 생일 선물을 보냈다.
개를 싫어하더니 개**한테** 물린 모양입니다.
이것은 비밀이니까 엄마**한테** 이야기하면 절대로 안 돼.

> **붙임**
>
> 　일부 조사와 어울려서 '-한테는, -한테도, -한테나, -한테든지, -한테라도, -한테라면' 등의 형태로도 쓴다.

✳✳✳
-한테서

범주　조사

구조　사람(동물)을 나타내는 명사에 붙어서 쓰이는 조사로서, 그 사람이 움직이는 곳이거나 또는 그 사람이 움직임을 시작하는 곳임을 나타낸다.

의미　'-에게서'와 같은 뜻을 가졌으며, 구어에서 많이 쓴다.

<☞ p. 370 -에게서>

예　외국에 있는 딸**한테서** 소식이 왔어요.
그 사람**한테서** 돈을 두 달만에 받았어요.
매달 아버지**한테서** 용돈을 탑니다.
가게집 아저씨**한테서** 가끔 재미있는 말을 배워요.
사람들**한테서** 칭찬을 굉장히 많이 들었어요?

✳✳✳
혹시

범주 부사
구조 문장 전체를 수식하는 기능을 가지고 있다.
의미 '어떤 때에', '어쩌다가'의 뜻을 나타낸다.

1. 긍정문과 부정문에 둘다에 쓰이지만 서술문에는 쓰이지 않고 의문문에만 쓰인다.

   예 **혹시** 이것 선생님의 책 아니에요?
   이게 **혹시** 꿈이 아닙니까?
   오후에 **혹시** 비가 오지 않을까?
   혹시 저 분이 누구인지 아세요?
   혹시 너 중국에서 왔니?

2. 문장 앞에 그 문장에 조건을 나타내는 연결어미 '-(으)면, -거든'이 있으면, '혹시'의 수식 범주를 벗어나는 후행절의 문장 형식은 의문문 이외에도 서술문, 청유문, 명령문이 된다. 이때 의미는 '만일'이다.

   예 **혹시** 급한 일이 생기면 나한테 연락해.
   혹시 이번에 낙제하면 어떻게 하지?
   혹시 기분 좋은 일이 생기면 아버지는 휘파람을 부십니다.
   혹시 전화가 오거든 휴대폰 번호를 가르쳐 줘요.
   혹시 빠진 것이 있나 한번 검토해 봅시다.

붙임

'혹시'는 '-나, -라도'와 어울려 '혹시나, 혹시라도'의 형태로도 쓰인다.

***
[-(으)ㄴ] 후(에)

범주 통어적 구문

구조 관형사형 어미 -(으)ㄴ + 명사 후 (+조사 -에)
동작동사의 관형형이 명사 '후'를 수식한 형태이다. '후'에는 '-에, -는, -부터, -까지, -로, -라도, -나'와 같은 조사가 오거나 이 다동사와 결합한다.

의미 동작이 있은 다음을 나타낸다.

> **예** 시험이 끝**난 후에** 우리는 한잔 했다.
> 여권이 나**온 후에** 비행기표를 삽시다.
> 결혼**한 후에** 그 여자는 직장을 그만두었다.
> 내 얘기를 다 들**은 후에** 질문이 있으면 하십시오.
> 그가 영국으로 유학을 **간 후에는** 소식이 끊겼다.

붙임

1. 명사와 결합해서 쓰는 경우

 - 때(시)나 동안(시간)을 나타내는 명사와 결합한다.

 > **예** 30분 **후에** 도서관 앞에서 만나자.
 > 지금부터 일 주일 **후가** 중요한 때입니다.
 > 지금부터 3분 **후면** 맛있는 자장면이 됩니다.
 > 그들은 이 소포를 보름 **후에** 받을 겁니다.
 > 영화가 시작되고 조금 **후에** 전기가 나갔다.

2. '-고/-고 나서'와 '-(으)ㄴ 후'의 비교

	-고/-고 나서	-(으)ㄴ 후
의미	어떤 행위가 끝나고 난 후	어떤 때나 시간이나 동안의 이후
예	'회의를 하고 점심을 먹었다'	'회의를 한 후에 점심을 먹었다'
설명	선행절과 후행절을 대등적으로 연결하여 두 행위의 중요도가 비슷하다.	선행절과 후행절이 종속적으로 연결되어 후행절이 중요시되고 있다.

부록

[부록 1] 동사의 활용

동작동사		상태동사		이다동사	
어간	어미	어간	어미	어간	어미
	는다		다		다
	느냐?		으냐?		냐?
	습니다		습니다		ㅂ니다
먹	고	많	고	(책)이	고
	어서		아서		어서
	는		은		ㄴ
	기		기		기

[부록 2] 동사의 불규칙 활용 분류

	불규칙 활용을 하는 경우	동사
1. 어간이 바뀌는 경우	어간의 음운이 탈락되는 경우	ㄹ동사, 으동사
	어간이 특정 음운을 만났을 때 어간의 끝 음운이나 음절이 바뀌는 경우	ㄷ동사, ㅂ동사 ㅅ동사, 르동사
2. 특정 어미와 결합하는 경우	'-어-', '-아-' 대신 '-여-'와 결합하는 경으	하다동사
	명령형 '-어라', '-아라' 대신 '-거라'와 결합하는 경우	가다동사, 자다, 일어나다…
	명령형 '-어라', '-아라' 대신 '- 라'와 결합하는 경우	오다동사
3. 어간과 어미가 함께 바뀌는 경우	'ㅎ'으로 끝난 상태동사가 '으'로 시작되는 어미 '-으니까, -으면' 등을 만나거나 모음으로 시작하는 어미를 만나면 'ㅎ'이 탈락하거나 혹은 'ㅎ'이 탈락하고 다음에 있는 모음이 바뀌는 경우	ㅎ동사

[부록 3] 시제와 시상어미

시제	시상 어미	의 미
현재	ϕ	① 동작동사의 경우에 현재 동작의 진행을 나타낸다. ② 상태동사와 이다동사의 경우에 사물의 현재 상태를 나타낸다. ③ 미래의 사건을 현재의 입장에서 현재 진행으로 나타낸다. ④ 시간을 초월한 일반적인 진리나 습관을 나타낸다.
과거	-었/았/였-	① 동작이 현재나 과거에 완료됨을 나타낸다. ② 동작의 완료상태가 지속됨을 나타낸다. ③ 상태동사와 결합하여 과거의 상태를 나타낸다. ④ 미래 사실에 대한 동작의 완료를 미리 생각하고 미래시의 동작의 완료로 쓴다.
미래	-겠-	① 주어가 1인칭인 경우 화자의 의도나 의지를 나타낸다. ② 주어가 2인칭, 3인칭인 경우 미래 상황이나 현재 상황에 대한 화자의 추측을 나타낸다.
완료 추측	-었겠/았겠/였겠-	주어의 동작 완료를 화자가 추측함을 나타낸다.
과거 완료	-었었/았었/였었-	과거의 사건 내용이 현재와 다르거나 단절됨을 나타낸다.
과거 회상	-더-	화자가 과거에 경험한 사실을 회상하여 말함을 나타낸다.
	-겠더-	화자가 과거에 경험한 것을 근거로 하여 추정한 것이나 또는 가능성을 회상해서 말함을 나타낸다.
	-었더/-았더/였더-	과거에 어떤 동작이나 상태가 완료됨을 보고 회상해서 말함을 나타낸다.

[부록 4] 종결어미 체계

문장의 종류		격식체			비격식체	
		하십시오체	하게체	해라체	해요체	해체
서술문	일반 서술문	-ㅂ니다/ 습니다	-(으)네 -오	-(ㄴ/는)다	-어(아/여)요	-어(아/여)
	약속 서술문		-(으)ㅁ세	-(으)마	-ㄹ게요	-ㄹ게
	확인 서술문				-지요	-지
	감탄 서술문	-ㅂ니다/ 습니다	-군	-구나	-군요	-어(아/여)
의문문	일반 의문문	-ㅂ니까?/ 습니까?	-는/(으)ㄴ 가? -나? -오?	-(느/으)냐? -(으)니?	-는/(으)ㄴ건 건가요?-나요? -어(아/여)요?	-어(아/여)?
	의문사 의문문	일반 의문문에 의문사 '누가, 무엇, 언제, 어디, 어느, 어떻게'를 쓰는 경우				
	확인 의문문				-지요? …, 그렇지요?	-지? …, 그렇지?
	의도 의문문			-(으)랴?	-(으)ㄹ까요?	-(으)ㄹ까?
	서술, 감탄, 명령 의문문	서술 의문문 : 혹시 -가/이 아닙니까?, 혹시 -지 않습니까? 감탄 의문문 : 왜 -ㅂ니까?, 어쩌면 -ㅂ니까? 명령 의문문 : -어(아/여) 주시겠습니까?				
청유문		-(으)ㅂ시다 -(으)십시다	-세	-자 -자꾸나	-어(아/여)요 -(으)시지요	-어(아/여) -지
명령문	일반 명령문	-(으)ㅂ시오 -(으)십시오	-게	-어(아/여)라-	-어(아/여)요	-어(아/여) -지
	허락 명령문			-(으)렴 -(으)려무나		

[부록 5] 인용문

형식	동사종류	원문		인용문		
		종결어미		현재	과거	미래
서술문	동작동사 상태동사	−습/ㅂ니다	−는/ㄴ다 −다	−는/ㄴ다고 하다 −다고 하다	−았/었/ 였다고 하다	−겠다고 하다
	이다동사	−(이)ㅂ니다	−(이)다	−(이)라고 하다	−이었다고 하다	
의문문	동작동사 상태동사	−습니까?	−(느)냐 −(으)냐	−(느)냐고 하다 −(으)냐고 하다	−었/았/였느냐고 하다	−겠느냐고 하다
	이다동사	−(이)ㅂ니까?	−(이)냐	−(이)냐고 하다	−(이)었냐고 하다	−(이)겠냐고 하다
청유문	동작동사	−(으)ㅂ시다	−자	−자고 하다	—	—
명령문	동작동사	−(으)ㅂ시오	−어(아/여)라	−(으)라고 하다	—	—

[부록 6] 부정법 체계

부정형태	문법 요소와의 결합	문장 형식
안	안 + 동작동사 / 상태동사 (일부)명사 + −을/를 + 안 + 하다 동작동사 / 상태동사 + −지 않다	서술문 의문문
못	못 + 동작동사 동작동사 / (일부)상태동사 + −지 못하다	서술문 의문문
아니다	명사¹ +−는/은+명사² + −가/이 아니다	"명사¹ +−는/은"은 문장의 주어이고 "명사² + −가/이 아니다"는 서술절이다.
없다	주어 + 없다	서술문 의문문
말다	동작동사 + −지 마십시오 / −지 말아라 동작동사 + −지 맙시다 / −지 말자 동작동사 + −지 말기를 바라다 / −지 말기를 빌다	명령문 청유문 서술문 의문문
부정 의문문	부정 의문문에서는 질문한 사람의 의견에 동의하면 "예, (부정문)", 동의하지 않으면 "아니요, (긍정문)"으로 대답한다.	
확인 의문문	"−지 않습니까?", "−가/이 아닙니까?"를 써서 동의나 확인 요청을 한다. 말끝을 내린다.	

[부록 7] 자주 쓰이는 피동사

피동형 어미	동사	피동사	피동형 어미	동사	피동사
-이-	보다	보이다	-리-	팔다	팔리다
	쓰다	쓰이다		몰다	몰리다
	놓다	놓이다		밀다	밀리다
	쌓다	쌓이다		풀다	풀리다
	섞다	섞이다		열다	열리다
	깎다	깎이다		걸다	걸리다
	바꾸다	바뀌다		들다	들리다
-기-	안다	안기다	-히-	먹다	먹히다
	씻다	씻기다		읽다	읽히다
	감다	감기다		잡다	잡히다
	찢다	찢기다		밟다	밟히다
	쫓다	쫓기다		접다	접히다

[부록 8] 자주 쓰이는 사동사

사동형 어미	동사	사동사	사동형 어미	동사	사동사
-이-	보다	보이다	-히-	앉다	앉히다
	먹다	먹이다		읽다	읽히다
	죽다	죽이다		높다	높이다
	녹다	녹이다		좁다	좁히다
	끓다	끓이다		입다	입히다
				접다	접히다
				눕다	눕히다
-기-	웃다	웃기다	-리-	알다	알리다
	벗다	벗기다		살다	살리다
	씻다	씻기다		울다	울리다
	숨다	숨기다		돌다	돌리다
	옮다	옮기다		날다	날리다
	굶다	굶기다		듣다	들리다
	맡다	맡기다			
-우-	자다	재우다	-추-	낮다	낮추다
	타다	태우다		맞다	맞추다
	깨다	깨우다	-구-	돋다	돋구다
	서다	세우다		일다	일구다

[부록 9] 인칭 대명사

인칭	수 \ 등급	보 통	높 임	낮 춤
1인칭	단 수	나		저
	복 수	우리(들)		저희(들)
2인칭	단 수	당신, 자네	선생(님)	너
	복 수			너희(들)
3인칭	단 수	이(그, 저)이, 누구, 아무, 자기	이(그, 저) 분	이(그, 저) 사람
	복 수	저희(들)		

[부록 10] 숫자

한자어 수	수	순수 한국어 수	순 한국어의 관형사형
일	1	하나	한(개)
이	2	둘	두
삼	3	셋	세
사	4	넷	네
오	5	다섯	다섯
육	6	여섯	여섯
칠	7	일곱	일곱
팔	8	여덟	여덟
구	9	아홉	아홉
십	10	열	열
십일	11	열 하나	열 한
십이	12	열 둘	열 두
십삼	13	열 셋	열 세
십사	14	열 넷	열 네
…	…	…	…
이십	20	스물	스무
삼십	30	서른	서른
사십	40	마흔	마흔
오십	50	쉰	쉰
육십	60	예순	예순
칠십	70	일흔	일흔
팔십	80	여든	여든
구십	90	아흔	아흔
백	100	백	백
천	1,000	천	천
만	10,000	만	만
십만	100,000	십만	십만
백만	1,000,000	백만	백만
천만	10,000,000	천만	천만
일억	100,000,000	일억	일억

[부록 11] 한국어의 품사표

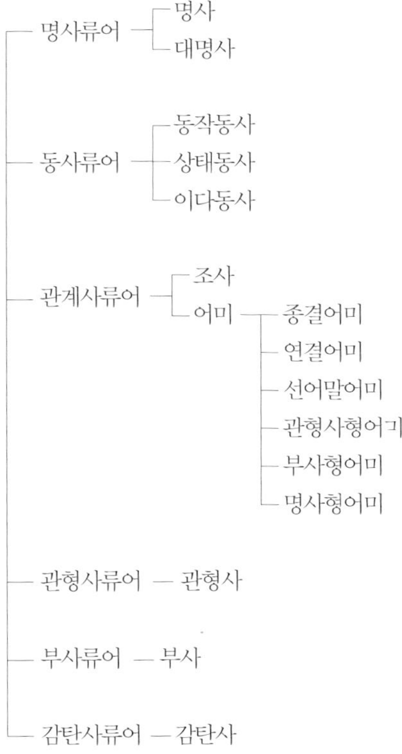

[부록 12]   조사의 이중 배합표

*앞 ＼ *뒤	은/는	도	보다	만큼	대로	처럼	같이	만	에서	부터	에게서	한테서	에	에다가
은/는	/													
도		/												
보다	○	○	/					○						
만큼	○	○		/				○						
대로	○	○	○		/			○						
처럼	○	○	○			/		○						
같이	○	○	○				/	○						
만	○	○						/						
에서	○	○	○	○	○	○	○	○	/	○				
부터	○	○						○		/				
에게서	○	○	○	○		○	○	○		○	/			
한테서	○	○	○	○		○	○	○		○		/		
에	○	○	○	○		○	○	○		○			/	
에다가	○	○	○	○		○	○	○		○				/
에게	○	○	○	○		○	○	○		○				
한테	○	○	○	○		○	○	○		○				
보고	○	○	○			○		○		○				
더러	○	○	○			○		○		○				
마다	○	○						○						
조차		○												
까지	○	○	○		○	○		○						
마저		○												
와/과	○	○					○	○						
하고	○	○	○	○		○	○	○						
서껀	○	○												
커녕														
(으)로	○	○	○			○		○						
(으)로서	○	○	○					○						
(으)로써	○	○	○					○						
을/를														
이/가														

＊ 앞, 뒤는 이중 배합관계의 앞과 뒤 위치를 말함.

에게	한테	보고	더러	마다	조차	까지	마저	와/과	하고	서껀	커녕	(으)로	(으)로서	(으)로써	을/를	이/가
											○					
				○								○				
					○											
					○											
					○											
		○	○									○	○	○		
				○	○	○	○	○		○	○					
					○	○	○	○		○	○					
					○	○	○	○		○	○					
					○	○	○	○		○	○					
				○		○	○	○		○	○					
/				○	○	○	○	○		○	○	○				
	/			○	○	○	○	○		○	○	○				
		/			○	○				○	○					
			/		○	○				○	○					
				/						○	○					
					/											
						/										
							/									
								/								
					○	○	○		/	○						
		○	○							/						
											/					
					○	○	○			○		/				
					○	○	○						/			
					○		○							/		
		○	○												/	
																/

에게	한테	보고	더러	마다	조차	까지	마저	와/과	하고	서껀	커녕	(으)로	(으)로서	(으)로써	을/를	이/가

[부록 13] (불)규칙동사 활용의 예

어휘	동작동사 상태동사	(불)규칙 동사	-ㅂ(습니다)	-었(았, 였) 습니다	-고	-는/ (으)ㄴ/ (으)ㄹ	-는/ (으)ㄴ데
가늘다	상	ㄹ(불)	가늡니다	가늘었습니다	가늘고	가는	가는데
가르다	동	르(불)	가릅니다	갈랐습니다	가르고	가르는	가르는데
가볍다	상	ㅂ(불)	가볍습니다	가벼웠습니다	가볍고	가벼운	가벼운데
거르다	동	르(불)	거릅니다	걸렀습니다	거르고	거르는	거르는데
걷다	동	ㄷ(불)	걷습니다	걸었습니다	걷고	걷는	걷는데
고르다	동	르(불)	고릅니다	골랐습니다	고르고	고르는	고르는데
고맙다	상	ㅂ(불)	고맙습니다	고마웠습니다	고맙고	고마운	고마운데
고프다	상	으(불)	고픕니다	고팠습니다	고프고	고픈	고픈데
곱다	상	ㅂ(불)	곱습니다	고왔습니다	곱고	고운	고운데
굳다	동	ㄷ(규)	굳습니다	굳었습니다	굳고	굳는	굳는데
굽다	동	ㅂ(불)	굽습니다	구웠습니다	굽고	구운	굽는데
그렇다	상	ㅎ(불)	그렇습니다	그랬습니다	그렇고	그런	그런데
긋다	동	ㅅ(불)	긋습니다	그었습니다	긋고	긋는	긋는데
긷다	동	ㄷ(불)	긷습니다	길었습니다	긷고	긷는	긷는데
까맣다	상	ㅎ(불)	까맣습니다	까맸습니다	까맣고	까만	까만데
깨닫다	동	ㄷ(불)	깨닫습니다	깨달았습니다	깨닫고	깨닫는	깨닫는데
나르다	동	르(불)	나릅니다	날랐습니다	나르고	나르는	나르는데
낫다	상	ㅅ(불)	낫습니다	나았습니다	낫고	나은	나은데
낳다	동	ㅎ(규)	낳습니다	낳았습니다	낳고	낳은	낳는데
넓다	상	ㅂ(규)	넓습니다	넓었습니다	넓고	넓은	넓은데
노랗다	상	ㅎ(불)	노랗습니다	노랬습니다	노랗고	노란	노란데
놀다	동	ㄹ(불)	놉니다	놀았습니다	놀고	노는	노는데
놓다	동	ㅎ(규)	놓습니다	놓았습니다	놓고	놓는	놓는데
눕다	동	ㅂ(불)	눕습니다	누웠습니다	눕고	눕는	눕는데
다르다	상	르(불)	다릅니다	달랐습니다	다르고	다른	다른데
닫다	동	ㄷ(규)	닫습니다	닫았습니다	닫고	닫는	닫는데
달다(사탕)	상	ㄹ(불)	답니다	달았습니다	달고	단	단데
덥다	상	ㅂ(불)	덥습니다	더웠습니다	덥고	더운	더운데
돋다	동	ㄷ(규)	돋습니다	돋았습니다	돋고	돋는	돋는데
돕다	동	ㅂ(불)	돕습니다	도왔습니다	돕고	돕는	돕는데
듣다	동	ㄷ(불)	듣습니다	들었습니다	듣고	듣는	듣는데
들르다	동	르(불)	들릅니다	들렀습니다	들르고	들르는	들르는데
마르다	동	르(불)	마릅니다	말랐습니다	마르고	마르는	마르는데
말다	보조동	ㄹ(불)	맙니다	말았습니다	말고	마는	마는데
맵다	상	ㅂ(불)	맵습니다	매웠습니다	맵고	매운	매운데

-(으)니까	-더니	-(으)면	-어/아/여서	-어/아/여야	-어/아/여요	-(으)십시오
가느니까	가늘더니	가늘면	가늘어서	가늘어야	가늘어요	—
가르니까	가르더니	가르면	갈라서	갈라야	갈라요	가르십시오
가벼우니까	가볍더니	가벼우면	가벼워서	가벼워야	가벼워요	—
거르니까	거르더니	거르면	걸러서	걸러야	걸러요	거르십시오
걸으니까	걷더니	걸으면	걸어서	걸어야	걸어요	걸으십시오
고르니까	고르더니	고르면	골라서	골라야	골라요	고르십시오
고마우니까	고맙더니	고마우면	고마워서	고마워야	고마워요	—
고프니까	고프더니	고프면	고파서	고파야	고파요	—
고우니까	곱더니	고우면	고와서	고와야	고와요	—
굳으니까	굳더니	굳으면	굳어서	굳어야	굳어요	—
구우니까	굽더니	구우면	구워서	구워야	구워요	구우십시오
그러니까	그러더니	그러면	그래서	그래야	그래요	그러십시오
그으니까	긋더니	그으면	그어서	그어야	그어요	그으십시오
길으니까	긷더니	길으면	길어서	길어야	길어요	길으십시오
까마니까	까맣더니	까마면	까매서	까매야	까매요	—
깨달으니까	깨닫더니	깨달으면	깨달아서	깨달아야	깨달아요	깨달으십시오
나르니까	나르더니	나르면	날라서	날라야	날라요	나르십시오
나으니까	낫더니	나으면	나아서	나아야	나아요	—
낳으니까	낳더니	낳으면	낳아서	낳아야	낳아요	낳으십시오
넓으니까	넓더니	넓으면	넓어서	넓어야	넓어요	—
노라니까	노랗더니	노라면	노래서	노래야	노래요	—
노니까	놀더니	놀면	놀아서	놀아야	놀아요	노십시오
놓으니까	놓더니	놓으면	놓아서	놓아야	놓아요	놓으십시오
누우니까	눕더니	누으면	누워서	누워야	누워요	누우십시오
다르니까	다르더니	다르면	달라서	달라야	달라요	—
닫으니까	닫더니	닫으면	닫아서	닫아야	닫아요	닫으십시오
다니까	달더니	달면	달아서	달아야	달아요	—
더우니까	덥더니	더우면	더워서	더워야	더워요	—
돌으니까	돌더니	돌으면	돌아서	돌아야	돌아요	—
도우니까	돕더니	도우면	도와서	도와야	도와요	도우십시오
들으니까	듣더니	들으면	들어서	들어야	들어요	들으십시오
들르니까	들르더니	들르면	들러서	들러야	들러요	들르십시오
마르니까	마르더니	마르면	말라서	말라야	말라요	—
마니까	말더니	말면	말아서	말아야	말아요	마십시오
매우니까	맵더니	매우면	매워서	매워야	매워요	—

어휘	동작동사 상태동사	(불)규칙 동사	-ㅂ(습니다)	-었(았, 였) 습니다	-고	-는/ (으)ㄴ/ (으)ㄹ	-는/ (으)ㄴ데
멀다	상	ㄹ(불)	멉니다	멀었습니다	멀고	먼	먼데
모르다	상	르(불)	모릅니다	몰랐습니다	모르고	모르는	모르는데
무겁다	상	ㅂ(불)	무겁습니다	무거웠습니다	무겁고	무거운	무거운데
무르다	상	르(불)	무릅니다	물렀습니다	무르고	무른	무른데
묻다(질문)	동	ㄷ(불)	묻습니다	물었습니다	묻고	묻는	묻는데
묻다(땅에)	동	ㄷ(규)	묻습니다	묻었습니다	묻고	묻는	묻는데
믿다	동	ㄷ(규)	믿습니다	믿었습니다	믿고	믿는	믿는데
밀다	동	ㄹ(불)	밉니다	밀었습니다	밀고	미는	미는데
밉다	상	ㅂ(불)	밉습니다	미웠습니다	밉고	미운	미운데
바르다	동	르(불)	바릅니다	발랐습니다	바르고	바르는	바르는데
바쁘다	상	으(불)	바쁩니다	바빴습니다	바쁘고	바쁜	바쁜데
반갑다	상	ㅂ(불)	반갑습니다	반가웠습니다	반갑고	반가운	반가운데
받다	동	ㄷ(규)	받습니다	받았습니다	받고	받는	받는데
벗다	동	ㅅ(규)	벗습니다	벗었습니다	벗고	벗는	벗는데
부르다	동	르(불)	부릅니다	불렀습니다	부르고	부르는	부르는데
불다	동	ㄹ(불)	붑니다	불었습니다	불고	부는	부는데
불사르다	동	르(불)	불사릅니다	불살랐습니다	불사르고	불사르는	불사르는데
붓다	동	ㅅ(불)	붓습니다	부었습니다	붓고	부은	붓는데
빗다	동	ㅅ(규)	빗습니다	빗었습니다	빗고	빗는	빗는데
빠르다	상	르(불)	빠릅니다	빨랐습니다	빠르고	빠른	빠른데
빨갛다	상	ㅎ(불)	빨갛습니다	빨갰습니다	빨갛고	빨간	빨간데
빻다	동	ㅎ(규)	빻습니다	빻았습니다	빻고	빻는	빻는데
빼앗다	동	ㅅ(규)	빼앗습니다	빼앗았습니다	빼앗고	빼앗는	빼앗는데
뽑다	동	ㅂ(규)	뽑습니다	뽑았습니다	뽑고	뽑는	뽑는데
살다	동	르(불)	삽니다	살았습니다	살고	사는	사는데
서투르다	상	르(불)	서투릅니다	서툴렀습니다	서투르고	서투른	서투른데
솟다	동	ㅅ(규)	솟습니다	솟았습니다	솟고	솟는	솟는데
쉽다	상	ㅂ(불)	쉽습니다	쉬웠습니다	쉽고	쉬운	쉬운데
슬프다	상	으(불)	슬픕니다	슬펐습니다	슬프고	슬픈	슬픈데
싣다	동	ㄷ(불)	싣습니다	실었습니다	싣고	싣는	싣는데
쏟다	동	ㄷ(규)	쏟습니다	쏟았습니다	쏟고	쏟는	쏟는데
쓰다(약)	상	으(불)	씁니다	썼습니다	쓰고	쓴	쓴데
씹다	동	ㅂ(규)	씹습니다	씹었습니다	씹고	씹는	씹는데
씻다	동	ㅅ(규)	씻습니다	씻었습니다	씻고	씻는	씻는데
아름답다	상	ㅂ(불)	아름답습니다	아름다웠습니다	아름답고	아름다운	아름다운데

-(으)니까	-더니	-(으)면	-어/아/여서	-어/아/여야	-어/아/여요	-(으)십시오
머니까	멀더니	멀면	멀어서	멀어야	멀어요	—
모르니까	모르더니	모르면	몰라서	몰라야	몰라요	—
무거우니까	무겁더니	무거우면	무거워서	무거워야	무거워요	—
무르니까	무르더니	무르면	물러서	물러야	물러요	—
물으니까	묻더니	물으면	물어서	물어야	물어요	물으십시오
묻으니까	묻더니	묻으면	묻어서	묻어야	묻어요	묻으십시오
믿으니까	믿더니	믿으면	믿어서	믿어야	믿어요	믿으십시오
미니까	밀더니	밀면	밀어서	밀어야	밀어요	미십시오
미우니까	밉더니	미우면	미워서	미워야	미워요	—
바르니까	바르더니	바르면	발라서	발라야	발라요	바르십시오
바쁘니까	바쁘더니	바쁘면	바빠서	바빠야	바빠요	—
반가우니까	반갑더니	반가우면	반가워서	반가워야	반가워요	—
받으니까	받더니	받으면	받아서	받아야	받아요	받으십시오
벗으니까	벗더니	벗으면	벗어서	벗어야	벗어요	벗으십시오
부르니까	부르더니	부르면	불러서	불러야	불러요	부르십시오
부니까	불더니	불면	불어서	불어야	불어요	부십시오
불사르니까	불사르더니	불사르면	불살라서	불살라야	불살라요	불사르십시오
부으니까	붓더니	부으면	부어서	부어야	부어요	부으십시오
빗으니까	빗더니	빗으면	빗어서	빗어야	빗어요	빗으십시오
빠르니까	빠르더니	빠르면	빨라서	빨라야	빨라요	—
빨가니까	빨갛더니	빨가면	빨개서	빨개야	빨개요	—
빻으니까	빻더니	빻으면	빻아서	빻아야	빻아요	빻으십시오
빼앗으니까	빼앗더니	빼앗으면	빼앗아서	빼앗아야	빼앗아요	빼앗으십시오
뽑으니까	뽑더니	뽑으면	뽑아서	뽑아야	뽑아요	뽑으십시오
사니까	살더니	살면	살아서	살아야	살아요	사십시오
서투르니까	서투르더니	서투르면	서툴러서	서툴러야	서툴러요	—
솟으니까	솟더니	솟으면	솟아서	솟아야	솟아요	솟으십시오
쉬우니까	쉽더니	쉬우면	쉬워서	쉬워야	쉬워요	—
슬프니까	슬프더니	슬프면	슬퍼서	슬퍼야	슬퍼요	—
실으니까	싣더니	실으면	실어서	실어야	실어요	실으십시오
쏟으니까	쏟더니	쏟으면	쏟아서	쏟아야	쏟아요	쏟으십시오
쓰니까	쓰더니	쓰면	써서	써야	써요	—
씹으니까	씹더니	씹으면	씹어서	씹어야	씹어요	씹으십시오
씻으니까	씻더니	씻으면	씻어서	씻어야	씻어요	씻으십시오
아름다우니까	아름답더니	아름다우면	아름다워서	아름다워야	아름다워요	—

어휘	동작동사 상태동사	(불)규칙 동사	-ㅂ(습니다)	-었(았, 였) 습니다	-고	-는/ (으)ㄴ/ (으)ㄹ	-는/ (으)ㄴ데
아프다	상	으(불)	아픕니다	아팠습니다	아프고	아픈	아픈데
알다	동	ㄹ(불)	압니다	알았습니다	알고	아는	아는데
어떻다	상	ㅎ(불)	어떻습니다	어땠습니다	어떻고	어떤	어떤데
어렵다	상	ㅂ(불)	어렵습니다	어려웠습니다	어렵고	어려운	어려운데
얻다	동	ㄷ(규)	얻습니다	얻었습니다	얻고	얻는	얻는데
업다	동	ㅂ(규)	업습니다	업었습니다	업고	업는	업는데
예쁘다	상	으(불)	예쁩니다	예뻤습니다	예쁘고	예쁜	예쁜데
오르다	동	르(불)	오릅니다	올랐습니다	오르고	오르는	오르는데
웃다	동	ㅅ(규)	웃습니다	웃었습니다	웃고	웃는	웃는데
읊다	동	ㄹ(규)	읊습니다	읊었습니다	읊고	읊는	읊는데
이렇다	상	ㅎ(불)	이렇습니다	이랬습니다	이렇고	이런	이런데
이르다(아뢰다)	동	르(불)	이릅니다	일렀습니다	이르고	이르는	이르는데
이르다(일찍)	상	르(불)	이릅니다	일렀습니다	이르고	이른	이른데
입다	동	ㅂ(규)	입습니다	입었습니다	입고	입는	입는데
자르다	동	르(불)	자릅니다	잘랐습니다	자르고	자르는	자르는데
잡다	동	ㅂ(규)	잡습니다	잡았습니다	잡고	잡는	잡는데
저렇다	상	ㅎ(불)	저렇습니다	저랬습니다	저렇고	저런	저런데
절다	동	ㄹ(불)	접니다	절었습니다	절고	저는	저는데
접다	동	ㅂ(규)	접습니다	접었습니다	접고	접는	접는데
젓다	동	ㅅ(불)	젓습니다	저었습니다	젓고	젓는	젓는데
조르다	동	르(불)	조릅니다	졸랐습니다	조르고	조르는	조르는데
졸다	동	ㄹ(불)	좁니다	졸았습니다	졸고	조는	조는데
좁다	상	ㅂ(규)	좁습니다	좁았습니다	좁고	좁은	좁은데
좋다	상	ㅎ(규)	좋습니다	좋았습니다	좋고	좋은	좋은데
줍다	동	ㅂ(불)	줍습니다	주웠습니다	줍고	줍는	줍는데
지르다	동	르(불)	지릅니다	질렀습니다	지르고	지르는	지르는데
집다	동	ㅂ(규),	집습니다	집었습니다	집고	집는	집는데
짓다	동	ㅅ(불)	짓습니다	지었습니다	짓고	짓는	짓는데
치르다	동	으(불)	치릅니다	치렀습니다	치르고	치르는	치르는데
춥다	상	ㅂ(불)	춥습니다	추웠습니다	춥고	추운	추운데
크다	상	으(불)	큽니다	컸습니다	크고	큰	큰데
파랗다	상	ㅎ(불)	파랗습니다	파랬습니다	파랗고	파란	파란데
하얗다	상	ㅎ(불)	하얗습니다	하얬습니다	하얗고	하얀	하얀데

-(으)니까	-더니	-(으)면	-어/아/여서	-어/아/여야	-어/아/여요	-(으)십시오
아프니까	아프더니	아프면	아파서	아파야	아파요	—
아니까	알더니	알면	알아서	알아야	알아요	아십시오
어떠니까	어떻더니	어떠면	어때서	어때야	어때요	—
어려우니까	어렵더니	어려우면	어려워서	어려워야	어려워요	—
얻으니까	얻더니	얻으면	얻어서	얻어야	얻어요	얻으십시오
업으니까	업더니	업으면	업어서	업어야	업어요	업으십시오
예쁘니까	예쁘더니	예쁘면	예뻐서	예뻐야	예뻐요	—
오르니까	오르더니	오르면	올라서	올라야	올라요	오르십시오
웃으니까	웃더니	웃으면	웃어서	웃어야	웃어요	웃으십시오
읊으니까	읊더니	읊으면	읊어서	읊어야	읊어요	읊으십시오
이러니까	이렇더니	이러면	이래서	이래야	이래요	이러십시오
이르니까	이르더니	이르면	일러서	일러야	일러요	이르십시오
이르니까	이르더니	이르면	일러서	일러야	일러요	—
입으니까	입더니	입으면	입어서	입어야	입어요	입으십시오
자르니까	자르더니	자르면	잘라서	잘라야	잘라요	자르십시오
잡으니까	잡더니	잡으면	잡아서	잡아야	잡아요	잡으십시오
저러니까	저렇더니	저러면	저래서	저래야	저래요	저러십시오
저니까	절더니	절면	절어서	절어야	절어요	저십시오
접으니까	접더니	접으면	접어서	접어야	접어요	접으십시오
저으니까	젓더니	저으면	저어서	저어야	저어요	저으십시오
조르니까	조르더니	조르면	졸라서	졸라야	졸라요	조르십시오
조니까	졸더니	졸면	졸아서	졸아야	졸아요	조십시오
좁으니까	좁더니	좁으면	좁아서	좁아야	좁아요	—
좋으니까	좋더니	좋으면	좋아서	좋아야	좋아요	—
주우니까	줍더니	주우면	주워서	주워야	주워요	주으십시오
지르니까	지르더니	지르면	질러서	질러야	질러요	지르십시오
집으니까	집더니	집으면	집어서	집어야	집어요	집으십시오
지으니까	짓더니	지으면	지어서	지어야	지어요	지으십시오
치르니까	치르더니	치르면	치러서	치러야	치러요	치르십시오
추우니까	춥더니	추우면	추워서	추워야	추워요	—
크니까	크더니	크면	커서	커야	커요	—
파라니까	파랗더니	파라면	파래서	파래야	파래요	—
하야니까	하얗더니	하야면	하얘서	하얘야	하얘요	—